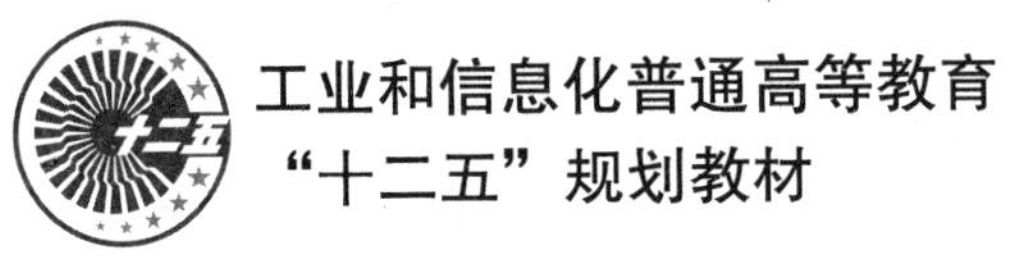

21世纪高等学校规划教材

现代教育技术

周玉萍 主编
罗志刚 方云端 副主编
吴丽华 主审

21st Century University Planned Textbooks

人民邮电出版社
北京

图书在版编目（CIP）数据

现代教育技术 / 周玉萍主编. -- 北京 : 人民邮电出版社, 2014.2
21世纪高等学校规划教材
ISBN 978-7-115-34325-3

Ⅰ. ①现… Ⅱ. ①周… Ⅲ. ①教育技术学－高等学校－教材 Ⅳ. ①G40-057

中国版本图书馆CIP数据核字(2014)第004998号

内 容 提 要

本书结合了当代师范教育的特点，充分体现了“现代”、“教育”和“技术”3个要点，突出了教育教学技能和教育技术的理念。全书共有9章，分别介绍了现代教育技术的概念、网络教育资源的利用、教学媒体与多媒体素材的处理、多媒体课件制作技术、教学设计、教学技能、信息技术与课程整合、网络课程设计与制作，以及MOOCs教学模式简介。

通过对本书内容的学习，读者可以全面了解现代教育技术的基本理论和基本思想，了解现代教学方法、教学模式、教学媒体及常见教学软件的使用，掌握基本的现代教学技能，学会如何利用网络资源服务于教学，熟悉教学设计的基本原理和方法，掌握开发与设计网络课程资源的技术，了解刚刚兴起的MOOCs教学模式等内容。

本书的应用面较广，可作为各类师范院校的“现代教育技术”公共课教材使用，也可作为教育技术专业的“现代教育技术”课程教材使用。

◆ 主　　编　周玉萍
　副 主 编　罗志刚　方云端
　主　　审　吴丽华
　责任编辑　邹文波
　责任印制　彭志环　焦志炜

◆ 人民邮电出版社出版发行　　北京市丰台区成寿寺路11号
　邮编　100164　　电子邮件　315@ptpress.com.cn
　网址　http://www.ptpress.com.cn
　北京鑫正大印刷有限公司印刷

◆ 开本：787×1092　1/16
　印张：17.5　　　　2014年2月第1版
　字数：455千字　　2014年2月北京第1次印刷

定价：39.80元

读者服务热线：(010)81055256　印装质量热线：(010)81055316
反盗版热线：(010)81055315
广告经营许可证：京崇工商广字第0021号

前　言

随着计算机技术、通信技术和网络技术的迅猛发展，我国的教育领域也迎来了信息化变革时代。不断发展的信息技术为教育带来了前所未有的新动力，现代教育技术在教师教学中的作用越来越大了，与此同时也对教育工作者提出了更高的要求和挑战。

教育的信息化既包括教育设施设备的现代化，也包括教育思想、教育内容、教育方法与手段，以及教育管理等的现代化。当前，很多学校的教育环境有了很大改善，教学技术手段有了很大提高，更加注重计算机技术的运用，以提高教学质量和办学效率。在教学方法上更加注重以学生为主体，重视对学习过程和学习资源的研究，重视现代教学技术的应用等。但各高校对现代教育技术的应用水平参差不齐，应用领域也各具特色，先进的教学理念并没有得到很好的贯彻，特别是在师范院校培养未来教师现代教育技术素质方面未得到足够的重视。

自非教育技术专业的师范学生的"现代教育技术"课程被列为教育部"高等师范教育面向 21 世纪教学内容和课程体系改革计划"中的重点项目以来，我国各院校特别是师范院校在教育教学方法和理论上取得了一些可喜的成就。

本书结合作者多年来对"现代教育技术"课程体系改革的经验，在教学内容、教学方法和技术手段方面进行了全面梳理，按照教育部颁布的有关现代教育技术的新精神和新理念，组织有关从事教育技术研究和教学工作的一线教师编写了这套《现代教育技术》及《现代教育技术实验指导与习题集》。通过对本套书的学习，读者可以全面了解现代教学观念的基本思想、现代教学方法，以及教学媒体的基本特征与简单的使用方法，了解现代教育技术对优化教育教学工作和教育理念的重要作用，熟悉教学技能的应用和教学设计的基本方法，了解互联网信息搜索和媒体处理方法，了解网络课程的开发过程、信息技术与课程的整合及 MOOCs 教学模式等内容。

本书编者为海南师范大学多年从事"现代教育技术"课程教学的一线老师。周玉萍对本书的整体结构及编写思路进行规划，并编写了第 3 章和第 9 章；罗志刚编写第 4、5、8 章；方云端编写第 1、2、6、7 章；吴丽华、冯建平、李富芸等对本书的编写提出了宝贵意见。周玉萍负责全书的统稿。在本书的编写过程中得到了海南师范大学相关领导吴丽华、张学平、陈焕东等的大力支持。在此一并表示衷心的感谢。

本书既可作为师范院校的非教育技术专业的本、专科生"现代教育技术"公共课教材使用，也可作为普通高校教育技术专业的"现代教育技术"课程教材使用。

本书配有《现代教育技术实验指导与习题集》、PPT 课件、教学素材等，资源丰富，需要者请到人民邮电出版社教学服务与资源网（www.ptpedu.com.cn）下载。

由于编者水平有限，书中难免存在错漏之处，恳请各位读者批评指正。读者有什么要求、意见和建议，可以与主编联系，电子邮件地址：hnzhouyp@126.com。

编　者

2014 年 1 月

目 录

第1章 现代教育技术概述

本章学习目标：

通过本章的学习，了解教育技术的概念，充分认识教育技术的研究内容、理论基础和应用领域，以及它在现代教育中的地位和作用，并了解现代教育技术的发展趋势。

本章要点：

- 教育技术的定义和研究内容；
- 现代教育技术的定义；
- 教育技术的研究范畴及应用领域；
- 行为主义、认知主义、建构主义的主要观点；
- 经典的传播模式；
- 教育传播的定义和过程；
- 现代教育技术的发展趋势。

教育技术是在20世纪20年代前后的视听教学、程序教学以及系统化设计教学等基础上发展并逐渐成长起来的一门新兴的教育科学中的分支科学，是现代教育科学发展的重要成果。而它作为一个概念被正式提出来，则是在20世纪60年代初。当时美国视听教育的专家学者们总结了该运动50年的教学经验，汲取了“个别化教学”和“教学系统方法”两方面实践与研究的成果，决定将视听教育改名为教育技术，提出教育技术的定义，比较科学地界定了本领域实践和研究的对象及内容。教育技术在教学中的应用，优化了教学过程，改变了整个教育过程的模式，改变了教育过程的组织序列，改变了分析和处理教育、教学问题的思路。

1.1 教育技术的概念

要全面、正确地理解现代教育技术的概念，首先就必须弄清楚什么是教育，什么是技术，然后在此基础上去分析教育技术和理解现代教育技术的概念，以及这些概念之间的相互关系。

1.1.1 教育与技术的含义

在中国，一般认为“教育”一词始见于《孟子·尽心上》：“君子有三乐，而王天下不与存焉。父母俱存，兄弟无故，一乐也；仰不愧于天，俯不怍于人，二乐也；得天下英才而教育之，三乐也”。“教育”成为常用词，则是在19世纪末20世纪初。当时，辛亥革命元老、中国现代教育奠基人何子渊、丘逢甲等有识之士开风气之先，排除顽固势力的干扰，成功创办新式学校；随后清政府迫于形势压力，对教育进行了一系列改革。1905年末颁布新学制，废除科举制，并在全国范围内推广新式学堂，西学逐渐成为学校教育的主要内容。现代汉语中“教育”一词的通行，与中国教育的现代化联系在一起，反映了中国教育话语由“以学为本”向“以教为本”的现代性转变。

在西方，“教育”一词源于拉丁文 Educarl，指“引出”、“导出”，其英文为 Education。西方社会侧重个体的发展，强调人人都要接受教育，而且通过教育可将个体的优势引导出来，使蕴藏在肌体中的潜力得以显露和发展。

什么是“教育”，其含义已经趋于一致。广义的教育泛指一切有目的地影响人的身心发展的社会实践活动。狭义的教育主要指学校教育，即教育者根据一定的社会要求和受教育者的发展规律，有目的、有计划、有组织地对受教育者的身心施加影响，期望受教育者发生预期变化的活动。

什么是技术？技术是一个历史范畴，其内涵随着社会的发展在不断地演变。人们对它的理解有两种。一种是狭义的理解，这种理解广泛应用在工业领域，把技术局限于有形的物质方面。在工业化社会的早期，人们认为技术是根据生产实践经验和自然科学原理而发展成的各种物质设备和生产工具。以这种观点来理解教育技术中的“技术”一词，会自然而然地把教育技术看做是只包括硬件和软件的技术手段，认为教育技术就是物化技术在教育领域中的应用，甚至等同于媒体的教育应用。这种认识在教育技术发展初期比较普遍，并且现在仍有一些人沿用这种旧的观点来看待教育技术。

另一种是信息社会中人们对技术的理解，人们认为技术基本上包含了两个方面的核心内容，即有形的物质工具手段和无形的非物质的智能方法。美国著名教育技术史学家赛特勒在他最新的教育技术史专著中认为，技术的重点在于工作技能的提高和工作的组织，而不是工具和机器。有了这种对教育和技术的认识，我们再来理解何谓教育技术就不难了。

1.1.2 教育技术的定义

在教育学科中，教育技术是在视听教学、程序教学和系统设计科学基础上逐渐发展起来的一门新兴分支学科。教育技术是以现代教育理论为基础，运用系统科学和信息技术来提高教学效益，优化教育教学过程的理论和实践的技术。所谓“教育技术”就是“教育中的技术”，是人类在教育活动中采取的一切技术手段和方法的总和。它包含了两个要素，一个是有形技术，另一个是无形技术。有形技术指凝固和体现在有形物体中的科学知识，它包括从黑板等传统教具到视听媒体、多媒体计算机、网络等一切可用于教育中的器材、设施、设备以及相应的软件等；无形技术指解决教育教学问题过程中所运用的技巧、策略和方法，又包括其中所蕴含的教学思想和理论等。

教育技术发展到现在，人们更倾向于用系统的方法来定义教育技术。不同阶段的教育技术中强调的技术着重点不同。教育技术概念的发展也体现着人类思维螺旋式上升的过程。进入20世纪90年代后，教育技术好像又回到了过去。世界各国的教育技术大体上都经历了一个从硬件建设、软件制作到系统方法和教学设计的过程，目前正在进一步向人类绩效技术转移。1970年美国教育传播与技术学协会（Association for Educational Communications and Technology，AECT）成立，这可以认为是现代意义上的教育技术学科和研究领域形成的标志。1994年，在美国众多教育技术专家的参与下，AECT对教育技术重新进行定义，得到了国际教育界的普遍认可。

1.1.2.1　教育技术的 AECT'94 定义

1994 年美国教育传播与技术协会发表了教育技术定义（简称 AECT’94 定义）。此定义为：教学技术是对学习过程和学习资源进行设计、开发、应用、管理、评价的理论和实践。（Instructional technology is the theory and practice of design，development，utilization，management and evaluation of processes and resources for learning.）AECT’94 定义所涉及的领域可用图 1-1 表示，定义中体现出的特点如下。

1. 明确提出了教育技术的研究对象是“学习过程”和“学习资源”

“学习过程”是学习者学习新知识和掌握新技能的认知过程，是指广义的学习过程，既包括无教师参与的学习过程，也包括有教师参与的学习过程。而有教师参与的学习过程通常又称为“教学过程”，所以，更确切地说，学习过程是学与教过程的两个方面。

“学习资源”是学习过程中所要利用的一切教学资源的来源。学习资源并非仅指用于教学过程的设备和材料，而是指在学习过程中可被学习者利用的一切要素，有人力资源和非人力资源之分。人力资源包括教师、同伴、小组、群体等。非人力的学习资源则包含硬件环境、软件环境和潜件环境。硬件环境包括教学场地、设备、设施、工具等。软件环境主要指的是教学媒体，即在教育、教学活动中传递教育、教学信息的媒介和媒体，分为视觉媒介和媒体、听觉媒介和媒体、视听觉媒介和媒体以及计算机交互媒介和媒体。除此之外，建设教学环境不仅需要建立现代化的硬件和软件教学环境，还要建立现代化的潜件环境。潜件环境主要指的是教学思想、方法、教学模式和教学管理。

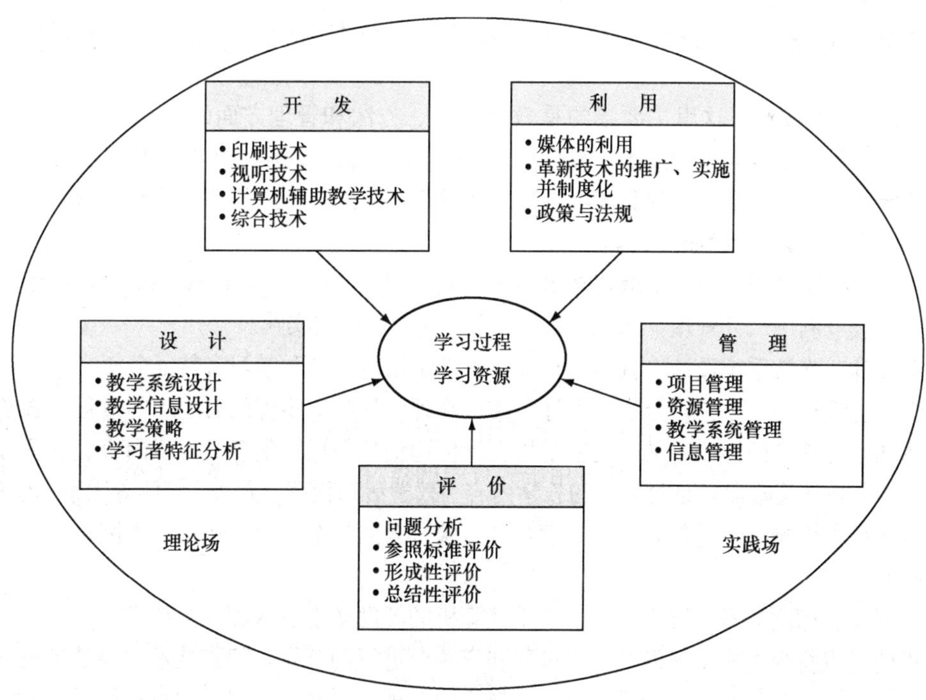

图 1-1　AECT’94 定义下的教育技术概念框架

2. 明确指出了教育技术的研究领域是“教育媒体技术”和“教育设计技术”

教育技术需要建设数字化的教学环境，强调从学习者的角度出发，利用系统方法组织教学过程，优化协调教学资源，具体分为以下两个领域。

（1）教育媒体技术

教育媒体技术主要涉及教育中的硬件和软件技术，它又包括以下4个方面的内容。

① 教育信息的传播与传输技术。教学内容（信息）需要借助于媒体的承载与传输，这种传递引申为传播。传播与传输技术包括卫星电视技术，它可以实现资源共享，并具有时空无限的特性。

② 教育信息的存储与检索技术。随着多媒体技术与网络技术在教育中的应用与发展，存储与检索技术也显得越来越重要，它是建立和利用教学资源库的基础。

③ 教育信息的加工与处理技术。信息加工与处理技术是教育技术的核心内容，主要有多媒体技术和网络技术。计算机多媒体技术集文、声、形于一体，多媒体系统的形象性与交互性使学习者能主动地、创造性地学习。网络技术实现了计算机的联网，能使教学资源共享，信息交换与处理能力增强。

④ 教育信息的显示技术。显示技术直接影响教学效果的好坏，它不但要符合学生的认知特点，而且要符合教学规律。

（2）教育设计技术

教育技术除了包括教育中有形的物化形态的技术外，还包括无形的智能形态的教育设计技术，也称潜件技术。教育设计技术是指在解决教育教学问题中起作用的方法、技巧和理论。它涉及如何选用教材和教具，安排教学活动的计划和分组，教学过程的控制、评价、管理、策略等问题。它主要反映在以下两个方面。

① 教育系统技术。这是运用信息论、系统论、控制论的观点来研究教学过程的技术，学习过程是教育技术研究和实践的对象。从教育技术的观点看，“教学”是对信息和环境的安排与协调，其目的是为了促进学习。“学习”是指学习者通过与信息和环境的相互作用而得到知识和技能提高的过程。

② 教育过程技术。这里主要指的是教育思想、方法和管理方面的技术，即把学习理论、认知心理学和教育结合起来的技术。教育技术不能仅仅停留在对学习内容和提供学习材料的研究上面，还要研究学生的学习过程和学习方法，在教学研究的基础上强调学法研究。

3. 明确了教育技术的研究内容

教育技术的定义明确提出了教育技术的研究领域应当包括“学习过程”和“学习资源”的“设计”、“开发”、“利用”、“管理”和“评价”5个方面的理论与实践。

（1）设计：教学系统设计、教学信息设计、教学策略设计和学习者特征分析

教学系统设计是一个包括分析、设计、实施和评价教学等步骤的有组织的过程。教学信息设计与媒体和学习任务的性质有关，主要是指设计传递信息与反馈信息的呈现内容、呈现方式以及人机交互等。教学策略设计是对具体的教学内容、教学活动程序、方法、媒体等因素的总体考虑。学习者特征是指影响学习过程有效性的学习者经验背景的各个方面，包括智力因素、非智力因素以及文化背景等。

（2）开发：印刷技术、视听技术、基于计算机的辅助教学技术和综合技术

这里的开发指为促进学习而对学习过程和资源所进行的开发。印刷技术主要是指机械或照相印刷过程的制作，包括文本、图形和照片等形式的呈现，以及文本材料和视觉材料的开发。视听技术主要是指通过电子设备来进行制作以呈现听觉和视觉信息的方法。计算机辅助教学技术是指利用基于微型计算机和有关的教学资源来制作和发送材料的方法。随着计算机技术的进一步发展，特别是网络通信、多媒体、数据库、人工智能等技术在教学中的不断应用，基于计算机的教学系统正在朝着集成化方向发展，把信息资源、在线帮助、监测系统和教学管理等功能都综合在一个

系统环境中，这种方法就是综合技术。这种技术的特征是学习者可以在各种信息资源中进行高度的交互活动。

（3）利用：媒体的利用，成果的推广、实施并制度化，政策与法规

利用是指通过教与学的过程和资源来促进学习者学习活动的过程。为促进对教学过程和资源的利用，应强调对各类媒体和各种最新的信息技术手段的充分利用与传播，并要加以制度化和规范化，以保证教育技术手段的不断更新。

（4）管理：项目管理、资源管理、教学系统管理和信息管理

管理指的是通过计划、组织、协调和监督来控制教学。项目管理是指计划、监督和控制教学设计和开发项目。资源管理是指计划、监督和控制资源分配以支持系统和服务。教学系统管理包括计划、监督和控制那些组织教学材料分发的方法，是用于向学习者呈现教学信息的媒体和使用方法的组合。信息管理包括计划、监视和控制信息的存储、转换或处理，其目的是为学习提供资源。

（5）评价：问题分析、参照标准评价、形成性评价和总结性评价

这里指为促进学习而对教学过程和资源所做的评价。强调科学的测量和评价方法，注重形成性评价，并以此作为质量监控和不断优化教学系统与教学过程的主要措施。为此应及时对教育、教学过程中存在的问题进行分析，并参照规范的要求（标准）进行定量的测量与比较。

教育技术的 5 个范畴（即设计、开发、利用、管理和评价）既相互独立又相互渗透。其中设计、开发和利用是教育技术研究中相对独立的内容或阶段，前者的输出是后者的输入，后者的输入又是前者的输出。管理和评价贯穿于上述内容和阶段之中。另外，这 5 个范畴之间的关系不是一个线性的关系，它们都围绕“理论与实践”开展工作，并通过“理论与实践”相互作用、相互联系。

4. 明确了教育技术的研究内涵

教育技术的定义强调教育技术的研究要同时注重“理论”和“实践”的研究。1994 年的教育技术定义反映了当前国际教育技术界对教育技术的看法。各国教育技术界的学者们都在进行学习和研究，并且纷纷发表自己对这一定义的认识。

1.1.2.2　教育技术的 AECT’05 定义

2005 年，美国教育传播与技术协会经过充分讨论后发表了新的定义（简称 AECT’05 定义）。此定义为：教育技术是指通过创造、使用、管理适当的技术过程和资源，促进学习和改善绩效的研究与符合道德规范的实践。（Educational technology is the study and ethical practice of facilitating learning and improving performance by creating，using，and managing appropriate technological processes and resources.）

AECT’05 教育技术定义与 AECT’94 定义的不同之处有如下几点。

1. 定义所处的背景与条件不同

首先是依据的理论基础不同。94 定义主要以认知主义学习理论为基础，以行为主义学习理论为辅，而 05 定义主要以建构主义学习理论为基础。其次是技术基础不同，发表 94 定义时网络技术和网络教育刚刚起步，而发表 05 定义时网络技术和网络教育已经得到了飞速发展。

2. 定义中使用的术语不同

（1）将 instructional technology 改为 educational technology

用教育技术取代了教学技术。教育技术定位在教育概念上，而教学技术则定位在教学概念上。

教育指的是支持学习的各类活动和资源，而教学指的是由学习者以外的人组织的、指向特定目的的活动。

（2）将 theory 改为 study

用研究（study）代替理论（theory），原因在于 study 比 theory 更宽泛，特别是包含“反思实践（reflective practice）”的内容。研究指的是超越传统研究（research）意义上的知识收集和分析。教育技术作为一个专业领域，需要不断地以“研究和反思性实践”来建构其理论体系。教师要学会和善于反思，对自己的“所教”与“所做”进行反思。例如，我们在讲教学设计课程的时候，不只是对教学进行了设计，而是更进一步思考自己是不是真正做到了满足学习者的需求。再如，当我们讲课程整合的时候，不只是教会学生如何去整合，而是反思自己是不是把学科内容、信息技术与学习理论三者有机地结合起来了。另外，我们在帮助学生改善学习时是不是反思了“我自己是一名成功的学习者”。

（3）将 design，development，utilization，management and evaluation 改为 creating，using and managing

05 定义将 94 定义中的 5 个范畴（设计、开发、利用、管理和评价）整合为 3 个范畴（创造、使用和管理），这 3 个范畴形成一个统一的、互相衔接的整体，而评价贯穿于整个过程，如图 1-2 所示。

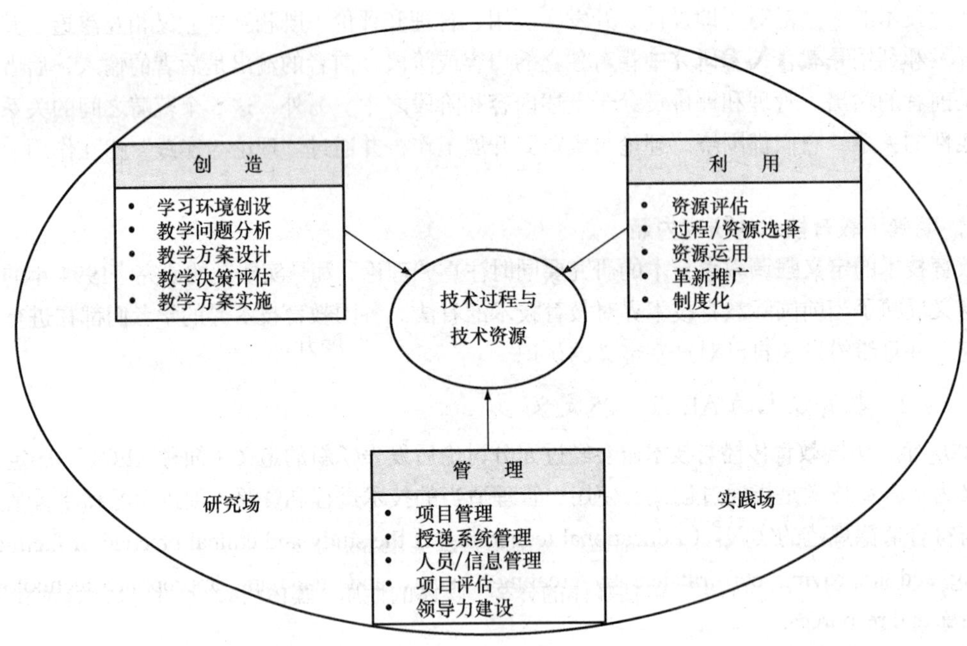

图 1-2　AECT’05 定义下的教育技术概念框架

（4）05 定义中新增的内容

05 定义特别强调了“提高绩效”与“符合伦理道德”，这是对 94 定义的进一步完善和发展。利用教育技术能更有效地学习，提高学习绩效（即学习者运用新获得的“知识与技能”的能力）。对于教育技术而言，“提高学习绩效”就意味着要求效力，追求学习效率，期望花更少的时间来达到学习的目的。学习绩效的提法强调学习的含义不单指获取知识，更注重培养和提高能力。05 定义还特别明确地给出了实践要符合道德规范和职业规范，告诉我们技术人员一定要关心人文和道德问题。在《美国国家教育技术标准》中，无论是学生标准、教师标准还是管理者标准这一内容都无一例外地被写了进去。道德和职业规范的问题不能轻视，因为这是从业人员与专业本身得以生存的基础。

1.1.3　现代教育技术的定义

教育技术随着教育理论、实践和信息技术的发展而发展。现代教育技术是 20 世纪 90 年代以后在国内被人们大量使用的一个术语，它与“教育技术”在本质上属于同一个概念。对此，国内学者对于“现代教育技术”有代表性的解释是：

（1）现代教育技术是以计算机为核心的信息技术在教育、教学中的运用（何克抗，1999）。

（2）现代教育技术是指运用现代教育理论和现代信息技术，通过对教与学过程和资源的设计、开发、应用、管理和评价，以实现教学优化的理论与实践（李克东，1999）。

一方面，现代教育技术以现代信息技术（计算机、多媒体、网络、数字音像、卫星广播、虚拟现实、人工智能等技术）的开发、应用为核心；另一方面，现代教育技术并不忽视或抛弃对传统媒体（黑板、挂图、标本、模型等）的开发与应用。

随着信息技术的发展，目前人们逐渐习惯于使用“现代教育技术”概念，这也使得教育技术有了更加强烈的现代化、信息化色彩。

1.2　现代教育技术的研究内容与应用领域

教育技术的主要任务是利用系统科学对教育教学中存在的问题进行分析，提出解决问题的策略和方法，进行实施并给予评价和修改，以实现教育教学的最优化，促进学习者的更好发展。

1.2.1　现代教育技术的研究内容

教育技术的研究内容主要是围绕如何促进学生的学习而展开的，即为了促进学习，对有关过程和资源的设计、开发、使用、管理与评价 5 个方面的理论和实践。具体地说，包括以下内容。

① 教育技术基本理论的研究：如教育技术的概念；教育技术的研究目的、研究对象与研究方法；教育技术在整个教育中的地位和作用；教育技术学的理论基础。

② 教育技术和教育技术学的发展史：各国教育技术的比较研究。

③ 媒体理论与应用的研究：包括媒体的分类、媒体的性质、媒体的教学功能以及各种媒体的教学应用等研究。

④ 教学系统的设计和开发：包括以“学”为主的和以“教”为主的教学设计；教学系统开发的内容、方法、步骤等。

⑤ 信息技术在教育领域应用的新发展：包括网络教育应用技术、人工智能教育应用技术、虚拟现实教育应用技术等。

⑥ 教学过程和教学资源的管理、测量与评价。

⑦ 教学系统最优化，教学环境的设计。

⑧ 远距离学习的理论与实践：包括远程教育的模式与理论、网络教育、远程教育的质量保证体系。

1.2.2 现代教育技术的应用领域

现代教育技术的应用，在实践领域常由相关理论和模式来指导，目的是提高教学质量与教学效率，扩大教育规模和促进改革作用。教育技术理论与实践不断地相互作用，使得现代教育技术领域不断扩展。此外，随着信息技术，尤其是多媒体计算机和网络技术的逐渐普及，以及教育理念的发展，现代教育技术实践的范围进一步扩大。但是由于教育对象不同，教学内容不同，采用的技术手段和操作方法也不同，从而导致 3 个主要的相对独立的实践领域的形成。

1. 学校教育

学校教育是教育技术实践的重要领域，如何在学校课程及教学中充分利用信息技术所提供的潜力，提高教学的效果和效率，促进学校教育的改革，是人们所关注的问题。信息技术用于学校教育决不简单是将信息技术作为一种工具或一门课“添加”到传统学校之中，而是涉及一系列深层变化。所以，如何将信息技术整合（或融合）到学校课程及教学之中，推动学校教育的全面深层变革，逐渐为人们所重视。

在我国，教育信息化是推动信息技术与学校教育整合的重要举措。英国很早就在将信息技术整合于各科教学之中进行了探索性工作，对各学科在教学活动中所应使用的信息技术及应达到的效果提出了明确的指导意见，并开展了追踪研究。美国的国际教育技术协会也提出了学科教育中应用信息技术的标准。

从各国的经验来看，信息技术在学校教育中的整合应用至少涉及 4 个相互联系的基本方面：硬件设施建设与运行、内容资源设计与开发、教师培训以及制度文化改革，这绝不仅仅是在学校中添置计算机设备那么简单。事实上，信息技术在各类课程中的整合应用模式与应用效果（包括短期及持久影响），基于信息技术的课程资源设计与开发，信息技术应用与新型教学模式的整合，教师教育技术培训的标准与模式，都是目前国际教育技术界关注的重要问题。

2. 远程教育

远程教育作为教育技术的重要应用领域，在 20 世纪 80 年代以后得到迅速的发展。远程教育使远离优势教育资源的人有机会接受更好的教育，大大增加了教育的开放性。进入 90 年代以来，我国教育部先后制定了许多重要文件，支持教育改革，发展现代远程教育。

远程教育以通信技术作为主要技术基础，新的通信技术引发了远程教育领域的一次又一次革命，新旧通信手段相互竞争又相互融合，各自在远程教育领域中发挥其独特的作用。国际上一般认为，远程教育已经经历了三代的发展：

（1）第一代，19 世纪中叶到 20 世纪中叶，函授教育；

（2）第二代，20 世纪中叶到 80 年代末，多种媒体教学的远程教育；

（3）第三代，20 世纪 90 年代起，开放灵活的远程学习。

近年来，随着网络通信技术的发展，远程教育从广播电视教育过渡到了以网络教育为核心的阶段。我国的广播电视大学已经在传输手段上实现了从卫星电视单向传输向基于计算机网络和卫星电视网络有机结合的数字化、多媒体、双向交互的转变，初步形成了基于卫星电视网络、计算机网络以及教学与教学管理网络的“三网合一”。从 1996 年至 2003 年 12 月底，我国教育部已经先后批准试办了 67 所大学的网络教育学院，目前注册学生已超过百万。而在基础教育领域，各种网校，各类基于网络技术的个别学习、合作学习和探究学习也逐渐普及起来。网络课程的设计与开发、学习支持系统的设计与开发、教学材料的传输、远程学习的评估、远程教育的管理等成为人们关注的热点。

当前研究者开始更多使用术语“分布式学习（distributed learning）”而不是“远程学习（distance learning）”来描述基于网络的学习方式。远程教育强调把教育资源传递给身处远方的学习者，为他们提供开放的教育机会。而分布式学习所强调的不是学习者身处远方，他们可能就在当地学校，但他们在学习中会接触和利用分布于不同地方的（而不仅仅是伸手可及的）资源。另外，分布式学习所适应的不仅是空间与时间的距离，还有学生知识经验背景、学习风格等方面的差异。这种发展趋势使得学校教育中的信息技术应用与远程教育之间的差别越来越淡化，在校学生也往往在其课程学习中广泛采用网络学习方式，获取异地的学习资源，与身处其他地方的学习者、专家等进行跨时空的沟通与协作。

3. 企业培训

企业培训和学校教育以及远程教育中教育技术的运用有所不同，它关心企业员工的工作业绩，具有更具体的目标指向性，更关注受培训者在特定领域中的绩效水平的提升，是人力资源开发的一种具体途径。随着社会的发展和全球化趋势，企业的发展越来越依赖于员工的素质，企业的培训需求日益增长。很多企业，尤其是大型企业已经意识并在积极开展各种层次的员工培训。

绩效技术是从企业培训发展而来的。最初，人们认为企业效益不好是因为员工技能不够，所以把企业培训作为解决企业效益问题的“全能”方法。而对培训效果的研究发现，事实并非如此。培训并不能解决诸如员工的动机、企业组织的变化等影响企业效益的重要问题。人们逐渐认识到，“绩效（performance）”才是真正的关键所在。如何根据企业“绩效”问题的实际情境，建立并选择包括“培训”在内的解决方案，就形成了“人类绩效技术（Human Performance Technology）”。

这种对问题的诊断与鉴别，以及发现或建立解决问题方案的过程和方法与教育技术解决教育问题的系统方法是一致的。因此，企业绩效技术成为了教育技术系统方法在企业、公司等非教育情景下的一个应用领域。不同的是，绩效技术要利用的知识除了与教和学相关的科学知识之外，还包括一些组织学、企业管理、知识管理、动机理论、企业文化、人力资金等与企业经营相关的理论。

1.3　现代教育技术理论基础

教育技术学是一门新兴的综合性应用科学，它综合了多门相关学科的相关理论，特别是许多随信息技术的发展而建立起来的新观念、新理论，它们交叉渗透，形成了本学科的基础理论体系，推动着本学科的持续发展。学生的学习活动是一切教学活动的落脚点，教师的教都是为了促进学生的学。因此，了解学习活动的基本特点和有关理论是教师进行有效教学的基础和前提。下面将介绍作为教育技术学理论基础的视听教育理论、学习理论和传播理论对教育技术学发展与应用的影响。

1.3.1　视听教育理论

视听教育研究了录音、广播等视听教育手段在教学中怎样使用，会产生什么样的效果等一系列问题，总结出了很多视听教学的方法，并提出了相关的教学理论，即视听教育理论。

1. “经验之塔”理论

视听教育理论的核心是爱德加·戴尔（Edgar Dale）的“经验之塔”。爱德加·戴尔是美国从事视听教育的心理学家，也是视听教育理论的主要代表人物。他总结了视听教育的经验，把人类获取知识的各种途径和方法概括为一个“经验之塔”来系统描述。“经验之塔”的主要特征是以塔形构造将学习的形式（或称获得经验的手段）分成若干种类，并按某种规律将它们排列起来。该理论对我们在教学中如何选择教学媒体、如何增强学生的感性认识及如何提高学生的学习兴趣具有重要的指导意义。

戴尔将人们获得的经验分为 3 大类（做的经验、观察的经验和抽象的经验），并将各种经验按抽象程度分为 10 个层次，如图 1-3 所示。

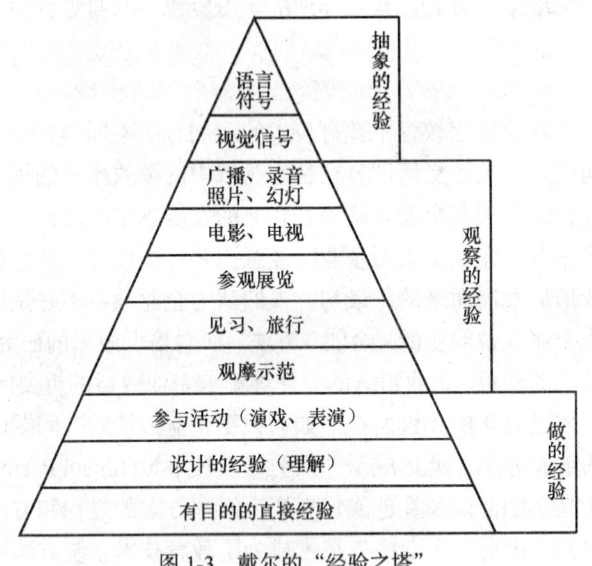

图 1-3　戴尔的“经验之塔”

（1）“做”的经验。做的经验位于塔基的 3 个层次中，都含有亲自的“活动”。在这 3 种方式中，学习者不仅仅是活动的旁观者，更是活动的参与者，故称为做的经验。这些活动获得的是直接做的经验。

① 直接有目的的经验。这是指直接与真实事物本身接触而获取的经验，是通过对真实事物的直接感知（即看、听、尝、嗅、触、做）取得的最丰富的具体经验。

② 设计的经验。这是指通过模型、标本等间接材料的学习获取的经验。模型、标本是通过人工设计、仿造的事物，与真实事物的大小和复杂程度有所不同，它是“真实的改编”。这种改编可以使人们更容易理解和领会真实事物。

③ 演戏的经验。指让学生在戏剧中扮演某一角色，使他们在尽可能真实的情境中获得经验。通过演戏或表演来感受那些在正常情形下无法获得的感情上和观念上的体验。

（2）“观察”的经验。观察的经验包括 5 个层次。

① 观摩示范。通过看别人怎么做，使学生知道一件事是怎样做成的，这样以后他们自己就可以动手模仿着去做。

② 见习旅行。通过野外的学习旅行，看到真实事物和各种景象，获得经验。

③ 参观展览。通过参观展览，使学生通过观察来获得经验。

④ 电影和电视。通过观看电影、电视获得经验。屏幕上的事物是实际事物的代表，而不是它本身。通过看电影和电视，得到的是替代的经验。

⑤ 广播、录音、照片、幻灯。以听觉或视觉的方式获得经验，与电影和电视相比，抽象层次要高一些。

（3）“抽象”的经验。抽象的经验包括两个层次。

① 视觉信号。主要指表达一定含义的图表、地图等抽象符号。它们已看不到事物的实在形态，是一种抽象的代表。如地图上的曲线代表河流，某种线条代表铁路等。

② 语言符号

包括口头语言和书面语言（文字符号）两种，是事物抽象化了的代表或观念的符号。

2. “经验之塔”理论的基本观点

戴尔把“经验之塔”理论的要点概括为以下 6 个方面：

（1）塔最底层的经验最具体，学习时最容易理解，也便于记忆。越往上升则越抽象，越易获得概念，便于应用。但这不是说，求取任何经验都必须经过从底层到顶层的阶梯，也不是说底层的经验比上层的经验更有用。划分阶层只是为了说明各种经验的具体或抽象的程度。

（2）教育、教学应从具体经验入手，逐步到抽象经验。有效的学习之路，应该充满具体经验。教育、教学最大的失败在于使学生记住许多普通法则和概念时，没有具体经验作它们的支柱。

（3）教育、教学不能止于具体经验，而要向抽象和普遍经验发展，要形成概念。概念可以供推理之用，是最经济的思维工具，它把人们探求知识的过程大为简单化、经济化。

（4）在学校教学中应使用各种教学媒体，使学习更为具体，也能为抽象概括创造条件。

（5）位于“塔”的中间的那些视听教材和视听经验，既比上层的言语和视觉符号具体、形象，又能突破时间和空间的限制，弥补下层各种直接经验方式的不足。

（6）如果教学过于具体化，那就没有达到更普遍的充分了解，但现在这种危险只是理论的，因为人们还没有做到教学应有的具体程度。

3. “经验之塔”理论的启示

“经验之塔”理论所阐述的是经验抽象程度的关系，符合由具体到抽象、由感性到理性、由个别到一般的认识事物的规律；而位于塔中部的广播、录音、照片、幻灯、电影电视等介于做的经验与抽象经验之间，既能为学生学习提供必要的感性材料，易于理解记忆，又便于借助解说或教师的提示、概括和总结，从具体的画面上升到抽象的概念和定理中，形成规律，是有效的学习手段。因此，“经验之塔”理论不仅是视听教育的心理学基础，也是现代教育技术的重要理论基础之一。

1.3.2　学习理论

学习理论是研究人类学习过程的心理机制的一门学问，是从心理学角度讨论人类如何进行学习的理论，我们学习和了解学习理论的目的是思考在新的教学环境下如何改进学习方法，提高教学质量，促进有效学习。目前，具有一定影响力的学习理论有行为主义学习理论、认知主义学习理论、建构主义学习理论等。

行为主义学习理论从桑代克对动物学习的研究到华生综合巴甫洛夫的条件反射，发展到了斯金纳的程序教学。行为主义强调学习是刺激—反应—强化的过程，提倡循序渐进、积极反应、自定步调等学习原则，在个别化教学、计算机辅助教学等方面有重要的指导作用。

认知主义学习理论认为，学习的实质是在学习者的头脑中形成认知结构。它注重通过知觉和经验，用综合的方法学习整体的特性。布鲁纳的发现学习和奥苏贝尔的有意义学习，是认知主义学习理论的两个典型学习模式。从认知主义的学习模式可以看出，信息加工是核心特征。教师提供丰富的教学资源，设计有效的教学活动，目的就是提高学生解决问题的能力，促进学生认知结构的变化。

建构主义学习理论认为，学习是学习者主动建构内部心理结构的过程。它强调在较真实的情景性学习活动中，在原有的经验和认知结构基础上，通过主动建构知识的意义来达到个人对新知识理解的意义。

1. 行为主义学习理论

行为主义是美国现代心理学的主要流派之一，在整个西方心理学界有很大的影响，在20世纪前半叶占主导地位。行为主义将学习看作是明显的行为改变的结果，是能够由选择性强化形成的。因此，在行为主义看来，学习是刺激与反应的联结，有机体接受外界的刺激，然后做出与此对应的反应，这种刺激与反应之间的联接（S–R：S代表刺激，R代表反应）就是所谓的学习。早期的行为主义完全否认内部心理活动的作用，认为心理活动是无法进行研究的，因此被称为"暗箱"。行为主义学习理论早期的代表人物和主要学说有：桑代克的联结学习说，华生的刺激—反应说以及斯金纳的操作性条件反射和强化说等。

（1）行为主义学习理论的基本观点

① 学习是刺激与反应的联结，其基本公式为：S–R，有什么样的刺激就有什么样的反应。

② 学习是一种渐进的"尝试错误"直至最后成功的过程。

③ 在操作性条件作用下，当刺激与反应发生联结时，若及时给予强化，学习就会发生。强化是学习成功的关键。

（2）斯金纳的操作性条件反射作用实验

行为主义学习理论对教育技术产生重要影响的主要是斯金纳的程序教学理论。斯金纳是行为主义学派中最有影响的心理学家之一，他根据其著名的"斯金纳箱"的动物实验研究，对桑代克的联结说做了修正，提出了操作反射说，如图1-4所示。早期的斯金纳箱结构简单，在一个木箱内装有一个操作用的杠杆，还有一个提供食物强化的食盘。斯金纳用饥饿的小白鼠进行实验，最初小白鼠在笼内乱动、乱嗅，偶然踩到一根杠杆，食物小丸就滚进食盘，饿鼠便获得一粒食物。然后小白鼠会继续乱动、乱嗅，再偶然踩到杠杆，又得到一次食物的强化。其尝试与错误的情况和桑代克的实验是一样的，多的只是一个条件，即踩到杠杆便得到食物，也就是饿鼠在本能反应行为中有机会得到食物的强化条件，这使反应成为条件反射。这个条件不是另加的刺激，而是来自反应行为本身的强化部分。

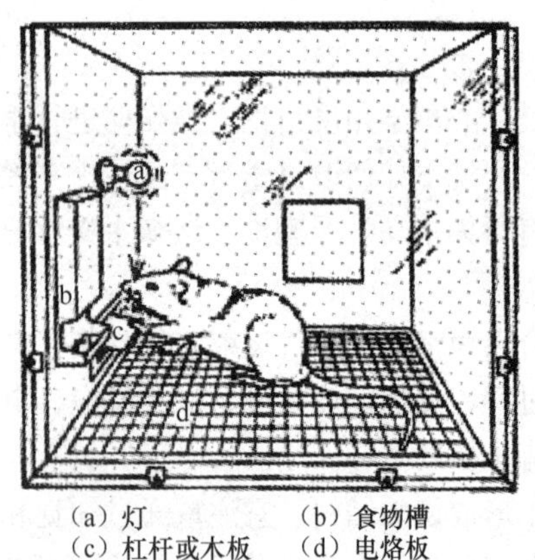

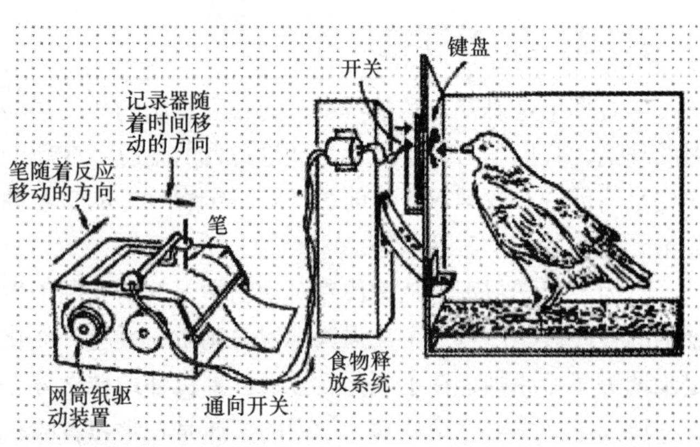

图1-4 "斯金纳箱"的动物实验

斯金纳箱的一个特点是，动物可以反复做出斯金纳称为"自由操作的反应"。所谓"自由"，即动物的行为不像在迷笼里那样受到限制；所谓"操作"，是指动物的反应主动地作用（或操作）

于环境。斯金纳认为，这种先由动物做出一种操作反应，然后再受到强化，从而使受强化的操作反应的概率增大的现象是一种操作性的条件反射。这种反射与巴甫洛夫的经典性条件反射不同。经典性条件反射是由条件刺激引起反应的过程，而操作性条件反射是首先做某种操作反应，然后得到强化的过程。由此，斯金纳进一步提出，人和动物有机体有两种习得性行为：一种是应答性行为，通过建立经典式条件反射的方式习得。无条件反应就是一种应答性行为，因为它们是由无条件刺激引起的，应答性行为包括所有的反射在内，如用针刺激一下手，手马上就会缩回来，当遇到强光时瞳孔马上会收缩等。另一种是操作性行为，如唱歌、开车、打电话、上网等通过操作式条件反射获得。操作性行为由于一开始不是与已知的刺激相联系，因而是自发的行为。人类的大多数行为都是操作性行为。

据此，斯金纳又进一步提出两种学习：一种是经典性条件反射式学习，另一种是操作性条件反射式学习。这两种学习形式同等重要，只不过操作性学习则更能代表实际生活中人的学习情况。由此看来，斯金纳认为的学习过程就是分别形成两种条件反射的过程。

（3）斯金纳的强化原理

斯金纳用“操作性反应”来解释箱子里动物的行为，以区别巴甫洛夫和华生等的观点。他认为，巴甫洛夫等的实验对象的行为是刺激引起的反应，称为“应答性反应（respondents）”；而他的实验对象的行为是有机体自主发出（emitted）的，称为“操作性反应（operant）”。前者往往是种不随意的行为；后者大多是随意的或有目的的行为。在大多数情况下，被动引出的反应在重要性程度上比主动发出的反应要逊色得多。因为，在应答性行为中，有机体是被动地对环境做出反应；而在操作性行为中，有机体是主动地作用于环境。经典条件作用只能用来解释基于应答性行为的学习，斯金纳把这类学习称为“S（刺激）类条件作用”。另一种学习模式，即操作性或工具性条件作用的模式，则可用来解释基于操作性行为的学习，他称为“R（强化）类条件作用”。

斯金纳认为，人类从事的绝大多数有意义的行为都是操作性的。例如，步行上学、读书写字、回答问题等。当然，也许有人会说，事实上存在着许多引发这些反应的刺激。对此，斯金纳并不想否认，但他坚持认为，即便存在引出这些反应的刺激，它们在学习中也并不占主要地位。操作条件作用的模式认为，不管有没有刺激，如果一种反应之后伴随一种强化，那么在类似环境里发生这种反应的概率就会增加。而且，强化与实施强化的环境一起，都是一种刺激，我们可以以此来控制反应。这样，任何作为强化的结果而习得的行为，都可以被看作是操作条件作用的例子。人们由此把斯金纳的理论称为强化理论。在斯金纳看来，重要的刺激是跟随反应之后的刺激（强化），而不是反应之前的刺激，因此反应之后要给予及时强化。

斯金纳还区别了两种强化类型：正强化（positive reinforcement，又称积极强化）和负强化（negative reinforcement，又称消极强化）。当在环境中增加某种刺激，有机体反应概率增加，这种刺激就是正强化。例如，当饥饿的白鼠按动开关时给予食物，食物便是正强化物。当某种刺激在有机体环境中消失时，反应概率增加，这种刺激便是负强化，是有机体力图避开的那种刺激。例如，当处于电击状态下的白鼠按动开关时停止电击，停止电击就是负强化。需要注意的是，无论是正强化还是负强化，它们的结果都是增加反应概率。

（4）斯金纳的程序教学理论

程序教学是一种个别化的自动教学的方式，由于经常用机器来进行，也称为机器教学。斯金纳程序教学的基本方法是：向学习者呈现一个小单元的信息作为刺激，学习者通过填空或回答的方式做出反应，然后由反馈系统对反应做出评价。反应错误，反馈系统将告诉学习者错误的原因；

反应正确，学习者便可以进入第二个页面的学习。刺激—反应—强化的过程不断反复，直到学习者完成一个程序的学习。斯金纳提出的程序教学的原则如下。

① 积极反应原则。传统的课堂教学是教师讲、学生听，学生没有机会普遍地、经常地做出积极反应。传统的教科书也不能完全给学生提供对每一单元的信息做出积极反应的可能性。程序教学不主张以完全由教师授课的方式进行教学，而是以问题形式通过程序教材给学生呈现知识，使学生对一个个问题做出积极的反应，从而提高学习效率。

② 小步子原则。程序教学的教材可按内在的联系分成若干小的、有逻辑顺序的单元，编成程序。材料一步一步地呈现，步子按由易到难排列，每步之间的难度差异通常是很小的。学生每次只走一步，做对了，才可走下一步，每完成一步就给予一次强化，这就使强化的次数提高到最大限度。由于知识是逐步呈现的，学生容易理解，从而能促使学生积极、主动地学习。

③ 及时强化原则。斯金纳的操作性条件反射的规律认为，一个操作发生后，紧接着呈现一个强化刺激，那么这个操作力量就会得到增强。遵循这一规律，在教学中做到及时强化也就成为程序教学中的一个原则。这一原则要求在每个学生做出反应后，必须使学生立即知道其反应是否正确。告知学生结果，也就是给予学生反应的及时强化，这也是程序教学中最常用的强化方式。

④ 自定步调原则。每个班级的学生在学习程度上通常都有上、中、下之别。传统教学总是按照统一的进度进行，很难照顾到学生的个性差异，从而影响了学生的自由发展。程序教学是以学生为中心，不强求统一进度，鼓励每一个学生以他自己最适宜的速度进行学习。这样，学生可按各自不同的思维方式、速度来处理问题而不受其他人的影响。一次次的强化能够激发学生的学习兴趣，使他们能够稳步前进。当然，这一原则是以个别化教学方式为基本条件的。

⑤ 低错误率原则。教学机器有记录错误的装置，可根据记录了解学生的实际水平并修改程序，使之更适合学生。由于教材是按由浅入深、由已知到未知的顺序编制的，学生每次都可能做出正确反应，从而把错误率降到最低。错误的反应会得到令人反感的刺激，过多的错误会影响学习者的情绪和学习的速度。少错误或无错误的学习可以增强学生学习的积极性，提高学习效率。因此，在教学过程中要求尽量避免学生出现错误的反应。

斯金纳的学习理论推动了程序教学运动的发展，使行为科学和教育技术的结合进入一个更为密切的阶段。在程序教学运动中出现的一些观点，如重视教学机器的作用、重视学习理论的基础与指导作用等，对教育技术的理论发展产生了重要影响。除此之外，程序教学的思想在个别化教学、计算机辅助教学等教学形式中也发挥了重要作用。

2. 认知主义理论

从 20 世纪 50 年代中期之后，布鲁纳、奥苏伯尔等一批认知心理学家进行了大量创造性的工作，使学习理论的研究自桑代克之后又进入了一个辉煌时期。他们认为，学习就是面对当前的问题情境，在内心经过积极的组织，从而形成和发展认知结构的过程。此过程强调刺激反应之间的联系以意识为中介，强调认知过程的重要性。认知派学习理论家认为学习在于内部认知的变化，学习是一个比 S-R 联结更复杂的过程。他们注重解释学习行为的中间过程，即目的、意义等，认为这些过程才是控制学习的可变因素。

认知主义学习理论的代表人物和学说有：克勒的顿悟说、皮亚杰的发生认识论、布鲁纳的认知发现和认知结构论、奥苏贝尔的认知同化论和加涅的学习条件论。

（1）认知主义学习理论的基本观点

① 学习的实质不是刺激与反应的直接联结，而是知识的重新组织，即认知结构的再组织，其公式是 S-AT-R（A 代表同化，T 代表主体的认知结构）。客体刺激（S）只有被主体同化（A）于

认知结构（T）之中，才能引起对刺激的行为反应（R），学习才能发生。

② 学习是突然领悟和理解的过程（即顿悟），而不是依靠尝试错误实现的。

③ 学习是信息加工的过程。人脑好似电脑，用计算机的工作程序解释和理解人的学习行为。

④ 外在的强化并不是学习产生的必要因素，在没有外界强化的条件下也会产生学习。认知主义学习理论重视智能的培养，注重内部心理机制的研究。

（2）布鲁纳与认知发现论

布鲁纳是美国心理学家，他的认知发现论强调学习是通过认识形成认知结构的过程。在学习过程中，要重视主体的已有经验和内在动机的作用，充分发挥主体学习的主动性，促进其对学习材料的亲自体验和独立思考，主动发现知识、掌握原理。因此，在教学过程中，教师要设计各种方法，创设有利于学生发现、探究的学习情境，尽量使学习者联系以往已经掌握的科学知识，逐步由已知引申到未知，并充分阐明二者之间的联系与区别，使学习成为一个积极主动的“索取”过程。布鲁纳的认知发现论的基本观点如下：

① 学习的实质是主动形成认知结构。学习者不是被动地接受知识，而是主动地获取知识，通过将新获得的知识和已有的认知结构联系起来，积极地建构其知识体系。他认为，学习的最好动机是对所学材料的兴趣。

② 重视学习过程。学习的重点不在于记住多少事实，而在于获取知识的过程。教师不是给学生提供结论，而是创设学习情境，让他们了解学习的过程或探索的方法。

③ 强调形成学习结构。学习结构就是学习事物是怎样相互关联的。掌握事物的结构，就是要将事物有意义地联系起来去进行理解。布鲁纳非常重视课程的设置和教材建设，他认为，无论教师选教什么学科，务必要使学生理解学科的基本结构，即概括化了的基本原理或思想，也就是要求学生以有意义地联系起来的方式去理解事物的结构。

④ 重视已有经验在学习中的作用。新知识的获得是与已有知识经验、认知结构发生联系的过程，是主动认识、理解的过程。强调结构（学生原有经验和教材的组织）能使学生较易理解原理原则，易于记忆和易于产生迁移。所谓“领悟”就是新结构的发现或新关系的建立。

（3）奥苏贝尔与有意义学习

奥苏贝尔是美国纽约州大学研究院的教育心理学教授。他既重视原有认知结构（知识经验系统）的作用，又强调关心学习材料本身的内在逻辑关系。他认为学习变化的实质在于新旧知识在学习者头脑中的相互作用，那些新的有内在逻辑关系的学习材料与学生原有的认知结构发生关系，进行同化和改组，在学习者头脑中产生新的意义。有意义的学习是使学习者将已有的知识结构联系起来，表现出一种在新学内容与本身已有的知识之间建立联系的倾向。只有当学生把教学内容与自己的认知结构联系起来时，意义学习才会发生。奥苏伯尔的认知同化论的主要观点是：

① 有意义学习的过程是新的意义被同化的过程。

有意义的学习是以同化方式实现的。所谓同化是指学习者头脑中某种认知结构吸收新的信息，而新的观念被吸收后，使原有的观念发生变化。

② 新旧知识有 3 种同化形式。

奥苏贝尔认为，新知识与原有知识可以构成 3 种关系：第一，原有观念为上位的，新的知识是下位的；第二，原有观念是下位的，新知识是上位的；第三，原有观念和新知识是并列的。新旧知识的 3 种关系导致了 3 种形式的学习，即下位学习、上位学习和并列结合学习。

这里的接受学习是有意义的学习，它也是积极主动的，与“师讲生听”的满堂灌教学有质的不同。学生在校学习的主要任务是接受系统知识，在短时间内获得大量的系统的知识，并能得到巩固，主要靠接受学习。接受学习强调从一般到个别，而发现学习强调从个别到一般。接受学习和发现学习都是积极主动的过程，他们都重视内在的学习动机与学习活动本身带来的内在强化作用。

（4）认知主义学习理论为教学提供了理论依据，其主要的贡献如下：

① 强调认知、意义理解、独立思考等意识活动在学习中的重要地位和作用。

② 准备是任何有意义学习赖以产生的前提。一个人学习的效果，不仅取决于外部刺激和个体的主观努力，还取决于已有的知识水平、认知结构、非认知因素等。

③ 强调通过发现学习来使学生开发智慧潜力，调节和强化学习动机，牢固掌握知识并形成创新的本领。

认知主义学习理论阐述了学习的内部心理过程，对教育技术中的教学设计产生了巨大的影响。教学设计中的教学任务分析、学习者分析以及教学策略制定都离不开认知理论对学习规律的描述。

3. 建构主义理论

建构主义在教育技术领域成为一种理论倾向虽然是近几年的事，但它的哲学根源可追溯到古代的苏格拉底、帕拉图和康德的年代。建构主义学习理论是行为主义发展到认知主义以后的进一步发展。建构主义也是认知心理学派中的一个分支，其理论的主要代表人物有：杜威、皮亚杰、乔纳森、维果斯基等。

德国的一则关于“鱼牛”的童话可以帮助我们更好地理解建构主义的观点。它说的是在一个小池塘里住着鱼和青蛙，他们是一对好朋友。他们听说外面的世界很精彩，都想出去看看。鱼由于不能离开水而生活，只好让青蛙走了。这天，青蛙回来了，鱼迫不急待地向它询问外面的情况。青蛙告诉鱼，外面有很多新奇有趣的东西。“比如说牛吧，”青蛙说，“这真是一种奇怪的动物，它的身体很大，头上长着两个犄角，以青草为生，身上有着黑白相间的斑点，长着 4 只粗壮的腿，还有大大的乳房”。鱼惊叫道：“哇，好怪哟！”，同时脑海里即刻勾画出她心目中的“牛”的形象：一个大大的鱼身子，头上长着两个犄角，嘴里吃着青草……（如图 1-5 所示）。

图 1-5 “鱼牛”的神话

鱼脑中牛的形象（我们姑且称为“鱼牛”）在客观上当然是错误的，但对于鱼来说却是合理的，因为它根据从青蛙那里得到的关于牛的部分信息，从本体出发，将新信息与自己头脑中已有的知识相结合，构建出了“鱼牛”形象。这体现了建构主义的一个重要结论：理解依赖于个人经验，即由于人们对于世界的经验各不相同，对于世界的看法也必然会各不相同。知识是个体与外部环境交互作用的结果，人们对事物的理解与个体的先前经验有关，因而对知识正误的判断只能是相对的。知识不是通过教师传授获得，而是学习者在与情景的交互作用过程中自行建构的，因而学生应该处于中心地位，教师只是学习的帮助者。建构主义学习理论的基本内容可从“学习观”与“教学观”两个方面进行说明。

（1）建构主义学习理论——学习观

建构主义学习理论认为，知识不是通过教师传授获得的，而是学习者在一定的情境即社会文化背景下，借助学习过程中其他人（包括教师和学习伙伴）的帮助，利用必要的学习资料，通过意义建构的方式获得的。关于学习的主要观点如下。

① 以学习者为中心。

② 强调学习是学习者主动建构内部心理表征的过程，学习过程中要充分发挥学习者的主动性。

③ 学习过程同时包括两方面的建构，既包括对旧知识的改组和重构，又包括对新信息的意义建构。

④ 学习既是个别化的行为，又是社会性的行为，学习需要交流和合作。

⑤ 强调学习的情境性，重视教学过程对情境的创设。

⑥ 强调学习资源对意义建构的重要性。

可见，“情境”、“协作”、“会话”和“意义建构”是建构主义学习环境中的 4 大要素。

（2）建构主义学习理论——教学观

建构主义学习理论要求一切活动要以学习者为中心。学生是信息加工的主体，是意义的主动建构者，而不是外部刺激的被动接受者和被灌输的对象；教师是意义建构的帮助者、促进者，而不是知识的传授者和灌输者。建构主义很好地解释了如何通过个体与环境之间的交互作用将知识内化为认知结构的过程，同时也解释了学习的机制。当代建构主义观点主要来源于维果斯基的理论。维果斯基的理论强调学习的社会特性，强调儿童对处于最近发展区的概念学得最好，强调提供支架或中介性学习的重要性。

① 学生要成为意义的主动建构者，就要在学习过程中从以下几个方面发挥主体作用。

A. 主动建构知识的意义，就要主动搜集分析有关信息资料、所学问题，提出各种假设并努力加以验证。

B. 尽量把当前学习内容和已知的实物相联系，并加以认真思考。

C. 把“协作”和“会话”结合起来，使建构意义的效率更高、质量更好。

② 教师要成为学生建构意义的帮助者，就要在教学过程中从以下几个方面发挥指导作用：

A. 激发学生的学习兴趣，帮助学生形成学习动机。

B. 通过创设符合教学内容要求的情境和提供新旧知识之间联系的线索，帮助学生建构当前所学知识的意义。

C. 为了使意义建构更有效，教师应组织好协作学习，并对协作学习过程进行引导，使之朝着有利于意义建构的方向发展。

（3）建构主义学习理论对教育技术实践的指导作用

首先，建构主义学习理论提倡情境性教学，多媒体可以提供模拟的真实情境。这样便于学生对新知识的意义建构，对改变脱离实际的教学，深化教学改革具有积极的意义。其次，建构主义学习理论重视教学中的师生、生生之间的社会性相互作用，它所提倡的合作学习、交互式教学在基于网络的协作学习中得到广泛采用。

1.3.3 教育传播理论

传播的英文是 Communication，也有人把它译成“交流”、“沟通”、“传通”、“通信”等。传播是自然界和人类社会普遍存在的信息传递过程。人类对传播理论的研究始于 20 世纪 40 年代末，研究内容从最初的新闻学所研究的“新闻传播”发展到“信息传播”，探讨自然界一切信息传播活动的共同规律。人类传播的过程非常复杂，人类进行教与学的过程，其实质是一个信息传播的过程，所以传播理论也是教育技术的基本理论之一。

1. 传播与教育传播

（1）传播的概念

传播是自然界和人类社会的普遍现象，从远古的生物进化，到现代形形色色的社会活动，无不涉及信息的传播和利用。那么什么是传播？对于其定义众说纷纭，其中得到公认并具有代表性的定义如下。

“传播是对一系列传递消息的记号所含取向的分享。”（施拉姆，Wilbur Schramm）

“传播是人与人之间为了共享信息，建立共同意识以及协调行动关系而进行的信息交流活动。”（顾明远主编《教育大词典》）

我们认为：传播是指传播者运用词语、体语、数字、图片、图表等符号传递思想、感情、知识、技能等信息内容，以影响受传者的行为，或达到信息交流和信息共享目的的行为或过程。

（2）教育传播的概念与特点

教育传播是由教育者按照一定的要求，选定合适的信息内容，通过有效的媒体通道，把知识、技能、思想、观念等传递给特定的教育对象的一种活动，是教育者和受教育者之间的信息交流活动。它的目的是促进学习者的全面发展，为社会培养各种人才。

与其他传播活动相比，教育传播具有以下特点。

① 目的明确。教育传播是以培养人才为目的的活动。

② 内容严格。教育传播的内容是按照教学计划和教学大纲的要求严格规定的。

③ 受者特定。

④ 媒体的多样化。在教育传播中，教育者既可以充分发挥口语和形体语言的作用，又可以用板书、模型、幻灯、电视等作媒体；既可以面对面交流，又可以远距离传播。

2. 典型传播模式

作为人类传播活动的一个分支，教育传播也必然遵循人类传播活动的一般规律。对人类史上著名的传播模式进行研究有助于我们正确理解和认识教育传播的过程。利用传播理论的概念、传播过程的要素等来解释教学的过程，并提出适合教学传播过程的理论模式，可以为教育传播学奠定理论基础。

传播学者研究传播过程，都毫不例外地把传播过程分解成若干个要素，然后用一定方式去研究这些要素之间的相互联系与作用，这样就构成了多种多样的研究传播过程的模式。其中有代表性的模式有以下几种。

（1）拉斯韦尔模式

美国政治学家哈罗德·拉斯韦尔提出了一个用文字形式阐述的线性传播过程模式，简称为“5W”的模式，如图 1-6 所示。

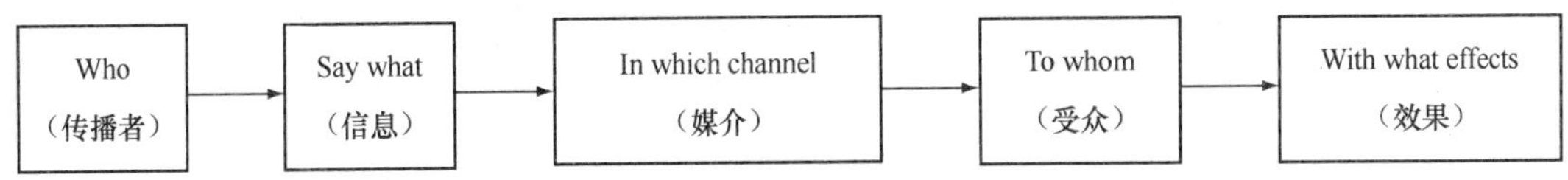

图 1-6　拉斯韦尔"5W"传播模式

从拉斯韦尔模式的 5 个传播要素，我们得到传播研究的 5 大内容：

① 控制分析：研究"谁"也就是传播者，进而探讨传播行为的原动力。

② 内容分析：研究"说什么"以及怎样说的问题。

③ 媒体分析：研究传播通道，除了研究媒体的性能外，还要探讨媒体与传播对象的关系。

④ 受众分析：研究庞大而又复杂的受传者，了解其一般的和个别的兴趣与需要。

⑤ 效果分析：研究受传者对接收信息所产生的意见、态度与行为的改变等。

拉斯韦尔传播模式在大众传播中获得了广泛的应用。但这一模式过于简单，具有以下明显的缺陷。

首先，它忽略了"反馈"的要素，是一种单向的而不是双向的模式。由于这种模式的影响，过去的传播研究忽略了反馈过程的研究。其次，这种模式没有重视"为什么"或动机的研究问题。在动机方面，有两种值得重视：一是受众为何使用传播媒体；二是传播者和传播组织为什么去传播。

在此基础上布雷多克提出了"7W"模式。其中每个"W"都类同于教学过程中的一个相应要素，这些要素自然也成为研究教学过程，解决教学问题所关心、分析和思考的重要因素。这"7W"所指内容如表 1-1 所示。

表 1-1　"7W"模式

Who	谁	教师或其他信息源
Say what	说什么	教学内容
In which channel	通过什么渠道	教学媒体
To whom	对谁	教学对象即学生
With what effects	产生什么效果	教学效果
Why	为什么	教学目的
Where	在什么情况下	教学环境

这些要素之间的关系揭示了教学过程是一个动态的传播过程。我们研究教学的效果可以从这些传播要素着手。如传播者和受传者的技能、态度、知识结构、文化背景等，都会对传播效果产生影响；此外，传播渠道和传播信息本身等要素也会影响整个传播的过程。

（2）香农—韦弗（Shannon-Weaver）的传播模式

香农—韦弗在研究电报通信时提出了一种传播模式，这一模式最初是单向直线式，后来他们改进了这一模式，增添了反馈系统，如图 1-7 所示。这一模式被引入解释人类传播过程，获得了广泛的认可。

该模型把传播过程分为 7 个基本要素：信源、编码、信道、解码、信宿、干扰和反馈。这是一种带有反馈的双向传播模式。该模式对传播过程的解释是：传播过程是从信源选出准备传播出去的信息，然后把这一信息经编码器转换为符号与信号，通过一定的信道传送出去。接收端接收到信号之后，经译码器转换成符号并解释为信息的意义，最后为信宿所接受利用。受传者收到信

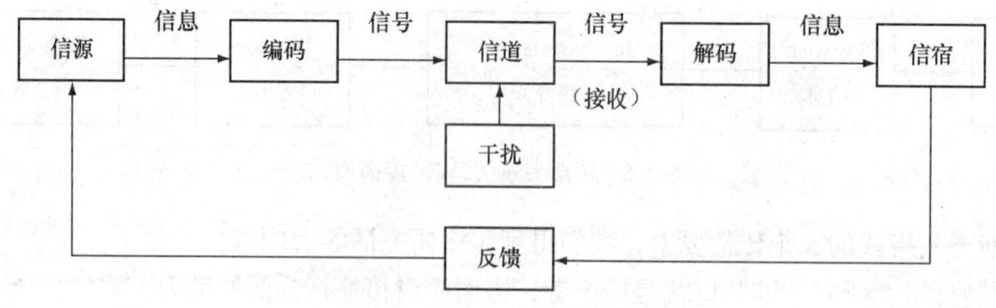

图 1-7　香农—韦弗传播模式

息后，在生理和心理上产生反应，并通过各种形式为传播者反馈信息。另外，传播过程中存在干扰信号，干扰信号可以影响到信源、编码、信道、译码、信宿等部分，这里为了简化只表示对信道的干扰。

香农—韦弗传播模式虽然是从特殊的电报通信中发展起来的，但它能用来解释人类的一般传播过程，成为其他许多传播模式的基础。它考虑到了“信息”与“信号”之间的转换关系，同时还分析了传播过程中不可避免的障碍因素——干扰的问题。现代教育技术采用香农—韦弗的传播模式，主要在于选择与制作适合表达和传播教育信息的现代教育媒体，及时分析来自各种渠道的反馈信息，以取得教育的最优化。

3. 教育传播理论

在教育传播中，当教育信息通过教育媒体在教育者与受教育者之间进行传递时，产生了动态的过程，这就是教育传播的过程。教育传播系统各要素的不同组合与联系，构成了不同的教育传播系统结构。在教育传播实践中，人们总结出一种非常有效的教育传播系统结构，这种结构用文字或图表等形式表达出来，就成为一种教育传播的模式。教育传播模式是对教育传播现象的概括和简明表述，是对教育传播过程的各要素的构成方式与关系的简化，它反映了教育传播现象主要的、本质的特征。

（1）教育传播要素

在教育传播中，构成传播系统的要素包括教育者、教育信息、受教育者、媒体和通道 4 个基本要素。

① 教育者：教育者是教育传播系统中具备教育教学活动能力的要素，是系统中教育信息的组织者、传播者和控制者，如学校的教师、社团的指导者、学生家长等。学校中直接面对学生进行教育教学活动的教师是最重要的教育者。教师的首要任务是发送教育信息，因此从这个意义上说，“教师”这一名称并不局限于上讲台的教师，还应包括教育管理者和教材编制者等。在特定条件下，教学机器也可以成为教师，即“电子教师”。在教育传播活动中，教师起着“把关人”的作用，传播什么内容、利用什么媒体，都是由教师决定的。因此，教师必须能实现教育传播系统的整体目标，使学生在德育、智育、体育、美育、劳动诸方面都得到和谐的发展。而要完成这一重任，教师必须做好设计、组织、传递、评价等工作。

② 教育信息：信息是教育传播系统的主要要素之一，是指以物理形式出现的教育信息。教育传播过程是一个信息交流的过程，自始至终充满了教育信息的获取、传递、交换、加工、储存和输出。在教育信息传播过程中，主要的信息是教学目标信息、预测学生信息、教师传送信息、实践教学信息、家庭教育信息、大众传媒信息、人际交往信息、学生接受信息和学生反馈信息等。

信息本身是抽象的，只有当它被某种符号表征出来才是具体的。表征教育信息的符号可分为语言符号和非语言符号两大类。语言符号包括自然语言（如口头语言与书面语言）和人工语言（如专业符号语言、计算机程序语言等），具有抽象性、有限性等特征。非语言符号包括动作性符号、音响符号、图像符号、目视符号等，具有形象性、普遍性、重要性、多维性、整体性等特征。在教育传播过程中，语言符号擅长于描述事实与知识，而非语言符号则擅长于表达态度和感情。合理运用各类传播符号，组成各种类型的教育教学传播活动是提高教育传播效率的有效措施。

③ 受教育者：受教育者是施教的对象，一般来说就是接收教育信息的学生。在教育传播过程中，作为受者的学生，首先要接收传播信号，如阅读教科书和参考书，认真听取教师的课堂讲授，视听其他多种教学媒体，视听大众传播媒体，参加教学实践与社会活动，等等。然后，要对所接收的信息进行加工与储存，即将接收到的信号转换为语言符号或非语言符号，再将这些符号和已有的经验进行比较、分析与判断，得到符号的信息本义。但在教育传播系统的运行过程中，学生对教育信息的接收并不是机械的、被动的，在大多数情况下，学生主动地接受教育信息，甚至有选择地去接收与理解教育信息。

④ 媒体和通道：在教育传播通道中，教育传播媒体是必不可少的要素。教育传播媒体就是载有教育、教学信息的物体，是连接教育者与学习者双方的中介物，是人们用来传递和取得教育、教学信息的工具。各种教育、教学材料，如标本、直观教具、教科书、教学指导书、教学幻灯片、电影片、录音带、录像带、计算机课件等，都属于教育传播媒体。承载教育信息的所有物质形式都必须能为师生双方的感官所能感受到，这样才能实现教育者与受教者之间的信息沟通联系。

教育传播通道是教育信息传递的途径，教育信息只有经过一定的通道，才能完成传递任务，达到教育传播的目的。它的组成要素有各种教育媒体、教学环境、人的感觉器官、处理和传播信息的方式。按传递的信号形式来分，通道包括图像通道、声音通道和文字通道。通道也包括由一方传送到另一方所建立的联系方式。师生间面对面地进行教学是一种口耳相传的古老的联系方式。目前，除了印刷技术和光学影像技术外，通信技术、多媒体网络技术已为教育传播系统广泛采用，成为师生间重要的联系方式。

（2）教育传播过程

教育传播过程是由教育者借助教育媒体向受教育者传递与交换教育信息的过程。通过信息的控制，这些要素之间相互作用，形成一个连续的动态过程。这一过程可分为 6 个阶段：确定教育传播信息；选择教育传播媒体；通道传送；接收与解释；评价与反馈；调整再传送。教育传播过程是一个连续动态的过程，教育技术学专家南国农、李运林将它分解为 6 个阶段，如图 1-8 所示。

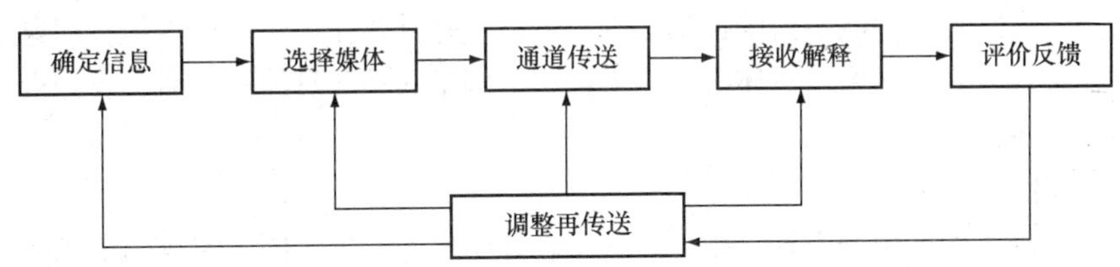

图 1-8　教育传播过程的 6 个阶段

① 确定教育传播信息。

教育传播过程的第一步是确定传送的教育信息。传送什么信息，要依据教育目的和课程的教学培养目标。在这一传播阶段，教育者要认真钻研文字教材，对每章节的教学内容进行分析，将内容分解为若干个知识点，并确定每个知识点要求学习者达到的学习水平。

② 选择教育传播媒体。

选择教育传播媒体来呈现要传送的信息，实质就是编码的过程。某种信息该用何种符号和信号的媒体去呈现或传送，是个复杂的问题，要用一套理论与方法去指导。一般来说，一是需要选择的媒体能准确地呈现信息内容；二是需要选用的媒体符合学习者的经验与知识水平，容易被接受和理解；三是选用的媒体容易取得，需付出的代价较少，且能取得较好的传播效果。

③ 通道传送。

教育传播通道通过教育媒体传送出信号，也称施教。在这里首先要解决两个问题：一是信号传递的距离与范围；二是信息内容传送的先后顺序问题。因此，在通道传送前，教育者必须做好每一次传送的结构设计，在通道传送时，有步骤地按照教学结构方案去传送信号。通道传送应尽量减少各种干扰，确保传送信号的质量。

④ 接收与解释。

在这一阶段，受教育者接收信号并将它解释为信息意义，也就是信息译码。受教育者首先通过视、听、触等感觉器官接收传来的信号，信号对感官的刺激通过神经系统传至中枢神经，通过分析将它转换为相应的符号，然后，受教育者依据自身的知识与经验，将符号解释为信息意义，并将它储存在大脑中。

⑤ 评价与反馈。

受教育者接收信号解释信息之后，增加了知识，提高了能力，能否达到预定的教学目标，要进行评价。评价的方式方法很多，可以观察学生的行为变化，也可以通过课堂提问、课堂作业以及阶段性的考试等。评价的结果是教育传播过程中一种非常重要的反馈。

⑥ 调整再传送。

通过掌握的反馈信息与预定的教学目标比较，发现教育传播过程中的不足，再次调整教育信息、教育媒体和教育传送通道，进行再次传播。例如，在课堂提问时发现问题，即时调整传播；在课后作业、考试中发现问题，可进行集体或个别辅导；在远距离教学的作业中发现问题，可以补发辅导资料，或者集中在一处进行面对面的辅导等。

（3）教育传播的基本原理

① 共同经验原理。

教师与学生必须把沟通建立在双方共同的经验范围内，才能进行有效地传播。要使学生了解一件事物，教师必须用学生经验范围内能够理解的比喻，引导他们进入新的知识领域。教育媒体的选择与设计必须考虑学生的经验。

② 抽象层次原理。

传播的内容必须在学生能明白的抽象范围内进行，并且要在这个范围内的各抽象层次上下移动；既要说出抽象要点，又要用具体事物来支持；讲解了熟悉的具体事物后，要分析、综合、推理、演绎得出抽象的概念。

③ 重复作用原理。

将一个概念在不同的场合重新呈现，能取得较好的传播效果。同一概念用不同的方式重复呈现，能增强教育传播效果。

④ 信息来源原理。

信誉好的、可靠的传播来源对人们有较佳的传播效果。当传者是受者乐于接受的对象时，能取得更好的传播效果。教师应以自己的言行树立起学生认可的形象与权威，同时也要与学生打成一片，做学生的知心朋友。教师选用的教材、资料的来源应正确、真实和可靠。

⑤ 最小代价律与媒体选择原理。

这是指以最小的努力得到最大的收获。媒体选择原理遵循的公式为：预期选择率=可能得到的报酬/需要付出的努力。

1.4　现代教育技术的发展历程及趋势

1.4.1　现代教育技术的发展历程

下面我们将围绕教育技术中最活跃的因素——教学媒体，来考察教育技术的发展历程。

1. 从口耳相传到文字教材

人类原始的教育活动是凭借自己的身体器官进行的。人的感官，如口、耳是主要的教育工具。教育信息在教育者的口述和受教育者的耳闻之间传播。有时教育者还伴以动作或展示实物帮助口述，使受教育者易于理解或进行模仿。这种现象至少在 10 万多年前就已经存在。由于它是人类意识能动性的表现，也就可以说是有目的的教育技术的萌芽。

语言的产生、文字体系的形成、造纸和印刷术的发明为文化教育事业的发展创造了极其有利的条件。语言和记录语言的文字符号相结合，成为交流思想和传播社会经验的主要工具。专为教育目的编印的教科书更使“书写—阅读”成为与“口耳相传”同样重要的教育途径，大大扩展了教学信息的来源，从而打破了教育必须由师生面对面进行的局面。

2. 从直观教具到音像教学媒体

著名捷克教育家、“直观教学之父”J.A.夸美纽斯主张：“让一切学校布满图像”、“让一切教学用书充满图像”。他于 1658 年编写了一本附有 150 幅插图、涵盖 200 年历史的教科书——《世界图解》。我国北宋时期便有直观教具的先例，明朝有《蒙养图说》、清朝有《字课图说》等图文结合的教科书。17～19 世纪，由于社会生产和科学技术的发展，以及教学理念的推动，直观教育迅速发展。

音像媒体不同于前述的语言、文字、教科书、直观教具等传统的教学工具，它是在现代科学技术条件下产生和发展起来的器械设备，包括幻灯机、放映机、留声机、录音机、无线电收音机、电影和电视等媒体设备。20 世纪 70 年代中叶，随着电视技术突飞猛进地发展，教育电视向远距离、大范围和近距离、小范围两个方向发展。到 70 年代末，我国通过广播电视或闭路电视开展教学活动有了良好开端，电视成为远程教育的重要手段。

3. 从程序教学到计算机辅助教学

早期的教学机器是指装入预先编制的程序教材后，能自动起到刺激—反应—强化作用的机械装置，又称为程序教学机。它不但能呈现视觉材料，还能针对学生的学习情况提供反馈信息，具有一定的交互功能，这是教学机器与音像媒体的重要区别。

计算机在教育领域的应用，不仅完善了教学机器和教学程序的功能，还能够辅助教学过程的控制和管理，实现教育管理自动化。因此，它可堪称是教育领域中的一次信息革命，是教育技术现代化的重要标志。从应用范围来说，计算机辅助教育（Computer-Based Education）主要分为计算机辅助教学（Computer-Assisted Instruction，CAI）和计算机管理教学（Computer-Managed Instruction，CMI）两大方面。CAI 主要包括操练与练习、个别指导、模拟和演示、问题解决和信息查询等应用模式；CMI 主要包括学习跟踪、学习诊断、作业分配、测试评价和分析报告等功能。

4. 从电化教育到信息化教育

“电化教育”是我国特有的名词，最早出现于 20 世纪 30 年代。《中国大百科全书》对它的解释是“利用幻灯、投影器、电影、无线电广播、电视、录音、录像、程序教学机和电子计算机等教学设备及相应的教材进行的教育活动”。显然，电化教育这个概念对其所涉及的传播媒体的范围有明确规定，即限于所谓的电能和电子传播媒体。

20 世纪 80 年代以来，我国开始采用国际通行的“教育技术”作为学科名称。从概念的本质上说教育技术与电化教育是相同的，两者都具有应用学科属性，目的都是取得最好的教育效果，实现教育最优化。但从概念的涵盖面来看，教育技术的范围要比电化教育广泛得多。教育技术指的是所有的学习资源，包括与教育相关的一切可操作的要素；而电化教育所涉及的主要是利用科技新成果发展起来的声、像教学媒体。在处理问题方面，教育技术主要采用了系统的方法，它所考虑的是整个教育的大系统，即“教与学总体过程的系统方法”；而电化教育虽然也用系统的方法来考虑、处理问题，但它的重点放在电子传播媒体的选择、组合和应用的小系统。如此看来，电化教育是教育技术的一个部分，是教育技术发展到一定阶段的产物，是注重现代媒体开发和利用的阶段性的教育技术，是狭义的教育技术。

20 世纪 90 年代中后期，随着以计算机网络为基础的信息通信技术开始在教育中得到广泛应用，国内开始出现了信息化教育的概念。计算机作为教学媒体区别于传统媒体的本质特征是数字化和智能化。计算机与电子通讯技术结合，形成了如今遍布全球的计算机网络，使得世界上几乎任何信息都可以进行数字化传播、交换和存储，这就是广受人们关注的“数字化聚合”现象。

1.4.2 现代教育技术的发展趋势

现代教育技术的发展有以下趋势。

1. 网络化

教育技术网络化的最明显标志是互联网（Internet）应用的急剧发展。目前，体现在 Internet 上的远程、宽带、广域通信网络技术的重大革命，肯定会对未来的高等教育产生深远的影响。这种影响不仅表现在教学手段和教学方法的改变上，而且将引起教学模式和教育体制的根本变革。

基于互联网环境下的教育体制与教学模式不受时间、空间和地域的限制，通过计算机网络可扩展至全社会的每一个角落甚至是全世界，这是真正意义上的开放式大学。在这种教育体制下，每个人既是学生又是教师，可以在任意时间、任意地点通过网络自由地学习、工作和娱乐。你所需要的老师、专家、资料和信息，都是远在天边，但又近在眼前。世界上的每一个公民，不管其家庭出身、地位、财富如何，都可以享受到这种最高质量的教育，这是真正意义上的全民教育。

2. 多媒体化

近年来，多媒体教育应用正在迅速成为教育技术中的主流技术，换句话说，目前国际上的教育技术正在迅速走向多媒体化。

（1）多媒体教学系统

与应用其他媒体的教学系统相比，多媒体教学系统具有以下优点：多重感观刺激；传输信息量大、速度快；信息传输质量高、应用范围广；使用方便、易于操作；交互性强。

（2）多媒体电子出版物

多媒体技术除了可直接应用于教学过程外，在教育领域还有另一方面的重要应用，就是以 CD-ROM 光盘作存储介质的电子出版物，例如，电子百科全书、电子词典、电子刊物等。在电子大百科全书中，它的每个条目不仅有文字说明，还有声音、图形、甚至活动画面的配合。此外，多媒体技术还具有辅助教学功能，可以对学生进行辅导、答疑、布置作业。

3. 重视教育技术理论基础的研究

没有理论的实践是盲目的实践，没有理论指导的应用只能停留在一个较低的水平上，不会有突破性的进展。因此近年来，国际教育技术界在大力推广应用教育技术的同时日益重视并加强对教育技术理论基础的研究，这表现在以下两个方面：

一方面是重视教育技术自身理论基础的研究。最明显的例子就是美国 AECT 学会专门撰写的专著“教育技术的定义和研究范围”。该书不仅是美国教育技术界的重要理论研究成果，也将对整个 20 世纪 90 年代至 21 世纪初教育技术学的发展起有力的推进作用，对我国教育技术事业的发展也将产生深刻的影响。

另一方面是加强将认知学习理论应用于教育技术实际的研究。对于认知心理学来说，这类研究本属应用范畴；但是对于教育技术学来说，由于认知心理学是其理论基础之一，所以，上述研究属于教育技术学本身的理论方法研究。

4. 重视人工智能在教育中应用的研究

智能辅助教学系统有“教学决策”模块、“学生模型”模块和“自然语言接口”模块，因而具有能与人类优秀教师相媲美的下述功能。

（1）了解每个学生的学习能力、认知特点和当前知识水平。

（2）能根据学生的不同特点选择最适当的教学内容和教学方法，并可对学生进行有针对性的个别指导。

（3）允许学生用自然语言与“计算机导师”进行人机对话。

5. 强调教育技术应用模式的多样化

目前在发达国家，教育技术的应用大体上有以下 4 种模式。

（1）基于传统教学媒体（以视听设备为主）的“常规模式”。

（2）基于多媒体计算机的“多媒体模式”。

（3）基于 Internet 的“网络模式”。

（4）基于计算机仿真技术的“虚拟现实模式”。

其中，常规模式不论是在我国还是在发达国家，在目前或今后一段时间内仍然是主要的教育技术的应用模式，在广大中小学更是如此。在重视“常规模式”的同时，应加速发展“多媒体模式”和“网络模式”，这是现代教育技术发展的未来和方向。

思考与练习

1. 教育技术的 AECT’94 定义、特点及研究内容。

2. AECT’94 定义与 AECT’05 定义之比较。

3. 现代教育技术的研究内容包括哪几个方面？根据我国教育技术的研究现状与应用实际，你认为教育技术的各个研究范畴中，哪些与实际教学联系最紧密？

4. 戴尔的“经验之塔”理论的要点及其对教育技术的启示是什么？

5. 学习理论有哪些主要的流派，其主要的观点分别是什么？

6. 现代教育技术的发展趋势主要体现在哪几个方面？

7. 教育传播的基本要素是什么？

8. 举例说明，如何将教育传播的基本原理运用于课堂教学。

9. 如何理解认知主义的“有意义学习”？

10. 请举例说明应如何在建构主义理论指导下开展教学？

第2章 网络教育资源的利用

本章学习目标：

通过本章的学习，理解网络教育资源的概念、特点及分类，了解网络教育资源的类型，了解常用搜索引擎和国内外专业网络数据库，掌握常用网络教学交流工具的概况及特点，掌握网络资源的搜索技巧和基本的教学交流工具的使用技巧。

本章要点：

- 网络教育资源的概念及特点；
- 网络教育资源的分类；
- 常用的搜索工具类型；
- 学术数据库的检索技巧；
- 网络教学交流工具的概况及特点。

伴随着信息技术蓬勃发展而诞生的网络教学，凭借其信息量大、交互性强、覆盖面广等优势，为信息化教育提供了新的发展机遇，成为教育领域中最具优势和发展前途的教育模式之一。网络教学资源经历了从离散状态到有组织地系统化完善的过程。按照其表征的形式，网络教学资源可以分为网络教学资源和网络教学工具资源。网络教学资源是信息的载体和表现形式；网络教学工具资源是信息资源重组与利用的平台，是教学的依托。

因特网是一个开放的信息传播平台，教育资源非常丰富，但很多人在使用因特网获取信息时，面对无穷无尽的信息资源会感到无所适从，不知该从何处着手。所以，这就需要教学工作者对网络环境下的教育信息资源有一个深入的了解，其中包括网络信息资源的特点，以及它们与学习者的学习能力、学习类型、学习方式和学习过程之间的相互关系。我们在上网前要确定我们上网的目的，即查找何种信息，这类信息的网络站点是什么，能够达到怎样的结果，这样上网时就直奔主题，取得更高的效率。

2.1 网络教育资源概述

教育资源是指教育系统中支持整个教育过程达到一定的教育目的，实现一定的教育教学功能的各种资源。它包括物质资源（各种设备、媒体、器材、工具）、人力资源（教学科研人员、教学管理人员、教学支持人员及学生）、信息资源（包括教学内容，以及伴随教学内容产生的其他信息）。

例如，教材是学习中物化了的资源。教材只是为教师指导学生学习可利用的一个材料，必须有教师的二次加工，必须结合学生的特点，进行科学合理的开发利用。因特网的出现、网络技术的发展，为人类提供了最为广泛的教学资源。网上教育资源形式多样、种类繁多，了解教育资源的分类及其特点，将有利于高效地获取资源，也能更好地在实际教学中利用这些资源。

2.1.1　网络教育资源的概念

网络教育资源是指基于网络的、为教学目的而专门设计的或能为教育服务的各种资源。网络教育资源包括网络教学环境资源（硬件）、网络教学支持系统（软件）、网络教学资源（资源内容）和网络人力资源（管理者），如表 2-1 所示。其中，网络教学资源是核心，其他资源是为网络教学资源的建立、传播和利用而服务的。网络教学资源是一种以网络为承载、传入媒介的新型的信息资源。由于这种信息资源主要是在因特网上获取的，因此我们也将基于网络的教学信息资源称为网络教学资源，而将其他三者统称为网络教学工具资源。

表 2-1　网络教育资源

类　别	内　容
网络教学环境资源	指构成网络物理空间的各种硬件设备，如计算机设备、网络设备、通信设备等
网络教学支持系统	支持网络正常运行的各类系统软件、应用软件、工具软件和教学软件等
网络教学资源	指在网络中蕴藏的各种形式的、能够为教育过程所用的知识、资料、情报、消息等的集合
网络人力资源	包括网上教育教学机构人员、任课教师、教辅人员、行政管理者，以及能通过因特网联系到的各个领域的专家、学者

2.1.2　网络教育资源的特点

（1）从内容上看，网络教育资源具有如下特点。

① 规模庞大。现代先进的科学技术保证了网络信息资源具有规模庞大的特征。这为我们从网络上查找信息资源提供了强大的可挑选性。

② 涉及面广。在所有的教育信息资源中，除了课堂教学内容外，还增加了课外知识等内容，使学生在紧张的学习过程中充分体会到科学知识的乐趣。

③ 形式多样。在网络信息中，除文本信息外，还包括大量的非文本信息，如图形、图像、声音信息等，呈现出多种类型、多媒体、非规范、跨越地理区域、跨语种范围等特点。这为我们的教学工作提供了大量的、多样的信息，使学生对学习产生浓厚的兴趣。

（2）从形式上看，网络教育资源具有如下特点。

① 非线性。超文本技术最大的特征是信息的非线性编排，将信息组织成某种网状结构。浏览超文本信息时可根据需要，或以线性顺序依次翻阅，或沿着信息单元之间的链接进行浏览。

② 交互性。网络信息一般具备双向传递功能，即用户在接收到相关的网络信息后可针对该信息随时向信源提供反馈。网络用户既是网络教育资源的使用者，也是网络教育资源的发布者。

③ 动态性。网络信息资源的呈现方式是动态的、多模式的。

（3）从效用上看，网络教育资源具有如下特点。

① 共享性。因特网信息除了具备一般意义上的信息资源的共享性外，还表现为一个因特网网页可供所有的因特网用户随时访问，不存在如传统媒体信息那样由于副本数量的限制所产生的信

息不能获取的现象。

② 时效性。网络信息增长速度快，更新频率高也是其他媒体信息所不能企及的。网络媒体的信息传播速度及影响范围使得信息的时效性大大增强。学习者能在第一时间及时获得第一手网络教学资料。

③ 转移性强。人类社会为使信息资源得以充分利用，总是要将信息加以转化。网络环境下的信息资源转化是高效的。

④ 选择性强。网上信息比传统信息具有更强的可选择性。

⑤ 增值性高。正是由于网络信息资源具有共享性、时效性、强转移性和强选择性，因而它是一种成本低、产出高的可再生资源，具有高增值性。

2.1.3 网络教育资源的类型

尽管相对于因特网上的所有信息，教育信息只占很少的一部分，但相对我们的需要来说已经够多了。网络教育资源主要包括所有网络教学系统支持运行的学习材料，为了便于查找有必要对它们进行分类。我们把网上教育资源划分成下列 4 类。

1. 专业多媒体素材资源

专业多媒体素材资源主要指与专业学科有关的文本、图形、图像、音频、动画、视频等。这些资料直观形象，可以帮助学生更好地认识、了解和掌握专业知识和技能。

2. 多媒体课件资源

多媒体课件资源主要指基于计算机技术，将图、文、声、像等媒体的表现方式有机结合，对一个或几个知识点实施相对完整的教学，辅助教师与学生的教与学，完成特定教学任务的教学软件。

3. 音视频教学资源

音视频教学资源是指用摄像机拍摄真实的情景后经过制作、转换的数字流媒体资源。该资源主要包括实验实训等操作示范录像、优秀课堂教学录像、提供真实场景的视频资源、卫星电视教学资源——空中视频资源等。

4. 网络课程资源

网络课程资源是通过网络表现的某门学科的教学内容及实施教学活动的总和。它包括两个组成部分：教学内容和网络支撑环境。其中，教学内容是按一定的教学目标、教学策略组织起来的。网络支撑环境主要为教育者和学习者提供了网上学习平台。网络课程资源专业化、学科化方向明确，使用方便有效。网络资源建设的重点就是以学习环境理论为指导和基础的网络课程的开发。

网络课程中汇聚了电子教案、媒体素材、多媒体课件、试题库、应用案例、实验指导、授课视频、在线讨论、前沿动态、学生作品等资源，为教与学提供了全方位、多层面的知识。网络课程是传统课堂教学的重要补充，它使得教学形式更丰富，教学手段更灵活，并且有助于增强学生参与学习的积极性，提高学生的信息素养。

2.2 网络教育资源的检索与利用

网络使世界范围内的信息交流、信息资源共享成为现实。但互联网上的信息资源广泛地分布在整个网络中，没有统一的组织管理机构，也没有统一的目录，更没有统一的分类标准。由于缺乏统一的组织和控制，网络上的信息纷杂，要想从大量纷繁复杂、千变万化的信息海洋中及时、准确地获取所需的信息，就需要借助各种类型的网络信息检索工具。

2.2.1　网络教育资源的检索

网络信息检索工具是指在网络上提供信息检索服务的一类网站或服务器，其检索的对象是存在于网络信息空间中的各类信息。一般来说，网络信息检索工具主要可以分为目录检索工具和搜索引擎两大类。

1. 目录检索工具

目录检索工具是由信息管理专业人员在广泛搜集网络资源并进行加工整理的基础上，按照某种主题分类体系编制的一种可供检索的等级结构式目录。在每个目录类别下提供相应的网络资源站点地址，使用户能通过该目录体系的引导，查找到有关的信息。

目录检索工具的主要优点是所收录的网络资源经过专业人员的选择和组织，可以保证质量。这就减少了检索中的“噪声”，提高了检索的准确性。但是由于人工收集整理信息需花费大量的人力和时间，难以跟上网络信息的更新速度，所以其涉及信息的范围有限，其数据库的规模也相对较小。

目前最有代表性的目录检索工具有雅虎、搜狐、新浪等，如表 2-2 所示。

表 2-2　　使用目录型检索工具的常用网站

站点名称		网　址	备　注
英文网站	Yahoo!	http://www.yahoo.com	最有代表性的目录搜索引擎
	The Internet Public Library	http://www.ipl.org	该网站目录结构非常详细
中文网站	搜狐	http://www.sohu.com	国内常用门户网站
	新浪	http://www.sina.com.cn	国内常用门户网站
教育网站	中华人民共和国教育部	http://www.moe.edu.cn	政府网站
	惟存教育	http://www.being.org.cn	国内知名教育类网站

创建于 1994 年的 Yahoo！网站是最早、最有代表性的目录型检索工具。Yahoo！将网络资源按内容分为若干大类，每个大类下又逐级链接多个小类，最后与相应的 Web 页面相链接。图 2-1 所示的是 Yahoo！的网站首页。

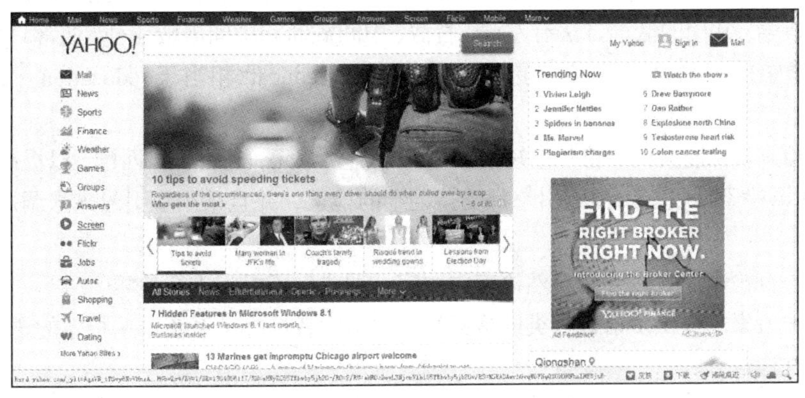

图 2-1　雅虎（http://www.yahoo.com/）

目录型检索工具的使用方法如下。

① 选择目录大类中的项目，然后一步步地缩小范围。

② 用一个含义较广的关键词（如教育、教育技术、信息资源等）查询，然后继续点击更详细的标题。

③ 如果一个目录不能给你合适的结果，用另一个试试。通常目录间会有很大的差别。

2. 搜索引擎

搜索引擎使用自动索引软件来发现、收集并标引网页，建立数据库。以网页形式给用户一个检索界面，供用户输入检索关键词、词组或短语等检索项。代替用户在数据库中查找出与其提问匹配的记录并返回结果，然后按其相关度排序输出。一方面，使用搜索引擎检索时，无需判断类目、归属，使用比较方便；另一方面，搜索引擎也存在一些缺陷，如由于人工干预较少，其准确性较差，检索结果中可能会有很多冗余信息。

（1）搜索引擎的工作原理

搜索引擎的工作过程主要包括信息采集与存储、加工、输出等。

① 信息的采集与存储。搜索引擎一般采用自动方式收集和存储信息，即运用 Robots、Spiders、Worm 等被称为“网络机器人”、“自动跟踪索引机器人”或“自动跟踪索引软件”的智能型软件，依据万维网上的链接向前搜索，找到相关的网页并将其调出。搜索引擎软件将自动给该网页上的某些或全部词作上索引，形成目标摘要格式文件，然后放入网络可访问的数据库。

② 加工（信息索引的建立）。采集和存储信息后，要建立索引查询系统。建立信息索引就是创建文档信息和特征记录，使检索者能快速地检索到所需信息，主要进行信息词语切分和词法分析、标注及相关的自然语言处理、建立检索索引处理。

③ 输出（相关性处理并建立索引界面）。一般情况下，网上信息检索的结果很多，大量的结果信息使得检索者无法逐一浏览。因此，搜索引擎还根据文件的相关程度进行排列，最相关的文件通常排在最前面。搜索引擎检索界面用于接受用户提交的查询请求，从而进一步找寻相应的网页地址。

（2）搜索引擎检索的基本方法

网络信息的检索有多种方法，因此我们可以根据所检索内容的不同，选择合适的检索方法。

① 布尔逻辑检索。常见的有“与”（and）、“或”（or）、“非”（not）等。不同的搜索引擎对该功能的支持程度有所不同，有的是“完全支持”全部以上逻辑运算。另外，在提供运算符号方面也有所区别，有些搜索引擎采用常规的命令驱动方式，即用逻辑运算符进行逻辑运算，有的则用符号“+”和“-”分别代替“and”和“not”。

② 截词检索。常用的截词方法有左截、右截、中间截断和中间屏蔽 4 种。通常只提供右截法，而且搜索引擎中的截词符通常采用星号“*”。例如，educat*相当于 education、educational、educator 等。

③ 短语检索。在搜索词中将一个短语当作一个独立单元，进行严格匹配，以提高检索的精度和准确度。短语检索不仅规定搜索引擎都支持词组的检索，并且采用双引号来强调短语，如“教育技术”。

④ 自然语言检索。直接采用自然语言中的字、词或句子提问进行检索。

⑤ 多语种检索。提供多语言种类的检索环境供检索者选择，系统可按指定的语种进行检索，并输出相应的检索结果。

⑥ 区分大小写的检索。主要针对检索词中含有人名、地名等专有名称的检索。

3. 网络资源检索技巧

无论是使用搜索引擎还是使用基于万维网的检索工具进行信息检索，运用一定的检索技巧是非常必要的。网络资源检索技巧有以下几种。

（1）选择合适的检索词有利于提高检索的精确度、准确性，如专有名词、特定概念或非常用词等。

（2）构造恰当的检索提问式，如使用布尔逻辑运算中的 and、or 和 not，或使用双引号将需要检索的词组或短语标出。

（3）使用加权检索限制必须出现的检索词和不出现的检索词，利用同义词、近义词扩大检索范围，就同一检索提问访问多个数据库。

（4）全文检索使用 Open text；概念查询使用 Excite；细节查询或强调获取较为具体、特定的信息时，使用 Alta Vista 等索引性较强的检索工具。

（5）中文信息检索使用中文搜索引擎。如天网搜索侧重于学术信息，中经网导航是较系统全面的经济、法规搜索引擎，中国网友（China partner）提供中文、经济、娱乐方面的导航等。这些都是较好用的中文信息检索工具。

（6）尽量使查询条件具体化，根据需要选择网页搜索、网站搜索等。

（7）寻求网上帮助。使用 BBS 电子公告牌、E-mail、QQ，或者访问专门回答问题的网站，如 http://www.findout.com（对具体的问题提供快速、免费的回答）等。

（8）关闭 Internet Explore 高级属性中的多媒体选项，采用纯文本传输以提高网络传输速度等。

除了实施检索、根据搜索“反馈”及时调整检索策略以外，还要注意及时调整查全率和查准率的措施。不同的检索目的，不同的检索需求，对查全率和查准率的要求不同。

2.2.2　学术数据库的检索

专业网络教学资源的检索主要依赖于专业的学术数据库。因此，本小节对国内外主要的专业学术数据库进行介绍。

1. 国内主要的专业学术数据库

（1）中国知网（http://www.cnki.net）

中国知网是全球领先的数字出版平台，是一家致力于为海内外各行各业提供知识与情报服务的专业网站。中国知网的服务内容涉及以下几个方面：

① 中国知识资源总库。提供 CNKI 源数据库、外文类、工业类、农业类、医药卫生类、经济类和教育类多种数据库。其中综合性数据库为中国期刊全文数据库、中国博士学位论文数据库、中国优秀硕士学位论文全文数据库、中国重要报纸全文数据库和中国重要会议文论全文数据库。每个数据库都提供初级检索、高级检索和专业检索 3 种检索功能。高级检索功能最常用。中国知网为初级用户提供了在线的使用指南。其个人数字图书馆使用手册的网址为：http://epub.cnki.net/grid2008/help/gerenguan/index.html。

② 数字出版平台。数字出版平台是国家“十一五”重点出版工程。数字出版平台提供学科专业数字图书馆和行业图书馆。个性化服务平台涉及个人数字图书馆、机构数字图书馆、数字化学习平台等。

③ 文献数据评价。2010 年推出的《中国学术期刊影响因子年报》在全面研究学术期刊、博硕士学位论文、会议论文等各类文献对学术期刊文献的引证规律的基础上，首次提出了一套全新的期刊影响因子指标体系，并制定了我国第一个公开的期刊评价指标统计标准——《〈中国学术期

刊影响因子年报>数据统计规范》。一系列全新的影响因子指标体系，全方位提升了各类计量指标的客观性和准确性。研制单位还出版了“学术期刊各刊影响力统计分析数据库”和“期刊管理部门学术期刊影响力统计分析数据库”，统称为《中国学术期刊影响因子年报》系列数据库。该系列数据库的研制出版旨在客观、规范地评估学术期刊对科研创新的作用，为学术期刊提高办刊质量和水平提供决策参考。

④ 知识检索。中国知网提供方便、快捷和准确的文献搜索。精确完整的搜索结果、独具特色的文献排序与聚类，是开展学术科研的得力助手。“一切用数字说话”，CNKI 数字搜索让学习和研究变得简单而明白，这有助于研究者快速方便地了解学术趋势、学术热点、学术发展历程和经典文献。

（2）维普资讯网（http://www.cqvip.com）

该网是重庆维普资讯有限公司开发研制的中文电子期刊数据库,收录了 1989 年以来我国自然科学、工程技术、农业科学、医药卫生、经济管理、教育科学和图书馆情报等学科 12000 余种期刊 1700 余万篇文章的全文，并以每年 100 万篇的速度递增。

（3）超星数字图书馆（http://www.ssreader.com）

超星数字图书馆设文学、历史、法律、军事、经济、科学、医药、工程、建筑、交通、计算机和环保等几十个分馆。目前拥有数字图书 10 万多种，包括 51 个学科分类，涉及哲学、宗教、社科总论、经典理论、民族学、经济学、自然科学总论、计算机等各个学科门类。收录年限为 1977 年至今。

（4）中国国家数字图书馆（http://www.nlc.gov.cn）

国家数字图书馆已在因特网上发布超过百万册件的电子书。国家数字图书馆将成为世界最大的中文文献收藏中心、中文数字资源基地和中国最先进的信息网络服务基地。

2. 国外主要的专业学术数据库

（1）美国

① Wiley Inter Science。Wiley Inter Science 是 John Wiley & Sons 公司创建的动态在线内容服务，1997 年在网上开通。通过 Inter Science，Wiley 公司以许可协议形式向用户提供在线访问全文内容的服务。Wiley Inter Science 收录了自然科学、工程技术、医疗领域及相关专业期刊的文章，涉及 30 多种大型专业参考书、13 种实验室手册的全文和 500 多个题目的 Wiley 学术图书全文。

② IEEE/IEE。IEEE/IEE 收录美国电气与电子工程师学会（IEEE）和英国电气工程师学会（IEE）自 1988 年以来出版的全部 150 多种期刊,5670 余种会议及 1350 余种标准的全文信息。IEEE（Institute of Electrical & Electronics Engineers）是电子信息领域最著名的跨国性学术团体，其会员分布在世界 150 多个国家和地区。

③ EBSCO。其网址是 http://ejournals.ebsco.com。该公司从 1986 年开始出版电子出版物，共收集了 4000 多种索引和文摘型期刊和 2000 多种全文电子期刊。该公司含有 BSP（Business Source Premier，商业资源电子文献库）、ASP（Academic Search Premier，学术期刊全文数据库）等多个数据库。

④ OCLC。联机计算机图书馆中心（Online Computer Library Center，OCLC），是世界上最大的提供文献信息服务的机构之一。绝大多数数据库由一些美国的国家机构、联合会、研究院、图书馆和大公司等单位提供。数据库的记录中有文献信息、馆藏信息、索引、名录、全文资料等内容。资料的类型有书籍、连续出版物、报纸、杂志、胶片、计算机软件、音频资料、视频资料、乐谱等。

⑤ Springer。Springer 包含化学、计算机科学、经济学、工程学、环境科学、地球学、法律、生命科学、数学、医学、物理与天文学 11 个学科，其中许多为核心期刊。

（2）英国

① Ingenta。其网址是 http://www.ingenta.com。该网站是 Ingenta 公司于 1998 建成的学术信息平台。在几年的发展中，该公司先后兼并了多家信息公司，合并了这些公司的数据库。整合后该公司可提供 190 多个学术出版机构的全文联机期刊 5400 多种，以及 26000 多种其他类型出版物。目前，Ingenta 公司在英国和美国多个城市设有分公司，拥有分布于世界各地的 10000 多个团体用户和 2500 万个个人用户，已经成为全球学术信息服务领域的一个重要的文献检索系统。

② Blackwell。其网址是 www.blackwell.com。Blackwell 出版公司是世界上最大的期刊出版商之一，总部设在英国伦敦的牛津，以出版国际性期刊为主，包含很多非英美地区出版的英文期刊。它所出版的学术期刊在科学技术、医学、社会科学以及人文科学等学科领域享有盛誉。目前，Blackwell 出版的期刊总数已经超过 700 种，其中理科类期刊占 54%，其余为人文社会科学类。涉及学科包括农业、动物学、医学、工程、数学统计、计算机技术、商业经济、生命科学、物理学、人文科学、艺术、社会及行为科学等。Blackwell 出版期刊的学术质量很高，很多是各学科领域内的核心刊物。其中，被 SCI 收录的核心期刊有 239 种，被 SSCI 收录的期刊有 118 种。

2.2.3　网络教育资源的重组与利用

网络教育资源尽管内容丰富多彩，但信息分散无序、交叉重复、知识关联度低、冗余信息多等缺点，给人们的使用造成了困难。网络教育资源利用数据挖掘、智能搜索等技术，根据用户的需求，对网络信息进行选择、重组，使信息上升为知识，并且在各相关知识点之间建立便捷的链接关系，完善的信息导航系统，从而使用户可以直接获取符合需求的知识，以提高知识的利用效率。

1. 网络教育资源的重组

网络教育的核心要求是以形成学生探究行为、促进学生发展为第一目标。资源组织过程中需要充分考虑学生现有的学习能力、学习类型、学习方式，以及学习的不同阶段，因为这些都将影响信息组织的不同方式。学习能力主要指学习者的信息素养，包括有效地确定信息、批判性地评价信息，以及创造性地利用信息的能力。在重新组织的过程中，要具备丰富的资源，强调信息的主动获取过程，强调学习顺序和媒体选择的灵活运用，以适应不同学习者的不同学习类型。学习的组织方式主要分为个别学习、小组学习和群体学习。一般认为，个别和小组相结合的学习组织形式是网络环境下开展研究性学习的较好方式。群体学习一般通过同步学习实现，因此对于资源的组织，无论是内容、结构，还是顺序，都要统一要求，统一标准。目前，国内对网络教育资源的重组，主要体现在网络教学资源库和网络精品课程的建设上。

（1）网络教学资源库建设

网络教学资源库建设主要是指通过新技术对原始信息资源进行重组，使之更加组织化、有序化，并最终形成符合用户需要的各类专业资源数据库。网络教学资源库可以将各学校不同平台、不同结构的教学资源进行汇总、整合并统一到一个开放式的全专业的共享资源平台中，然后将该资源全库镜像到每个学校的校园网内，并实施定期更新服务，为教师和学生提供直接、快捷、方便的资源服务。

（2）网络精品课程建设

精品课程是具有一流教师队伍、一流教学内容、一流教学方法、一流教材、一流教学管理等特点的示范性课程。精品课程把学术研究成果转化为教学内容，突出教学特色，是集科学性、先进性、教育性、整体性和有效性于一身的主干课程。精品课程建设是一项综合系统工程，其中包括 6 个方面：教学队伍建设、教学内容建设、教材建设、实验建设、机制建设以及教学方法和手段建设。精品课程建设的目的，是要提倡教学方法的改革和现代教育技术手段的运用，鼓励使用优秀教材，提高实践教学质量，发挥学生的主动性和积极性，培养学生的科学探索精神和创新能力。精品课程所聚集的优秀资源，可以更大范围内得到共享，使学生得到最好的教育。精品课程的示范作用，对其他课程建设有着积极的推动意义。

精品课程资源网站比较权威、全面的是国家精品课程资源网（http://www.jingpinke.com），如图 2-2 所示。国家精品课程资源网由国家精品课程资源中心负责运营。网站集中展示了 4000 多门国家级精品课程和 2400 门国外 Open Course Ware 课程，初步具备信息发布、课程展示、课程检索、课程评价等基本功能，建成了适应精品课程存储、检索、服务运行需求的支撑环境，为教育资源共建共享和可持续发展打下了坚实的基础，是广大教师和学生应用网络教学的坚强后盾。

图 2-2　国家精品课程资源网（http://www.jingpinke.com）

2. 网络教育资源的有效利用

网络环境下的学习以学习者自主探究学习为主，主要的学习工具是计算机网络，学习的对象是网络教学资源。教师的作用主要体现在资源的准备和推荐、活动中方向的控制，以及学习中问题的引导和拓展等方面。网络教育资源的利用从教育功能上主要体现在以下几个方面。

（1）同步式网络教学。主要面向中小学，内容与学校教学完全同步，网络作为一种辅助传播工具。

（2）课外活动类网络教学。着眼于发展学生的兴趣爱好、思维品质、解决问题的能力、与人合作的精神，着眼于培养团体协作和创新精神。它的内容是一个个经过精心设计和策划的项目，学生在参与项目和实际解决问题的过程中学到知识、掌握技能。

（3）高等学校网络教学。一般由某个高校举办，实施远程教育，发放有效的文凭证书。

（4）职业技术培训类网络教学。一般由某个公司或企业举办，目的是使学生快速形成某种技能，学到某种技能知识。课程的实用性、职业倾向性强。

2.3　网络教学工具资源

2.3.1　Blog

Blog 全名 Web log，中文意思是“网络日志”，后来缩写为 Blog。它是继 E-mail、BBS、IM 之后出现的第四种网络交流方式，是网络时代的个人“读者文摘”，代表着新的生活方式和新的工作方式，更代表着新的学习方式。简而言之，Blog 就是以网络作为载体，简易迅速便捷地发布自己的心得，及时有效轻松地与他人进行交流，再集丰富多彩的个性化展示于一体的综合性平台。

1. Blog 的特点

（1）易用性。简单易用，几乎不需要懂得图形处理、网页制作、网页发布等相关技术，只要使用者会上网、会打字即可。使用者只需在 Blog 网站免费注册就可以获得自己的 Blog 空间，成为一名博客（Blogger）。若了解 Blog 所具有的特色，就能更好地利用它为自己的学习、生活和工作服务。

（2）个人性。由个人管理，也可以设置多人共同管理。对于私密性的内容可设置为不公开发布，仅由管理员阅读。

（3）开放性。Blog 是一个公开发布的笔记本。通过 Blog，人们从信息共享走向思想共享。任何人都可以把自己的资料、个人的观点思想分享给全球的人类，他人也可以随时对你的 Blog 发表评价或评论。

（4）动态性。Blog 的魅力在于它的不断更新。是否经常更新内容，这是一个优秀 Blog 的重要标志。

（5）累积性。Blog 的效果，还在于它需要持续的坚持。在开始使用时，它不会产生明显的效果，只有坚持积累到一定时间，Blog 的累积效应才凸显出来。

2. Blog 的组织形式

从 Blog 参与主体多少来划分，最常见的两种组织方式是个人 Blog 和团体 Blog。个人 Blog 通常是以个体学习者书写、记录、思考的内容为中心，更多关注个体学习时间积累的知识效应。团体 Blog 则通常是基于某一主题，形成网络学习交流协作空间，将对主题的研究推向深入。

3. Blog 在网络教学中的作用

（1）可用于发布课程教学信息。

教师可把教学的纲要、学习方法指导、作业发布到 Blog 上。学生定期浏览老师的 Blog，就可以从中及时了解相关课程信息。

（2）可作为师生、家校互相交流的平台。

教师 Blog、学生 Blog、家长 Blog 或其中之一，均可以作为沟通、联系的平台。这不但拓宽了交流手段，而且所交流内容开放、共享，使互联网由信息共享走向思想共享。黎加厚教授称之为体验生命历程共享。

（3）可用于教育叙事研究。

在 Blog 上即时书写，是一种常见的书写形式。通常以教育随笔的形式，记叙教育、教学实践中的事件、细节或引发的感想。以 Blog 形式进行教育叙事研究，能脉络清晰地展示教师对教育实践的观察和反思过程，不仅为教学研究积累丰富的原始素材和案例，更重要的是有力地促进了教师本人的专业发展。

（4）可用于支持问题讨论式学习。

由老师或学生提出某个话题后，学生以发表评论的形式，参与讨论。这可以提高学生的学习参与度，在交流和思想碰撞中不断促进学生的思维。在平等民主的气氛中，往往容易催生出富有创意的想法。

（5）支持基于项目或问题的研究性学习。

老师或学生提出某个研究项目，通过 Blog 进行研究过程的管理和研究过程的共享。研究的内容、支持的资源、时间进度、团队分工、研究过程阶段性成果等信息都可及时通过 Blog 发布。研究过程中出现的问题也可以发布在 Blog 上，寻求多方的帮助。

（6）可用于师生发布和出版个人作品。

学生、教师在学习过程中所创作的电子作品特别是电子文章，可以方便地通过 Blog 进行个人出版。通过这种形式，每个人都有可能成为信息的发布者、知识的建构者，促进个人主体意识的觉醒。在提供他人作品阅读、接受评论的过程中，可以提高个人的自信心，增强成就感，有可能重构个人生活态度和人生价值观。

（7）用 Blog 拓展个人学习兴趣。

通过 Blog，学习者能逐步形成个人的学习兴趣生态圈，例如，你可以链接你感兴趣的 Blog 或相关领域优秀者的 Blog，通过阅读 Blog、留言或发表评论等方式与他们建立广泛的社会关系。这样，我们不但可以分享到他们已有的研究成果，而且能够分享到他们的经验和思想，从而使得自己某一方面的学习兴趣和知识结构实现跨越式的提升和发展。

（8）以个人 Blog 形式建立电子档案袋。

Bolg 本身就是一个电子档案袋，或者说是一种形式很好的电子档案袋。它能真实地展示学生知识积累和认知提高的轨迹，更确切地说反映智慧生命（每一个个体都应该是一个智慧生命）的成长过程。

（9）建立团队 Blog，拓宽师生、生生间的交流渠道。

团队 Blog，可以是教师群体、学生群体或基于某一兴趣、项目而组成的一个群体。建立团队 Blog，能更方便地展示群体的研究成果，方便群体成员进行交流、共享。个人 Blog 的不断丰富，使团队 Blog 产生一个累积效应、集合效应，从而有力地推动学校学习型组织的建设、推动学校合作、共享文化的形成。“个人的知识管理汇聚到一个组织中，就会形成更大的效应和价值，这是当前的知识管理研究公认的一个价值规则。”

2.3.2 Wiki

Wiki 一词来源于夏威夷语的 wee kee wee kee，原本是“快点”的意思。在这里 Wiki 指一种超文本系统。这种超文本系统支持面向社群的协作式写作，同时也包括一组支持这种写作的辅助工具。我们可以在 Web 的基础上对 Wiki 文本进行浏览、创建和更改，而且创建、更改、发布的代价远比 HTML 文本小；同时 Wiki 系统还支持面向社群的协作式写作，为协作式写作提供必要帮助；最后，Wiki 的写作者自然构成了一个社群，Wiki 系统为这个社群提供简单的交流工具。与其他超文本系统相比，Wiki 有使用方便及开放的特点，所以 Wiki 系统可以帮助我们在一个社群内共享某领域的知识。

1. Wiki 的特点

Wiki 是一个供多人协同写作的系统。与博客、论坛等常见系统相比，Wiki 有以下特点。

（1）使用方便。Wiki 可以快速创建、更改网站各个页面内容。格式简单的基础内容通过文本编辑方式就可以完成，使用少量简单的控制符还可以加强文章显示效果。链接方便，内部链接可以直接产生，外部链接的引用也很方便。

（2）自组织。Wiki 整个超文本的相互关联也可以不断修改、优化。Wiki 系统内多个内容重复的页面可以被汇聚于其中的某个，相应的链接结构也随之改变。

（3）可增长。如果 Wiki 页面的链接目标尚未存在，通过点选链结，我们可以创建这些页面，使系统得以增长。

（4）开放性。Wiki 社群内的成员可以任意创建、修改或删除页面。Wiki 系统内页面的变动可以被来访者清楚观察到。

由于 Wiki 的特点，其本身也成为网络研究的对象。对 Wiki 的研究也许能够让人们对网络的认识更加深入。另外，因为 Wiki 是一个群体协作的平台，所以它还有平等、共享的特点。

2. Wiki 在教育中的应用

（1）作为教育教学信息源。

Wiki 作为一个简单的 Web 站点，从作用上看与普通教育站点一样都是作教育信息源。各种教学资源，如讲义、论文、电子教材、图片素材等，任何人都可以添加并允许其他人修改、完善和扩展，这样 Wiki 站点就成为积累该领域资源的一个丰富的教育信息源。如果发挥 Wiki 的群体参与和更新迅速的优势，建立各种教育 Wiki 站点，将极大地填补网上教育教学资源的不足。

（2）作为师生网上学习交流、协作共创和问题解决的环境。

利用 Wiki 给我们提供的环境，可以搭建起网上沟通和交流的平台，在这个平台上完成信息的发布（如课程表、课程内容）、相关活动的策划以及相关专业知识的积累等。这有利于班级情感的交流和良好班级文化的形成。使用 Wiki，可以促进师生交流。教师可以把教学计划、教学内容、对学生的评语等写入 Wiki 中，学生可以根据自己的想法进行添加、修改和删除。由于 Wiki 具有历史恢复功能，因此教师可以在权限上不加控制，尽可能让学生不受限制地参与进来，达到真正平等的师生互动状态。同时，学生的作业、读书笔记也可放入 Wiki 中，教师可以在 Wiki 上直接评阅、更正和附上评语。

（3）作为课程和学科建设的工具。

对于那些授课面广，授课人员多的基础性课程，通过 Wiki 可集聚各人之长，由众位教师共同完善课程内容和相关教学资源，让整个课程的资源更充实，内容更详尽。另外，利用 Wiki 将教师的研究成果或优秀教育资源进行分门别类，教师在进行科研活动的时候也更具目标性。Wiki 的独特优势加上每个教师的参与，可实现整个学科的建设。在这方面的成功案例有教育技术百科，它是由北京师范大学搭建的建设教育技术学科的平台。

（4）作为主题资源建设的工具。

主题资源建设是一个系统工程，不能由个体单独完成，它需要群体（一个班级、一个学校、一个区域等）的协同工作，群体中的不同个体需要分别承担不同的任务，Wiki 技术满足了群体协同工作的需要。因为 Wiki 是一种基于网络的多人协同写作工具，Wiki 站点可以由多人（甚至任何访问者）维护，每个人都可以发表自己的意见，或对共同的主题进行扩展或者探讨。

（5）作为专题学习网站建设的工具。

最初的 Wiki 专题网站页面，由专业知识老师和网络管理老师根据校本课程开发、研究性学习等的需要来编写设计，构架一个脉络清晰、主题鲜明的目录结构，引导学习者不断扩充这些相关知识，使内容翔实、条目细化。在专题研究中，教师能更准确地把握学生的研究动态和研究进程；

在协作共建中，以平等的身份参与到其中；在研究过程中，给予适时、适当的启发、引领，促进学生在自主探究学习过程中不至于迷失，确保学习沿着正确方向顺利进行。

（6）促进协作学习。

Wiki 的开放性，使每个学习者都是网络的主人，为解决问题提供了良好的协作氛围。每个学习者都能感觉到自己的价值和意义，从而促进学习积极发生、问题协作有效进行。

2.3.3 腾讯 QQ

QQ 是深圳市腾讯计算机系统有限公司开发的一款基于 Internet 的即时通信（IM）软件。腾讯 QQ 支持在线聊天、视频电话、点对点断点续传文件、共享文件、网络硬盘、自定义面板、QQ 邮箱等多种功能，并可与移动通信终端等多种通信方式相连。QQ 也是一个群聊的工具，其中有群共享、群公告、群相册等内容，群主即是管理员。群主在创建群以后，可以邀请朋友或者有共同兴趣爱好的人到群里面聊天。群除了聊天，还提供了群空间服务，在群空间中，用户可以使用群 BBS、相册、共享文件等多种方式进行交流。QQ 群在教学中的主要应用体现在使用 QQ 辅助教学和进行班级管理两方面。

1. QQ 辅助教学

借助网络 QQ 辅助课堂或课外教学，是对传统教学方式的一种有效补充，尤其对师生处于准分离状态的远程教育来说，QQ 无疑成了他们交流和实现信息反馈最有效的途径。QQ 群在辅助教育教学方面的具体应用如表 2-3 所列。

表 2-3　QQ 群在教育中的具体应用

年级水平	应用领域
小学	QQ 整合于家庭教育，建立一种家庭、社会和学校互联互通的网络教学模式，让老师、家长和学生一起参与讨论、交流学习心得
中学	建立中学生的班级 QQ 群；使用 QQ 群进行中学生德育教育；班主任借助 QQ 群管理班级
大学	学科课程中应用 QQ 群开展协作学习；高校班主任利用 QQ 群管理班级，开展德育教育；利用 QQ 群构建学科课程辅助教学平台；利用 QQ 群搭建大学生心理健康教育和心理咨询平台
远程网络教育	利用 QQ 群实施远程班级管理；利用 QQ 群建立一对一的远程教学支撑平台；利用 QQ 平台辅助教学探索；QQ 群在远程教学小组协同学习中的应用等

（1）文件传输。借助 QQ 可实现文件的实时和非实时传输。若拥有 QQ 号的师生双方同时在线，可利用 QQ 提供的文件传输功能实现在线发送和接收。若一方不在线，则可借助离线文件传输或 QQ 邮箱实现非实时传输。如一方先将信息发送到另一方的 QQ 邮箱中，等另外一方登录后即可查阅。利用 QQ 文件传输功能，学生可方便快捷地提交作业。

（2）在线答疑和讨论。教师可利用 QQ 实现课堂辅导和课后答疑、讨论。具体可通过两种途径来实现：一是针对个别有问题的学生，教师可借助 QQ 实现一对一的辅导；对大多数学生存在的普遍问题，教师可在班级 QQ 群中进行一对多的辅导。对一些存在争议的、答案不唯一的开放性问题，学生可在 QQ 群中进行多对多的讨论，之后教师再做点评。

（3）文件共享。QQ 中的文件共享可通过 QQ 群中的文件共享功能和 QQ 网络硬盘两种途径实现。教师和班级 QQ 群的管理员可将重要的学习资源，如课后复习题、内容扩充材料、作业要求等上传到 QQ 空间实现资源班级共享。但是，这种方式对文件容量有限制，对较大容量的资源可上传到 QQ 网络硬盘中，且利用 QQ 网络硬盘的分类功能可实现资源的分类管理，这样便于资源的查找和管理。

2. QQ 用于班级管理

借助 QQ 进行班级管理主要是指利用 QQ 的匿名和非匿名特性，对班级群体的德育进行引导和约束，或针对班级和个人实施心理辅导。在具体实现过程中采取如下策略。

（1）学校可以安排有能力的教师做“版主”或“群主”建 QQ 群或贴吧，开设或选择一些内容健康，知识性、趣味性强的论坛。在 QQ 群或贴吧的论谈和交流中给学生做心理疏导，或许比面对面更加有效、更能受到学生欢迎；在 QQ 群或贴吧发表自己对学校、家庭、社会交往等各种问题的看法和见解，提高辨别是非的能力，减轻心理压力。

（2）教师要转换角色，进入学生 QQ 群内部了解学生，同时教师要加强心理学知识的学习。学生 QQ 具有隐匿性，它是获得学生信息的主要途径，这就要求教师要进入 QQ 群内部了解、辅导和教育学生；掌握 QQ 群内学生的心理特点，避免用淡漠和忽视的态度与之交流。通过 QQ 群渗透道德理念，积极引导 QQ 群学生道德价值取向，培植 QQ 群学生道德行为能力，对减少学生心理障碍将起到很大作用。

（3）教师可运用 QQ 进行德育教育。教师利用 QQ 收集到的信息开设专题讲座，对学生开展信息化品德教育，树立信息道德观念；学校充分利用电教设备，开展有关德育的网络环境下或基于班级 QQ 群的教学研讨活动，传授网络知识，引导学生利用好 QQ；加强学生的自我保护意识教育，提高学生对不良信息的分辨能力和免疫力。

2.3.4 BBS

BBS 是英文 Bulletin Board System 的缩写，翻译成中文为“电子布告栏系统”或“电子公告牌系统”，也就是我们常说的论坛。BBS 是 Internet 的一种电子信息服务系统。它提供一块公共电子白板，每个用户都可以在上面书写，可发布信息或提出看法。它是一种交互性强、内容丰富而及时的 Internet 电子信息服务系统。用户在 BBS 站点上可以获得各种信息服务，发布信息，进行讨论、聊天等。BBS 可以把不同的问题分门别类，分成不同的版块。BBS 在网络教学交流中的功能如下。

（1）课程 BBS 是网络教育的重要交流工具。教师在此发布课程导学材料，引导学生合理安排自己的学习活动；同时按照一定的周期在此组织教学活动，组织学生进行学习讨论，引导学生完成课程作业；在期末到来之前，发布考前辅导资料，帮助学生提高考前复习的效率。

（2）教师贴。通过教师贴可以提供学习资料和导学材料，发布公告、声明和建议，对学生学习问题进行提示及讨论，营造良好的交互氛围，以增强情感交流。

学生和学生之间的交流主要有学习内容的交流、学习方法的交流和学习情感的交流，主要通过课程 BBS、网络论坛等形式进行，同时学生内部还可自发建立班级群、专业群，这些途径都可以加强学生之间的交流。

思考与练习

1. 网络教育资源的定义和特点。
2. 网络教育资源的种类。
3. 网络信息检索工具有哪两类，区别是什么？
4. 创建一个自己的 Blog，并发表一篇关于教育技术学课程学习的体会。
5. 利用中国期刊网检索 3 篇有关信息化教学的学术文章。

第3章 教学媒体与多媒体素材的处理

本章学习目标：

通过本章的学习，了解什么是教学媒体，掌握教学媒体的特性、功能与分类，了解常见的多媒体素材的获取与处理方法，了解常见的教学媒体设备及其在教学中的使用。

本章要点：

- 教学媒体的定义；
- 教学媒体的功能；
- 多媒体素材的处理；
- 常见的教学媒体设备。

3.1 教学媒体概述

媒体是指信息在传播过程中，信息源与信息的接受者之间的中介物，即传递信息的载体和物质工具。人类生活离不开信息的传播，也离不开媒体。媒体是人体的延伸。

教学是教育信息的传播过程，这个传播过程主要有4个基本要素，即传播者、信息、媒体和受传者。教学过程可以通过不同的媒体来实现。要使一个教学系统能有效地执行其教学功能，使教学传播达到预期的传播效果，必须有效而充分地利用教学媒体。

3.1.1 教学媒体的定义

媒体存储或传播教与学活动的教学信息时，被称为教学媒体。教学媒体是教学资源的组成部分，是为实现特定的教学目标服务的。对教学媒体的正确认识、选择和利用是提高教学效率的前提。教学媒体是教育者进行教育与教学活动的中介手段，是受教育者或任何个体学习的基本条件。教学媒体的选用是教学设计的核心。无论是教学媒体硬件还是教学媒体软件的使用，都要符合教学活动的要求。像黑板、教材、录音、录像、幻灯片等都属于教学媒体。

教学媒体，尤其是现代教学媒体，在当今教育领域发挥着巨大的作用。正确使用教学媒体，可以开发学生的智力，激发学生的求知欲，提高教学质量，得到更佳的教学效果。

3.1.2 教学媒体的功能

教学媒体应用于教学活动中，能够使教学信息传递更加标准化，教学过程更加生动有趣。它还能帮助学习者进行自主学习，从而提高学习者的学习效率。教学媒体的具体功能如下。

1. 有利于教学资源共享

备课是教师上课前对课程的准备，包括对各种课件以及素材的制作和整理。教学媒体的重要性在教学中是不容忽视的。利用教学媒体，可以重复使用一些教学资料，教师之间也可以共享资料，避免重复劳动。

2. 有利于教学标准化

不同的教师在讲授相同的课堂内容时往往会采用不同的表述方式，选择不同的示例，形成不同的课堂节奏，从而使学生对知识的理解产生不同的效果。使用教学媒体进行教学时，精心设计的媒体素材能够准确、恰当地对教学内容进行表述，实现教学标准化。

3. 有利于创设教学情境

使用教学媒体，可以产生形象生动的画面、逼真的音响效果，能够使学习者尽快进入特定的教学情境，从而激发其学习兴趣，产生学习动机，带动学习者的情绪变化，达到积极主动参与教学的目的。

4. 有利于提高教学质量和教学效率

教学媒体可以在短时间内形象地将教学内容传递给学习者，充分利用学习者的各种感官，使学习者快速接受信息，得到更好的教学效果。

5. 有利于进行自主学习

教学媒体可以为学习者提供自主学习的良好条件。学习者可以自选学习方式，对于同样的学习内容，学习者不仅可以选择不同的媒体进行辅助学习，还可以自定学习时间、地点和进度，因此学习者有很大的灵活性，有利于终身学习的实现。

3.1.3　教学媒体的分类

目前教学媒体的使用已十分广泛，其种类也很多，从不同的角度出发，其分类也不同。下面来介绍几种常用的分类方法。

1. 按媒体发展先后分类

按教学媒体发展的先后，通常将早期课堂教学中使用的媒体称为传统教学媒体，而近一个世纪以来利用科技成果发展起来的电子传播媒体称为现代教学媒体。

（1）传统教学媒体

传统教学媒体通常指教学中常用的语言、文字、教科书、黑板、粉笔、挂图、模型、实物、实验演示装置及教师的各种表情、教态等教学媒体。这些媒体的应用历史悠久，使用简单方便，在过去和现在的教育教学活动中，一直担当着传递教育教学信息的主要或重要媒体的角色，在将来的教育教学活动中，仍然是传递教育教学信息的重要媒体。虽然有些教学媒体在今天的使用频率有所减少，但它们仍是人类教学不可或缺的工具。

（2）现代教学媒体

现代教学媒体在我国也称为电化教育媒体，主要包括幻灯、投影、录音、电影、电视、录像、计算机等教学媒体，以及由它们组合成的教学媒体系统，如语音实验室、视听阅览室、微格教学训练系统、闭路电视系统、多媒体综合教室、计算机网络教室、电子白板等。

2. 按照作用于人的感官分类

按学习者使用媒体的感官分类，教学媒体可分为以下几种。

（1）听觉媒体

呈现听觉信息的媒体，如广播、录音、唱片、音乐、MP3、复读机等。

（2）视觉媒体

呈现视觉信息的媒体，如教材、教学挂图、模型、标本、幻灯、投影、视频展台、电子白板等。

（3）视听媒体

呈现视觉与听觉信息的媒体，如电视、电影、录像、可视电话等。

（4）综合媒体

使用者视、听、触觉可同时参与的媒体，如多媒体课件、网络教室、微格教学系统、三维或四维影院系统等。

3. 按媒体的物理性质分类

根据媒体的物理性质，教学媒体可分为4类。

（1）光学投影教学媒体

包括幻灯机和幻灯片、投影机、电影机和电影片等。这类媒体主要通过光学投影，把小的透明或不透明的图片、标本、实物投影到屏幕上，呈现教学所需要的信息，包括静止图像和活动图像。

（2）电声教学媒体

包括电唱机、扩音机、语音实验室等。它们的主要特点是存储与传送活动的声音信息。

（3）电视教学媒体

包括电视机、录放机、影碟机、学校闭路电视系统、微格教学系统、LD、VCD、DVD 光盘等。它们的主要特点是存储与传送活动的声音与图像信息。

（4）计算机教学媒体及网络媒体

包括计算机、课件、计算机网络教室、计算机多媒体教室、校园网系统，以及多媒体辅助教学软件、虚拟现实技术系统等。它们能在各种教学活动中实现文字、图表、图像、音频、视频，甚至其他触觉、味觉等教学信息的传送、存储与加工处理。

4. 根据教学组织形式分类

（1）课堂展示媒体

包括投影、幻灯、课堂展示课件、黑板、挂图、标本等。

（2）个别化学习媒体

包括书籍、光盘、点读机等。

（3）小组教学媒体

包括投影、电子白板、实验仪器等。

（4）过程教育媒体

包括广播、电视、计算机网络等。

3.1.4 教学媒体的特征

教学媒体在现代教学中起着越来越重要的作用，它有利于学生形成完整的知识结构，能够吸引学生主动参与教学活动，能很好地体现出现代教育思想。教学媒体一般应具有如下特征。

（1）固定性

教学媒体可以记录和储存信息，以供需要时再现。如印刷媒体直接将文字符号固定在书本上，电子媒体将语言、文字、图像转换成声、光、磁信号固定在磁带或胶片上。媒体的这一特性使得以往的先进教育理论、知识财富和丰富教育经验得以保存，并能够通过教师或者各种媒体传授给学生。

（2）传播性

教学媒体可以将各种符号形态的信息传送到一定的距离，使信息在更大的范围内再现。在电子信息技术高速发展的今天，教学媒体的传播特性为网络教育、远程教育、虚拟实验室等教育形式奠定了基础。

（3）重复性

教学媒体可以重复使用，这些媒体可以根据需要一次次地被使用，这种重复使用的特性适应了学生逐渐领会、重温记忆的需要。

（4）组合性

教学媒体往往能够进行组合使用。教学媒体的组合性有以下 3 种表现形式。

① 将少数几种媒体技术紧密结合而形成一种新的媒体，如声画同步幻灯、交互视频系统。

② 根据教学活动的需要，将功能不同的几种媒体加以简单的组合，轮流使用或同时呈现各自的信息，如把幻灯、投影、录音、录像加以组合。在多媒体计算机出现以前，人们把这种组合系统称为多媒体组合教学系统。

③ 利用数字化技术将图、文、声、动画、视频等各种信息集成在一起统一处理，如计算机多媒体。组合性还指一种媒体包含的信息可以借助另一种媒体来传递，如图片、图表等既可以通过幻灯、投影呈现，也可以通过电视、计算机呈现在屏幕上。教学过程中可以有选择、有计划地进行媒体的组合使用，同时要避免太多媒体的组合，以保证学生把注意力放在学习内容上。

（5）工具性

教学媒体与人相比处于从属地位。即使是功能先进的现代化电子媒体，也是由人创造，受人控制的。教学媒体只能扩展或代替教师的部分作用，而且适用的媒体还需要教师和设计人员去精心编制相应的教材，即使具有人工智能的多媒体计算机系统也不可能完全替代教师。在学生的思想品德、心理问题的教育上，教学媒体的工具性表现得更为突出。

（6）能动性

教学媒体在特定的时空条件下，可以离开人的活动独立起作用。例如，优秀的录像教材和计算机课件可以代替教师上课，智能化地模拟教学过程。精心编制的教学软件一般都比较符合教学设计原理，采用的是最佳教学方案，尤其是由教学经验丰富的教师参与设计、编制的教学媒体，教学效果可能会更好。教学媒体能动性的存在为学习者实现终身学习提供了有利途径。

3.2　多媒体素材的处理

在教育教学中可以使用多种媒体为教学过程服务，这些媒体能够把微观世界形象逼真地表现出来，能够把漫长的生长过程或化学反应在短时间内呈现，还可以创造学习情境，让学习者尽快地进入良好的学习状态，这些都是媒体的作用。这些媒体的使用是离不开媒体素材的，各种媒体素材的成功制作是教学媒体发挥作用的良好保证。对媒体素材的处理，是离不开多媒体技术的。

对于多媒体（Multi-Media）一词，人们并不陌生。它是在传统课堂教育中加入了现代科技成份，把传统的文字教材和各种教学媒体有机地组合在一起，从而获得最佳的媒体效果。

多媒体技术一般指多媒体计算机技术，即用计算机处理多种媒体信息元素，如文字、图形、图像、动画、音频和视频等，使多种信息建立逻辑连接，集成为一个系统并具有交互性。所以，多媒体技术是计算机综合处理声、文、图像、视频等信息的技术。

多媒体中包含多种媒体信息元素，主要有文字、图形、图像、声音、动画、视频等。不同的媒体类型具有不同的编辑工具，例如：对于文本的编辑与处理常使用 Word 软件，对于图形图像的处理可使用 Photoshop 或绘图板等。

现在多媒体素材的处理软件很多，在具体的教学过程中要根据教学实际和媒体的表现内容、学习者特征等因素恰当的选用。

3.2.1 文本素材的处理

文本是教学中最主要的媒体资料，文本素材是最基本也是最常用的素材。文本作为多媒体素材中最基本的元素，对它的处理极为重要。文本素材的处理包括文本的采集、录入、编辑等，概括起来可分为对它的获取与编辑处理。

1. 文本素材的获取

文本的获得通常可以采用专门的文字处理软件 Microsoft Word、WPS、写字板、记事本等进行加工处理，也可以通过键盘直接输入、扫描输入、OCR 文字识别、手写录入、语音录入、网络下载等其他方式获得。

通过键盘直接输入是一种常用的文本获取方法。英文可直接输入，中文需使用相应的汉字录入方法输入，字音码常使用拼音输入法，字形码常采用五笔字形输入法。

扫描输入与 OCR 常结合使用。它是将印刷稿（印刷品）中的文字以图像的方式扫描到计算机中，再通过光学识别软件（如 OCR）将图像中的文字识别出来并转换为文本形式。目前，OCR 的中文识别率可达 85%以上。OCR 光学字符识别过程可用图 3-1 简单表示。

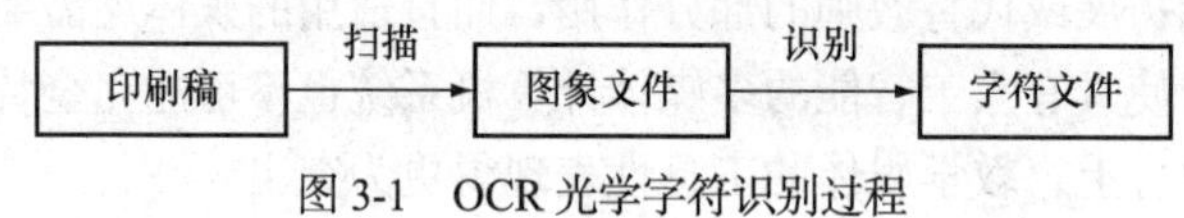

图 3-1 OCR 光学字符识别过程

手写输入方法使用“输入笔”设备，类似于我们平时在纸上写字。它是在写字板上书写文字来完成文本输入。使用输入笔输入方法一般有两种：一种是与写字板相连的有线笔；另一种是无线笔。写字板也有两种：一种是电阻式，另一种是感应式。

语音输入法是指将要输入的文字内容用规范的语音朗读出来，通过麦克风等设备输入计算机中，再由计算机的语音识别系统对语音进行识别，将语音转换为相应的文字。语音输入方法对发音的准确性要求比较高，目前的识别率还不是很高。

网络下载是利用网络搜索有用的文本素材，在不侵犯版权的情况下，可以从互联网上获取有用的文本。

2. 文本素材的编辑处理

文本素材的形式经常是图形文字、动态文字、静态文字等形式。图形文字的获取可利用 Microsoft Word 中的艺术字功能或用 Photoshop、Fireworks、Ulead COOL 3D 三维文字制作软件等图形图像处理软件进行编辑获得；动态文字的获取方法通常是利用多媒体创作软件，如 Flash、PowerPoint、Authorware 等；静态文字可用 Microsoft Word、WPS 等软件进行编辑和处理。

3. 常见文本文件的格式

目前对文本处理的软件种类较多，不同的软件生成的文件格式也各不相同，使用不同的文本编辑软件编辑文本时，系统通常会采用默认的文本文件格式保存文档。较流行的文本文件格式有以下几种。

（1）DOC 或 DOCX 格式：使用 Microsoft Word 字处理软件所生成的默认文档。

（2）TXT 格式：是纯 ASCII 码文本文件，不包括任何格式化的信息。Windows 系统的“记事本”就是支持 TXT 文本编辑的文字工具程序。还有一些其他的文字编辑软件也可生成 TXT 文本格式文件。

（3）WPS 格式：是国内金山公司中文字处理软件格式，通常是 WPS 软件生成的默认文档。它可以转换为 DOC 或 DOCX 文档。DOC 或 DOCX 文档也可转换为 WPS 文档。

（4）RTF 格式：是 Rich Text Format 文件格式，是一种可以包含文字、图片和超文本等多种媒体的文档。使用 Authorware 6.0/7.0 可以直接对 RTF 格式文档进行编辑，在 Microsoft Word 软件中也能将文档保存为 RTF 文件格式。

3.2.2 图形与图像素材的处理

图形和图像属于视觉能感受到的一种形象化的信息，是教育技术中一种重要的媒体，在教育教学中的应用比较广泛。它可以形象、生动地呈现出教学内容，使学习者易于理解，帮助学习者记忆知识，为学习者创设学习情境，激发感官联想，增加学习兴趣，降低学习者的视觉疲劳感，有助于提高教学效果。

随着计算机技术和数码设备的快速发展，图形图像的获取和处理变得日益方便和普及，所使用的技术手段和方法也较多。

1. 图形与图像素材的获取

图形图像主要分为两种类型：一类叫做矢量图，一类叫做位图。两者的特点不同，所以对二者的获取方法和加工和处理的软件也不同。

矢量图（图形）：也称向量图，它由点、线、形状等组成，这些点、线、形状等都具有一定的颜色、形状、轮廓、屏幕位置等属性，这些属性是通过数学方式进行描述的。矢量图放大不失真，文件较小，但不能表示色彩丰富细腻的图像。矢量图一般用软件来绘制、网络下载、素材光盘中图形库等获得。

位图（图像）：由像素组成，放大到一定程度后失真，文件较大，可表现内容复杂、色彩丰富逼真的画面。位图主要可以用网络下载、数码相机拍摄、扫描仪扫描、利用软件获取、素材光盘等获得。

图形与图像的获取方法很多，常见的方法有以下几种。

（1）屏幕捕获

① 按 Print Screen 键，将屏幕信息以图像形式复制到剪贴板，再利用粘贴功能将屏幕图像粘贴到相应的文件中。

② 按 Alt+Print Screen 组合键，将当前活动窗口信息以图像形式复制到剪贴板，再配合使用粘贴功能将图像粘贴到相应的文件中。

（2）使用软件绘制

目前画图软件种类比较多，图形与图像的获取可使用这些软件。如 Windows 的画图程序、Photoshop 和 Fireworks 等。

（3）数码相机输入

利用数码相机拍摄，再将数码相机与计算机相连，将图像导入计算机中。有时利用数码摄像头摄像后，再与相应的软件结合将实物图像或动态图像序列转换为图像输入计算机中。

（4）扫描仪扫描图像

利用扫描仪扫描图像，再将图像存储于计算机中，以备使用。

（5）利用软件获取

如使用截屏软件 Snagit 可以抓取不同类型的图像、文本和视频，超级解霸可以从光盘中截取图像。

（6）图络下载

互联网为我们提供了丰富的资源，在不涉及到侵权的情况下，可以充分利用网络上的图形与图像资源。

（7）素材光盘

素材光盘中存储大量图形与图像信息，通过复制或使用软件截取、另存等方式获取图形图像素材。

2. 图形与图像素材的编辑处理

通过各种途径获取的图形或图像，一般需要进一步加工处理才能使用，如调整大小、旋转、裁剪、除掉多余内容、更换颜色、调整高度/对比度、添加特效、图像合成、格式转换等。

常见的图形（矢量图）处理软件有 CorelDraw、Illustrator、AutoCAD、Flash 等。最常用的图像处理软件是 Photoshop 软件。

使用这些软件，可以绘制图形，对图像进行编辑和处理。

3. 常见图形与图像文件的格式

（1）WMF 格式：是 Office 中剪贴画的格式，是矢量图，占用的磁盘空间小，但画面比较简单，缩放不会失真。

（2）BMP 格式：是几乎没有采用任何压缩方式处理过的标准 Windows 点阵图像格式，占用的空间很大，图片质量好。

（3）JPG 格式：文件扩展名有.jpg 或.jpeg 两种，是压缩率高而图像品质又较好的一种文件。

（4）GIF 格式：GIF（Graphics Interchange Format，图形交换格式）格式的文件支持透明图像和动画，GIF 格式文件最多支持 8 位 256 种颜色，图像比较小。网页上面积较小的、色彩不复杂的图像常采用这种格式。

（5）PNG 格式：提供类似于 GIF 文件的透明效果，支持 24 位色彩，采用的是无损压缩算法，保留了原来图像中的每个像素，图像和透明效果好。

（6）PSD 格式：PSD 是 Photoshop Document 的缩写。它是 Photoshop 的专用格式，可以存放图层、通道、蒙板等多种附加信息，以便下次修改。

（7）TIFF 格式：TIFF 是 Tag Image File Format 的缩写。它的特点是图像格式复杂、存储信息多，图像的质量比较高，往往用于印刷出版领域，有压缩（无损压缩）和非压缩两种形式。

3.2.3 Photoshop CS5 在教学中的应用案例——制作教师节贺卡

为迎接教师节的到来，要求学生们自行制作一个教师节贺卡，学生们先搜集好制作贺卡的素材，然后用 Photoshop CS5 软件制作。通过这个贺卡的制作，让学生们学会将图像处理软件与实践应用结合起来。

操作步骤如下。

① 准备制作贺卡需要的素材文件。

② 启动 Photoshop CS5 软件，进入软件界面窗口，新建一个宽 18 厘米，高 15 厘米的文件，文件名称为“教师节贺卡”，如图 3-2 所示。

图 3-2　Photoshop CS5 设计界面

③ 打开素材文件。在此打开设计贺卡所需的图片文件，如“背景.jpg”、“蜡烛.jpg”和“梅花.jpg”。

④ 添加贺卡背景。利用“矩形选区工具”，框选“背景.jpg”图片中的背景，并进行复制，再粘贴到“教师节贺卡”中（或将“背景.jpg”图片直接拖动至“教师节贺卡”中），单击菜单“编辑”→“自由变换”（或按组合键“Ctrl+T”），调整背景图片大小和位置，然后按“Enter”键确认。右击该图层，利用“图层属性”将该图层命名为“背景层”。制作好的背景图层如图 3-3 所示。

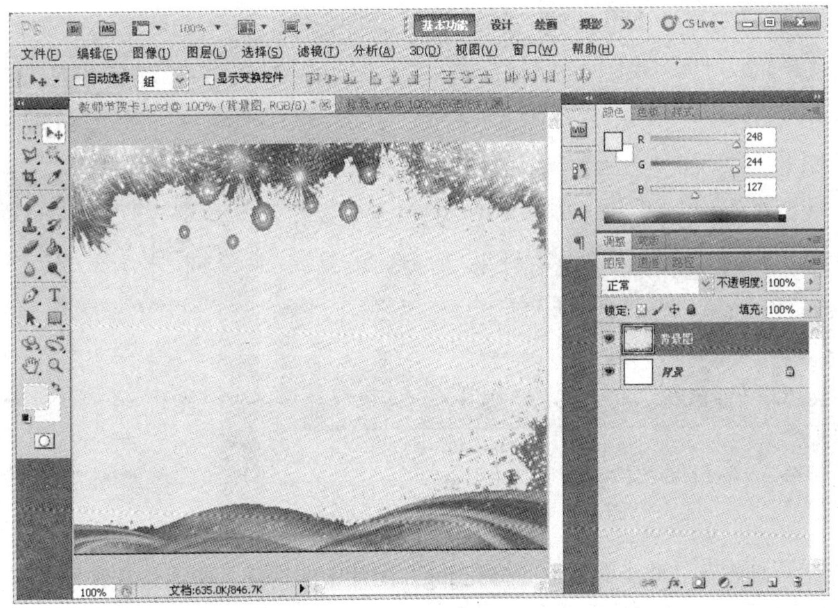

图 3-3　添加贺卡背景

⑤ 为贺卡添加蜡烛。点击“蜡烛.jpg”文件选项卡，选择“椭圆选框工具”，并设置羽化值为 25，在蜡烛图片上框选椭圆选区（如图 3-4 所示），复制该选区，将其粘贴到“教师节贺卡”中，并调整到适当位置。将图层命名为“蜡烛层”。如图 3-5 所示。

图 3-4　在“蜡烛.jpg”图片上选择椭圆选区

图 3-5　粘贴蜡烛后的“教师节贺卡”界面

⑥ 为贺卡添加梅花。此步骤是取“梅花.jpg”图片中的梅花，而不是其背景。所以，可按照先选背景，之后再反选的思路选取梅花。由于“梅花.jpg”图片的背景色单一，而梅花相对复杂，

所以，先单击“梅花.jpg”文件选项卡，利用“魔棒工具”点梅花图片的黄色背景（如图 3-6 所示），之后再选择菜单“选择”→“反向”，即可选中梅花，如图 3-7 所示。然后，再将选中的梅花复制并粘贴到“教师节贺卡”中。单击菜单“编辑”→“自由变换”（或按组合键 Ctrl+T），调整梅花图片大小和位置。然后按“Enter”键确认。将图层命名为“梅花层”，添加梅花后的“教师节贺卡”如图 3-8 所示。

图 3-6　选择“梅花.jpg”的背景

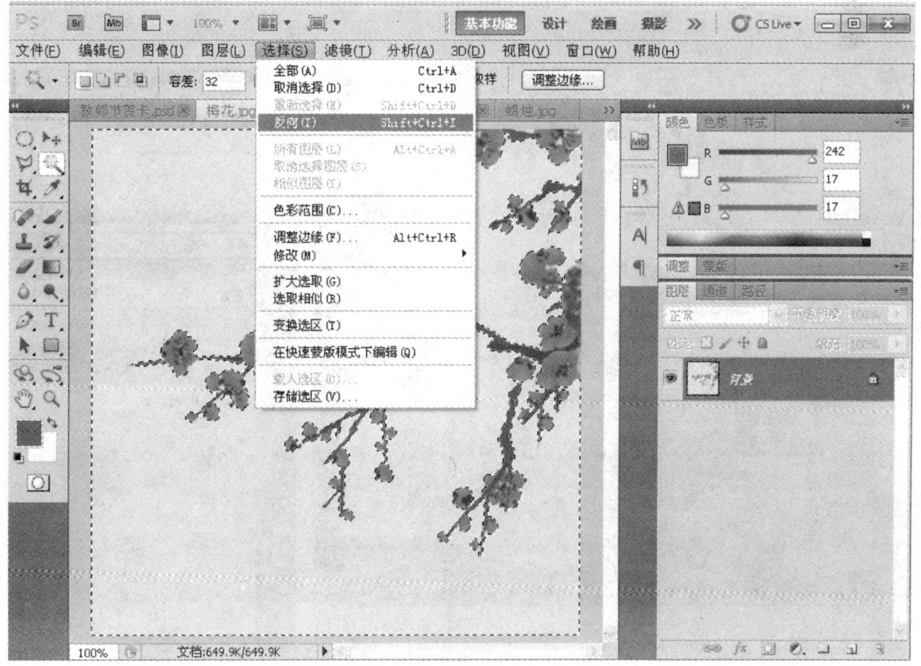

图 3-7　反向选取梅花图片背景

图 3-8　加入梅花后的“教师节贺卡”

⑦ 为贺卡添加文字。利用“横排文字工具”为贺卡添加文字“师恩难忘”，并设置文本颜色为红色、大小为 60 点、华文行楷字体（如图 3-9 所示）。创建文字变形，取“变形文字”样式为“旗帜”，并适当调整弯曲度，如图 3-10 所示。

图 3-9　输入文本“师恩难忘”

图 3-10　创建变形文字界面

⑧ 为文字添加效果。利用“添加图层样式”按钮中的“描边”和“投影”，为文字添加效果，如图 3-11 所示。制作好的“教师节贺卡”如图 3-12 所示。

图 3-11　为文字添加效果界面

图 3-12　制作好的“教师节贺卡”界面

⑨ 保存文件。选择“文件”→“存储为”（或“存储”）命令，将制作好的教师节贺卡文件进行保存，可保存为 Photoshop 源文件形式“教师节贺卡.psd”以备将来修改，也可保存为图片文件“教师节贺卡.jpg”。

3.2.4　声音素材的处理

声音是物体振动产生的声波传到人们的听觉器官所形成的感觉。声音媒体在现代教学中已被广泛使用。使用声音媒体可以扩大教学信息的传送范围，让学习者感受真实的声音环境，提高学习者的鉴赏能力。在教学作品中正确运用动听的音乐、真实的音效及精彩的旁白，会为作品增色不少。在日常的教育教学中正确地利用声音能促进教学目标的尽早实现，提高教学效果。

随着网络的日益发展和计算机技术的不断推进，声音素材的获取途径和编辑方法也越来越多。

1. 声音素材的获取

（1）网上搜索与下载

利用互联网资源获取声音素材已成为人们获取声音素材的主要途径。使用搜索引擎如百度 MP3、谷歌、雅虎、搜狐、新浪、Hao123 等都能搜索声音素材并下载。另外，还有很多娱乐或歌曲网站中也能搜到各种声音文件并下载。在素材网中还可以找到背景音乐和一些音效。

（2）用录制方法获取声音素材

在教学中经常涉及语音的录制问题，我们可以通过使用话筒、声卡等录音设备及相关录音软件，再结合计算机的数字音频处理能力即可对数字语音进行录制，如使用 Windows 系统自带的录音机程序即可采集声音。

（3）素材光盘

CD、VCD、DVD 光盘中含有大量数字音频资源，其内容丰富且音质优美，已成为声音素材的重要来源。使用专门的音频工具软件，可将 CD、VCD、DVD 光盘中的某段声音提取出来并保存为相关格式的音频文件。

（4）其他方法

可通过使用相应的软件将数字影视中的声音提取出来，如将 Flash 动画中的声音提取出来。

2. 声音素材的编辑处理

能对声音素材进行编辑和处理的软件很多，这些软件涵盖了数字音频处理的核心技术，能进行音频信号的录入、编辑、添加效果、格式转换等处理。常见的声音编辑软件有 Adobe Audition、Gold Wave、Sony Sound Forge 等。千千静听能对声音文件进行简单的编辑处理，如将 MP3 格式转换为 WAV 格式。以下简单介绍几种常见的音频处理软件。

（1）Adobe Audition：Adobe Audition 是集录音、混音、编辑和控制于一体的音频处理工具软件，它的前身是美国 Syntrillium Software Corporation 公司的音频处理软件 Cool Edit。Adobe Audition 功能强大，控制灵活，可以轻松地创建音乐、制作广播短片、修复音频缺陷。它能记录来自 CD、线路输入、传声器等的声源，可以对声音进行降噪、扩音、编辑等处理，还可以加入淡入淡出、3D 回响等特效，支持在 AIF、AU、MP3、RAW、VOC、WAV 等文件格式间进行转换。Adobe Audition 3.0 的工作界面如图 3-13 所示。

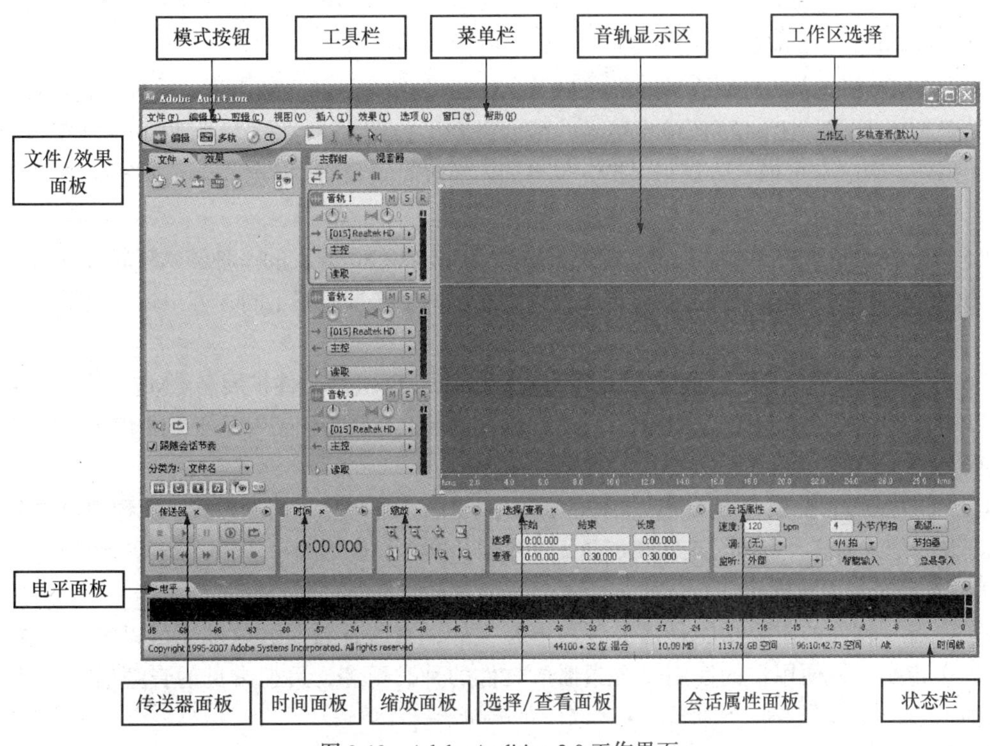

图 3-13　Adobe Audition 3.0 工作界面

（2）Gold Wave：Gold Wave 是一个集声音编辑、播放、录制和转换于一体的音频软件，它体积小，功能实用，支持 WAV、OGG、VOC、IFF、AFC、AU、MP3、AIF、APE、AVI、MOV、SDS 等多种音频文件格式，也支持从 CD、VCD、DVD 或其他视频文件中提取的声音文件格式。它内含丰富的音频处理特效，从一般特效如回声、混响、降噪、多普勒到高级的公式计算等多种效果。GoldWave 不需要安装，只需将压缩包里的几个文件释放到硬盘下的任意目录里，直接点击 GoldWave.exe 就开始运行了，使用起来也很方便。

（3）Sony Sound Forge：Sony Sound Forge 是一款功能极强大的专业化数字音频处理软件，它能非常方便、直观地实现对音频文件及视频文件中的声音部分进行各种处理，满足从普通用户到专业录音师的各种要求，它还可以进行音效转换工作，并且具备与 RealPlayer G2 结合的功能，能让用户轻松地编辑 RealPlayer G2 格式文件。

3. 常见声音文件的格式

（1）WAV 格式：WAV 是 Windows 所用的标准数字音频文件，它记录了对实际声音进行采样的数据，文件容量较大。WAV 格式文件被 Windows 平台及其应用程序广泛支持，同时也支持多种压缩算法，是 PC 上最为流行的声音文件格式之一。

（2）MP3 格式：MP3 是一种音频压缩技术，全称是 MPEG Audio Layer3。MP3 利用 MPEG Audio Layer 3 的技术，将音乐以 1：10 甚至 1：12 的压缩率压缩成容量较小的文件，它能在音质几乎不下降的情况下把文件压缩到更小的程度，而且还非常好地保持了原来的音质。正是因为 MP3 体积小、音质高的特点使得 MP3 格式几乎成为网上音乐的代名词。

（3）MIDI 格式：MIDI 是乐器数学接口（Musical Instrument Digital Interface）的英文缩写，扩展名为.mid。在 MIDI 文件中，只包含某种声音的指令，这些指令包括使用什么 MIDI 设备的音色、声音的强弱、声音持续时间等。计算机将这些指令发送给声卡，声卡按照指令将声音合成输出。MIDI 声音在重放时可以有不同的效果，这取决于音乐合成器的质量，即播放质量取决于硬件软件音源环境。MIDI 文件通常比较小，无法重现自然声音。

（4）WMA 格式：WMA 是 Windows Media Audio 的缩写，是微软力推的一种音频格式标准，音质强于 MP3 格式，比 MP3 压缩率更高，可达到 18：1，生成的文件大小只有相应 MP3 文件的一半。另外，WMA 可加入防复制保护，也可加入播放时间和播放次数限制，甚至是播放机器的限制，这有力地防止了盗版。

（5）RealAudio 文件：RealAudio 文件是 RealNetworks 公司开发的一种流式音频文件格式，扩展名为.ra，用于低速的广域网上实时传输音频信息。网络连接速率不同，客户端所获得的声音质量也不相同。

（6）Creative Musical Format 文件：Creative Musical Format 文件扩展名.CMF，是 Creative 公司的专用音乐格式，和 MIDI 差不多，只是音色、效果上有些特色，专用于 FM 声卡，但其容差性也很差。

（7）CD Audio 格式：CD Audio 文件的扩展名 CDA，是唱片采用的格式，又称“白皮书”格式，记录的是波形流，音质纯正，缺点是无法编辑，文件长度太大。

4. 常用音频播放软件

音频播放软件的主要功能是播放各种声音文件，有些音频播放软件还可以将音频文件的格式进行转换，方便用户的使用。音频播放软件的种类很多，目前常见的音频播放软件有以下几种。

（1）Windows Media Player

Windows Media Player 是微软公司出品的一个免费播放软件，是 Micosoft Windows 的一个组件。它可以播放 MP3、WMA、WAV 等音频文件。

（2）千千静听

千千静听是一个完全免费的音乐播放软件，它具有资源占用低、运行效率高、扩展能力强等特点，能支持几乎所有常见的音频格式文件。用户通过简单的操作，就可以利用千千静听在多种音频格式之间进行转换，是一款深受广大用户喜爱的音频播放软件。

（3）酷我音乐盒

酷我音乐盒是一款集歌曲和 MV 搜索、在线播放、同步歌词为一体的音乐聚合播放器，具有“全”、“快”、“炫”三大特点。酷我音乐盒提供了高品音质的 MP3 和标准音质的 WMA 两种格式。

（4）Winamp

Winamp 是数字媒体播放的先驱，它支持 MP3、MP2、MOD、MTM、WAV、WOC、AVI、WMV 等多种音频和视频格式，可以定制界面皮肤，支持增强音频效果。

（5）一听音乐盒

一听音乐盒是一款完全免费的音乐软件，集歌曲搜索、下载、播放、管理、歌词自动配对等众多功能于一身，拥有自主研发的全新音频引擎，是国内功能最强的音乐软件之一。

此外，还有搜狗音乐盒、QQ 音乐、酷狗音乐软件、多米音乐、SoGua 迅听等。

例 1　使用 Windows 系统自带的录音机程序录制与编辑声音。

操作步骤如下。

① 准备需要录制的材料，可以是解说词或自己要演唱的歌曲，这里是一段古诗《饮酒 · 结庐在人境》的朗诵。

② 将麦克风插到声卡上的 Mic In 接口上。

③ 选择“开始”→“程序”→“附件”→“娱乐”→“录音机”命令，打开录音机，单击红色的“录音”按钮（如图 3-14 所示）开始录音，当录制结束后单击“停止”按钮（如图 3-15 所示）。之后可以单击“播放”按钮（如图 3-16 所示）试听刚刚录制的声音。

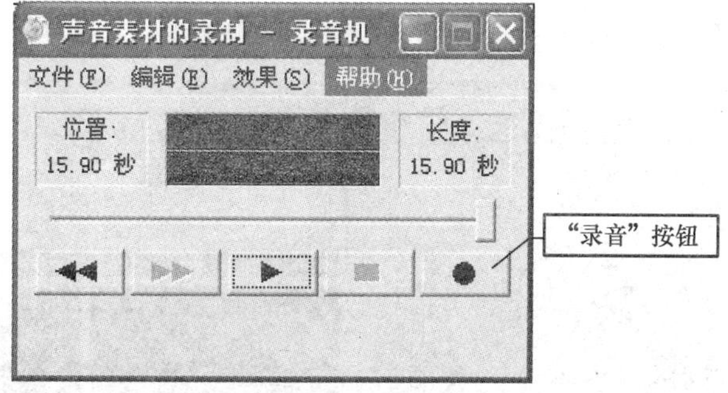

图 3-14　开始录音

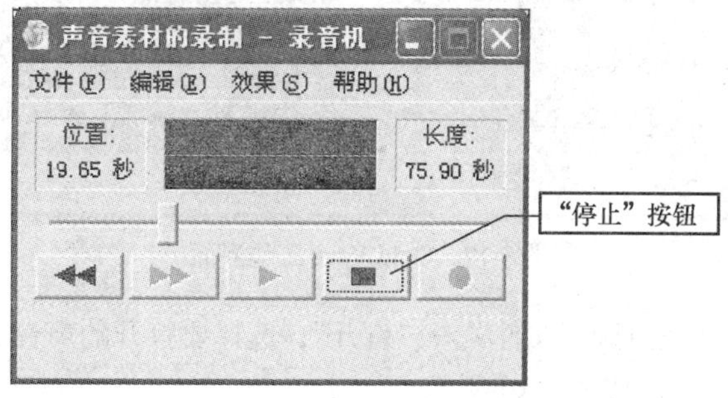

图 3-15　结束录音

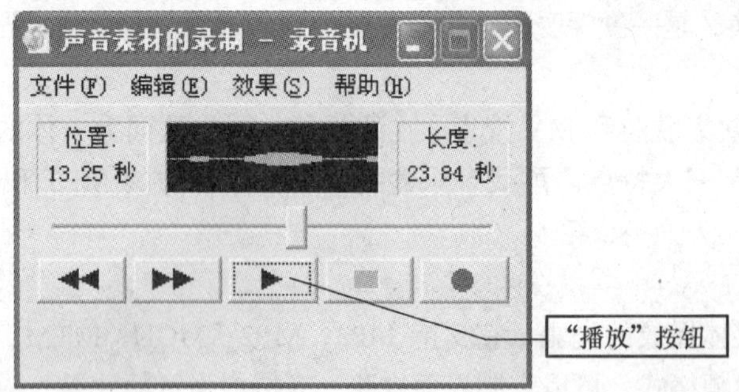

图 3-16　播放声音

④ 选择"文件"→"另存为"命令，在出现的"另存为"对话框中选择相应的选项对文件进行保存，如保存为"诗朗诵.wav"文件，则一段录音就制作好了。

⑤ 对刚录制好的声音文件可进行简单的编辑修改，如添加回音、加大或降低音量、加速或减速、与文件混音等，可利用"效果"菜单或"编辑"菜单进行操作。设置好后，进行播放。若对所做修改不满意，可选择"文件"→"还原"，放弃所做的修改。

例 2　使用 GoldWave 制作一段配乐诗朗诵。

操作步骤如下。

① 准备好要配乐的诗朗诵声音素材和背景音乐。如前面录制好的"诗朗诵.wav"和一段背景音乐。

② 运行 GoldWave.exe 文件，启动 GoldWave 后的工作界面如图 3-17 所示。

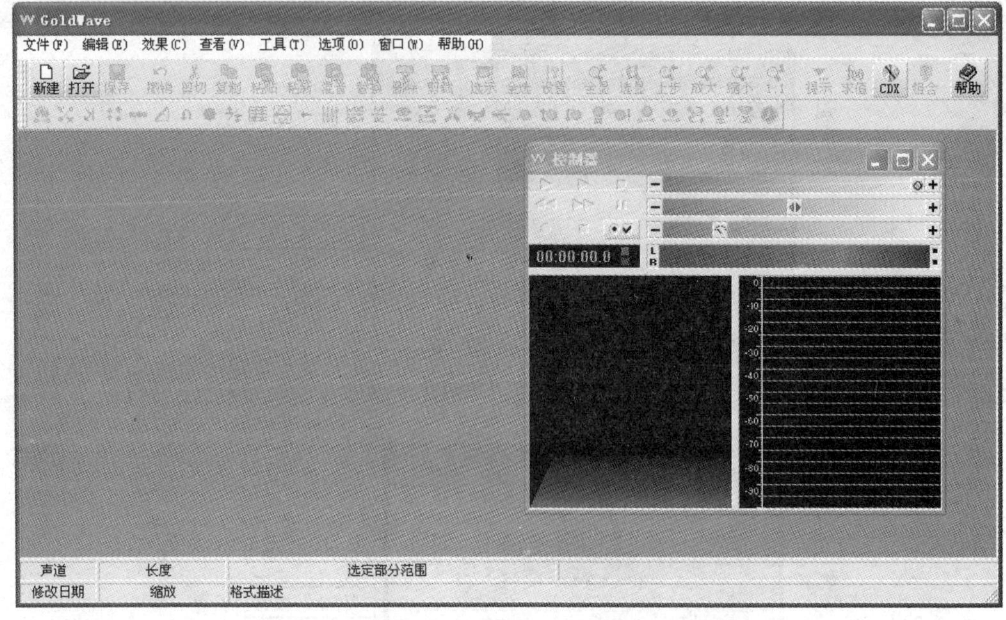

图 3-17　GoldWave 工作界面

③ 单击"打开"按钮或点选"文件"→"打开"，选择要打开的声音文件 "诗朗诵.wav"和背景音乐"配乐.mp3"文件。如图 3-18 所示。

④ 截取背景音乐与诗朗诵长度相同。由于背景声音文件比诗朗诵文件长，所以应该将长出的

部分截掉。在“配乐.mp3”文件约 50 秒处右击鼠标，弹出快捷菜单，选择“设置开始标记”，在结束处“设置结束标记”（如图 3-19 所示），则选中了后面多余的部分音乐，再点选工具栏中的“删除”按钮，将该段音乐删除掉。

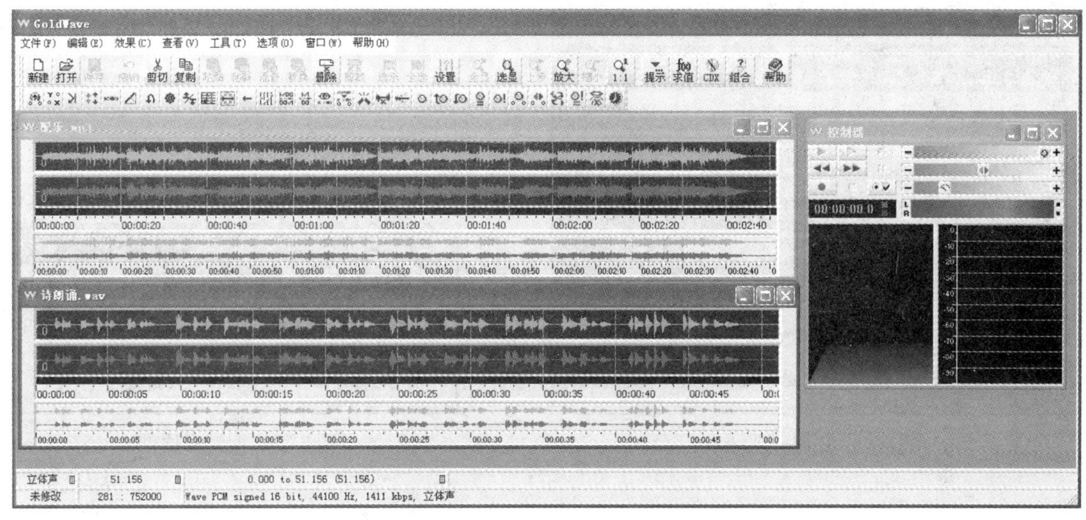

图 3-18　导入声音文件后的界面

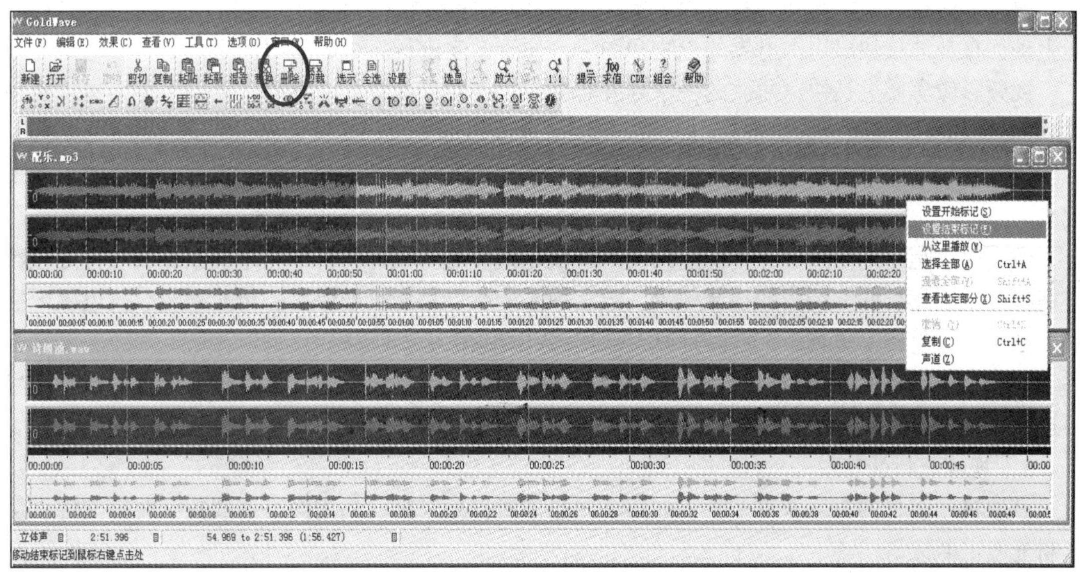

图 3-19　设置声音结束标记

⑤ 混音。在诗朗诵声音所在窗口右击鼠标选择“复制”，如图 3-20 所示。再单击配乐声音窗口，然后单击工具栏中的“混音”按钮，则弹出“混音”对话框，如图 3-21 所示。按播放按钮试听配乐后的诗朗诵作品效果，满意后可单击“确定”按钮。若不满意，可单击“取消”按钮，再重新设置。

⑥ 保存文件。对配了音乐的诗朗诵文件进行保存，可通过“文件”→“另存为”，在弹出的对话框中选择要保存的声音文件位置和类型即可。使用 GoldWave 可保存多种文件类型，通常保存为.mp3 和.wav 形式，在此保存为“配乐诗.mp3”。

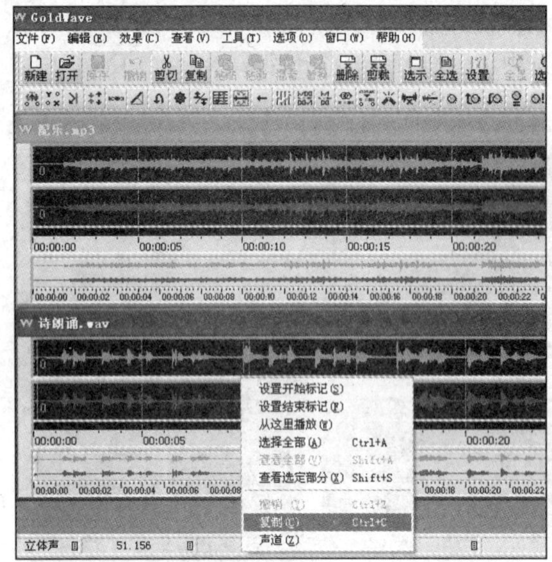

图 3-20　复制诗朗诵

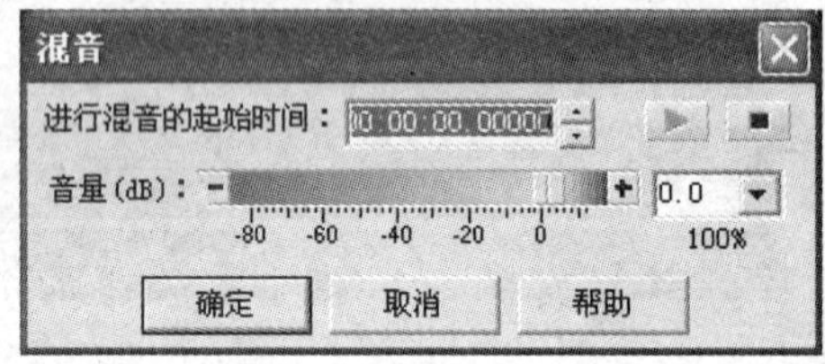

图 3-21　混音对话框

3.2.5　视频素材的处理

视频素材在教学中同样有着较为重要的作用。使用视频媒体可以提供给学生一个真实的场景，能生动、直观地反映出周围世界的景物和图像，便于学生进行直观的学习。

视频影像实质上是快速播放的一系列静态图像，按照处理方式的不同，视频可分为模拟视频（如电影）和数字视频，它们都是由一系列静止的画面组成的。

模拟视频是一种传输图像和声音，并且随时间连续变化的电信号。它以模拟电信号的形式来记录。

数字视频是一系列数学化图像序列随时间变化组成的。在计算机中利用视频编辑软件处理数字视频，能制作出非常精彩的视频效果。数字视频的特点是能长期保存、传输稳定、抗电磁干扰能力强、多次复制不失真。

要利用计算机处理模拟视频信息，就必须将模拟视频信号转换成计算机能够处理的数字信号再进行处理。对多媒体视频素材的处理主要包括视频素材的获取（采集）与视频素材的编辑。

1．视频素材的获取

获取视频素材的方法有许多种，如用数码摄像机直接录制、利用网络下载数字视频文件、从素材光盘上截取等。

（1）数码摄像头、数码摄像机输入

将数码摄像头、数码相机、摄像机与相应的软件结合，将实物图像或动态图像序列转换为图像或视频素材输入。目前使用数字摄像机拍摄实际景物，从而直接获取无失真的数字视频的方法更为普及一些。

（2）利用网络下载数字视频

目前网络发展飞快，越来越多的媒体视频素材可以在网上搜索到。从网络下载数字视频文件不失为一种方便、快捷、有效的方法。

（3）素材光盘

利用素材光盘、CD、VCD 或 DVD 光盘中的视频素材，通过复制或用软件截取、另存等方式获取多媒体视频素材。值得强调的是，当用超级解霸采集 VCD、DVD 光盘中的视频素材时，仅限于 MPG 格式文件，对其他文件格式不适用。

2. 视频素材的编辑处理

对视频素材的编辑处理就是对获取来的视频影像进行编辑处理，制作出具有多种视觉效果的视频文件。视频编辑软件有很多种，如 Adobe Premiere、Ulead Video Studio（即会声会影）、Windows Movie Makers、Media Studio Pro、Avid Xpress Pro、After Effects 等。其中比较常用的有 Adobe Premiere、Ulead Video Studio 和 Windows Movie Makers。

（1）Adobe Premiere

Adobe Premiere 是一款较为理想的专业化数字视频处理软件，它可以配合多种硬件进行视频捕获和输出，提供各种视频编辑功能，可以制作出各种美妙的特效视频。

（2）Ulead VideoStudio（会声会影）

Ulead VideoStudio 是友立（Ulead）公司的产品。它是一款非常优秀的视频编辑软件，由于它功能全面而且操作简单，能支持多种文件格式，支持 HDV、HDD 摄像机的影片获取、剪辑与输出，还能补救不佳的拍摄画面，所以深受广大视频编辑爱好者的欢迎。会声会影不仅具备个人家庭所需的影片剪辑功能，还具有制作专业级的影片剪辑功能。会声会影 10 的工作界面如图 3-22 所示。

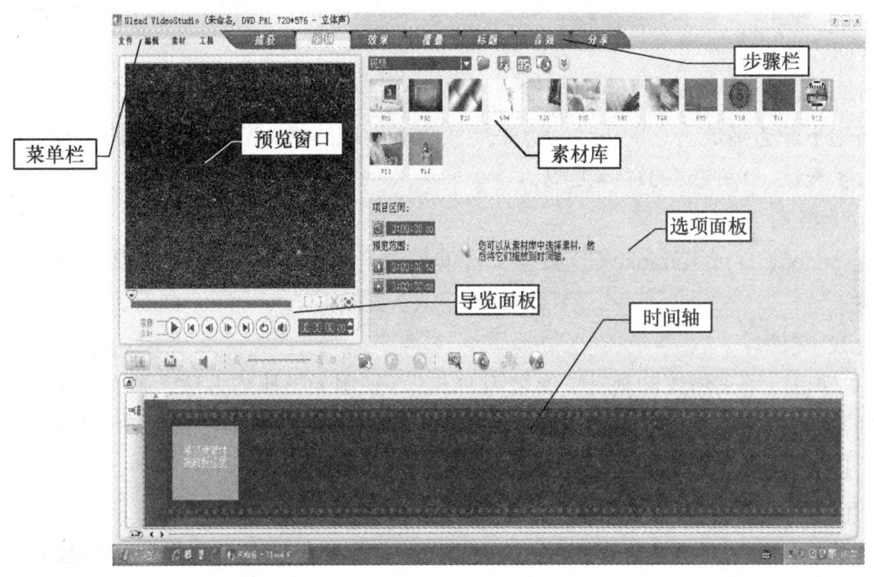

图 3-22　会声会影 10 工作界面

（3）Windows Movie Maker

Windows Movie Maker 在 Windows XP 中是一个重要的媒体工具，利用该工具可以直接从数字摄像机或数码相机中获取声音和电影片断，以制作自己的电影剪辑，也可以将录像带上的内容复制存储成数字格式文件。经压缩后每 1GB 的硬盘空间可以存储 20h 的影像。该工具制作的视频文件是微软公司支持的 ASF 格式，它可以通过 Internet 进行实时播放。

3. 常见视频文件的格式

（1）AVI 格式

AVI 是 Audio Video Interlaced 的缩写，是 Windows 使用的标准视频文件。该格式的文件是一种不需要专门的硬件支持就能实现音频与视频压缩、播放和混合交错地存储在一起的文件。AVI视频文件扩展名为“.avi”。AVI 格式文件可以把视频信号和音频信号同时保存在文件中，在播放时音频和视频同步播放。AVI 压缩标准不统一，可采用不同的压缩算法，文件大小也就不同。AVI视频文件应用非常广泛，以经济、实用而著称。

（2）MPEG 格式

MPEG 是 Motion Picture Experts Group 的缩写，是一种压缩比率较大的压缩标准。MPEG 方式压缩的数字视频文件包括 MPEG1、MPEG2、MPEG5 在内的多种格式。MPG 文件是使用 MPEG 方法进行压缩的全运动视频图像。MPEG1 是 VCD 的应用格式。MPEG2 是 DVD 的应用格式。由于通过 MPEG 方法进行压缩的压缩率高，画面质量好，所以其应用也较广。

（3）MOV 格式

MOV 是 QuickTime 的文件格式，使用有损压缩方法。该格式支持 256 位色彩，支持 RLE、JPEG 等集成压缩技术，能够通过 Internet 提供实时的数字化信息流、工作流与文件回放，图像效果也很清晰。

（4）RM 格式

RM 是 RealMedia 的缩写，是一种流式视频文件格式，用于网络实时播放，文件的扩展名为“.rm”。其压缩比较大，由专门设计的播放器 RealPlayer 播放。其特点是能根据网络数据传输速率的不同而采用不同的压缩比率，可边下载边播放，实现视频数据的实时传送和实时播放。

（5）WMV 格式

WMV 是 Windows Media Video 的缩写，是微软推出的一种流媒体格式，是独立编码方式，可以在网络边下载边播放。它的主要特点是能实现本地或网络回放，支持多种语言，环境独立性好，支持可扩充的、可伸缩的媒体类型。

（6）DAT 格式

DAT 是 Video CD 或 Karaoke CD 数据文件的扩展名，它是基于 MPEG1 压缩方法的一种文件格式。

（7）FLIC 文件

FLIC 文件可以用来播放动画，扩展名为“.flc”，采用无损压缩方法，画面质量好，但其本身不能存储同步声音，所以不适合于表达真实场景的运动图像。计算机生成的动画常使用这种格式。

此外，还有 ASF 格式、RMVB 等格式。

4. 常用的视频播放软件

视频播放软件的主要功能是播放视频文件。视频播放软件的种类也很多，常见的有以下几种。

（1）Windows Media Player

（2）RealPlayer

（3）暴风影音

（4）Quicktime

（5）QQ 影音

例 3 使用会声会影制作简单影片，并为影片添加效果。

操作步骤如下。

① 启动会声会影 10，进入会声会影编辑器。

② 插入图像。单击“将媒体文件插入到时间轴”按钮，选择“插入图像”选项，或右击时间轴，选择“插入图像”选项。选择要插入的图片，插入到视频轨道上，如图 3-23 所示。

图 3-23　插入素材到视频轨

③ 添加转场效果。从素材库下拉菜单中选择“转场”素材，如图 3-24 所示。

图 3-24　打开“转场”素材库

④ 设置转场效果。从“转场”的“果皮”素材库中选择“交叉”效果，并拖动到前两个图片素材之间。同理，可为其他素材设置自己喜欢的转场效果。若对设置的效果不满意，可删除两个素材之间的转场效果，再重新添加新的转场。转场后的效果如图 3-25 所示。

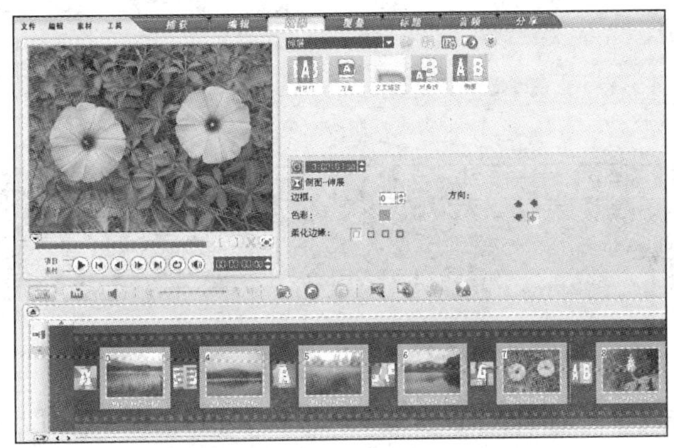
图 3-25　设置转场效果

⑤ 添加标题。切换到“时间轴视图”模式，单击“标题轨”按钮。在预览窗口中出现“双击这里可以添加标题”的文字提示，如图 3-26 所示。双击文字提示，选择“Summer Fun”样式，并输入文字“和协自然界”，并设置为“隶书”字体、88 号字、字体色彩为深红色，如图 3-27 所示。还可进一步选择“动画”选项卡将文字标题应用动画效果，如“摇摆”效果。标题文字的播放区间可根据需要拖动到适当位置。

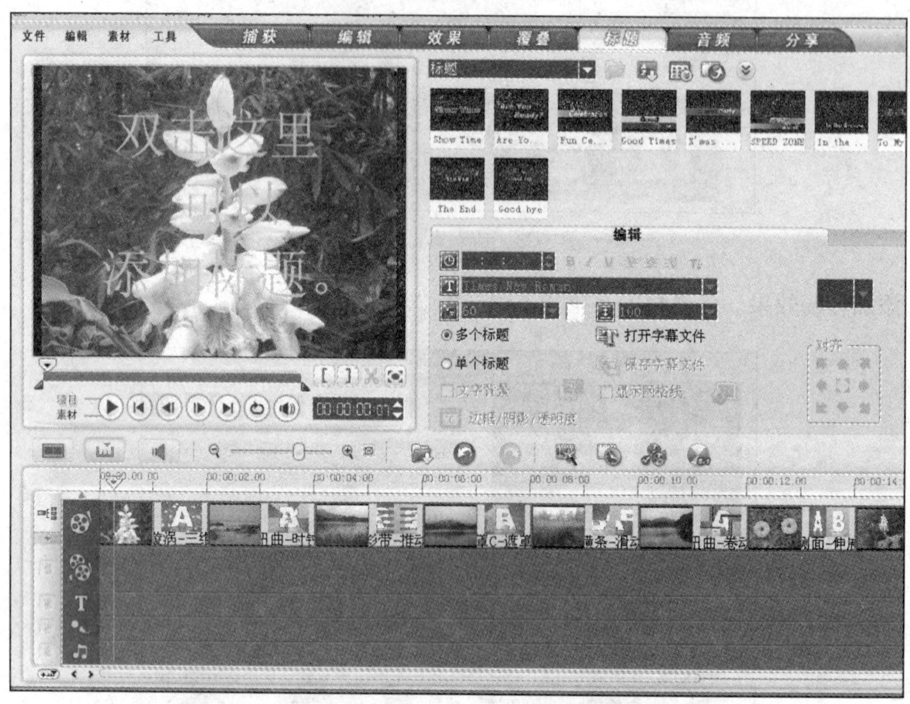

图 3-26　添加标题

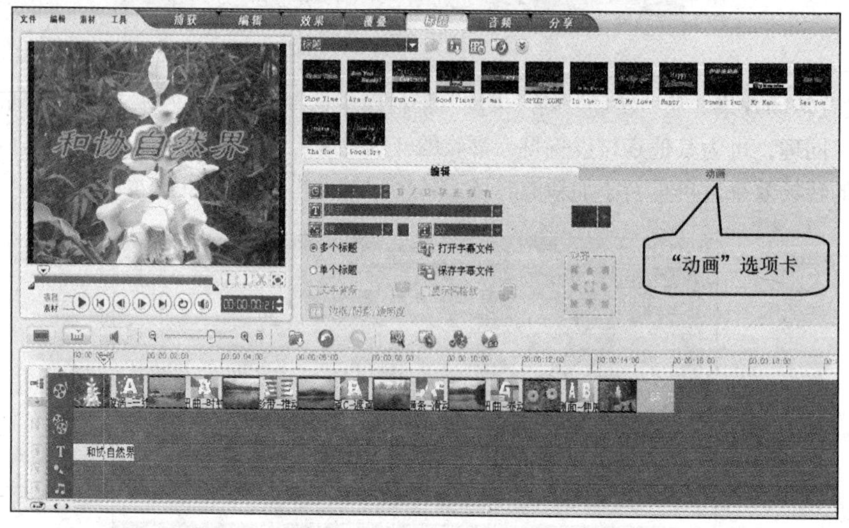

图 3-27　添加、设置文字标题

⑥ 添加装饰边框。回到编辑界面，从素材库下拉菜单中选择“装饰”→“边框”，打开“边框”素材库，拖动“F04”条目到“覆叠轨”上，选择好播放区间。如图 3-28 所示。

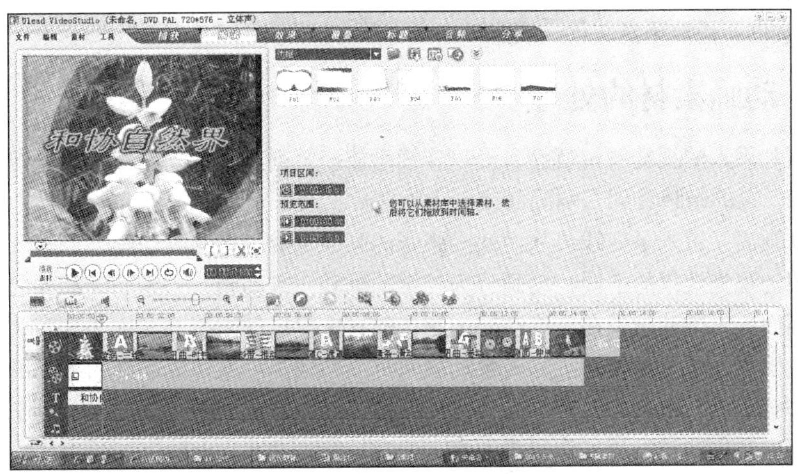

图 3-28　添加装饰边框

⑦ 添加视频滤镜效果。从素材库下拉菜单中选择“视频滤镜”，打开“视频滤镜”素材库，选择“气泡”滤镜（如图 3-29 所示），将其拖放到第二幅图片上，加入滤镜后的效果如图 3-30 所示。同理，可为其他图片添加滤镜效果。

图 3-29　添加滤镜

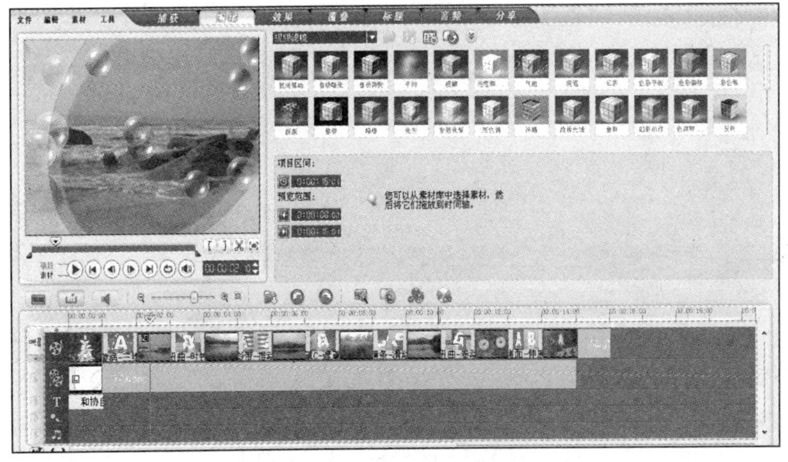

图 3-30　添加滤镜后的效果

⑧ 保存文件。播放预览文件，满意后对文件保存。

3.2.6 动画素材的处理

动画是指利用人的视觉暂留特性，通过连续播放一系列静态的画面集合，给视觉造成连续变化的动态图像。人的眼睛看到一幅画面或一个物体后，在1/24秒内不会消失，在前一个画面消失之前，下一个画面又进入了视线，从而使一张张的画面形成了精彩的动画。

按照空间的视觉效果的不同，动画分为二维动画和三维动画。二维动画是在二维空间中绘制的平面活动画面；三维动画是在三维空间中制作的立体化运动画面，又称3D动画。

从动画性质上，可分为帧动画和矢量动画两类。帧动画是指构成动画的基本单位是帧，一部动画是由很多帧组成，每帧的内容不同，当连续播放时，形成动画视觉效果。由于帧动画是一帧一帧的画，所以制作帧动画的工作量非常大，但帧动画具有非常大的灵活性，几乎可以表现任何想表现的内容。帧动画常用在传统动画的制作、广告片的制作及电影特技的制作方面。矢量动画是CG（Computer Graphics）动画的一种，矢量动画的制作方式与帧动画不同，它是在两个有变化的帧之间创建动画，不需要绘制出每一帧。Flash就是矢量动画制作软件。

1. 动画素材的获取

动画素材的获取途径主要通过以下几种。

① 从动画素材光盘中获取。

② 利用网络，从网上下载。

③ 使用动画制作软件。

2. 动画素材的编辑处理

动画素材的编辑处理经常使用动画制作软件来制作。Macromedia公司的Flash软件是一款功能强大的二维动画制作软件，也是目前最为流行的软件之一。Flash中的逐帧动画、形变动画、引导动画、遮罩动画再配合以Actions Script脚本语言，可制作出非常美妙生动的动画。Flash CS4的工作界面如图3-31所示。

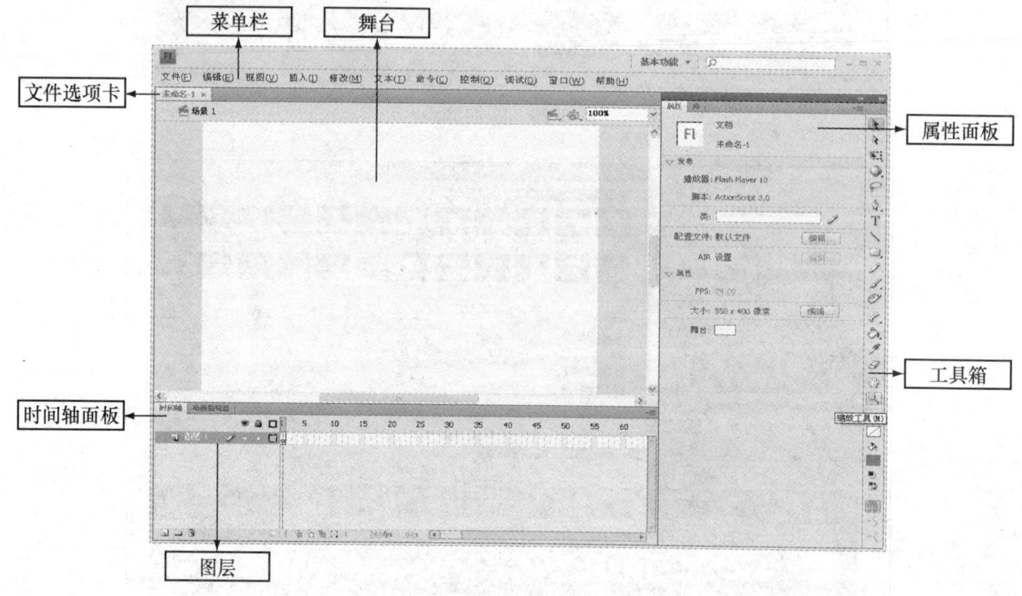

图3-31 Flash CS4工作界面

3. 常见动画文件的格式

（1）GIF 格式：GIF 是 Graphics Interchange Format 的缩写，即图像交换格式。它采用无损数据压缩方法，保存连续多帧的图像，并支持循环播放。该动画格式支持软件或平台较多，在网络上使用也较多。

（2）SWF 格式：SWF 是 Flash 的矢量动画格式，缩放时不失真，文件小，可边下载边播放，具有较强的交互性能。

（3）FLIC 格式：FLIC 是 Autodesk 公司出品的 Autodesk Animator/Animator Pro/3D Studio 等 2D/3D 动画制作软件中采用的色彩动画文件格式，FLIC 是 FLC 和 FLI 的统称。FLI 是最初的基于 320 像素 × 200 像素的动画文件格式，而 FLC 则是 FLI 的扩展格式，采用了更高效的数据压缩技术，分辨率也不再局限于 320 像素 × 200 像素。FLIC 格式采用无损数据压缩技术，而且数据压缩率相当高，被广泛用于动画图形中的动画序列、计算机辅助设计和计算机游戏应用程序。

此外还有 AVI 格式、MOV 格式、QT 格式等。

3.2.7　动画制作软件在教学中的应用案例——弹簧振子的运动

利用 Flash CS4 软件演示物理实验中弹簧振子的运动动画，将物理实验与媒体动画制作软件相结合，在教学中边演示边讲解理论知识，利用这一手段使学生了解弹簧振子运动情形，将枯燥的理论用形象的演示展现出来。

操作步骤如下。

① 启动 Flash CS4 软件，进入设计界面。

② 在图层 1 中利用线条工具绘出弹簧架，并将图层 1 命名为“弹簧架”，如图 3-32 所示。

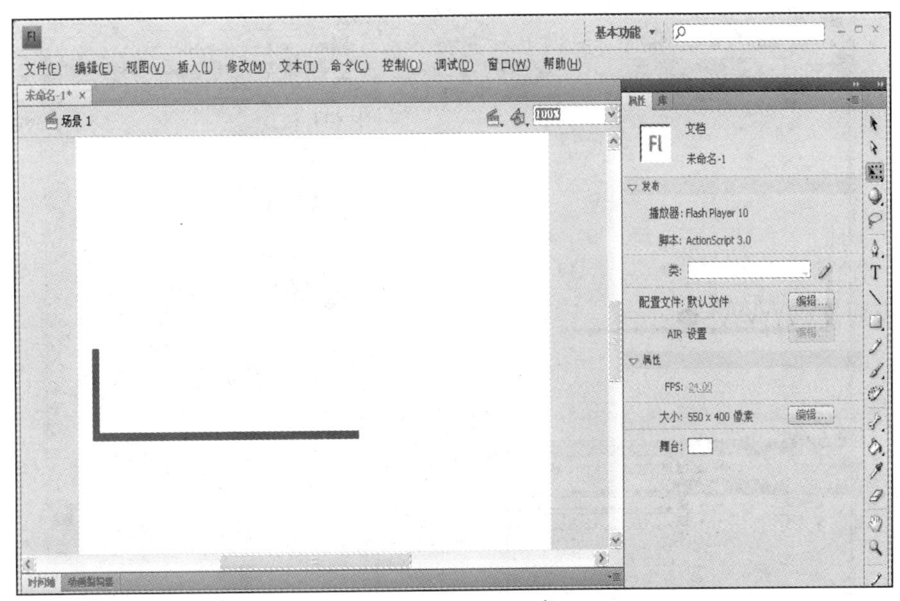

图 3-32　绘制弹簧架

③ 新建第二个图层，并将图层 2 命名为“弹簧”。利用“线条工具”或“铅笔工具”绘出弹簧，并在不同的关键帧给出弹簧伸和缩的状态，然后加上补间形状，如图 3-33 所示。

④ 新建第三图层，将图层 3 命名为“小球”。利用“椭圆工具”绘出小球，调整“填充颜色”

给小球填充颜色，再复制小球。对应“弹簧”图层的状态和不同位置分别将小球粘贴在相应的位置。最后在小球间“创建补间形状”，如图 3-34 所示。

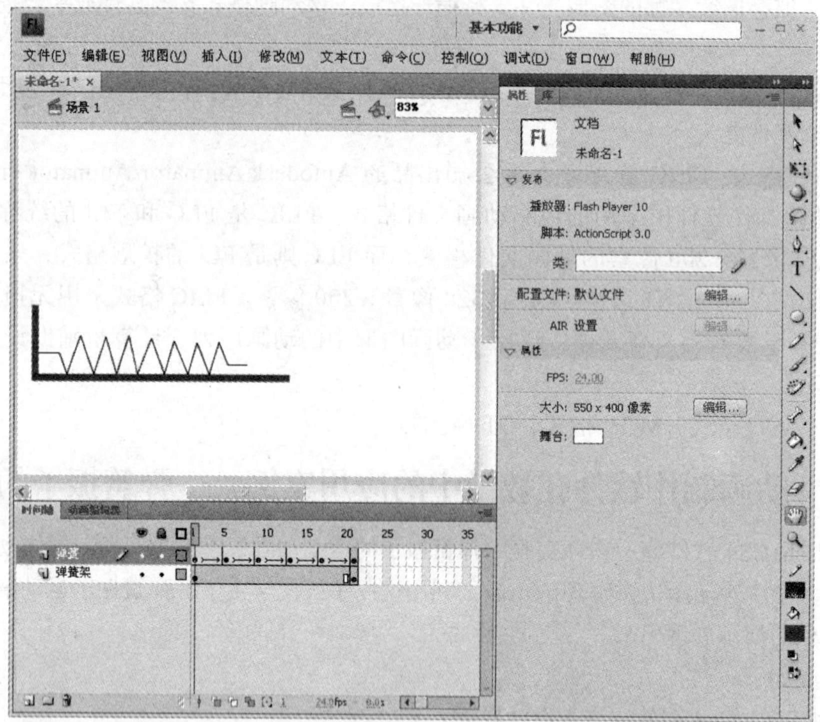

图 3-33　加入弹簧图层

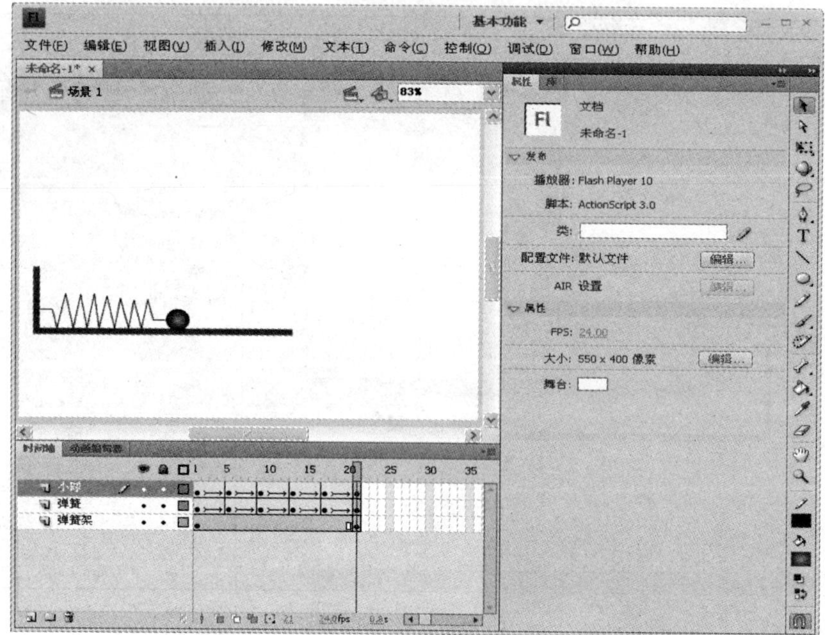

图 3-34　加入小球图层

⑤ 新建第四图层，将图层 4 命名为“文字”。利用“文本工具”，并设置好字体的相应属性，在场景中输入文字“弹簧振子的简谐运动”。如图 3-35 所示。

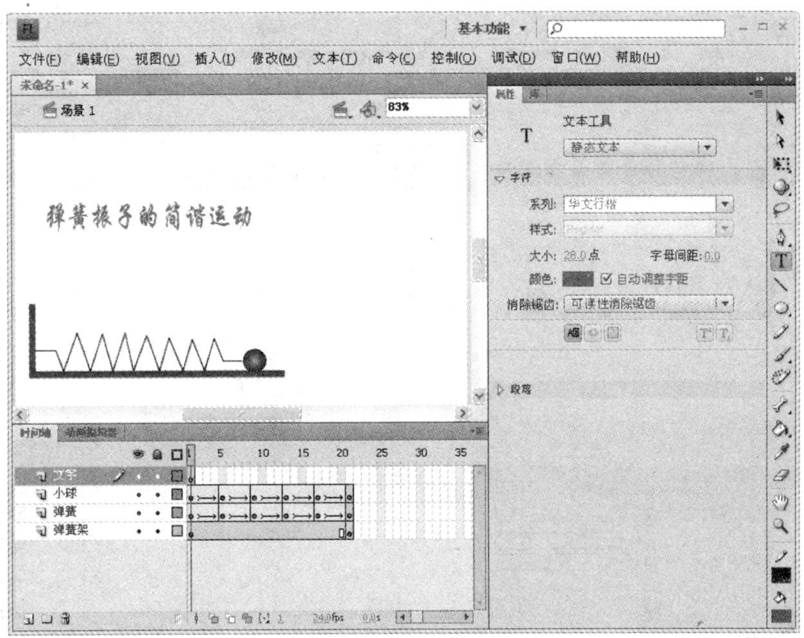

图 3-35　加入文字图层

⑥ 将文字转换为元件。设置文字的动画效果，如从舞台的右侧运动到舞台中间，同时伴有文字的放大效果。如图 3-36 所示。

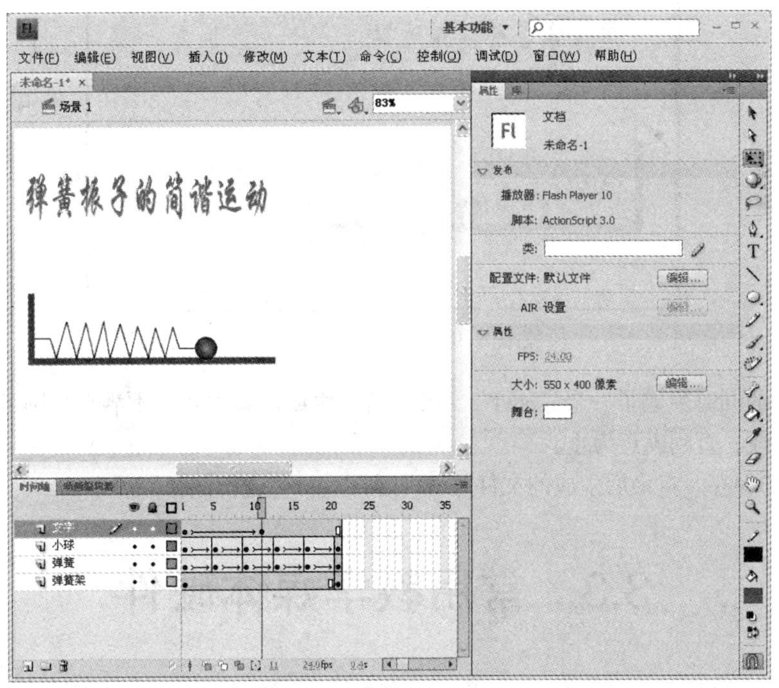

图 3-36　设置文字动画

⑦ 将文件保存为"弹簧运动.fla"和"弹簧运动.swf"。

⑧ 对影片进行测试。点击"控制"菜单，选择"测试影片"或直接按 Ctrl+Enter 组合键（如图 3-37 所示）。测试的效果即相当于运行生成的".swf"文件，画面如图 3-38 所示。

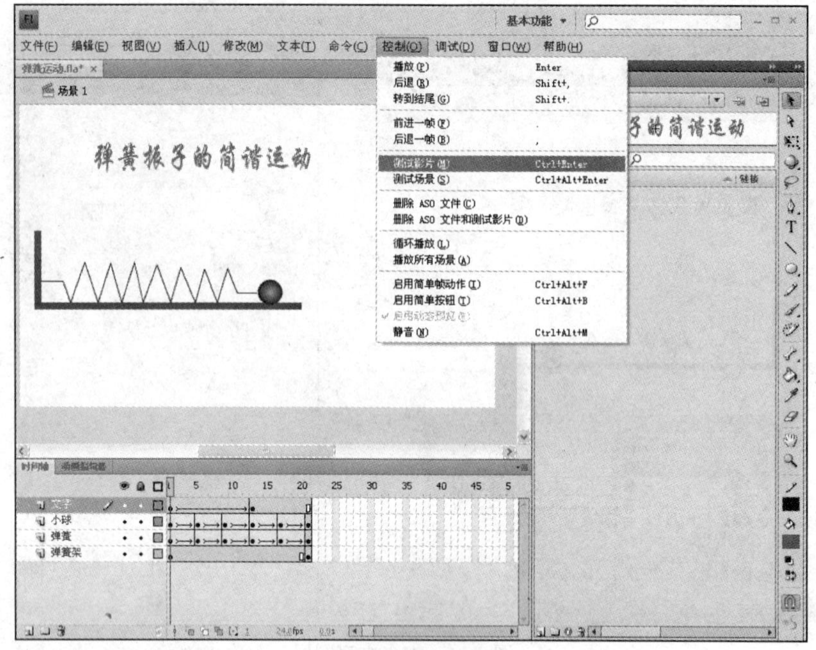

图 3-37 测试影片

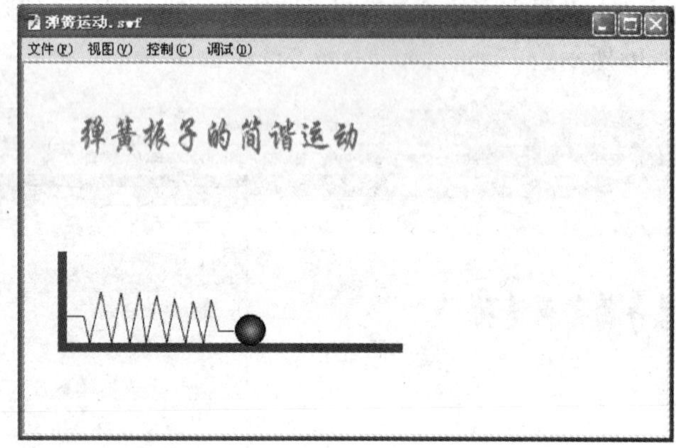

图 3-38 运行“.swf“文件

测试影片的同时生成了一个“.swf”文件，若对生成的影片效果不满意，则可再回到编辑状态做进一步修改，直到满意为止。

⑨ 文件的保存。将最后生成的文件“.fla”和“.swf”进行保存即可。

3.3 常用教学媒体硬件

教学媒体包括硬件和软件两种表现形态，前面已经介绍了相关的教学媒体软件。教学媒体软件的使用离不开硬件，教学媒体硬件是现代教育技术中不可或缺的重要部分。常见的教学媒体硬件如幻灯机、投影仪、录音机、录像机、电视机、摄像机、计算机、语音实验设备等在教学中常发挥着重要的作用。教学媒体硬件是信息或媒体软件的载体，多媒体教学信息常常是通过这些硬件展示给学生们的。

常用的教学媒体硬件分为视觉媒体、听觉媒体和视听媒体这几类。

1. 视觉媒体

（1）光学投影仪：光学投影仪可将相应的投影教材的图像放大，通过图像传递教学信息。它具有亮度高、色彩真实、画面清晰、便于书写、操作方便等特点，是目前投影媒体在我国中小学教学中应用最广泛、最受广大教师欢迎的媒体之一。

（2）光学照相机：通过光学照相机可获得影像信息。如图 3-39 所示。

图 3-39　光学照相机

（3）数码照相机：数码照相机与传统的相机有很大差别，传统相机使用胶卷，并要经过冲洗才能得到影像，而数码照相机使用电荷耦合器 CCD 元件感光，然后将光信号转变为电信号，再经模数转换后记录于存储卡上。数码照相机的图像比传统相机拍的图像像素要小得多，图像的清晰度也高得多，效果好得多。数码相机的存储卡可反复使用。

此外，数码相机与传统相机的存储介质和输入输出方式也不同。数码照相机的图像以数字方式存储在电磁介质上，而传统照相机的影像是以化学方法记录在卤化银胶片上。现在数码相机几乎要取代传统相机了。

（4）视频展示台：视频展示台实际上是一个图像采集设备，其作用是将摄像头拍摄下来的景物，通过与投影机、电视机等显示设备连接，不但能将胶片上的内容投影到屏幕上，更主要的是可以将各种实物甚至是活动的影像投影到屏幕上，便于对细节部分的展示与讲解，使用方便，如图 3-40 所示。

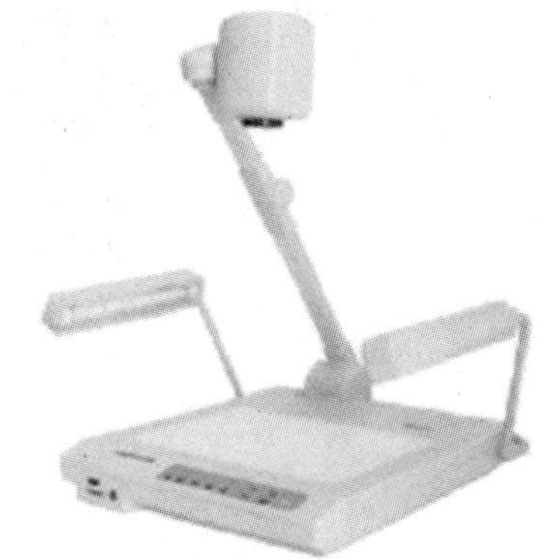

图 3-40　视频展示台

（5）交互式电子白板：通过多媒体投影仪将计算机的显示内容投射到电子白板上，当利用相关软件和感应笔直接在电子白板上操作或书写时，反馈到计算机中并迅速通过投影机投射到电子白板上，从而实现各种操作。交互式电子白板系统的组成如图 3-41 所示。电子白板的结构及系统连线分别如图 3-42 和图 3-43 所示。

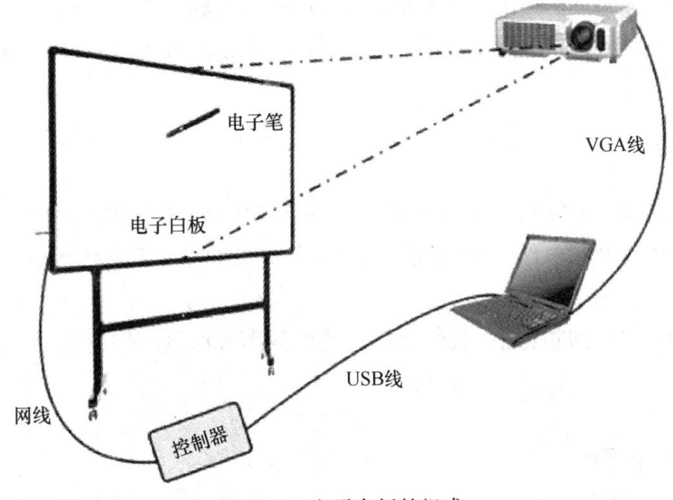

图 3-41　电子白板的组成

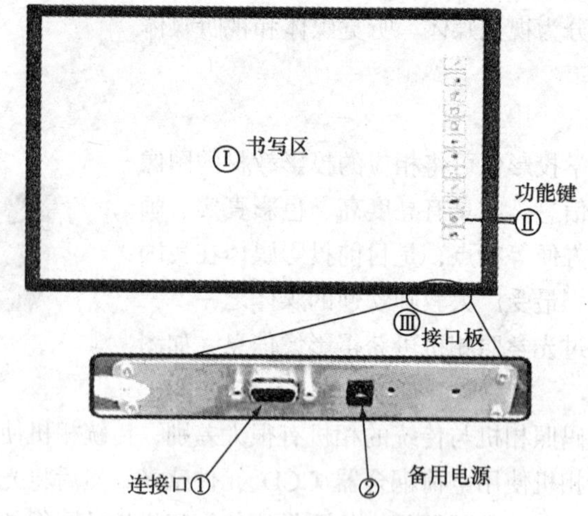

图 3-42　交互式电子白板结构

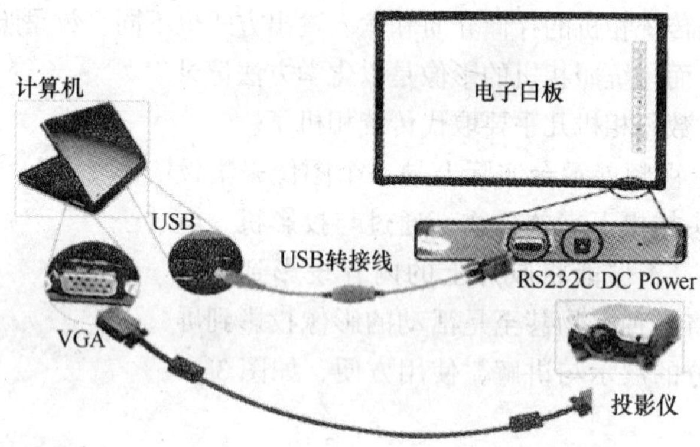

图 3-43　交互式电子白板系统连线

交互式电子白板在教学中的应用有如下几种。

① 直接在电子白板（屏幕）上操作电脑。

② 替代白板或黑板进行电子板书，内容可保存回放。

③ 直接在 Word、Excel、PPT、图片和电脑桌面上进行标注、书写、画图并保存。

④ 具有快照、遮屏下拉（局部编辑）、重点显示（局部放大）、键盘输入等快键功能。

2. 听觉媒体

（1）录音系统。

（2）扩音系统。

① 扩音机：也叫音频放大器，是用来将微弱的音频电信号进行放大的装置。

② 扬声器：是能将音频电信号转换成声波信号并向周围空间辐射传播的器件，俗称喇叭，是电声系统的终端发声设备。

（3）听觉媒体在教学中的应用：提供标准、规范的声音信息，创设情景，烘托氛围，欣赏教育，陶冶情操。

3. 视听媒体

（1）电视系统与电视机

电视传播过程：电视信号的传播过程，就是在发送端通过摄像机将实际景物的光像信息转变为图像电信号，声音信息则通过话筒转变成声音电信号，经过一系列处理后进行发射传输，而在接收端则是通过电视机将电信号还原成图像和声有的过程。

（2）视听媒体在教学中的应用

① 提供视听信息，激发学习兴趣。

② 生动直观，优化教学。

③ 创设情景，改善学习环境。

思考与练习

1. 常见的多媒体素材有哪几种类型？
2. 常见的图像、声音和视频文件格式有哪些？
3. 图形图像素材有哪几种常用的获取途径？
4. 声音素材有哪几种常用的获取途径？
5. 视频素材有哪几种常用的获取途径？
6. 请举出常见的两种教学媒体硬件设备。

第 4 章 多媒体课件制作技术

本章学习目标：

通过本章的学习，使学生了解多媒体 CAI 课件的概念和分类，多媒体课件的开发工具和制作原则，掌握多媒体课件制作的步骤。了解 PowerPoint 的主要特点，PowerPoint 课件制作的基本步骤，会使用 PowerPoint 制作课件，掌握 PPT 课件的制作技巧，掌握演示文稿的高级应用。会使用 Authorware 制作课件，了解其他 CAI 技术，了解几何画板的使用和屏幕录像软件的使用。

本章要点：

- 多媒体 CAI 课件的分类；
- 多媒体课件制作的步骤；
- PowerPoint 课件制作的基本步骤；
- PPT 课件的制作技巧；
- 演示文稿的高级应用；
- 使用 Authorware 制作课件。

随着计算机多媒体技术的发展和普及应用，计算机辅助教学（CAI）已成为一种现代教学手段。它使传统的教学方式发生了深刻的变革。这种教学方式打破了时间和空间的限制，将教学内容与教学所涉及的事物，通过声音、图像、动画等形式表现出来。它使学生通过事物形、色、声的变化和发展直接获取知识，感知世界，并且使许多抽象的概念形象化、具体化，更使教学由难到易，增加教学效果，提高教学效率，具有传统教学所不能比拟的优越性。多媒体课件是计算机辅助教学（CAI）的核心。随着社会经济的发展，学校的硬件设施越来越完善，这也给多媒体教学提供了物质基础，使得多媒体课件应运而生。

4.1 多媒体 CAI 课件概述

4.1.1 多媒体 CAI 课件的概念

计算机辅助教育（CBE）的重要组成部分是计算机辅助教学（CAI），而实现计算机辅助教学（CAI）的最重要手段就是多媒体 CAI 课件。CAI 是一项重要的新兴教育技术，包括了一个极为宽广的计算机应用领域。它是综合计算机科学、教育学、心理学等多门学科而开发出的一种辅助教学手段，既是计算机的一个应用领域，又代表一种新的教育技术和教育方法。

多媒体 CAI 课件是一种根据教学大纲的要求，经过教学目标确定教学内容和任务分析、教学活动结构及界面设计，以计算机处理和控制的多种媒体的表现方式和超文本结构制作的课程软件，是可以用来存储、传递和处理教学信息，能让学生进行交互操作，并对学生的学习做出评价的现代教学媒体。多媒体课件不同于一般的多媒体计算机软件，它是一种表现特定的教学内容，适合于某类教学对象，专门用于辅助某一学科教学的教学媒体，所以人们习惯上称它为多媒体教材。它比较突出的一点是强调了教育性，所以在开发多媒体教材时应注意教育性的体现。多媒体 CAI 课件的容量可大可小，一个大的多媒体 CAI 课件可实现一门完整课程的教学，可运行几十个课时；小的课件只运行几分钟，用于辅助课堂教学。

基于网络的计算机辅助教学是教育教学理论、计算机技术、网络技术、多媒体技术、虚拟仿真技术等相结合的产物。开发、设计和研制课件是为了满足教学的需要，为了获得更好的效果，就必须遵循学习的规律，因此，学习理论便成为课件设计的重要的理论基础之一。计算机辅助教学的理论基础经历了行为主义学习理论（20 世纪 60 年代初至 70 年代末）、认知主义学习理论（20 世纪 70 年代末至 80 年代末）和建构主意理论（20 世纪 90 年代以后）。

4.1.2 多媒体 CAI 课件的分类

（1）按照课件的功能，计算机辅助教学的基本模式大致可以分为练习型、模拟型、示教型、授课型、测试型、游戏型等。

（2）按照制作软件不同，可以将课件分为 PPT 课件、Flash 课件、Authorware 课件、Director 课件、HTML 网络课件以及各种程序编写的课件等。当前运用最普遍的是 PPT 课件，Authorware 课件前几年比较多见，但随着 Adobe 公司宣布不再升级该软件，Authorware 课件在课件领域的占有率也越来越低了。

（3）按照多媒体 CAI 课件的使用对象，目前多媒体 CAI 课件的形式分为辅教（授课型）课件和辅学（自学型）课件两大类，后者根据使用环境又分为单机型和网络型。

① 授课型多媒体 CAI 课件。

授课型 CAI 课件与课程教学计划和培养目标相适应，能够很好地辅助教师课堂教学。课件内容根据现有教材作为依据进行脚本的编写，然后进行课件的制作，课件内容随着教材的更新进行及时的更新，运用于课堂能够与授课教学环境相适宜，能够很好地服务于课程教学。

授课型 CAI 课件使教师的课堂教学发生了重大变革，由传统教学模式转变为多媒体教学模式。传统教学模式采用一支粉笔、一块黑板所展现的内容单调、信息量小。多媒体模式是现代教育技术与现代化教育设施的有机结合，教学中传达的内容信息丰富。在教师的主导作用下，合理地利用授课型 CAI 课件教学，使课堂教学变得生动形象、易于接受。学生学习兴趣也得到一定的提高，学习效果和学习质量也随之提高。

② 自学型多媒体 CAI 课件。

自学型课件具有较强的交互性，能够最大限度地发挥学习者的主动性、积极性，既可以用来进行个别化教学，又可以用于协作型教学，也可用于将个别化教学与协作型教学相结合的教学模式。自学型课件中汇集优秀的教材、优秀的教学方法、典型的例题、习题，为学生自学提供方便。同时，自学型课件提供丰富的交互式人机界面，提供符合人类联想思维与联想记忆特点的、按照超文本结构组织的大规模的知识库与信息库，学生的学习兴趣很容易被激发，创新性和探索意识也能很好地被调动。尤其是通过网络型自学课件，学生自我学习的空间和领域被扩展。

4.1.3 多媒体课件辅助教学的特点

采用多媒体课件辅助教学，能够调动学生的多个感官来获取学习信息，提高学生的学习积极性、主动性和创造性，进而提高教学效率和学习质量。

（1）运用多媒体课件授课有利于突出教学重点难点，提高教学效率。

教师在整个教学过程中借助多媒体课件，能够做到合理地组织和安排教学内容的知识点，设计教学方法和教学模式，进而达到提高教学效率和教学质量的目的。

（2）运用多媒体课件授课有利于培养学生的学习兴趣和积极性。

教学内容采用多种多媒体手段（如文本、图像、声音、动画等）形式来进行展示。教师充分挖掘教学内容中的兴趣因素和艺术魅力在多媒体课件中进行表现，进而能够很好地激发学生的求知欲和兴趣，提高教育教学质量。

（3）运用多媒体课件授课能够突出学习多样性，有利于实现因材施教。

学生根据自己的学习需要和能力状况来选择学习的进度和节奏，同时及时反馈学习效果，能够很好地实现教学信息的双向性，有利于实现因材施教。同时，学生学习的多样性和个性化也能够很好的体现。

（4）多媒体课件是促进网络教学和远程教学开展的基础。

随着多媒体技术、网络技术和通信技术的发展，学校的教学突破了时间和空间的限制，衍生出了网络教学、远程教学等多种教学模式，多媒体课件是扩大教学规模，实现网络教学和远程教学的基础资源。

（5）多媒体课件有利于学生自学和发挥学习中的主体作用。

在课堂上学生没有看清楚、没听懂的东西，课下可以利用课件重复学习，这样既加深了学生对知识的理解和记忆，又充分发挥了学生在学习中的主体作用。

（6）运用多媒体课件授课有利于教师主导作用的发挥。

教师在进行多媒体课件设计和开发过程中，要认真组织教学内容，在编排上要多样化，既突出知识重点，又强调知识的连贯性，既发挥多媒体课件的优势，又使教学更加贴切教学活动的核心和主题，教师主导作用可以得到充分发挥。

（7）多媒体教学使课堂形式灵活多样，丰富多彩，调动了学生的非智力因素。

多媒体教学优化了课堂教学结构，从根本上改变了传统教学单调古板的形式，强化了师生的双边活动，体现了学生的主体作用，从而激发了学生的学习热情，产生积极的学习情绪和兴趣。

4.1.4 多媒体课件制作的步骤

多媒体课件的设计与制作是一项富有创造性的工作，多媒体课件的制作一般需要以下几个工作步骤。

1. 确定选题

选题是多媒体课件设计与制作的第一步，大多由教学第一线的教师根据教学的需要来确定。

2. 制作小组的组成

多媒体课件的制作与开发是一项综合性的工作，费时费力，单靠一个人显然不能满足各方面的要求，往往会顾此失彼，因此在具体制作前要成立一个制作小组。小组成员主要包括任课教师、教学设计人员、艺术设计人员和软件设计制作人员。

3. 稿本设计

稿本在多媒体课件的开发和制作中占有重要的地位，规范的稿本对保证课件质量以及提高课件制作效率起积极的作用。它包括两部分内容，一部分是文字稿本设计，另一部分是多媒体课件制作稿本设计。其中文字稿本由有经验的任课教师完成，它是按照教学过程的先后顺序将教学内容及其呈现方式描述出来的一种稿本，它不能用来作为多媒体课件制作的依据。而多媒体课件制作稿本是在文字稿本的基础上改写而成的，是制作人员进行课件制作的依据，它的作用类似于电视节目制作的分镜头稿本。多媒体课件制作稿本包括界面的布局、色彩的搭配、人机交互方式、画面的切换方式、信息的呈现以及对解说、音乐和音响效果的说明和各知识点的链接等。

在设计多媒体课件稿本时，需注意如下问题。

（1）总结多年的教学经验和体会，将它融进课件的稿本设计中。

（2）总结教学规律，课件的稿本应遵循心理学、教育学规律，课件应按照某种逻辑顺序（如由实例到原理、由概念到实际运用、由浅入深、由简至繁等）循序渐进地安排内容。

（3）精选课件素材，优化课件结构，力求课件的内容准确、丰富、图文并茂。

（4）充分利用先进的软、硬件技术，利用多种媒体产生生动的视、听觉表现，使课件更富于吸引力。

（5）系统应为开放式结构。按照教学过程的客观规律，由于授课者和授课对象不同，教学内容的安排应有所差异，开放式系统便于满足各个层次的需要。

（6）优势互补，加强协作。制作课件涉及的知识和技能范围广泛，要求制作人员既有丰富的教学经验、认知理论，又有较高的计算机应用开发能力，这需要稿本写作人员听取多方面的意见，与相关人员协同合作。

4. 素材的搜集与制作

稿本设计对课件制作提出了具体的要求，接下来的工作就是为多媒体课件准备各种素材，这些素材包括文字、图形、图像、动画、视频及音频等。在素材搜集与制作过程中可能要用到很多专业设备和软件，硬件设备有扫描仪、数码相机、摄像机、录像机、话筒、调音台等，软件则是各类媒体的编辑软件以及格式转换软件等，如处理文字的 Word、生成各类图形图表的 Excel、处理图像的 Photoshop、制作图像和动画的 3d max、制作二维动画的 Flash 等。

5. 多媒体课件制作

多媒体课件制作是将前面各项工作在计算机上实现的过程，可使用程序设计语言来完成，如 C 语言、Visual Basic 等。这些语言对制作人员的要求较高，常需要专业计算机人员。现在较多的是应用多媒体创作工具来制作多媒体课件，多媒体创作工具不需要编程，使用简单，非计算机专业的教师可以根据教学需要自己制作课件，而且开发效率比较高。常用的多媒体创作工具主要有 PowerPoint、Director、Authorware、Toolbook、HongTool 及方正奥思等。

6. 课件调试

多媒体课件制作完成后，要根据各方面的反馈信息反复修改、调试，直到符合设计要求。

7. 课件成品

调试好的课件可制成光盘或软盘，以方便使用或出版发行。

4.1.5 多媒体课件制作的原则

在进行多媒体课件制作的过程中，应遵守以下几个原则。

1．教学性原则

多媒体课件应用的目的是优化课堂教学结构，提高课堂教学效率，既有利于教师的教，又有利于学生的学。所以首先关心的是利用某个课件进行教学是否有必要。

（1）选取那些常规方法无法演示或不易演示、演示观察不清的内容。

（2）选取课堂上用常规手段不能很好解决的问题，也就是解决教学重点、难点问题。

（3）能通过提供与教学相关的媒体信息，创造良好的教学环境（情景）、资源环境，扩大学生的知识面、信息源。

2．可操作性原则

课件的操作要尽量简便、灵活、可靠，便于教师和学生控制。在课件的操作界面上设置寓意明确的菜单、按钮和图标，最好支持鼠标，尽量避免复杂的键盘操作，避免层次太多的交互操作。

为便于教学，尽量设置好各部分内容之间的转移控制，可以方便地前翻、后翻、跳跃；对于以学生课堂练习为主的课件，要对的输入做即时应答，并允许学生自由选择训练次数和训练难度；对于演示课件，最好根据现场教学情况改变演示进程。

3．科学性原则

科学性无疑是课件评价的重要指标之一，尤其是演示模拟实验，更要符合科学性。课件中显示的文字、符号、公式、图表及概念、规律的表述式力求准确无误，语言配音也要准确。但在科学性的评判上宜粗不宜细，要做具体分析。如果片面强调科学性，就会束缚人的手脚，不利于多媒体课件应用发展。所以，演示模拟原理要正确，要反映主要的机制，细节可以淡化，要尊重事实，允许必要的夸张。科学性的基本要求是不出现知识性的错误。

4．简约性原则

课件展示的画面应符合学生的视觉心理。画面的布局要突出重点，同一画面对象不易多，应避免或减少引起学生注意力的无益信息干扰。注意动物与静物的色彩对比，前景与背景的色彩对比，线条的粗细，字符的大小，以保证学生都能充分感知对象。避免多余动作、减少文字显示数量（有可能的话尽量用语言声音表达），过多的文字阅读不但容易使人疲劳，而且干扰学生的感知。

5．艺术性原则

一个课件的展示不但取得良好的教学效果，而且使人赏心悦目，使人获得美的享受，能激发学生的兴趣。优质的课件应是内容与美的形式的统一，展示的对象结构对称，色彩柔和，搭配合理，有审美性（这是比较难做到的，但是我们所追求的）。

6．适度运用原则

适度运用原则就是利用认知学习和教学设计理论，根据教学设计，适当运用多媒体教学课件，创设情境，使学生通过多个感觉器官来获取相关信息，提高教学信息传播效率，增强教学的积极性、生动性和创造性。把一定的时间和空间留给学生，让他们理解和思考，让他们交流和质疑（不要满堂灌）。

7．适度信息量原则

演示型多媒体教学课件信息量太大的现象普遍存在。有一种看法认为多媒体课件的信息量一定要大，只有大信息量，才能体现多媒体的优势。但其实信息量太大会使学生囫囵吞枣，也就是“电灌效应”，要避免教师学生被课件牵着鼻子走。

适度信息原则就是指在学科教学过程中有效组织信息资源，提供适度的信息量，在解决教学难点重点扩大视野的同时，让教师自主地教学、让学生在教师的指导下自主地对信息进行加工。

8. 有机结合原则

“寸有所长，尺有所短”。教学媒体的采用也要根据教学内容及教学目标来选择，不同的教学媒体有机结合，优势互补，才能收到事半功倍的教学效果。例如：数学的方程求解、物理的公式推导等，用多媒体课件教学就不一定比教师与学生一起边推导边板书效果好；化学实验教学用多媒体课件有时如实际演示一样更直观更有说服力；对于理论问题、微观世界的活动、宏观世界的变化等采用多媒体课件则有其明显的优势。

9. 开放性原则

做过课件的教师都知道，制作课件要花大量的时间。若能直接采用现成的课件或对原有课件作少量修改就能为己所用，必将使多媒体教学大为普及。制作的课件是否有开放性，能否稍加改造就可以为其他教师所用，这在今后是重要的，需要大力提倡，这也符合开放共享的信息时代的要求。

目前教师制作的课件，绝大多数是自己在多媒体教室使用的。如何上好课，让学生学会学习、掌握知识和技能，绝不是仅仅有了课件就能解决的问题。在课件的运用上，教师要注意以下两点。

（1）充分发挥教师主导作用。在教学活动中，教师应该始终发挥主导作用，绝不能有了课件之后，教师就退到计算机后面，成为设备操作员和课件的附庸。在课堂上，学生的焦点应该在教师身上，而不在那些视觉辅助工具上。这些视觉辅助工具是用来支持教师教学的，而不是让教师去支持它的。

（2）注意防范风险。运用课件教学，要注意防范如下风险：停电、设备故障、软件故障等，课件教学要使用许多软硬件设施，这些设施出问题的概率是不可忽略的。我们经常看到由于种种原因多媒体教室不能正常使用，从而影响了教学秩序和教学进度。因此，在用课件上课之前，做好准备工作，制定应急预案，是很有必要的。

4.2　多媒体课件的开发工具

多媒体开发工具具有所见即所得、媒体集成度高、各种特殊效果丰富、实现容易的特点，能够制作出界面华丽、交互性强、控制灵活的课件。

4.2.1　主要的多媒体课件制作工具

1. PowerPoint

PowerPoint 的最大特点是操作极其简便，好学易用，制作过程也极为简单。利用系统提供的模板很快就可以制作出一个生动美观的多媒体课件。这种课件随着讲授者的逐步讲解，一步一步地演示和出现各种文字、图片、视频，配合声音，可谓图文声并茂，是制作“演示型”、“幻灯片性”课件的有力工具。其缺点是缺乏各种特殊效果，动画制作能力较差。

2. 方正奥思

方正奥思是北大方正技术研究院专门针对教育领域研究开发的一个可视化、交互式的多媒体开发工具软件，广泛用于教学和商业领域，尤其是用于多媒体教学软件的制作开发。

3. Flash

这是一个基于矢量技术的动画创作工具，由于占用空间少，并且支持网络技术，因而在网页制作、多媒体制作等领域得到了广泛的应用。利用 Flash 制作基于 Web 多媒体 CAI 课件，不但空间小，播放效果流畅，而且交互性更为出色，但其缺点是绘图功能差强人意。

4. 几何画板

几何画板是一个通用的数学、物理教学环境，提供丰富而方便的创造功能，使用户可以随心所欲地编写出自己需要的教学课件，是最出色的教学软件之一。它主要以点、线、圆为基本元素，通过对这些基本元素的变换、构造、测算、计算、动画、跟踪轨迹等，构造出其他较为复杂的图形，是数学、物理教学中强有力的工具。

5. Authorware

Authorware 是一个基于流程图的多媒体创作工具，特点是功能强大，操作容易，是最好的多媒体系统集成工具。Authorware 制作课件非常直观、明了，使用者不需要掌握高深的编程技巧，只需要将软件提供的各种图标拖放到流程线上，然后将教学素材添加到图标中，再利用图标设置画面的显示、页面的跳转、内容的交互，就可以制作出包含文字、图像、声音、动画、视频等多种媒体的多媒体课件来。但是，Authorware 是一个多媒体集成工具，它对多媒体本身的制作功能有所欠缺，最好能与其他软件配合使用。

6. Frontpage 和 Dreamweaver

Frontpage 是微软公司出品的一款网页制作入门级软件。FrontPage 使用方便简单，会用 Word 就能做网页，所见即所得是其特点。该软件结合了设计、程式码、预览三种模式，它包括创建动态的高级网站时所需的专业的设计、创作、数据和发布工具。它与 Microsoft Office 各软件无缝连接，具有良好的表格控制能力，继承了 Microsoft Office 产品系列的良好的易用性。

Dreamweaver 是当前最流行的网页设计软件，它是美国 Macromedia 公司开发的集网页制作和管理网站于一身的所见即所得网页编辑器，是第一套针对专业网页设计师特别发展的视觉化网页开发工具，利用它可以轻而易举地制作出跨越平台限制和跨越浏览器限制的充满动感的网页。Dreamweaver 可以用最快速的方式将 Fireworks、FreeHand 或 Photoshop 等档案移至网页上，使用网站地图可以快速制作网站雏形，设计、更新和重组网页。

4.2.2 其他多媒体课件制作工具

1. Java

Java 语言是 SUN 公司推出的新一代跨平台的通用网络编程语言，因其良好的平台独立性、安全可靠性以及完全面向对象等多项新特性而备受青睐。利用 Java 语言可以很方便地实现 Web 页面中动画、声音等媒体的播放和控制，从而产生具有生动画面的网页。而且它能很好地解决基于 Web 多媒体 CAI 课件的跨平台、实时交互以及网络管理等问题，只要用户运行了支持 Java 的浏览器，就可以交互地使用基于 Web 多媒体 CAI 课件。Java 语言已被广泛应用于教育领域，实现了电子图书馆、网上交互式学习和远程教学等。

2. Photoshop

Photoshop 功能丰富实用，界面简洁，集成化程度高，是我们最常用也最有效的图像加工软件。它可以将多张影像图片加以组合，也可以将影像品质不良的图片加以修饰、调整。在多媒体作品的制作过程中，数字图像的编辑与处理是必不可少的。

3. 电子相册的使用

电子相册是指可以在电脑上观赏的，区别于 CD/VCD 的静止图片的特殊文档，其内容不局限于摄影照片，也可以包括各种艺术创作图片。电子相册具有传统相册无法比拟的优越性，它具有图、文、声、像并茂的表现手法，随意修改编辑的功能，快速的检索方式，永不褪色的恒久保存特性，以及廉价复制分发的优越手段。

4. FlashPaper

FlashPaper 是 Macromedia 推出的一款电子文档类工具，通过使用本程序，可以将需要的文档通过简单的设置转换为 SWF 格式的 Flash 动画，原文档的排版样式和字体显示不会受到影响。这样做的好处是不论对方的平台和语言版本是什么，都可以自由地观看你所制作的电子文档动画，并可以进行自由地放大，缩小和打印，翻页等操作，对文档的传播非常有好处，而且 Flash 动画有普及性和强大的可调节性。

5. 屏幕录像专家

“屏幕录像专家”是一款专业的屏幕录像制作工具。使用它，你可以轻松地将屏幕上的软件操作过程等录制成 Flash 动画、AVI 动画、ASF（微软流媒体格式）动画或者自播放的 EXE 动画。本软件采用直接录制方式或者先录制、再生成的方式录制屏幕录像，使用户对制作过程更加容易控制；它支持后期配音和声音文件导入，使录制过程和配音分离。

4.3　使用 PowerPoint 制作课件

PowerPoint 是 Microsoft Office 办公套装软件的一个重要组成部分，专门用于设计制作信息展示领域（如演讲、报告、会议、产品演示等）的各种演示文稿（俗称幻灯片或电子简报），在教育教学中，我们常用它制作丰富多彩的课件。PowerPoint 能很简便地将各种图形图像、音频和视频素材插入到课件中，使课件具有强大的多媒体功能。另外，它的最大优点是上手容易、使用简单，老师可以在短时间内掌握其操作，制作出符合自己要求的课件。本节将为大家讲解 PowerPoint2010 制作课件的方法和技巧。

4.3.1　PowerPoint 课件制作的基本步骤

1. 编写课件脚本，即写教案。

此类教案与传统教案的不同之处在于使用的教具为计算机，要写明如何设计每张幻灯片，这张幻灯片需要什么素材（即需要什么声音、图片、文字等），在教学中如何使用这张幻灯片。

制作一个简单课件，可以不把大纲和脚本用文字的形式记录下来，但是一定要进行构思，形成腹稿。没有好的构思，就没有好的课件。很多初学者在制作课件时，往往把注意力放在某张幻灯片上，而这张幻灯片在整个课件中起什么作用、与其他幻灯片有什么联系、用什么技术手段或媒体来达到教学目的则考虑不多。还有一些人在制作课件时，经常信马由缰，走到哪里算哪里。这样做出来的课件，往往就成了讲话提纲。

2. 根据教案脚本收集素材。

素材的获取方法一般有：到软件市场购买素材光盘；网上下载；自己动手制作。

制作课件的一个难题就是找不到所需的素材，因而平时应有意识地建立个人的素材库，并分门别类存放各种素材（积件思想）。

3. 根据脚本和收集到的素材制作课件的“粗件”，即大致按照原来设计好的方案把课件内容输入到幻灯片中，最后再精心设计各张幻灯片（如幻灯片的背景、文字颜色、文字大小等）。

4. 屏幕设计原则。

（1）布局

① 平衡原则：在屏幕上的对象应力求上下左右达到平衡，数据不要堆挤在某一处，不要有杂

乱无章的感觉。

② 经济原则：提供足够的信息即可，去除累赘的文字及图画，以最少的数据显示最多的信息。

③ 顺序原则：不需要先见到的对象先暂时不要显示出来。

（2）文字与用语

① 格式：在一个画面上不要有太多的文字，如果文字过多可分页显示。除关键字与特殊用语加粗或加大处理外，在同一行或同一组的文字应以同一字形来表达。

② 信息：提供给学生的信息应简洁有力，清楚表达，信息内容应用熟悉而简短的句子。

（3）颜色

① 所有文字以同一颜色来表示，除非是特殊字词（如标题等关键字）。

② 活动中的对象与非活动的对象颜色应不相同。活动中的对象颜色鲜明，非活动的对象颜色应暗淡。以鲜艳色彩作为活动中的前景，以暗色或浅色作为背景色。

③ 同一画面中不要使用太多的颜色，以四五种为限。

④ 尽量避免不协调的颜色放在一起，如黄与蓝、红与绿或红与蓝等，在作对比效果时例外。

⑤ 以颜色来表示对象属性，如蓝色表示寒冷，绿色表示生态，红色表示警讯等。

4.3.2 PPT 课件的制作技巧

1. PPT 课件版面布局技巧

如何才能设计出好的 PPT 课件，让你的 PPT 课件成为夺人眼球的艺术品呢？要制作出好的 PPT 最重要的是借鉴别人的作品，经常模仿别人好的 PPT 制作方法，不断积累就可以形成自己的设计风格。当然，大家既要善于模仿，也要善于总结和积累，现在网上有很多出色的 PPT 模板，如麦肯锡 PPT 模板、罗兰贝格 PPT 模板和微软 PPT 模板等，另外，还有非常专业的公司销售的各种 PPT 模板。有了这些模板以后，大家就可以模仿借鉴，可以元素重新组合，形成自己的 PPT 风格了。

下面将 PPT 版面设计的编排类型归纳为以下几种。

（1）标准型

最常见的简单而规则的版面编排类型，一般从上到下的排列顺序为：图片/图表、标题、说明文、标志图形，自上而下符合人们认识的心理顺序和思维活动的逻辑顺序，能够产生良好的阅读效果。

（2）左置型

这也是一种非常常见的版面编排类型，它往往将纵长型图片放在版面的左侧，使之与横向排列的文字形成有力对比。这种版面编排类型十分符合人们的视线流动顺序。

（3）斜置型

构图时全部构成要素向右边或左边作适当的倾斜，使视线上下流动，画面产生动感。

（4）圆图型

在安排版面时，以正圆或半圆构成版面的中心，在此基础上按照标准型顺序安排标题、说明文和标志图形，在视觉上非常引人注目。

（5）中轴型

这是一种对称的构成形态。标题、图片、说明文与标题图形放在轴心线或图形的两边，具有良好的平衡感。根据视觉流程的规律，在设计时要把诉求重点放在左上方或右下方。

（6）棋盘型

在安排版面时，将版面全部或部分分割成若干等量的方块形态，互相明显区别，作棋盘式设计。

（7）文字型

在这种编排中，文字是版面的主体，图片仅仅是点缀。一定要加强文字本身的感染力，同时使字体便于阅读，并使图形起到锦上添花画龙点睛的作用。

有时候我们一直苦于自己 PPT 的平庸，但又找不到症结所在，这往往是版面布局不太合理导致的。

PPT 版面布局的要点如下。

（1）内容不在多，贵在精当

不要把什么内容都写上去，只要重点，因为一张 PPT 的空间有限，不但要有文字和图片区，适当的留白也是十分必要的，这样人的视线才不会疲劳。“精”就是要精挑细选，“当”就是页面上面的东西要恰当，能反映中心思想或观点。

（2）色彩不在多，贵在和谐

初学者往往会犯的通病一是乱用颜色，结果就是给人一种页面杂乱无章的感觉；二是不用颜色，一张黑脸到底。这都是错误的。颜色可以多，但要和谐。怎么做到和谐呢？首先确定主色调，一般的规则是浅色底板，主色调为浅色，文字为深色；深色底板，主色调为深色，文字为浅色。根据经验，浅色底板比深色底板更容易组合搭配颜色。浅色主色调确定好以后，再添加较深颜色的文字，这样就可以更加突出文字。切忌背景喧宾夺主。

（3）动画不在多，贵在需要

动画到底需不需要？这个问题我想不用我来回答，动画效果的添加就是胶片幻灯片和多媒体 PPT 的区别，适当而又精美的动画无疑是夺人眼球的利器。但可想而知，不恰当或过多的动画，同样也会令人反感。需要记住的一点是，不是列表里每个动画效果都适合 PPT 的，常用的动画在 10 个之内，但巧用动画的组合会使这些动画演变出无穷的效果。

（4）三要：文字要少，公式要少，字体要大

有多少同学可以看着满屏的文字不睡觉？有多少同学可以看到满屏的公式不头痛？因此，画面中的内容一定要精。

2. PPT 课件背景设置技巧

设计 PPT 课件的第一步就是决定窗口的大小以及长宽比例，通常 PPT 软件提供的模板是 4：3 的显示比例，这种比例是显示设备中默认的方式，不容易出问题，看上去比较均衡舒适，一般不用改变。如有特别需要，如宽屏显示等，则可以在“设计”—“页面设置”对话框中将幻灯片大小设定为其他的显示比例，如图 4-1 所示。PPT 课件组合了多种媒体表现的教学内容，它与用户的最终交流是通过显示器屏幕或投影屏幕来实现的。为了美观，也为了主体表现不使人感觉突兀，安排适当的背景非常必要。

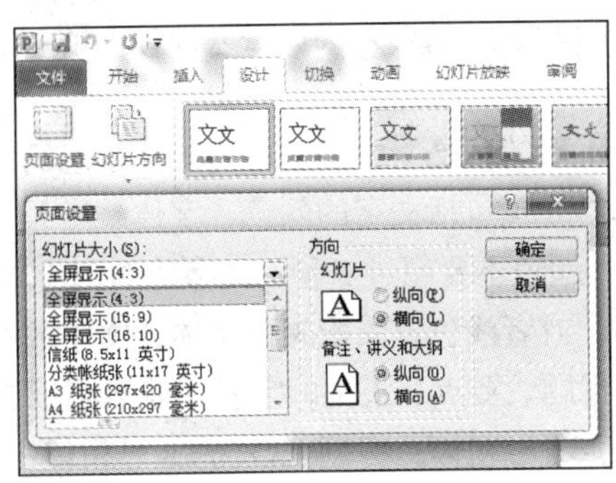

图 4-1　显示比例设置

背景的颜色、图案要根据课件整体形象风格的要求来制作，原则是色彩尽量单一，形象尽量简洁。颜色可以传递感情，使用好色彩，能够激发学生的情感，合适的颜色具有说服力与促进能力。研究表明色彩能够提高兴趣，改善学习过程中的理解与记忆能力。一般颜色可分为两类：冷色（如蓝和绿）和暖色（如橙和红）。冷色最适合做背景色，因为它们不会引起我们的注意。暖色最适于用在显著位置的主题上（如文本），因为它可造成扑面而来的效果。因此，绝大多数PowerPoint幻灯片的颜色方案使用蓝色背景，黄色文字也就不足为奇了。但是不必强迫使用这种颜色方案，也可以做一些改变，使用其他的颜色。如果在暗室（如大厅）中进行演示，使用深色背景（深蓝、灰等）再配上白或浅色文字可取得不错的效果。但如果要打开灯，白色背景配上深色文字处理会得到更好的效果。在灯光明亮的房间内，用深色背景配浅色文字效果不佳，但浅色背景配深色文字会更好地维持视觉效果。另外，背景颜色不要选用大面积高纯度的色彩，如明黄色、亮青色等。这些颜色虽然符合亮度要求，但人眼长时间盯看会非常疲劳。红色和绿色放在一起，学生注视太久就会产生视觉闪烁，可能会带来“过节”的联想，影响学生集中注意力。初学者使用颜色的最大问题是：幻灯片上五颜六色、色彩斑斓，与内容不协调，不符合大多数人的欣赏习惯。毕竟幻灯片是给别人看的，一般情况下颜色最好不要超过5种。

PPT课件的背景图形要尽量简洁，以突出教学内容为己任。一般情况下，背景图形会被安排在角上或在幻灯片周围，采用包围方式，目的是为教学内容留出足够的空间。对于面积较大的背景图形，可以采用边角清晰、靠近教学内容的部分虚化的处理方式。如图4-2所示，背景复杂凌乱，文字不清晰，缺乏美感，而图4-3画面靠下，文字部分的背景简洁，画面清晰漂亮。

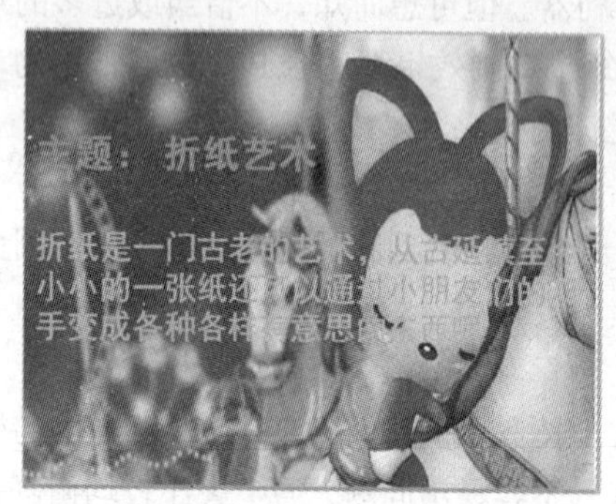

图4-2　背景复杂凌乱

图4-3　背景简洁清晰

在制作PPT课件时，如果出现了选中的模板背景与文字亮度值差异过小，文字辨认困难的情况，还可以利用给文字添加背景的方式调节，达到比较好的效果。

3. PPT课件文字编排技巧

文字是各种媒体中最基本的元素，眼见为实仍是大部分人的习惯。因此，通过文字的传播比较容易使人感到自然可靠。

使用文字时要注意，传递正确的信息给学生，尽可能使信息简单、正确、生动，和其他媒体互相配合表达信息。文字的基本处理包括文字的颜色、字体、字号、行距、段前距、段后距等。演示文稿（单屏）的文字字体、颜色不要超过3种；文字的颜色应与背景色区分明显，对比度高，尽量选择深色背景配浅色字体，或者浅色背景配深色字体；文字的行距不小于1.2倍行距；文字的大小应遵循相应的次序，如标题、要点、正文，字号一般不小于24。字体大小一般建议：大标题设为44号粗体；标题一设为32号粗体；标题二设为28号粗体；标题三设为24号粗体。文字的位置适宜，忌单字折行；文字的风格尽量统一，与主题相切；尽量不要屏幕中充斥大段文字；

一张幻灯片表达一层意思；一张幻灯片上不要超过 10～12 行内容，每一行中不要超过 6～8 个词组和 35 个字；小字最好用宋体。一些教师在制作课件时，把大段大段的课文放到幻灯片上，把本来应当是丰富多彩的幻灯片变成了教科书，这是不可取的。PPT 幻灯片的排版中，用空行加首字处理代替空格来划分段落会获得意想不到的效果，如图 4-4 所示。有些时候文字竖排似乎比横排的效果更好一些（见图 4-5）。在 PPT 课件设计中，我们可以在遵循中文排版规定的前提下，根据需要灵活变通。

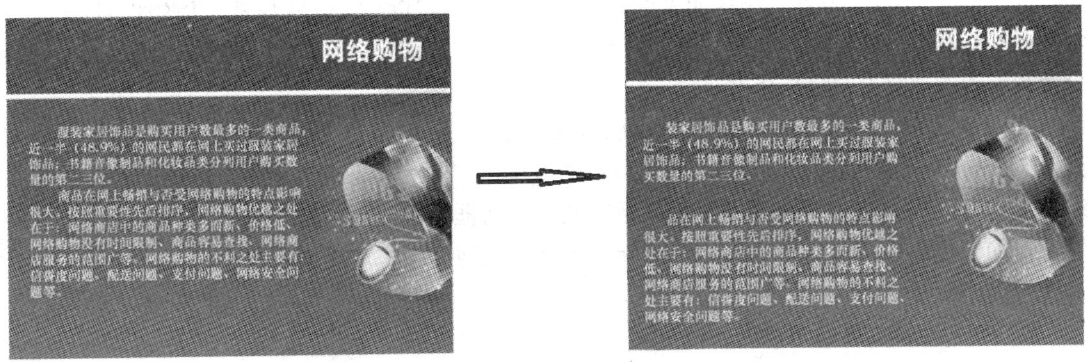

图 4-4 空行加首字处理代替空格来划分段落

图 4-5 文字横排，竖排效果对比

字体可以传递微妙的信息，所以我们要仔细选择字体。在不同的幻灯片中，相同的标题和文本使用相同的字体，补充字体不要超过两个（如宋体和宋体加粗体）。含有大量文本的材料大多用宋体字，这种字体在小磅值下更易于阅读，但应尽量避免使用千篇一律的宋体字。经常可以使用楷体、隶书和黑体等，这些字体看起来专业而友好，富有变化，能增加美感。不管使用哪种字体，都必须保证在教室后排的同学能够看清文字。

对文字可以进一步美化：在重要文字段落中添加图形框（如圆角矩形）并填充渐变背景色；给标题文字加相应的图片；对文字进行结构化改造。

我们经常有这样的困惑，在幻灯片中使用了非常漂亮的字体，可是将幻灯片复制到演示现场进行播放时，这些字体变成了普通字体，甚至还因字体而导致格式变得不整齐，严重影响演示效果。为了避免这种情况的发生，在 PowerPoint 中，执行“文件→另存为”，在对话框中单击“工具”按钮，在下拉菜单中选择“保存选项”，在弹出的对话框中选中“嵌入 TrueType 字体”项，然后根据需要选择“只嵌入所用字符”或“嵌入所有字符”项，最后单击“确定”按钮保存该文件即可。

4. PPT 课件图形图像运用技巧

图片具有高度的暗示性和象征性，能更快地传递信息和感情。好的图片可以很快抓住学生的注意力，产生强烈的震撼力。使用图片时要注意的事项是：让媒体之间产生关联，所插入的图片不能与讲课内容无关；不是每张幻灯片都需要图片；一张幻灯片上的图片不能太多，以免混淆信息的主体。

PPT 中使用的图像格式可以是 jpg、gif、tif、wmf 等。小图片和剪贴画一般起点缀修饰作用，图像分辨率为 72dpi。课件的图像如果需要全屏，则图像尺寸应为 1024 像素 × 768 像素以上。幻灯片中不能有太多图片或太鲜艳，PPT 目的是让别人看到文字内容，而不是图片，追求花哨容易分散观看者的注意力，喧宾夺主。

在添加图片，如照片或插图时，PowerPoint 演示文稿可能会变得非常庞大，这时候就要缩减 PowerPoint 图片所占用的空间。我们可以通过单击“图片”工具栏上的“压缩图片”按钮来缩小文件，还可以选中“删除图片的裁剪区域”复选框，单击“确定”进一步压缩图片尺寸。注意：如果你对图片进行了压缩或者删除了图片的裁剪区域，就不能再把它们恢复到原来的分辨率或大小。

5. PPT 课件声音运用技巧

声音文件的格式常规使用 wav，推荐用 MP3。声音的截取及格式转换 Cool Edit、GoldWave、超级解霸等音频处理软件，可用音乐作为文稿背景音乐。

声音是一种可以传递信息和刺激情绪的有力手段。声音是属于潜意识的影响因素，常常在课件制作时受到忽视。用 PowerPoint 制作课件，音乐只能插入到某张幻灯片，而不能让其持续始终，一旦放映下一张幻灯片，当前音乐马上停止，音乐的使用因此受到限制。音效的使用却是很方便的，但是这也是容易发生问题的地方：一些制作者喜欢在每个对象出现时，都让其伴随音效。上课时，当打字、鼓掌、刹车、风铃的声音不绝于耳，学生的注意力就有可能转移。

声音的插入和效果设置：从“插入”菜单，选择“声音和影片”，选择“文件中的声音”，插入所选音频（该音频文件应和 PPT 在同一文件夹中）；可修改其属性和效果选项；如多张有音乐，其中某张 PPT 使用音频，可以用触发器来进行控制播放、暂停和停止；可以通过控件来插入音频，其插入的方法和 Flash 动画插入基本相同，将在 5.4 节中详细介绍；还可以通过超级链接，链接到外部音乐文件（格式不限），可用文字或透明矩形框作为超级链接单击目标。

6. PPT 课件视频运用技巧

心理学研究早就告诉我们，无论在日常的三维空间里还是在平面上，动态的物体比静态的物体吸引力更强。视频和动画是集造型性与运动性于一身的综合艺术，画面真实，富于表现力和说明性，能够生动清楚地表现操作性、过程性的教学内容，这是其他教学媒体无法达到的。在 PPT 课件中，对于一些重要或难理解的知识点应着意运用一些二维、三维动画和视频的表现手段，动态画面会给课件整体带来动感和活力，提高课件的质量。

视频的文件格式推荐用 MPG 或 AVI，视频的截取及格式转换推荐用狸窝转换器，格式工厂，会声会影等视频处理软件。在 PPT 中插入视频的过程十分简单，先把 PPT 课件和视频文件一起放进一个文件夹内，然后依次选择“插入→影片和声音→文件中的影片”菜单命令，找到视频文件并双击即可。还可以运用超级链接来调用外部播放器打开视频文件。

7. PPT 课件动画运用技巧

在 PowerPoint 中，动画主要指的是使幻灯片上的文本、形状、声音、图像、图表和其他对象具有动作效果以及 GIF 动画和 Flash 动画。动画可以突出重点，控制信息的流程，并提高演示文稿的趣味性。在制作课件时，要注意避免太多的动画效果，一两个动画效果可以加强印象，太多的动画效果则会适得其反，扰乱学生的学习。动画类型的选择也有讲究，有些动画效果如“回旋”和“缓慢移入”，动作时间需 3～4 秒钟。动画效果太多太久，结果往往是一番眼花缭乱的展示后，忘掉了幻灯片上的内容。有些制作者制作文字的动画效果时，喜欢“按字母”引入文本，如果文本较长，消耗的时间就不能忽略不计，各种类型的动画的动作时间在 1～4 秒，假如某文本有 100 个字母（或汉字），那么动作时间为 100～400 秒，一段文字的展现，耗去了 3 分钟的时间，教学效果可想而知。

Flash 是一个优秀的平面动画及动态网页制作工具，互联网上大量的 Flash 作品无疑是课件作者无法忘怀的素材。

下面介绍在 PowerPoint 2010 中使用 Flash 作品的方法。

（1）开启“开发工具”选项卡

在默认情况下，我们在 PowerPoint 2010 现有菜单中是无法找到“控件工具箱”这个工具的，要想调用它，我们还得进行一番设置。鼠标依次单击 PowerPoint 2010 菜单栏的“文件/选项/自定义功能区/开发工具”选项，勾选“开发工具”选项卡。如图 4-6 所示，现在 PowerPoint 2010 主界面功能区中就增加了一个“开发工具”选项卡，Office 2010 有关于宏、调用外部应用程序的操作均归类在“开发工具”中，我们在任意 Office 组件中开启了“开发工具”选项卡，那么在其他 Office 组件，如 Word 、Excel 中也能都找到它了。

图 4-6　开启“开发工具”选项卡

（2）插入 Flash 控件

单击“开发工具”选项卡，在其中的“控件”组中，单击“其他控件”按钮，如图 4-7 所示。

进入“其他控件”对话框，在控件列表中选择“Shockwave Flash Object”对象（控件列表内容很多，用户可以按键盘“S”键，快速定位控件），单击“确定”按钮完成，如图 4-8 所示。

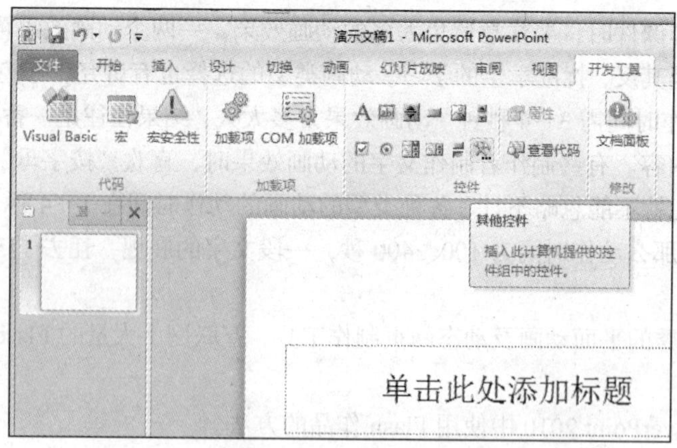

图 4-7　控件工具箱

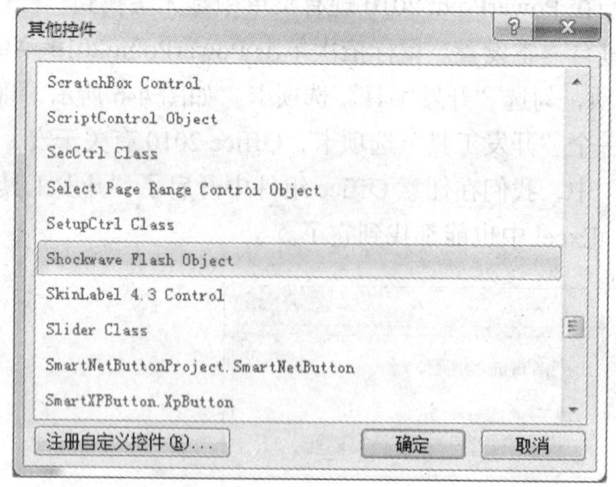
其他控件

ScratchBox Control
ScriptControl Object
SecCtrl Class
Select Page Range Control Object
SetupCtrl Class
Shockwave Flash Object
SkinLabel 4.3 Control
Slider Class
SmartNetButtonProject.SmartNetButton
SmartXPButton.XpButton

注册自定义控件(R)...　确定　取消

图 4-8　激活 Flash 控件

控件插入后，在文档窗口中并不会增加任何新的内容，但请注意：光标指针被自动设置为十字形，用户可以自由拖动鼠标来决定 Flash 控件的大小，具体情况见图 4-9。

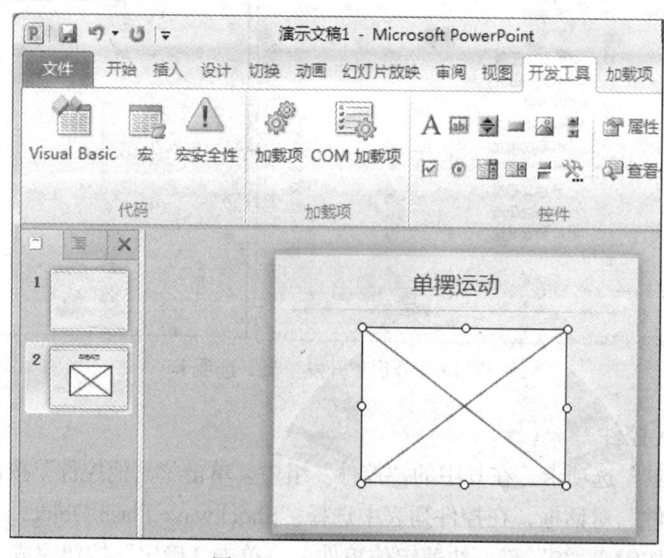

图 4-9　Flash 控件的大小

（3）进行 Flash 参数设置

现在虽然控件被插入了，但是 PowerPoint 中并没有显示任何 Flash 动画，接下来我们还要进行 Flash 参数设置。用鼠标右键单击刚插入的控件，然后在菜单中选择“属性”。打开属性对话框，如图 4-10 所示。

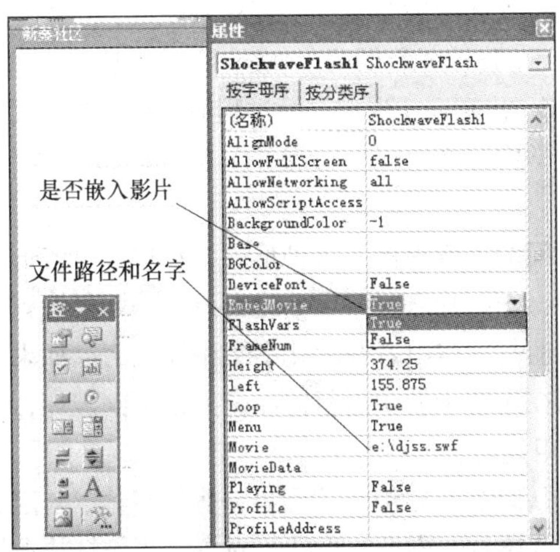

图 4-10　属性对话框

Movie 右边的空白单元格中，键入要播放的 Flash 文件的完整驱动路径（包括文件名在内）。

EmbedMovie 属性右边是选择框，单击单元格以显示向下的箭头即可选择，要嵌入 Flash 文件以便将该演示文稿复制到其他磁盘或传递给其他人，在 EmbedMovie 属性中选择 True，即可把 Flash 文件复制到 PPT 中，这样即使原来的 Flash 文件移动或被删除也不影响 PPT 的正常播放了，只是这时 PPT 文件的尺寸将增大，因为它已经包含了 Flash 文件。在 EmbedMovie 属性中选择 False，是外连接方式播放 Flash。

Playing 属性设为 True，可使幻灯片显示时自动播放动画文件，如果 Flash 文件内置有“开始/倒带”控件，则 Playing 属性可设为 False。

BGColor 属性右边可输入颜色值以设置 Flash 的背景颜色。

Menu 属性是控制播放时是否出现 PPT 菜单。

Loop 属性是控制 Flash 是否循环播放。如让动画反复播放，在 Loop 属性中选择 True，如果不想让动画反复播放，在 Loop 属性中选择 False。

Height、Width、Left 属性是 Flash 显示的高度、宽度、左边界，这些是在你画控件框时所画出的尺寸。如果改变属性右边数字，屏幕中的框也随着改变，如果拉动屏幕上的框，属性项的数字也随着改变。其他还有很多选项，一般我们不用去设置。

做完上面这些，整个工作就算大功告成，现在已经可以在 PowerPoint 2010 中看到插入的 Flash 动画了。

另外，使用“超级链接”可以更容易地引入 Flash 影片。但是这两种方法对 Flash 影片的引入方式有所不同，前一种方法是把 Flash 影片文件全部引入课件，而后一种方法只是把 Flash 影片的路径告诉课件，使用时还要到相应的地址去取 Flash 影片，因此，如果课件不在制作的电脑上调用，还得把 Flash 影片一同调走，另行链接。

PPT 课件中的过渡动画有两种：一种是图形图像或文字的缓出，另一种是幻灯片之间的过渡。图形图像或文字的缓出过渡动画是指在同一张幻灯片内图片、文字各自作为不同的对象，以相同或不同的形式在不同或相同的时间内出现。这种过渡动画主要有 3 种功能，第一种仅仅是为了使形式丰富多变；第二种是为了满足讲课的需要，如讲这一部分的时候不让学习者看到下一部分，以免分散注意力；第三种是完成某种动态说明，如过程图、模式图的演示等。设计制作过渡动画应注意以下事项。

① 应当有明确的教学设计，按照教学设计的要求来完成，尽量不要使用过于花哨的动画效果。

② 在同一张幻灯片中，过渡动画效果可以在统一中体现变化，但不要过多。

③ 这种运动形式切忌将“出现”、“退出”等过程设置得过慢，因为过慢的过渡效果会引起学习者烦躁的心理情绪，对教学内容产生逆反心理。在 PowerPoint 中，一般要将“速度”手动调整为“快速”或“非常快”。

PowerPoint 为幻灯片之间的过渡提供了各种形式，在选择过渡形式时要根据画面形式和内容的情况具体分析。一般来讲，幻灯片之间可以不设置过渡，如果设置了过渡，要注意过渡动画时间不要过长，因为过渡的目的是使学习者在变化中集中注意力，如果时间过长，教师在等待中讲课的情绪被打断，学习者正在集中于教学内容的注意力也遭到破坏，得不偿失。

8. PPT 课件超链接运用技巧

在 PowerPoint 中，超链接是从一张幻灯片到另一张幻灯片、自定义放映、Web 页或文件的连接。超链接本身可能是文本或图片、图形、形状等对象。当幻灯片数目较多时，为了方便地在幻灯片之间进行切换，就要用到超链接。PowerPoint 中超链接的功能较多，除了在文档内建立超链接外，还可以链接到网页（需输入 URL 地址）或其他 Office 文档，包括 PowerPoint 文档、Word 文档等。如果在“链接到”列表中选择“新建文档”，将创建一个新的演示文稿。如在“链接到”列表中选择“电子邮件地址”，将为所选对象设置一个邮件地址。在播放演示文稿时，单击该对象将自动启动默认的邮件编辑器，用户可在其中编辑并发送邮件。

要使演示文稿具有不同的外观或页面设置，可使用超链接功能，从一个演示文稿跳转到其他演示文稿，或者在演示文稿中插入演示文稿，被链接或被插入的演示文稿可以具有不同的设计模板和幻灯片母版。

常用链接技巧如下。

（1）更改链接文字的颜色：通过“配色方案”中“自定义”选项卡进行相应的设置。

（2）去掉链接文字的下划线：插入一个新的文本框（不要使用幻灯片版式中自带的文本框），选中整个文本框再设置该文本框的超链接。

（3）出现链接提示信息：在链接对话框中单击“屏幕提示”按钮，输入相应的提示信息即可。

（4）链接可执行文件出现病毒提示的问题：选中链接标题，使用“幻灯片放映”菜单中的“动作设置”，选择需要运行的可执行文件，将“宏”的安全性设为“低”。

9. PPT 课件模板运用技巧

PPT 母版用来设置和存储幻灯片格式，其中包含各种格式的模板。在每个模板中可以设置背景、项目符号、字体、间距、文本框背景等形式元素，可以说前面提到的大多数视觉要素都可以通过母版来统一设置，不必再在每张具体的幻灯片中一一设置。在利用 PowerPoint 软件制作课件的过程中，很重要的一个环节就是设置母版，设置合理的母版不但为课件提供了良好的格式，而且为制作过程提供了很大的便利。

母版设置要考虑多种因素，模板整体设计需要遵循的规律如下。

（1）母版中的模板可以有多个，模板背景尽量要做到风格统一。

（2）文字格式一般设计到三级，注意设置文字的段落间距和行间距。

（3）在模板中设置统一、醒目、独特的项目符号，有利于提高课件的可读性和美观度。

（4）要为课件制作提供较大的灵活性，装饰性的元素尽量不要在母版中设置。

每种设计模板包含了一个或多个幻灯片母版，用来确定文本和对象在幻灯片中的位置、字体的样式、页脚及所有幻灯片的背景等。所有幻灯片都是基于幻灯片母版或标题母版的。对母版所做的修改会反映到使用该母版的所有幻灯片上。因此，可以将特定的标志（一般是标志性图形或文字）或每页上固定的文字直接插入母版上，而不必在每张幻灯片上都插入一次。

PPT 中自带了很多模板，其中不乏有很多实用的模板，在日常的 PPT 制作中，这些模板已经能够应付自如。要转换套用的模板，你只需单击设计模板中的相应图案即可。值得注意的是，一般的模板都有自己独特的格式，如字体和配色，因此在变换模板后需仔细检查 PPT 是否显示正常。

使用 PowerPoint 中的设计模板可以轻松制作出漂亮的幻灯片。但是也有一个缺陷，即采用一种模板后，在所有的幻灯片中，都是一样的背景和图案，显得过于单调。有一种变通的办法：将近似的内容采用一种设计模板制作在一个幻灯片文件中，例如为参加某会议提交的论文需要制作幻灯片，可将论文标题、摘要、正文、结论、参考文献等，分别采用一种设计模板制作存储为不同的幻灯片文件，这样的幻灯片看起来就富于变化了。

也许您经常要制作同种风格类型的幻灯片课件，而 PowerPoint 提供的设计模板又不太适合您的需要，所以您只好一次次地从零开始重新编排格式。其实，您只要精心设计好一个幻灯片，然后把它另存为 PowerPoint 设计模板就可以了。具体方法是打开现有的演示文稿，单击“文件”菜单中的“另存为”。在“文件名”框中为设计模板键入名字，在“保存类型”框中，单击“设计模板”。以后要使用就可以直接通过“文件”菜单上的“新建”来使用这一个模板了。今后再制作同类幻灯片时，就可以随时轻松调用。

总之，课件制作要注意对比、讲究平衡、提倡乐趣、强调协调。切忌堆砌媒体、卖弄技术、脱离主题。

4.4　演示文稿的高级应用

微软办公套件 Office 2010 已经闪亮登场，各大组件都有新变化，幻灯片制作利器“PowerPoint 2010”也新增了许多实用的功能优点。下面，我们介绍 PowerPoint 2010 的高级应用。

4.4.1　PPT 幻灯片中图片特殊效果的应用

1. PPT 幻灯片的背景虚化

在 PPT 课件制作过程中，我们经常需要将某些图片的背景虚化，突出主体部分。其实 PowerPoint 2010 也可以轻松虚化背景，效果如图 4-11 所示，具体步骤如下。

（1）在菜单栏选择“插入”菜单，然后选择“图片”，插入需要的图片。

（2）在菜单栏选择“格式”菜单，然后选择“删除图片背景”，单击“+”或者“-”标记设置主体区域和背景区域，完成后单击“保留更改”。

（3）插入第二张相同图片。

（4）在“格式”菜单中选择“艺术效果”—“艺术效果选项”—“虚化”，设置合适的“辐射”值。

（5）将第二张图片“置于底层”。

（6）将两张图片拼合重叠在一起，完成操作。

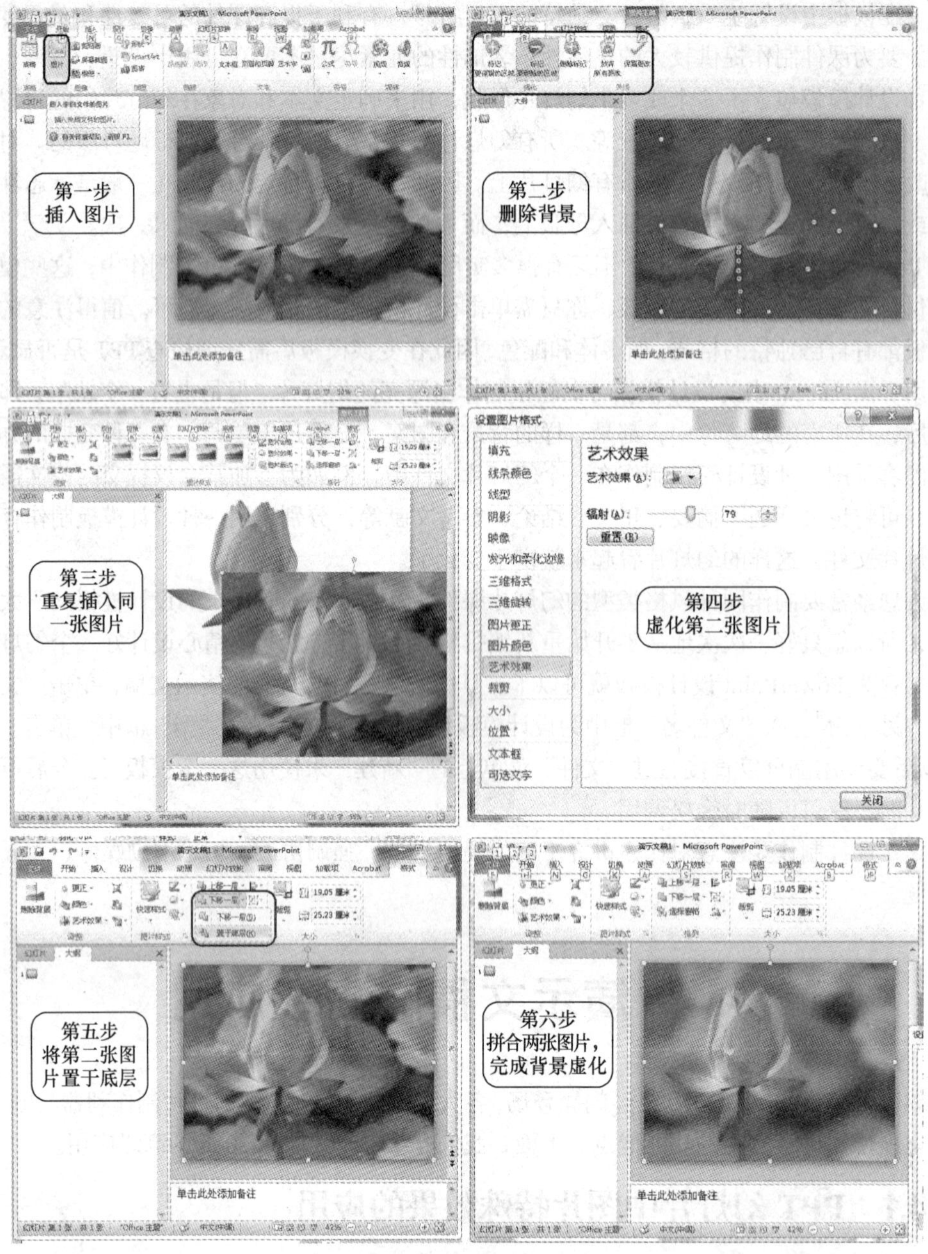

图 4-11　图片的背景虚化步骤

2. 图片撕边效果的制作

在 PPT 设计中，为了避免页面呆板，我们常常会把图片做些处理，下面介绍一下图片撕边效果的制作：

（1）下载并运行带撕边效果的截图软件“SPX V5.0 绿色汉化版”。

（2）打开界面，勾选上“边缘效果”，如图 4-12 所示。

（3）按住鼠标右键，鼠标会变成一个大大的“+”字，这时放开鼠标右键，再拖曳鼠标左键，框住你抓的范围（若这时不想抓取，按 Esc 键取消即可），接着弹出保存文件的窗口，选择保存截取图片的格式及位置，然后确定，保存的图片就加上了撕边效果。

（4）把处理后的图片插入到 PPT 中，适当地调整一下角度，则得到如图 4-13 所示的效果。

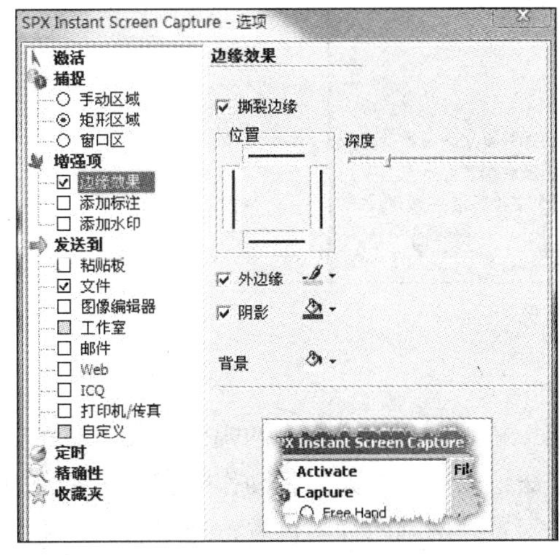

图 4-12　SPX 软件撕边界面

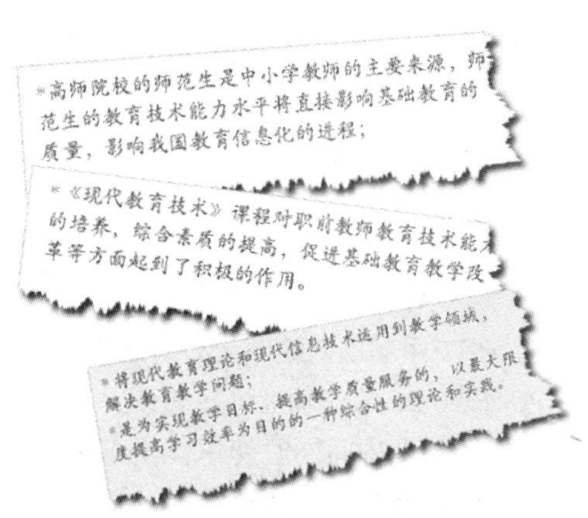

图 4-13　图片撕边效果

3. 在 PPT 中用图片说话

图片在 PPT 版式设计中占有很大的比重，视觉冲击力比文字强 85%；选定一张适合的图胜于千字。但这并不是说文字表现力弱，而是说图在视觉传达上能辅助文字，帮助理解。

多注意一下图片的特点和细节，利用图片中的某个姿态、色彩、形状等来合理编排。这样不需要赘述大篇幅的文字，只在图片的空白处编排一些文字，做一些合理的调整就好。

它们的共同的特点是充分利用图片里的一些特别细节来吸引你的眼球，恰当、合理地留白，增加了想象的空间，打破死板呆滞的常规惯例，使版面通透、开朗、跳跃、清新，给读者在视觉上造成轻快、愉悦的刺激。当然，大片空白不可乱用，一旦空白，必须有呼应，有过渡，以免为形式而形式，造成版面空泛。

图片虽然很重要，但需要节约使用。除非因为特别的目的或者效果，否则分散浏览者注意力的图片会产生相反的作用。所以平时应多积累一些比较醒目的有意义的图片，在设计前期要留意这些东西，到后期制作的时候将会节省大量的时间。

4. 在 PPT 中缩小图片文件

PPT 中图片太多会增加文件的大小，造成打开缓慢，播放时不流畅。在 PPT 中缩小图片文件，可以按照以下步骤来完成：

（1）选取文件中的一幅或多幅图片。

（2）将鼠标指向“格式”，单击左上角的“压缩图片”按钮。如图 4-14 所示。

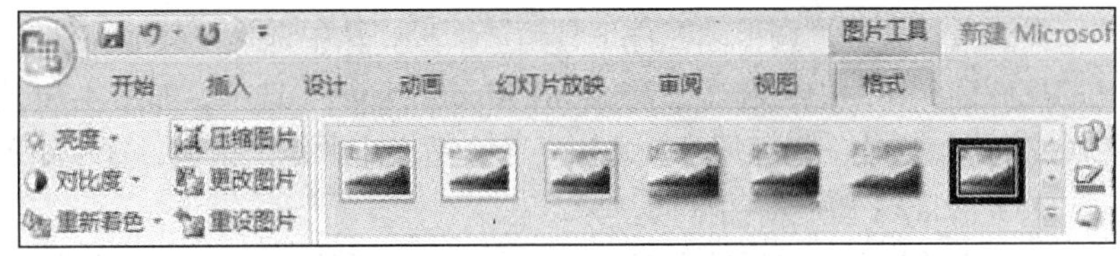

图 4-14　图片压缩

（3）在弹出“压缩图片”的对话框中，选择所需的选项，如图 4-15 所示，完成以后单击“确定”按钮，关闭对话框。

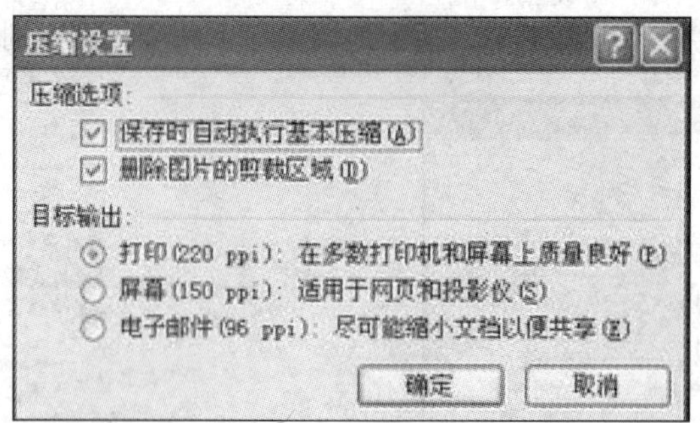

图 4-15　图片压缩选项

5. PPT 中实现两幅图片同时动作

PowerPoint 的动画效果比较多，但图片只能一幅一幅地出现。如果有两幅图片要一左一右或一上一下地向中间同时动作，便不好操作。但是办法还是有的，如果将动作的多个对象变为一个对象，就能巧妙地实现多个对象的同时动作。先安置好两幅图片的位置，选中它们，将之组合成为“一张图片”。接下来将动画效果设置为“左右向中间收缩”便能实现两幅图片同时动作了。

4.4.2　PPT 课件中视频的应用

在用 PowerPoint 2010 制作多媒体课件的时候加入视频，可以在教学过程中增强课件的表现力，起到很好的教学效果。通过“插入→视频”的方法可以插入的视频文件格式只能是 avi、asf、asx、mlv、mpg，对于像 rm 这样格式的视频，尤其是像现在流行的 flv 格式的文件，是不支持的。大家在使用过程中感到了在 PowerPoint 中对视频文件支持的局限性。那么，如何使大多数的视频文件尤其是像 rm 和 flv 这样的视频文件也能够在 PowerPoint 中“安家”呢？下面介绍几种视频文件的插入方法。

1. avi、asf、asx、mlv、mpg、wmv 等视频文件的插入方法

（1）使用 PowerPoint“插入”菜单中的“插入影片”命令法，此方法简单常用，在这里不再赘述。

（2）使用 PowerPoint“插入”菜单中的“插入对象”命令法。

（3）使用插入控件法。

使用这种方法必须保证系统中安装有 Windows Media Player 或者 RealPlayer 播放器，首先将视频文件作为一个控件插入到幻灯片中，然后通过修改控件属性，达到播放视频的目的。步骤如下。

① 运行 PowerPoint2010 程序，打开需要插入视频文件的幻灯片。

② 打开“开发工具”菜单，调出“控件工具箱”面板，从中选择“其他控件”后单击。

③ 在打开的控件选项界面中，选择“Windows Media Player”选项，如图 4-16 所示。再将鼠标移动到 PowerPoint 的幻灯片编辑区域中，画出一个合适大小的矩形区域，这个矩形区域会自动转变为 Windows Media Player 播放器的界面。

④ 用鼠标选中该播放界面，然后单击鼠标右键，从弹出的快捷菜单中选择“属性”命令，打开该媒体播放界面的“属性”窗口。

⑤ 在“属性”窗口中，在“URL”设置项正确输入需要插入到幻灯片中视频文件的详细路径（绝对路径和相对路径都可以）和完整文件名，其他选项默认即可，如图 4-17 所示。

图 4-16　其他控件菜单

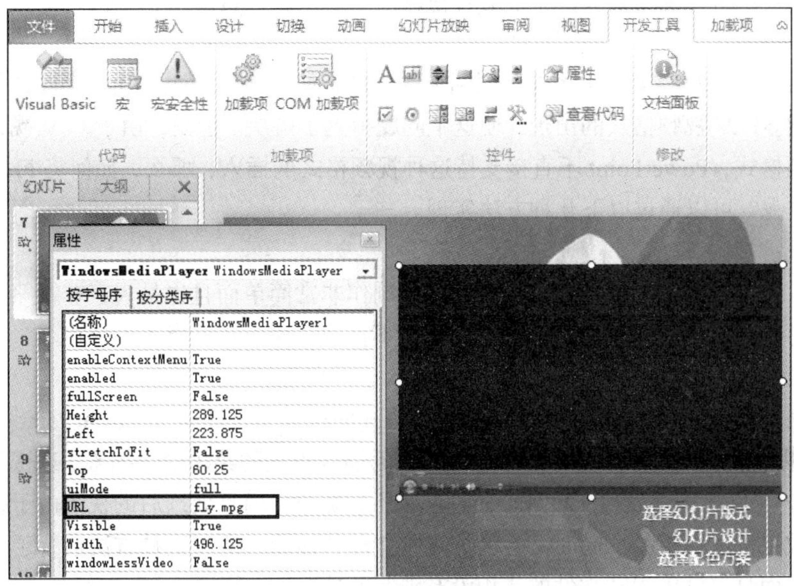

图 4-17　属性窗口

⑥ 在幻灯片播放时，可以通过媒体播放器中的“播放”、“停止”、“暂停”和“调节音量”以及“进度条”等按钮对视频进行自如的控制。

2. rm、ra、rmvb 等视频文件的插入方法

使用 Windows Media Player 控件可以实现 mpg、asf、avi、wmv 等视频文件的播放，但它不支持 RM 视频文件的播放，那么如何在 PowerPoint 2010 中实现 RM 视频文件的播放呢？

如果通过其他的视频转换软件把 RM 视频文件转换成 AVI 或 MPG 格式的文件再插入，不仅速度慢，而且转换后的文件也大，我们同样可以通过利用 PowerPoint 中的“控件工具箱”来插入 RM 格式的视频文件，方法如下。

（1）打开 PowerPoint 幻灯片文件，打开需要插入视频文件的幻灯片。

（2）通过“视图”菜单，调出“控件工具箱”面板，单击“其他控件”按钮选择“RealPlayer G2”（这时，该计算机必须已经装有 RealPlayer 播放器），当鼠标变成“+”时，用鼠标左键在工作区内拖出大小合适的区域（此区域就是 RealPlayer 播放器的大小）。

（3）在此区域上单击鼠标右键，在弹出的快捷菜单中执行“属性”命令，在弹出的属性对话框中的“Source”项后输入要插入的RM格式文件的详细路径和完整文件名（必须带上后缀rm，例如，8.rm，否则不能显示），在“autostart”项后选择“false”表示播放时不自动播放视频文件，其他项默认即可。

利用这种方法插入的RM视频文件在播放时显示RealPlayer播放器界面，可以方便地进行音量、播放、停止、暂停、进度拖曳等操作。使用此方法必须保证系统中安装有RealPlayer播放器。

使用这两种方法插入的视频文件，有多种可供选择的操作按钮，播放进程可以完全自己控制，更加方便、灵活。该方法比较适合PowerPoint课件中图片、文字、视频在同一页面的情况。

3. FLV视频文件的插入方法

FLV视频是一种新型的流媒体视频格式，已经成为当前视频文件的主流格式。其文件类型为FLV。文件极小、加载速度极快，非常适合在课件中插入，是目前增长最快、最为广泛的视频传播格式。

在教学活动中，我们越来越多地运用到视频文件，但是体积庞大的视频文件，仍是广大教师所头疼的问题。FLV视频格式的出现，使这个问题得到了解决。但是，由于FLV视频是一种新型的流媒体视频格式，PowerPoint不直接支持这种视频格式的插入，那么，如何将FLV视频插入到PowerPoint中呢？可以通过以下几种方法实现。

（1）超级链接法

通过插入文字或图片的超链接来实现，这样制作非常简单而且也是大家非常熟悉的方法。但是使用时会另外弹出视频播放窗口，既不方便又不直观，所以在这里不再赘述。

（2）转换法

这种方法其实是使用视频转换软件把FLV格式的视频文件转换成PowerPoint直接支持的像avi、mpg等视频格式，然后再使用PowerPoint中的插入视频的菜单命令插入。这样处理的结果实质上使得FLV文件的格式发生了变化，处理起来不仅繁琐，而且处理后的视频由于视频格式的改变使得视频效果也大打折扣，同时又会增加视频文件的体积。所以这种方法适合于那些对视频质量要求不高，而且课件中视频文件的体积没有限制的情况。

（3）加壳法

这种方法其实类似于转换法，只不过是将FLV视频导入Flash软件中，再导出为SWF格式文件，然后在PowerPoint中使用Shockwave Flash Object控件插入转换后的SWF格式的文件播放。利用这种方法虽然转换后的文件体积没有转换法转换的avi、mpg文件体积大，但是视频效果也会大打折扣。

（4）控件法

控件法就是在PowerPoint中插入一个Windows Media Player控件，利用这个控件来播放FLV视频文件，但是要想使Windows Media Player能播放FLV视频文件，首先需要在电脑上安装有FLV文件的解码器，如K-Lite Codec Pack。解码器的安装非常简单在此不再赘述。下面是Windows Media Player控件的使用方法。

① 打开需要插入视频文件的幻灯片。

② 打开“视图”菜单，通过“开发工具”子项调出“控件工具箱”面板，从中选择“其他控件”后单击。

③ 在打开的控件选项界面中，选择“Windows Media Player”选项，再将鼠标移动到 PowerPoint 的幻灯片编辑区域中，画出一个合适大小的矩形区域，这个矩形区域会自动转变为 Windows Media Player 播放器的界面。

④ 用鼠标选中该播放界面，然后单击鼠标右键，从弹出的快捷菜单中选择“属性”命令，打开该媒体播放界面的“属性”窗口。

⑤ 在“属性”窗口中，在“URL”设置项处正确输入需要插入到幻灯片中的 FLV 视频文件的详细路径和完整文件名，其他选项默认即可。

至此在幻灯片播放时，可以通过插入的 Windows Media Player 播放器控件来播放插入的 FLV 视频文件，同时还可以实现对视频文件播放的“播放”、“停止”、“暂停”和“调节音量”以及“进度条”拖曳等控制。这种方法实现起来并不复杂，而且插入的 FLV 视频文件可以实现的控制功能较多，推荐使用这种方法。

（5）播放器法

其实借助一款 PPT 的插件 pptflv.swf 就可以解决在 PPT 中插入 FLV 视频的问题。这种方法是通过参数文件将 FLV 视频的文件名传递给 pptflv.swf 文件，用 Shockwave Flash 控件播放。具体做法如下：

① 下载 pptflv.swf 文件。此文件是类似于网页中 FLV 视频播放器的一个 Flash 文件，如果网上下载的是 rar 压缩文件，解压后一定要将解压的文件名改为“pptflv.swf”，pptflv.swf、PPT 课件、FLV 视频（例如：桂林山水.flv）放在同一个文件内（例如：E:\课件）。

② 在 PowerPoint 中插入一个 Shockwave Flash 控件（以下步骤以 PowerPoint2010 为例）。

步骤一：选中 PowerPoint 窗口菜单中的“开发工具”→“控件工具箱”选项；

步骤二：在“控件工具箱”面板中选择“其他控件”，选择“Shockwave Flash Object”控件；

步骤三：在 PowerPoint 工作窗口拉出一个矩形区域，这时就创建一个 Shockwave Flash Object 对象实例。

③ 设置控件属性。用鼠标右键单击 PowerPoint 工作窗口的 Shockwave Flash Object 对象实例，在快捷菜单中选择“属性”，设置此控件的属性。在属性的各项参数中，主要设置“Movie”参数，参数值示例：“E：\课件\pptflv.swf ? file=桂林山水.flv”，其中，“pptflv.swf ”即为下载下来的 Flash 文件的完整文件名，“桂林山水.flv”即为需要播放的 FLV 视频的文件名，用户自己使用时只需将“pptflv.swf ”换成自己下载后起的文件名，将“桂林山水.flv”换成自己的 FLV 视频文件名，则此 FLV 文件就可以在 PowerPoint 中播放了（注意 FLV 视频文件要与课件在同一目录，否则需加路径指向）。

通过上面的探讨，我们可以将常用的这些视频文件都能插入到 PowerPoint 中，希望对大家以后的教学工作有所帮助。

4.4.3　PPT 课件的动画应用

1. PPT 的动画效果及设置方法

PowerPoint 2010 在动画方面很不错，可以满足制作幻灯片的一般需要。下面我就从几个侧面来谈谈最常用的 PowerPoint 2010 动画效果及实现方法。

（1）自定义对象的动作路径

用过 Flash 软件的人可能都知道，在 Flash 里面，可以通过为一个对象画出一条路径就可以让对象按照这个路径进行动作，PowerPoint 2010 中也提供了这个让用户心动的功能。具体实现方法如下。

先选定一个对象，单击“动画→添加动画→动作路径”命令，选择需要的曲线类型，就会自动生成对象的动作路径。也可以选择“自定义路径”，然后用户的鼠标指针会变成笔形，可以在幻灯片中随意画出一条曲线，这就是所选对象的动作路径了。如果没有所需要的动作类型，也可以在“添加动画”菜单中选择“其他动作路径”，从中找到所需要的动作路径，如图 4-18 所示。

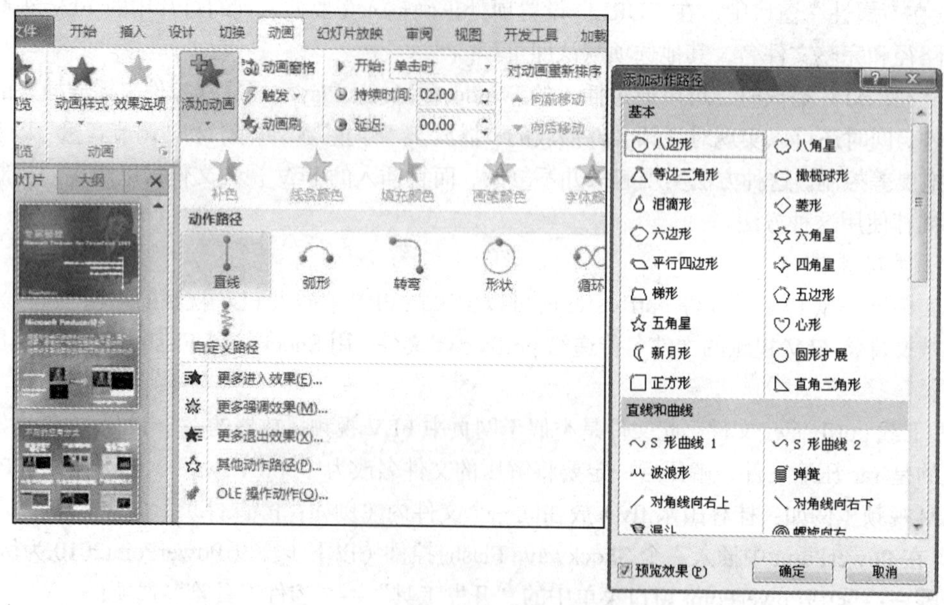

图 4-18　动作路径设置

上面介绍的是 PowerPoint 2010 提供的动画效果，类似的效果还有很多可供选用。另外，在 PowerPoint 2010 中自己动手也可以制作出不错的动画效果。

（2）为幻灯片添加电影字幕式效果

PowerPoint 2010 提供了丰富的自定义动画，用户可以合理组合动画效果，制作出相当漂亮的动画来。这里介绍在 PowerPoint 2010 中实现字幕滚动效果的制作方法。

字幕“由上往下”或“由下往上”滚动效果，可直接选取自定义动画中的“字幕式”效果来实现。其方法是：选定对象，单击“动画”按钮，在弹出的菜单中选择“进入→其他进入效果”，在“华丽型”栏中选择“字幕式”，最后单击“确定”即可。接下来在“动画窗格”菜单里选中“效果选项”设置各种效果。

使用上面的“字幕式”只能制作出字幕“由下向上”滚动的效果，不能制作出字幕“由左向右”或“由右向左”滚动效果。不过这些可以借助于“缓慢进入”和“缓慢移出”来实现，选择效果之后还需要在“方向”下选择“自左侧”还是“自右侧”。实际上“缓慢进入”和“缓慢移出”也可以制作字幕的上下滚动（选择“自底部”或“自顶部”）。

文本框中的文本使用字幕式动画效果时，幻灯片加上适当的背景效果会更好些。

（3）让文字与旁白同步

可以采用“自定义动画”中按字母形式向右擦除的方法来使文字与旁白一起出现。但如果是一大段文字，字的出现速度则太快。这时用户可以按需要将这一段文字分成一行一行的文本框，甚至几个字一个文本框，再对每个文本框中的字分别设置它的动画形式为按字母向右擦除，并在时间项中设置与前一动作间隔几秒，使文字的出现速度和旁白一致。

（4）让标题出现时跳几跳

这种文本的动画效果非常有趣，播放时字符一个接一个地从上方歪歪斜斜地下落，落下后每个字符还要上下反弹几次才能安静下来。用这种效果做标题非常适合。具体实现方法如下。

① 在文本框中输入文本。文本的字号要大些，最好选择笔画比较粗的字体（如“华文新魏”字体），这样弹跳效果会更好。

② 下面的操作步骤与实现字幕式动画效果的步骤相同（只是最后要选择“华丽型”栏中的“弹跳”效果）即可。具体方法是：选定对象，单击“添加效果”按钮，在弹出的菜单中选择“进入→其他效果”，在“华丽型”栏中选择“字幕”，最后单击“确定”按钮即可。

2. 控制 PPT 中 Flash 歌曲的播放

在 PowerPoint 课件中，插入 Flash 动画已经不是什么新鲜事了。绝大多数网上找来的一个 Flash 不能控制其播放，比如说播放、暂停、快进、快退等。这就需要用到 Office 中的 VBA 来实现，具体步骤如下。

（1）插入 Flash 影片

单击“视图/工具栏/控件工具箱”，选择“其他控件/Shockwave flash Object”（PowerPoint 2010 工具栏中如果没有“控件工具箱”的话可以这样设置打开：文件→选项→自定义功能区→在下列位置选择命令中选择“主选项卡”→然后选择“开发工具”，单击“添加”按钮就可以在工具栏使用控件工具箱），在幻灯片中用鼠标拖出一个方框，调整好大小。这样，我们用插入控件的方法插入一个 Flash 控件，选择当前控件，在“属性”面板中作如下设置：“Movie”中填入所需的 Flash 影片名称，“名称”就用默认的“Shockwave-flash1”，这个名称在后面的 VBA 编程中要用到。

（2）插入命令按钮

① 制作播放按钮。

在“控件工具箱”中选择“命令按钮”，在幻灯片中拖动，即可拖出一个命令按钮。调整好大小，在“属性”面板中作如下设置：“名称”中输入“cmd_play”，“Caption”中输入“播放”。双击该按钮，进入 VBA 编辑窗口，输入如下内容。

```
Private Sub cmd_play_Click()
Shockwaveflash1.Playing = True
End Sub
```

② 制作暂停、前进、后退、返回、结束按钮。

按钮制作的方法同上。“属性”面板中分别作如下设置：暂停按钮的“名称”为“cmd_pause”，“Caption”为“暂停”；前进按钮的“名称”为“cmd_forward”，“Caption”为“前进”；后退按钮的“名称”为“cmd_back”，“Caption”为“后退”；返回按钮的“名称”为“cmd_start”，“Caption”为“返回”；结束按钮的“名称”为“cmd_end”，“Caption”为“结束”。

分别为各个按钮加上 VBA，命令依次如下。

“暂停”铵钮：

```
Private Sub cmd_pause_Click()
Shockwaveflash1.Playing = False
End Sub
```

“前进”铵钮：

```
Private Sub cmd_forward_Click()
Shockwaveflash1.FrameNum = Shockwaveflash1.FrameNum + 30
Shockwaveflash1.Playing = True
End Sub
```

"后退"铵钮:

```
Private Sub cmd_back_Click()
Shockwaveflash1.FrameNum = Shockwaveflash1.FrameNum - 30
Shockwaveflash1.Playing = True
End Sub
```

"返回"铵钮:

```
Private Sub cmd_start_Click()
Shockwaveflash1.FrameNum = 1
Shockwaveflash1.Playing = True
End Sub
```

"结束"铵钮:

```
Private Sub cmd_end_Click()
Shockwaveflash1.FrameNum = Shockwaveflash1.TotalFrames
End Sub
```

说明 在前进、后退、返回按钮中，后面均加上一条播放命令，因为在实际应用时，后面如果没有播放命令的话，Flash 影片会停止播放，所以这是万万不可少的。代码设置如图 4-19 所示。

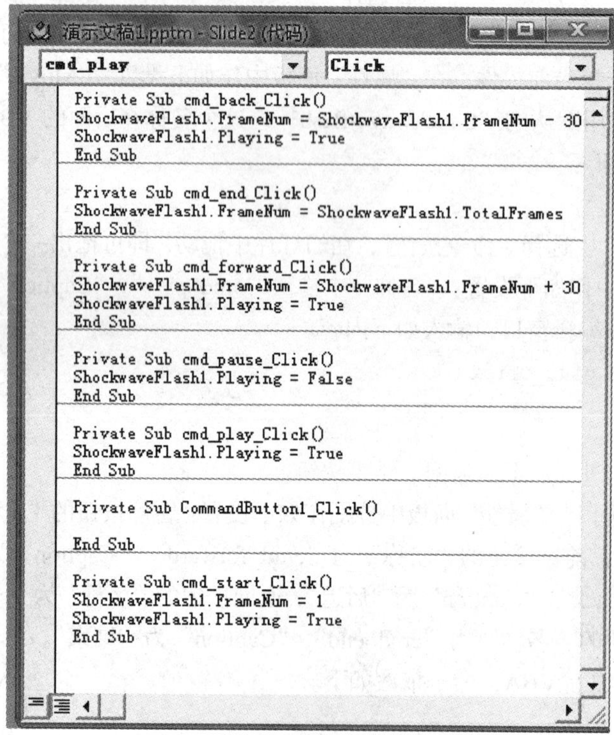

图 4-19 命令按钮的控制代码

（3）播放幻灯片

看看按钮是不是可以控制影片了呢？如果不是，那可能是没有存盘。选择"另存为"，在保存类型中选择"启用宏的演示文稿"，保存后文件的扩展名为 pptm。又或者是宏的安全性设得太高了，单击"开发工具/宏安全性"，选中"宏设置"中的"启用所有宏"。重新打开 PowerPoint 即可。效果如图 4-20 所示。

图 4-20　Flash 播放效果

4.4.4　利用 PPT 实现画轴打开效果

实现画轴打开的目标效果是：首先出现背景图片和标题，按任意键后，屏幕中间出现两根画轴，缓缓向两边打开，随着画轴的展开，出现一幅作品。如图 4-21 所示。

图 4-21　画轴打开效果

实现画轴打开的制作过程如下。

1. 插入艺术字

启动 PowerPoint 2010，单击“格式→幻灯片设计”，选择一个适当的模板，然后在幻灯片的正上方插入艺术字（如“风景欣赏”）。

2. 插入图画

单击“插入→图片→来自文件”，插入一张好看的风景画，调整好大小。

3. 绘制画轴

用矩形工具再绘制一个矩形，用来作为画轴，调整成长条形，上下边与刚才插入的画的上下边对齐。再双击这个矩形，进入“设置自选图形格式”对话框，单击“填充”栏“颜色”框，在下拉框中选择“填充效果”，进入“填充效果”对话框，在“过渡”选项卡的“颜色”栏中勾选“双色”，然后选择一种颜色作为“颜色 1”，在“底纹样式”中勾选“垂直”项，在“变形”栏中选择第三种样式。在“设置自选图形格式”对话框中将“线条”颜色设置成与颜色 1 相同，最后单击“确定”按钮。

选择“椭圆”工具，按住 Shift 键，绘制一个圆，并按上面的方法设置它的渐变填充。然后将这个圆复制，分别将这两个圆移动到画轴的上端和下端，并把它们置于画轴的下一层。调整好三者的位置和大小。然后“组合”。

复制这个组合好的画轴，得到第二根画轴，将这两根画轴置于图形的中央。

4. 设置动画效果

选择风景画图形，单击“动画”任务窗格中，单击“进入→劈裂”。

接下来在“方向”栏中选择“中央向左右展开”，在“速度”栏中选择“慢速”。

下面再来设置两根画轴的动画效果。先为它们添加一个“出现”的效果。选中第一根画轴（右边的），单击“添加效果→进入→出现”，在“动画窗格”中单击“开始”框，选择“从上项开始”。再次选中画轴，单击“添加效果→动作路径→向右”，调整路径的长度，使之到达图画的右侧。在“动画窗格”中选择“开始”选项为“从上项开始”，速度为“3 秒”。单击右侧的小三角，在下拉列表中选择“效果选项”，取消里面的“平滑开始”和“平滑结束”两个选项设为“0 秒”，单击“确定”按钮。

对于第二根画轴，把“动作路径”改为“向左”，其余设置同上。最后完成效果如图 4-22 所示。

图 4-22　所有动画设置

4.4.5　PPT 课件的声音控制方法

PPT 课件中除了可包含文本、图形和视频外，还应该包括音频信息，恰到好处的声音可以使演示文稿更具有表现力。在制作幻灯片时，有时需要加一段背景音乐，并希望在观看放映的时候，它能自始至终地播放。接下来就来介绍 PowerPoint（以 PowerPoint 2010 版本为例）声音控制的几种实用方法。

1. 幻灯片切换设置法

选中需要开始播放背景音乐的幻灯片，然后选择菜单栏的“切换”，随即弹出“幻灯片切换”

任务窗格，有各种效果可以选择。在“声音”下拉列表框中选择“其他声音”，在弹出的“添加声音”对话框中，选择一个 wav 格式的声音文件，然后选中“播放下一声音之前一直循环”复选按钮。

采用该方法，背景音乐到下一个音乐开始时会自动停止，因此为了使背景音乐贯穿所有的幻灯片，则不能在后面的幻灯片中插入其他声音。并且插入的声音文件只能是 wav 格式的。

2. 自定义动画法

选中需要开始播放背景音乐的幻灯片，选择菜单“插入→音频→文件中的音频”，在“插入音频”对话框中选择背景音乐，选择“是”按钮，则在该幻灯片中显示一个喇叭图标。

接下来对声音对象进行动画效果的设置。选择菜单“动画”，在弹出的“自定义动画”任务窗格中，有 1 个声音对象的“播放”动画效果，单击下拉菜单中的“效果选项”，弹出“播放音频”对话框，在“效果”选项卡中，选择“开始播放”选项中的第 1 项“从头开始”单选按钮；选择“停止播放”选项中的第 3 项单选按钮，并输入数字 n，则放映幻灯片时无论有链接还是无链接的情况，只要单击了 n 张幻灯片就停止播放声音，注意这里的 n 不是序号的第 n 张。为了隐藏背景音乐小喇叭图标，可以在“音频设置”选项中，将“播放时隐藏”复选按钮选中。

3. 动作按钮控制声音的播放和停止

在需要插入声音的幻灯片中插入一个动作按钮，选择菜单“插入→形状→动作按钮”中的任意一个动作按钮，弹出“动作设置”对话框。在“单击鼠标时的动作”选项中选择“无动作”单选按钮，选中“播放声音”复选按钮，在下拉列表框中单击“其他声音”，在“添加声音”对话框中选择要播放的声音文件。

接着增加一个停止声音播放的动作按钮，方法和第一个动作按钮的设置类似，不同的地方是选中“播放声音”复选按钮后，在下拉列表框中单击“停止前一声音”。

在放映幻灯片时，单击第 1 个按钮则播放声音，单击第 2 个按钮则停止声音。

此方法适用于在同一张幻灯片中放置多种音乐，随机选择一种音乐来进行播放。需要注意的是，通过此方法控制的声音文件必须是 wav 格式。图 4-23 便是通过此方法制作的一张幻灯片，单击“播放”按钮则播放音乐，在需要停止的时候单击“停止”按钮。

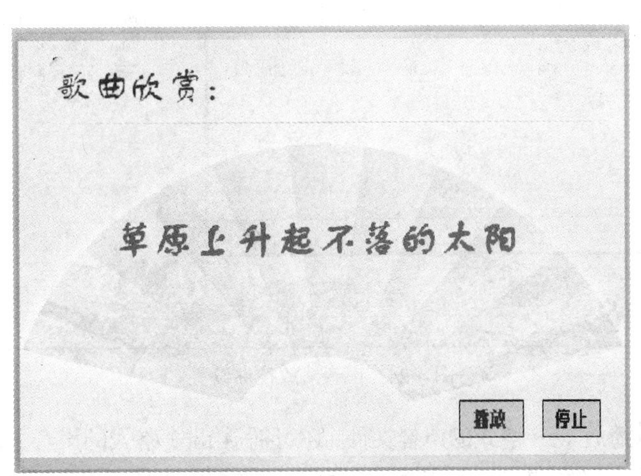

图 4-23　声音播放按钮

4. 触发器控制声音的播放、暂停和停止

在幻灯片中插入声音之后，有时希望能在适当的时候停止，并且又可以在适当的时候继续播

放，这可以通过触发器来实现。操作步骤如下。

（1）插入声音文件：选中需要开始播放背景音乐的幻灯片，选择菜单“插入→音频→文件中的音频”，在“插入音频”对话框中选择背景音乐，选择“是”按钮，则在该幻灯片中显示一个喇叭图标。

（2）插入 3 个动作按钮：选择菜单“插入→形状→动作按钮”中的“自定义按钮”，弹出“动作设置”对话框，在幻灯片中拖出 3 个按钮，弹出“动作设置”对话框，在“单击鼠标时的动作”选项中选择“无动作”单选按钮。分别选中 3 个按钮，单击鼠标右键选择“编辑文本”，为 3 个按钮分别添加文字“播放”、“暂停”和“停止”。

（3）将声音的播放设定为“播放”按钮控制：选中幻灯片中的小喇叭图标，选择菜单“动画→播放”，在“动画窗格”中，选择该动画效果下拉菜单中的“计时”选项，弹出“播放声音”对话框，在“计时”选项卡中单击“触发器”按钮，选择“单击下列对象时启动效果”单选按钮，在其右侧的下拉列表框中选择触发对象为“播放”按钮。

（4）将声音的暂停设定为“暂停”控制：选中小喇叭图标，在“动画窗格”中单击“添加动画”按钮，选择“声音操作”中的“暂停”。在“动画窗格”中，选择该动画效果下拉菜单中的“计时”选项，弹出“播放声音”对话框，在“计时”选项卡中单击“触发器”按钮，选择“单击下列对象时启动效果”单选按钮，在右侧的下拉列表框中选择触发对象为“暂停”按钮。

（5）将声音的停止设定为“停止”控制：方法类似于（4）。

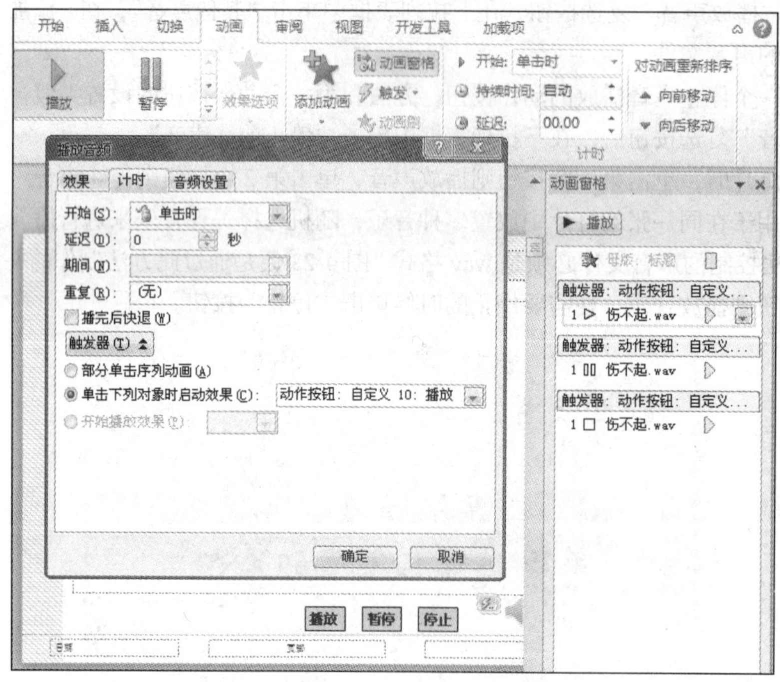

图 4-24 声音播放控件设置

此方法不仅可以播放 wav 格式的声音文件，还可播放 mp3 格式的声音文件，并且此方法可以暂停声音的播放，图 4-24 便是通过触发器控制声音播放、暂停和停止的幻灯片。

5. 为幻灯片录制旁白

有时需要对幻灯片进行解说，解说的内容自己录制，这时就要用到录制旁白的功能了。操作步骤如下：选择菜单“幻灯片放映→录制幻灯片演示→从头开始录制”，弹出“录制幻灯片演示”

对话框。选择“幻灯片和动画计时”和“旁白和录音笔”选项，单击“开始录制”。接着进入幻灯片放映状态，一边播放幻灯片一边对着麦克风朗读旁白。播放结束后，弹出“旁白已经保存到每张幻灯片中，是否也保存幻灯片的排练时间？”对话框，单击“保存”按钮。录制完毕后，在每张幻灯片的右下角出现喇叭图标，播放时如果放映方式的换片方式设置为“如果存在排练时间，则使用它”，则自动播放旁白。

本文介绍了 PowerPoint 中 5 种声音控制的方法，希望能对读者在制作幻灯片时声音的控制处理方面提供一定的帮助。

4.5　使用 Authorware 制作课件

Authorware 是美国 Macromedia 公司的产品，自 1987 年问世以来，获得的奖项不计其数，其面向对象、基于图标的设计方式，使多媒体开发不再困难。Authorware 成为世界公认领先的开发因特网和教学应用的多媒体创作工具，被誉“多媒体大师”。Authorware 的版本不断更新，功能不断增强，当前使用的最新版本为 Authorware 7.0。

4.5.1　Authorware 7.0 的操作界面

Authorware 7.0 工作界面如图 4-25 所示，它由标题栏、菜单栏、快捷工具栏、图标工具箱、程序设计窗口、“属性”面板、“变量”面板、“函数”面板和“知识对象”面板等部分组成，共有 11 组菜单，其中包含了 Authorware 7.0 所有的操作命令。

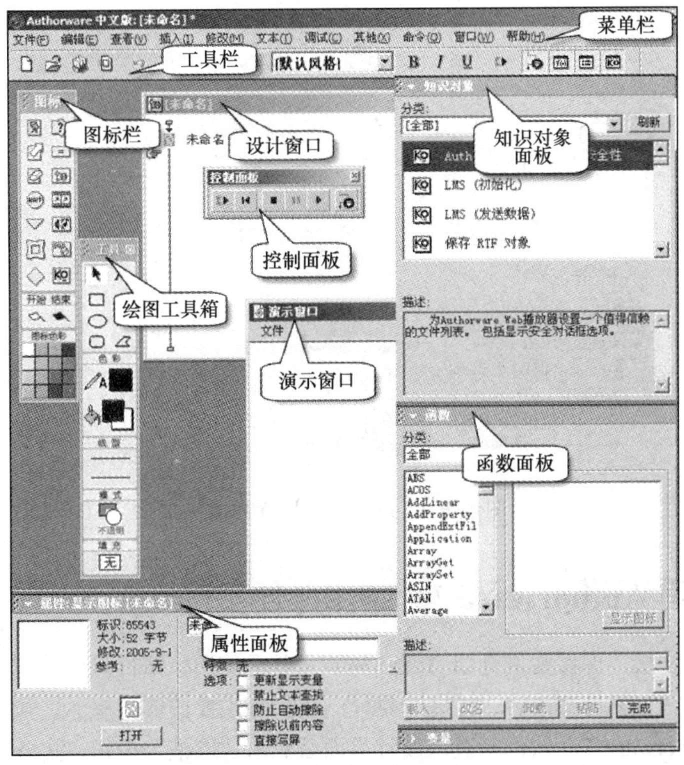

图 4-25　Authorware 7.0 的工作界面

（1）“文件”菜单：包括文件处理、文件各种属性参数的设置、文件的导入和输出、模板转换、文件的发布设置、打包、打印等命令。

（2）“编辑”菜单：包括剪切、复制、粘贴等 Windows 下的常用命令，以及关于图标的命令。

（3）“查看”菜单：包括查看当前图标、显示网格以及调出 Authorware 7.0 界面下的工具栏等命令。

（4）“插入”菜单：主要用来插入新图标、图片、知识对象、OLE 对象以及一些其他格式的媒体文件，例如 Authorware 7.0 动画、GIF 动画图片等。

（5）“修改”菜单：用于修改多媒体文件的属性、图标的参数、组合和取消组合各种对象，以及调整对象的相对层次和对齐方式等属性。

（6）“文本”菜单：主要用于定义文字的属性，例如，字体、字号、文字样式、字符属性等。

（7）“调试”菜单：主要作用是试运行程序、跟踪并调试程序中的错误。

（8）“其他”菜单：提供了一些高级的控制功能，例如，链接和拼写的检查、图标尺寸的大小以及声音文件的格式转换等。

（9）“命令”菜单：提供了一些增强的功能，例如，转换 PowerPoint 文件、获得网络上的资源、查找 Xtras 对象、调用超文本编辑器等。

（10）“窗口”菜单：主要作用是调出或隐藏各种窗口，例如，按钮窗口、函数面板等。

（11）“帮助”菜单：可以调出帮助文件以及 Authorware 的使用手册、函数参考等，还可以通过 Internet 得到 Macromedia 公司的技术支持。

Authorware 7.0 菜单命令有 4 种类型，具体请见图 4-26。

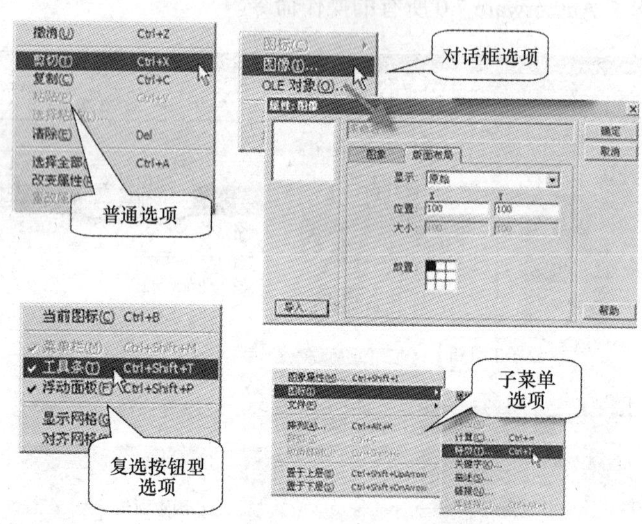

图 4-26　Authorware 7.0 菜单命令

4.5.2　使用 Authorware 7.0 制作课件实例

下面以“古诗赏析”课件为例介绍 Authorware 7.0 的使用。课件以陶渊明的《饮酒·结庐在人境》为制作背景，包括诗文内容、注释、翻译、赏析等主要内容的展示。操作步骤如下。

（1）启动 Authorware 7.0 软件，进入设计界面后点击“取消”按钮，进入 Authorware 7.0 的主界面，如图 4-27 所示。

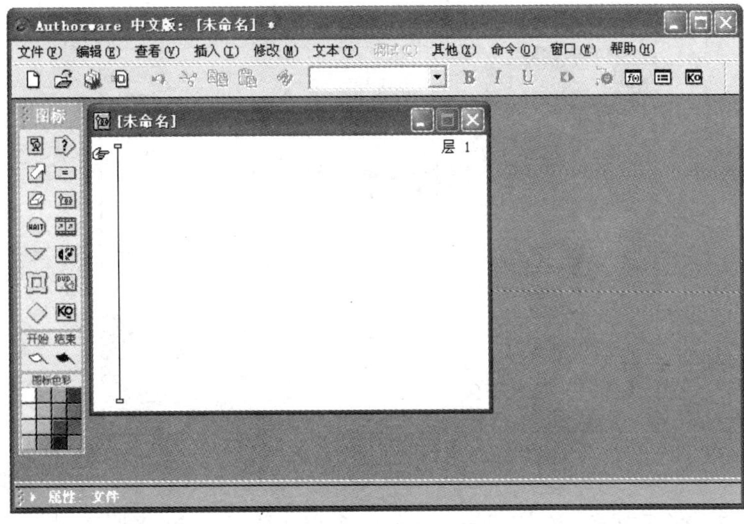

图 4-27　主界面

（2）为作品加入背景图和标题。在流程线上拖放两个显示图标"背景"和"标题"。双击"背景"图标，导入背景图片"古诗背景.jpg"，并调整好图片大小和位置，如图 4-28 所示。双击"标题"图标，利用"文本"工具为作品加入标题文字；利用色彩工具为文本设置颜色，同时设置模式为"透明"；利用"文本"菜单设置好字体、字号，设置好的标题界面如图 4-29 所示。运行界面如图 4-30 所示。

图 4-28　背景窗口界面

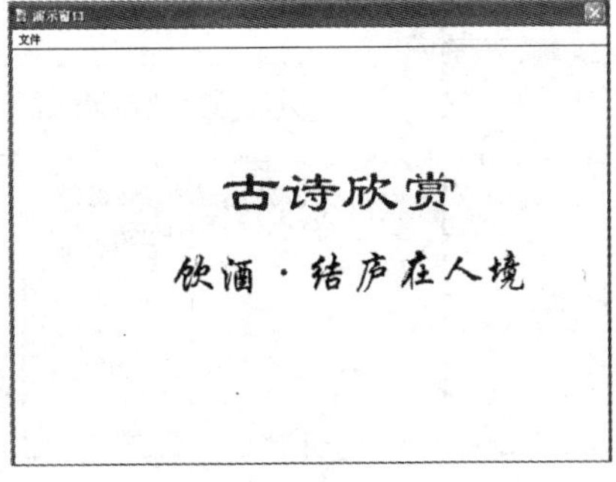

图 4-29　标题窗口界面

图 4-30　加入背景及标题的运行窗口

（3）为作品加入交互内容。在流程线上拖放一个交互图标，响应图标拖放到交互图标的右下方，交互类型取“按钮”。交互图标分别为四个群组图标“诗文”、“注释”、“翻译”、“赏析”和一个计算图标“返回”，调整按钮到合适位置，设置界面如图 4-31 所示。

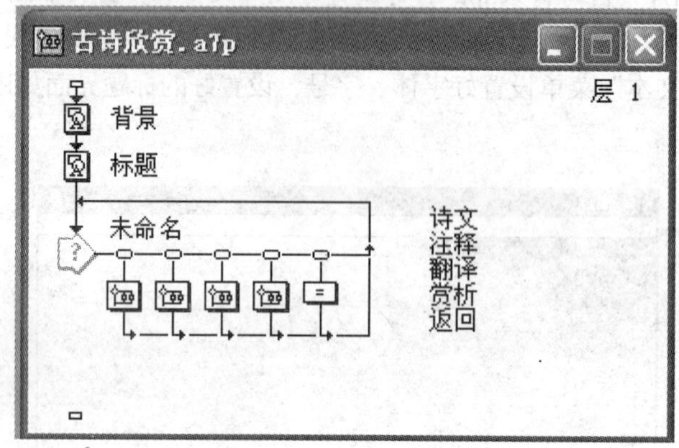

图 4-31　加入交互图标后的界面

（4）加入“诗文”内容。加入诗文内容需编辑群组图标“诗文”。双击“诗文”图标，在新的窗口流程线中拖放一个擦除图标“擦除标题”和一个显示图标“显示诗文”，如图 4-32 所示。擦除图标的作用是程序运行时，只显示诗文而不显示原标题，避免两部分内容同时显示出来而形成混乱的现象。双击打开“标题”界面，再双击“擦除标题”图标，单击“标题”将其设置为擦除对象，如图 4-33 所示。之后双击“显示诗文”图标为其添加诗文内容，如图 4-34 所示。

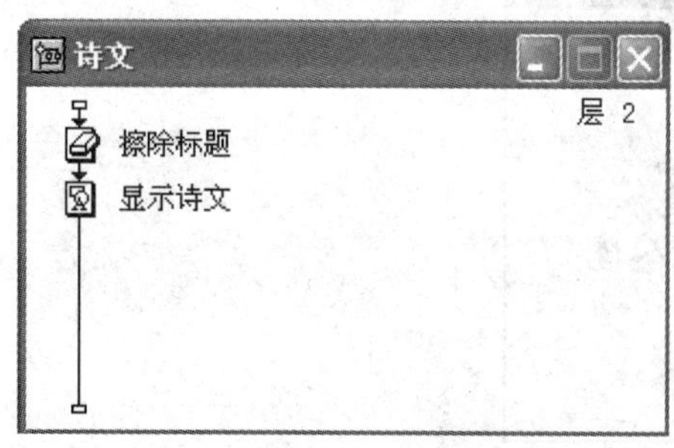

图 4-32　“诗文”的设计界面

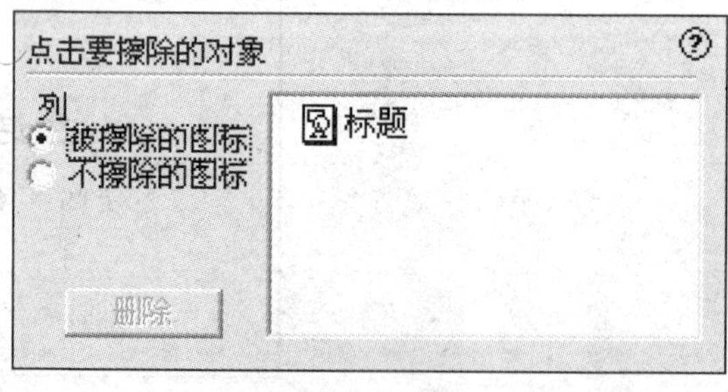

图 4-33　设置擦除对象

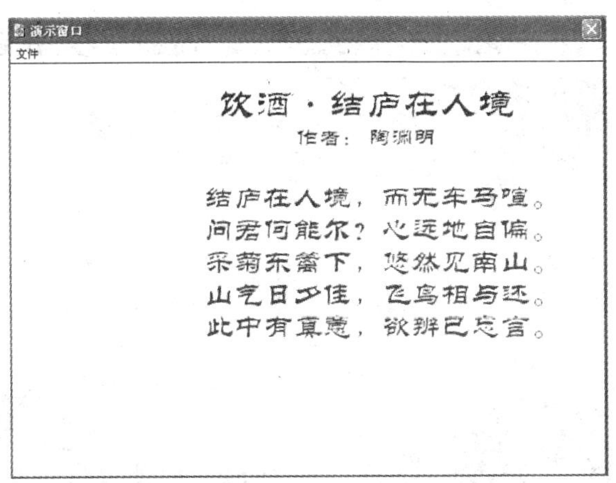

图 4-34　“显示诗文”窗口

（5）加入其他交互内容。使用步骤（4）的方法，分别为作品加入“注释”、“翻译”和“赏析”三个群组图标中的内容。编辑计算图标“返回”中的内容，双击“返回”标图，在弹出的窗口中输入代码“Got（Icon ID@“背景”）”，如图 4-35 所示。

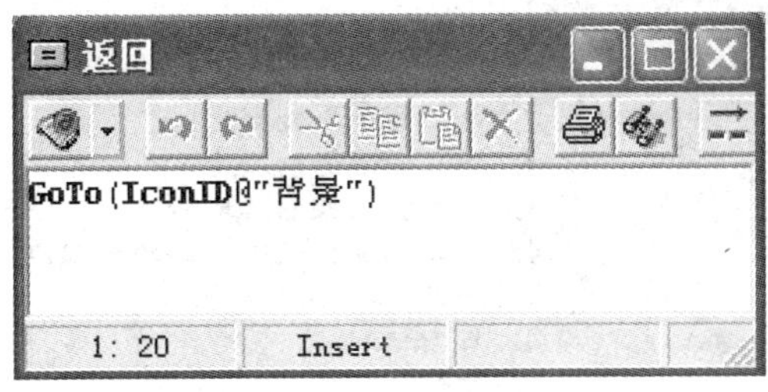

图 4-35　“返回”标图的设计窗口

（6）运行程序。单击“运行”按钮运行全部程序，主界面运行窗口如图 4-36 所示。当分别单击“诗文”、“注释”、“翻译”和“赏析”按钮时，运行界面分别如图 4-37、图 4-38、图 4-39 和图 4-40 所示。当单击“返回”按钮时，则返回最开始的界面。

图 4-36　主界面运行窗口

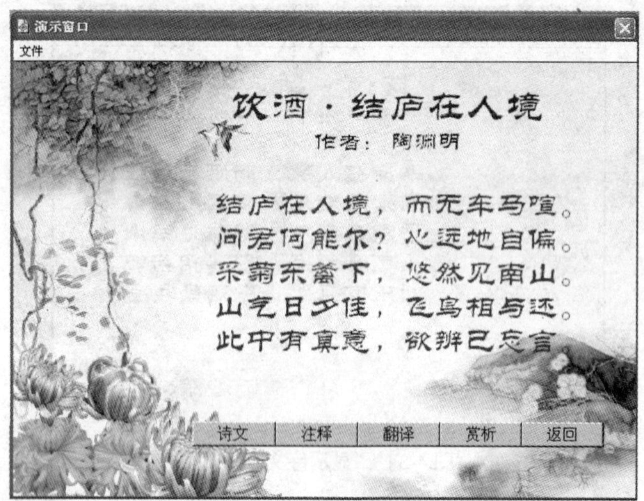

图 4-37 “诗文”界面运行窗口

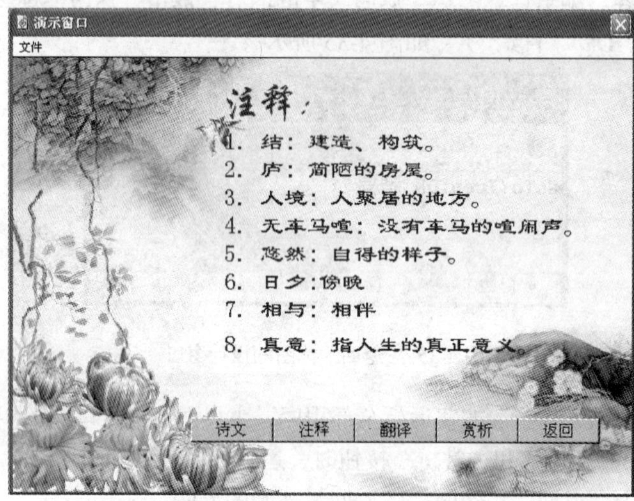

图 4-38 “注释”界面运行窗口

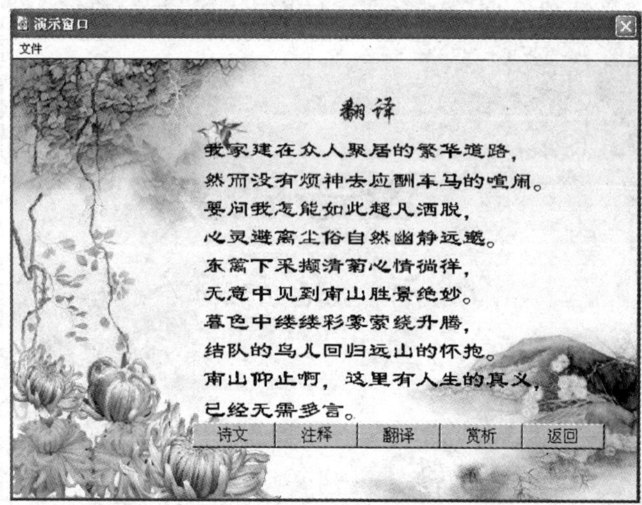

图 4-39 “翻译”界面运行窗口

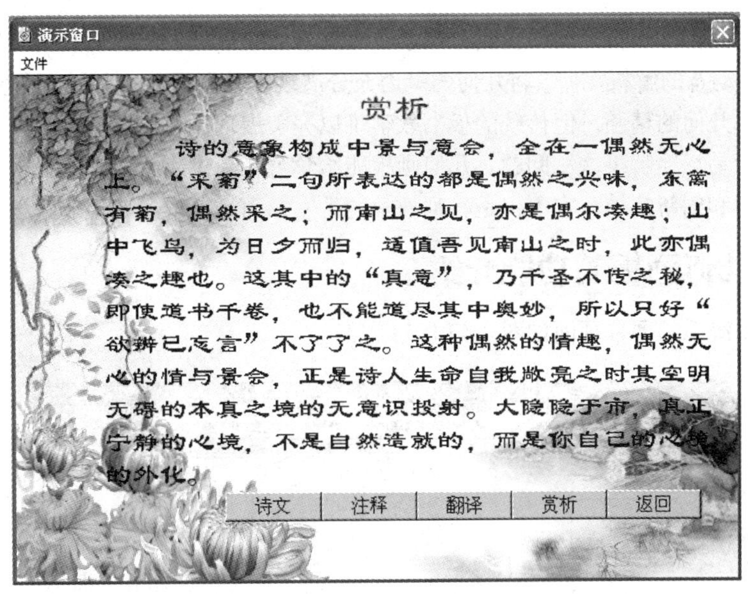

图 4-40　“赏析”界面运行窗口

（7）保存文件。若对程序的运行结果满意，则可保存文件，不满意的话可做进一步修改，直到满意为止。保存文件对话框如图 4-41 所示，在此将作品保存为“古诗欣赏.a7p”。

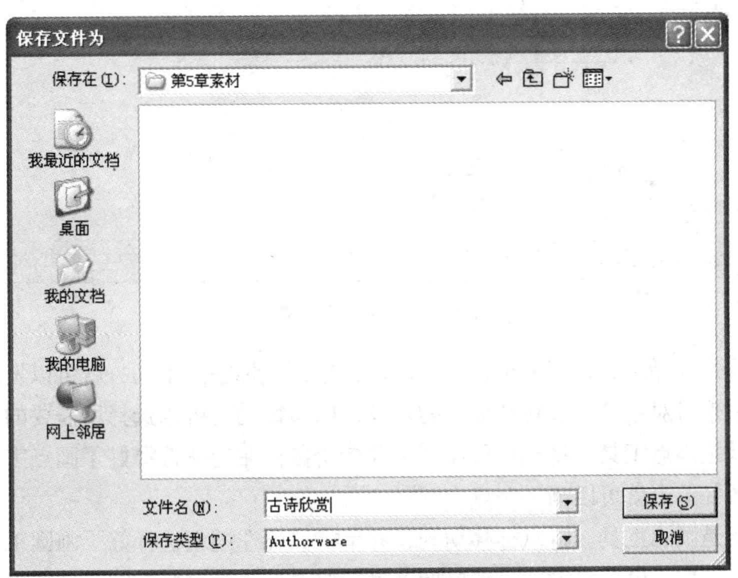

图 4-41　保存文件对话框

4.6　几何画板的使用

“几何画板”（The Geometer’s Sketchpad）软件，是美国 Key Curriculum Press 公司制作并出版的优秀教育软件。因为软件小巧玲珑，数理性极强，且简单易学，十几年来，国内大量数学教师和画板爱好者投入到了软件的开发使用中。

从欧几里德几何到解析几何，再到分形学，几何有了突破性发展。而几何画板遵守尺规作图公法，又引入了动态的解析几何，将几何的魅力充分展现在我们面前。“万变的图形证明一个不变的道理”是解析几何的精髓，但传统的板书教学难以完美展现，几何画板从对象关系出发的动态效果，却能轻而易举地解决这一问题。几何画板能给学习者提供实践数学的机会，能培养学习者独立思考的能力和创新精神。它不仅是教师教学的帮手，而且是学习者理解数学的工具。

4.6.1 几何画板的功能介绍

几何画板系统后的屏幕画面如图 4-42 所示。

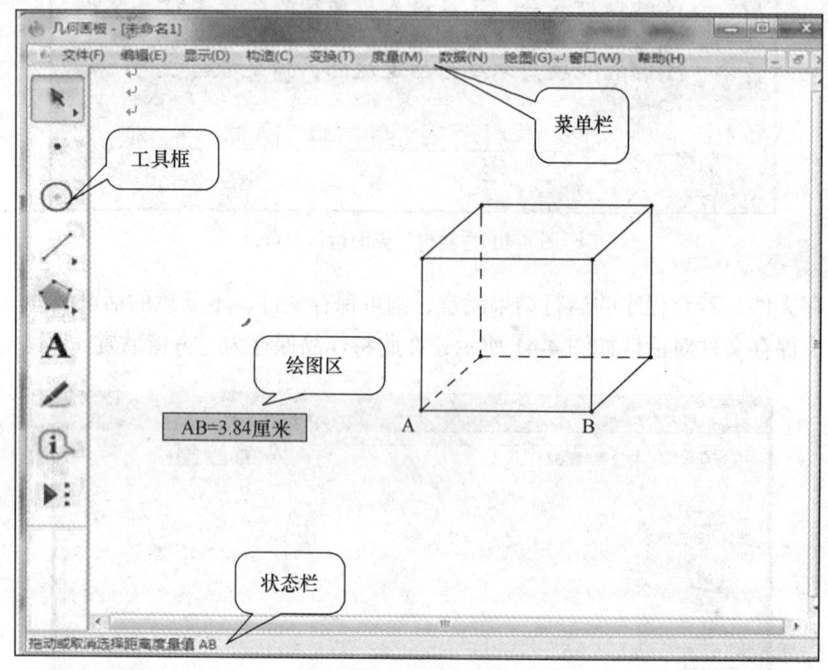

图 4-42 几何画板界面

第一个工具是选择工具，用来选择一个对象，按住鼠标左键不动，就可以发现还有另外两个工具，分别是用来对对象进行旋转和缩放的工具，向右拖动就可以选择所需要的工具了。

第二个工具是画点工具。将鼠标移动到，并单击鼠标左键就选择好了画点工具，然后再将鼠标移动到工作区并单击就可以画一个点。

第三个工具是画圆工具。将鼠标移动到，并单击鼠标左键就选择好了画圆工具，然后再将鼠标移动到工作区，按住鼠标左键并拖动鼠标到另一位置后松开鼠标左键，就可以画一个圆。

第四个工具是画线段工具。将鼠标移动到，并单击鼠标左键就选择好了画线段工具，然后再将鼠标移动到工作区，按住鼠标左键并拖动鼠标到另一位置后松开鼠标左键，就可以画一条线段；把鼠标移到画线段工具上不动就可以发现还有另外两个工具，分别是用来做射线和直线的工具，向右拖动鼠标就可以对所需的工具进行选择了。

第五个工具是文本工具。将鼠标移动到工具栏，单击鼠标左键选择好文本工具，双击工作区中的点或线或其他对象就可以给它们命名或双击工作区中的文本就可以输入文本内容了。

第六个工具是自定义工具。将鼠标移动到自定义工具的图标上，并单击鼠标左键就可以对其中的自定义工具进行选择了（此工具往往能够起到事半功倍的效果）。

4.6.2　基本作图

1. 在线上取点

任意画一条线段、射线或直线（可用画线段工具画出线段、射线或直线；也可先画两个点，然后选中它们，然后到菜单栏中选择作图，选择线段或射线或直线进行单击），然后选择画点工具，移动鼠标到合适的位置（此时线段的颜色会自动变为蓝色）进行单击就可以实现在线上取点了。

2. 画一条固定线段

在工作区用画线段工具任画一条线段 AB→用画点工具在另一个地方任画一个点 C→依次选择点 A 和点 B→在菜单栏中打开“变换”菜单→单击其中的“标记向量”命令→用选择工具选择点 C→在菜单栏中打开“变换”菜单→单击其中的“平移”命令→平移→用画线段工具连接 C、D→用文本工具分别给各个点标上字母→用 Ctrl+H 隐藏第一条线段 AB。

在工作区用画点工具任画一个点→在菜单栏中打开“变换”菜单→单击其中的“平移”命令→选择其中的“极坐标”（或“直角坐标”）→固定距离 3 厘米，固定角度 60 度→连接这两个点→用文本工具分别给各个点标上字母。

3. 画任意三角形

选取画线段工具，在工作区的适当位置先画一条线段（此为三角形的第一条边），得到两个点，在第二个点上单击然后拖动到合适的位置再单击，得到三角形的第二条边，然后单击第二条边的第二个点拖动鼠标到第一条边的第一个点上单击，得到一个任意三角形。

选取画点工具，在工作区的适当位置任意画三个点，然后选取选择工具依次选取三个点，在菜单栏中选择作图菜单，选择线段菜单进行单击就可得到一个任意三角形了。

4. 画直角三角形

选取画线段工具，在工作区的适当位置先任意画一条直线，选取选择工具，选择直线上的一个点和这条直线，选取菜单中的作图，选取其中的垂线，得到第二条直线，选取画点工具，在第二条直线上任取一点，用选择工具选择两条直线，按 Ctrl+H 组合键隐藏这两条直线，得到三个点，再用画线段工具连接这三个点就可以得到一个直角三角形了。

选取画线段工具，在工作区的适当位置先任意画一条直线，选取选择工具，双击其中的一个点，选择这条直线，选取菜单中的变换，选择旋转菜单，在跳出的对话框中选择旋转按钮得到第二条直线，在第二条直线上任取一点，用选择工具选择两条直线，Ctrl+H 隐藏这两条直线，就剩下三个点，再用画线段工具连接这三个点就可以得到一个直角三角形了。

5. 画等腰三角形

选取画线段工具，在工作区的适当位置先任意画一条线段，选取画圆工具，单击线段的一个点，拖动鼠标在第二个点上单击得到一个圆，选取画点工具，在圆上任意取一点，用选择工具单击圆，利用 Ctrl+H 隐藏圆，用画线段工具连接各点得到一个等腰三角形。

选取画线段工具，在工作区的适当位置先任意画一条线段，选取选择工具，利用鼠标左键双击第一个点，选择这条线段，选取菜单中的变换，选择旋转菜单，在跳出的对话框中输入顶角的度数，选择旋转按钮得到第二条线段，选取画线段工具连接两个点就可以得到一个等腰三角形了。

选取画线段工具，在工作区的适当位置先任意画一条线段，此时这条线段处于被选中状态，在菜单栏中选择作图，再选择中点，选择线段和中点，在菜单中选择作图，再选择垂线，在垂线上任取一点，单击这条垂线，用 Ctrl+H 组合键隐藏垂线，用画线段工具连接三个点得到等腰三角形。

6. 画等腰直角三角形

选取画线段工具，在工作区的适当位置先任意画一条线段，利用鼠标左键双击第一个点，选择这条线段和第二个点，选取菜单中的变换，选择旋转菜单，在跳出的对话框中单击“固定角度”，在对话框中输入度数选择旋转按钮，连接剩下的两个点就可以得到一个等腰直角三角形了。

7. 画等边三角形

选取画线段工具，在工作区的适当位置先任意画一条线段，利用鼠标左键双击第一个点，选择这条线段和第二个点，选取菜单中的变换，选择旋转菜单，在跳出的对话框中单击“固定角度”，在对话框中输入度数为60，选择旋转按钮，连接剩下的两个点就可以得到一个等边三角形了。

8. 画平行四边形

用画线段工具先画两条线段组成一个角∠CAB→依次选择点A和点B→在菜单栏中选择变换→标记向量→选择线段AC和点C→在菜单栏中选择变换→平移→连接剩下的两个点就可以得到平行四边形；在工具栏中选择文本工具A→分别把鼠标放在点A、B、D、C上双击→在弹出的对话框中分别输入A、B、D、C就可以得到平行四边形ABDC了。

9. 矩形

用画线段工具先画两条互相垂直的直线AB、AC→依次选择点A和点B→在菜单栏中选择变换→标记向量→选择点A和点C在菜单栏中选择变换→平移→用选择工具直线AB、AC，利用Ctrl+H隐藏直线AB、AC→用画线段工具依次连接AB、BD、DC、CA就可以得到一个矩形；在工具栏中选择文本工具A→分别把鼠标放在点A、B、D、C上双击→在弹出的对话框中分别输入A、B、D、C就可以得到矩形ABDC了。

10. 菱形

在工作区用画线段工具任画一条线段AB→用画圆工具以点A为圆心、经过点B画圆A→用画点工具在圆A上任取一个点C→用画线段工具连接AC→用选择工具依次点A、B→在菜单栏中打开“变换”菜单→单击其中的“标记向量”命令→选择线段AC和点C→在菜单栏中打开“变换”菜单→单击其中的“平移”命令→平移→用画线段工具连接CD→选择圆A→用Ctrl+H隐藏圆A→用文本工具分别给各个点标上字母。

11. 正方形

在工作区用画线段工具任画一条线段AB→双击点A→选择线段AB和点B→在菜单栏中打开“变换”菜单→单击其中的“旋转”命令→在弹出的对话框中输入90→旋转，得到线段AD→双击点D→选择线段AD和点A→在菜单栏中打开“变换”菜单→单击其中的“旋转”命令→在弹出的对话框中输入90→旋转，得到线段CD→用画线段工具连接BC→用文本工具分别给各个点标上字母，得到正方形ABCD。

12. 梯形

梯形：在工作区用画线段工具任画一条线段 AB→用画点工具任画一个点 D→选择线段 AB和点D→在菜单栏中打开“作图”菜单→单击其中的“平行线”命令→在平行线上任取一点C→用画线段工具连接AD、CD、CB→用画线段工具连接CD→选择直线CD→用Ctrl+H隐藏平行线→用文本工具分别给各个点标上字母，得到梯形ABCD。

13. 等腰梯形

在工作区用画线段工具任画一条线段AB→在菜单栏中打开“作图”菜单→单击其中的“中点”命令→在平行线上任取一点C→用画线段工具连接AD、CD、CB→用画线段工具连接CD→选择直线CD→用Ctrl+H组合键隐藏平行线→用文本工具分别给各个点标上字母，得到等腰梯形ABCD。

双击一个点表示以这个点为旋转中心，可在菜单栏中打开“变换”菜单→单击其中的“旋转”命令。Ctrl+H 表示隐藏某个对象，可在菜单栏中打开“显示”菜单→单击其中的“隐藏对象”命令。

案例分析：四人分饼。

如图 4-43 所示，有一块厚度均匀的三角形薄饼，现在要把它平均分给四个人，应该如何分？

思路：这个问题在数学上就是如何把一个三角形分成面积相等的四部分。

图 4-43　饼

方案一：画三角形的三条中位线，分三角形所成的四部分面积相等（其实四个三角形全等），如图 4-44 所示。

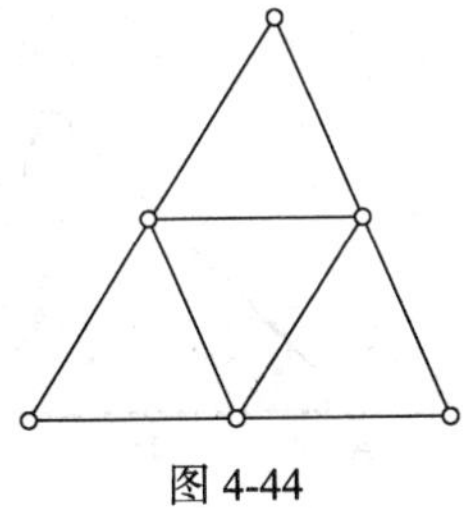

图 4-44

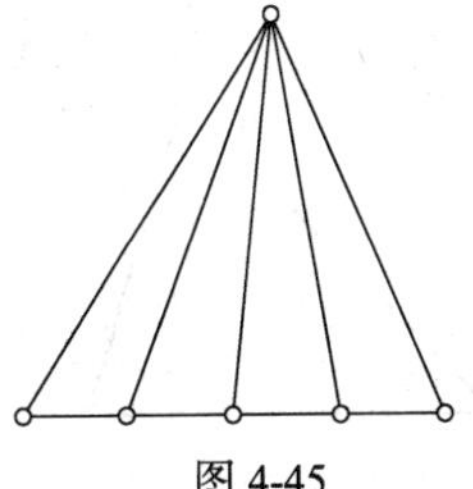

图 4-45

方案二：四等分三角形的任意一边，由等底等高的三角形面积相等，可以得出四部分面积相等，如图 4-45 所示。

用几何画板验证。

第一步：打开几何画板程序，这时出现一个新绘图文件。

如果几何画板程序已经打开，只要由菜单“文件”→“新绘图”，也可以新建一个绘图文件。

第二步：①在工具箱中选取“画线段”工具。

②在工作区中按住鼠标左键拖动，画出一条线段，如图 4-46 所示。

在几何画板中，点用一个空心的圈表示。

第三步：①选取“文本”工具；②在画好的点上单击鼠标左键，可以标出两点的标签，如图 4-47 所示。

图 4-46　　图 4-47

如果再点一次，又可以隐藏标签，如果想改标签为其他字母，可以用“文本”工具双击显示的标签，在弹出的对话框中进行修改，如图 4-48 所示。

在后面的操作中，请观察图形，根据需要标出点或线的标签，不再一一说明。

第四步：①再次选取“画线段”工具，移动鼠标与点 A 重合，按左键拖动画出线段 AC；

②画线段 BC，标出标签 C，如图 4-49 所示。

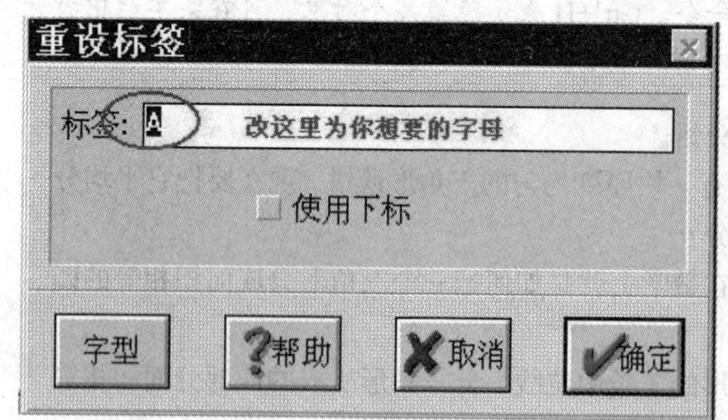

图 4-48

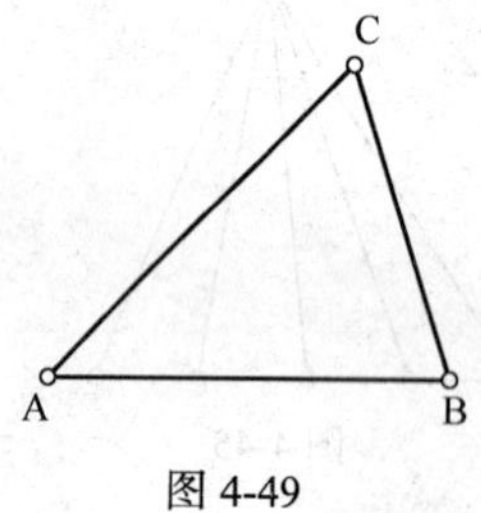

图 4-49

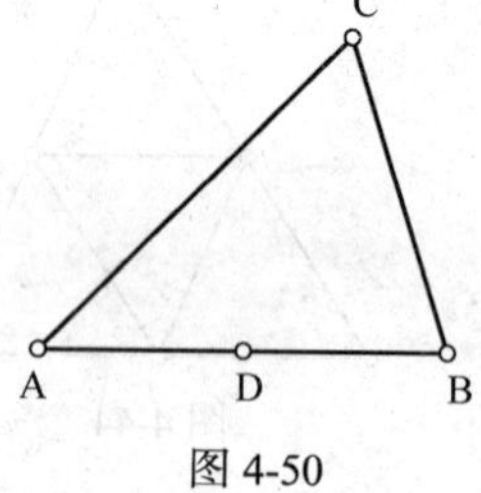

图 4-50

在熟悉后，可以先画好首尾相接的三条线段后再标上标签更方便。

第五步：①用“选择”工具单击线段 AB，这时线段上出现两个正方形的黑块，表示线段处于被选取状态；②由菜单“作图”→“中点”，画出线段 AB 的中点，标上标签，如图 4-50 所示。

如果被选取的是点，点的外面会有一个粗黑圆圈。在几何画板中，选取线段是不包括它的两个端点的，以后的问题都是这样，如果不小心多选了某个对象，可以按 Shift 键后用左键再次单击该对象取消选取。

第六步：用同样的方法画出其他两边的中点，得到图 4-51。

技巧：最快的方法是按住 Shift 键不放，用“选择”工具分别单击三条线段，可以同时选取这三条线段，再由“作图”→“画中点”（或按快捷键 Ctrl+M），就可以同时画好三条边的中点。

第七步：用“画线段”工具连结 DE、EF、FD，得到图 4-52。

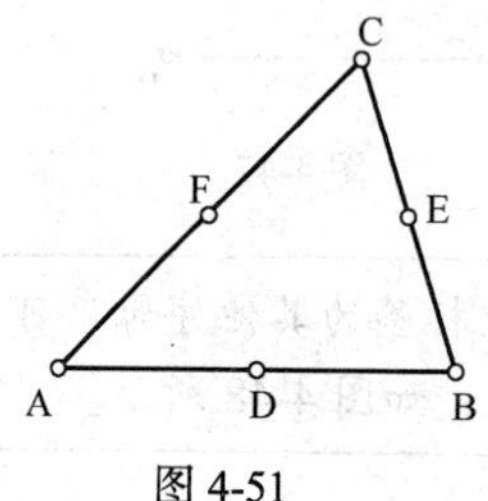

图 4-51

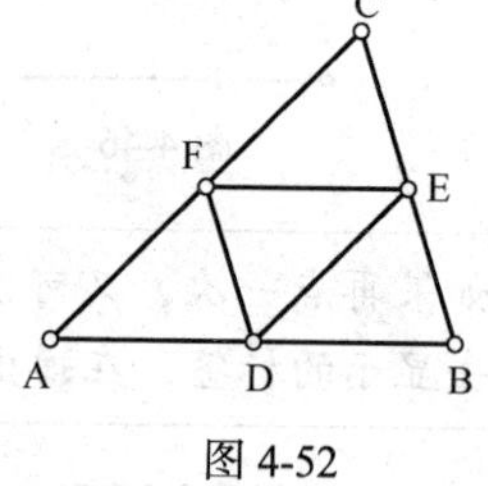

图 4-52

技巧：画线段的另一方法，在保证画线工具出现的是“画线段”按钮（不必选取）的前提下。

选取两点后，由菜单“作图”→“画线段”，(或按快捷键 Ctrl+L)，可以画出连结两点的线段。

本例最快的做法是：

① 选取“画点”工具，按住 Shift 键在工作区中画三个点，这时三个顶点都保持选取状态。

② 按快捷键 Ctrl+L，可以同时画出三条边并且三边同时被选取。

③ 按快捷键 Ctrl+M，可以同时画出三边中点且三中点同时被选取。

④ 按快捷键 Ctrl+L，可以同时画出小三角形三条边，标上标签即可。

第八步：①按住 Shift 键，用“选择”工具选取点 A、D、F；②由菜单“作图”→“多边形内部”填充多边形内部；③保持内部的选取状态，由菜单“度量”→“面积”，可以量出 ADF 的面积，如图 4-53 所示。

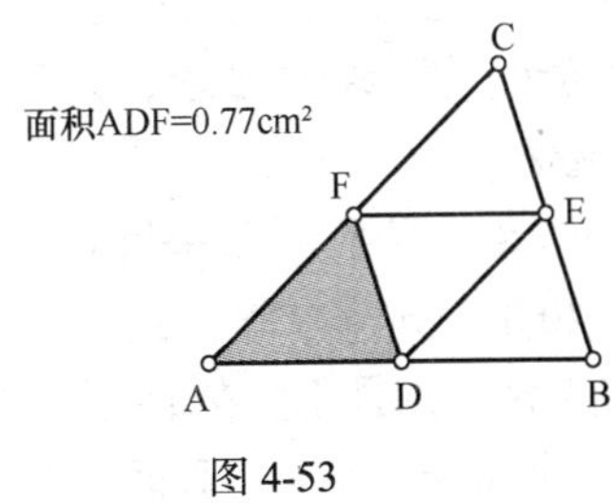

图 4-53

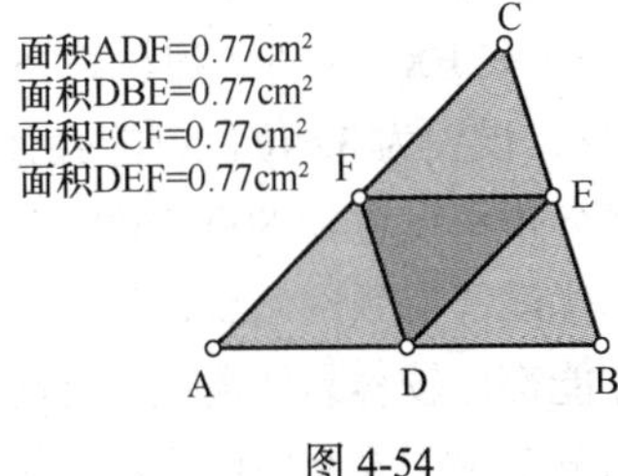

图 4-54

第九步：①用同样的方法，填充并度量三角形 BDE、ECF、DEF；②选取 DEF 的内部，由菜单“显示”→“颜色”，选择其他颜色，如蓝色，得到图 4-54。

在制作过程中，要经常保存文件，以免因意外原因造成文件丢失，以下每一个例子都是这样，不再加以说明。

归纳结论：

拖动顶点 A、B、C 中的任意一个，可以改变三角形的大小和形状，请观察不同情况下，四部分的面积是否总是相等？这样做可以完成分饼的任务吗？

这是通过实验来验证数学规律，不能保证结论一定是正确。一般来说，有一些结果经过了人类的长期实践，大家都公认了它的正确性，这时会把这个结论作为公理直接使用；而大多数情况下，实验得到的结果仍然需要进行推理证明。那么，实验有什么用呢？实验可以帮助我们认识规律，更容易接受知识，并且常常可以让我们找到解决问题的方向。

4.7 屏幕录像专家软件的使用

有些时候，我们精心制作好的重要的课件，在比赛现场或者会议现场的电脑上，由于缺乏运行的环境而不能播放时，心理上的压力和焦虑可想而知。为了防患于未然，在我们做好课件后，最好能用屏幕录像软件将课件完整地录制一遍，以备不时之需。

“屏幕录像专家 V2012”就是一款非常实用的屏幕录像软件。它最大的特点就是“先录制，再生成”，使用它录制屏幕时也需分两步来进行：录制模式和生成模式。

直接录制生成方式占用硬盘空间比较小，可直接生成 EXE 或者 AVI 文件。先录制再生成的方式是先生成一个临时 LX 格式的录像文件，占用空间比较大，但后期生成时比较灵活，可以选择生成 EXE，也可以选择生成 AVI，还可以生成各种压缩的 AVI 文件。一般情况不需要使用先录制 LX 再生成的方式，此方式是旧版本遗留方式，不推荐使用；推荐使用直接录制方式。

录制软件操作过程（制作教程），建议使用直接录制生成 EXE 方式（软件默认方式），录制帧数设置为 5 帧/秒左右比较合适，可以根据自己的需要增加或减少。录制网络课程或课件（非视频内容），建议使用直接录制生成 EXE 方式（软件默认方式），录制帧数设置为 5 帧/秒左右比较合适，可以根据自己需要的增加或减少，如果不是全屏的，可以设置录制目标。

1. 录制准备

开始录制时除了要在本软件中设置有关录制属性外，还有一个很重要的设置，就是设置显示的颜色值。如果要生成 256 色的 AVI，建议录制之前将系统的颜色值设置为 256 色。如果要生成 16 位色的 AVI 或 EXE 文件，建议将系统的颜色值设为 16 位色。没有特殊要求，都建议把屏幕设置为 16 位色，设置为 32 位色可能会让录制过程变得很不流畅。

建议将分辨率设置到 800×600 或 1024×768 或 1280×720（宽屏）（如果目的是转成 WMV 格式上传到优酷等视频网站获得高清视频，建议用 1280×720 的分辨率录制），这样在各种分辨率的电脑上才能都比较容易地播放，而且文件也比较小。特别要注意的是不要在最高分辨率下录制，因为你在高分辨率下录制的内容，在低分辨率的电脑上播放文字会非常小，画面会不清楚。录制时可以将屏幕改到低分辨率，录好后再改回原来的分辨率。

2. 录制一个屏幕录像最简单的方法

启动软件后，（这时缺省的情况应该是“直接录制生成”处于选中状态，“EXE”处于选中状态）按 F2 键开始，录制一会儿后按 F2 键停止，然后到左下角的列表中就可以找到录制的 EXE 文件了，双击就可以播放。如图 4-55 所示。

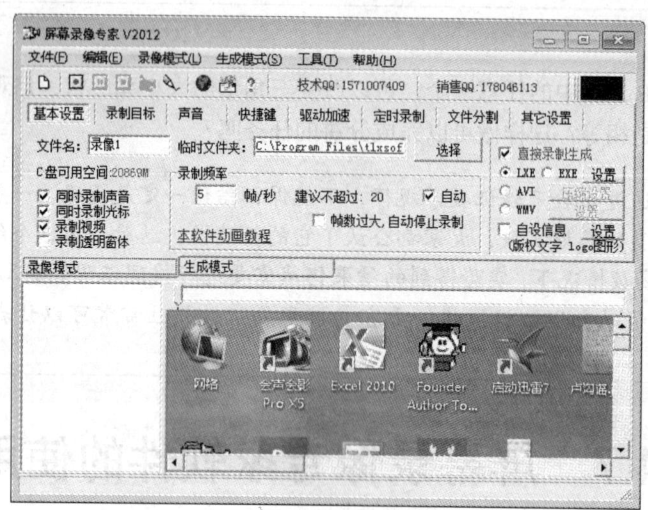

图 4-55　录制模式基本设置界面

如果要录制生成 AVI 文件可以按如下操作：启动软件后，在录制模式下（这时缺省的情况应该是“生成模式”处于选中状态，“EXE”处于选中状态），选中“AVI”，然后按 F2 键开始，录制一会儿后按 F2 键停止，然后到左下角的列表中就可以找到录制的 AVI 文件了，双击就可以播放。

3. 录话筒的声音

首先要检查录制前是否已经选择“同时录制声音”，如果已经选择还是没有声音的话，可以试试是否是以下问题：

① 是否有声卡并且已经连接上话筒。

② 看“录像模式/声音”页中是否在“录音来源”项中已经选中了“Microphone”（有的电脑可能显示为“麦克风”或“话筒”）。再看一下“音量”设置是否过低。如果在“录像模式/声音”页无法设置“录音来源”和“音量”，这是因为个别声卡不支持在程序中进行控制，可改用操作系统中的音量控制程序进行相同设置，设置方法见“（录像模式）声音”。

③ 请先使用 Windows 附带的“录音机”试录一下声音，看是否成功。如果不成功，则应该是电脑硬件或操作系统相关设置问题。如果成功，使用“录制模式/声音”中的“试录”看是否成功。

④ 看看你的声卡是否是双工的，如果是单工的，在播放声音的同时就不能录音。不过现在的声卡应该都是双工的。

4. 录制电脑中播放的声音

录制时可能会发现只能录制话筒的声音而不能录制电脑中播放的声音，那么怎样同时录制电脑中播放的声音，作者提供以下几种方法供参考：

方法一：到“录像模式/声音”页中，按“录电脑中播放的声音”按钮，这时软件会自动帮你选择正确的录音来源。如果要自己选择录音来源的话，一般是“*Mix*”或“*混*”（*可能是任何内容）用于录电脑中播放的声音。选择了正确的录音来源和录音音量后就可以录制电脑中播放的声音了。

如果在录电脑中播放的声音同时要录话筒中的声音，那么可以按“试录”按钮，看能否录到话筒里的声音。如果录不到话筒里的声音，那么还要选中“把话筒声音播放出来”，这时话筒声音的大小可以通过“音量”按钮来调节。

设置好后，可以按“试录”看是否正常。

如果在“录像模式/声音”页无法设置“录音来源”，这是因为个别声卡不支持在程序中进行控制，可改用操作系统中的音量控制程序进行相同设置。手工设置方法见“（录像模式）声音”。

5. 录制网络电视节目和 Real One Player、Media Player 等软件中播放的影片

先打开屏幕录像专家，再打开播放软件，一定要注意这个顺序，否则可能会录不出来。如果播放软件已经先打开，必须先关闭（如果屏幕录像专家也已打开，也要先关闭）。注意要让基本设置中的“录制视频”处于选中状态。

一定要在原始大小情况下进行录制，不要在放大或全屏的情况下进行录制。

首先到“录像模式/录制目标”页面中，选“窗口”单选框，这时本软件会隐藏，把光标移动到所要录制的视屏窗口，按下鼠标左键，这样就选定了录制的目标。

一般使用直接录制 AVI 的方式录制，即到“录像模式/基本设置”页面选中“直接录制”（如果已经选中就不用再选），选中“AVI”（如果已经选中就不用再选），AVI 压缩设置建议用 MPEG-4，通常有“Microsoft Mpeg-4 Video Codec”和“Xvid MPEG-4”，如果你的电脑上没有“Mpeg-4”编码器，请到网络上下载安装（本软件网站 www.tlxsoft.com/mpeg4.htm 上有推荐的下载链接），也可以用“Indeo Video 5.10”。

“录像模式/基本设置”中去掉“帧数过大，自动停止录制”和“自动”的选中，把录制频率设置成 25 帧/秒。然后按 F2 键就可以开始录制了，录制需要的内容后，按 F2 键停止。停止时，如果录制过程中丢帧的比例比较高，可以将录制频率调小一些。

建议使用 Media Player 播放录制的 AVI。

6. 其他视频格式输出

在本软件中 EXE 录像文件可以转换成 AVI、FLASH、WMV、ASF、FLV 等格式的视频文件。具体操作是先录制得到 EXE 文件，然后在文件列表框中选中此 EXE 录像文件，然后使用“编辑→EXE/LXE 转成……”命令转换，如图 4-56 所示。

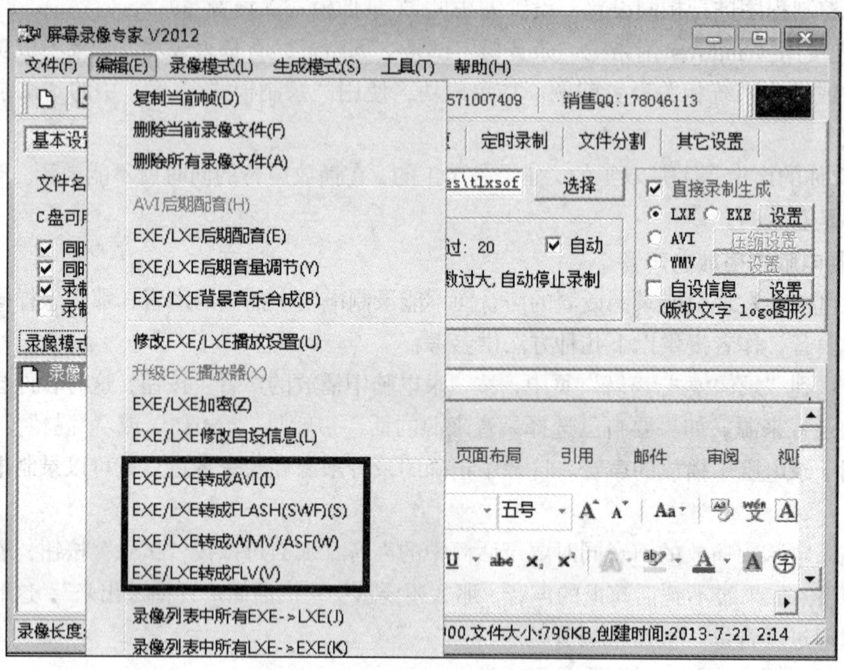

图 4-56 EXE 转成其他格式视频文件

思考与练习

1. 什么是多媒体 CAI 课件？多媒体 CAI 课件的分类？
2. 多媒体课件辅助教学有哪些优点？
3. 多媒体课件的开发工具有哪些？
4. 多媒体课件制作的步骤有哪些？多媒体课件制作的原则是什么？
5. PowerPoint 课件制作的基本步骤有哪些？
6. PPT 课件的有哪些制作技巧？
7. 如何应用 PPT 幻灯片模板？如何在 PPT 幻灯片应用图片？
8. 如何使用 PPT 制作电子相册？
9. 如何利用 PowerPoint 来制作汉字书写笔画顺序演示教案？
10. 如何利用 PPT 制作自动交互问答课件？
11. PPT 课件的声音控制方法有哪些？
12. 如何使用 Authorware 制作课件？

第 5 章 教学设计

本章学习目标：

通过本章的学习，使学生理解教学设计的概念和作用，掌握教学设计的方法与步骤，掌握教学设计的过程模式和教学评价的方法，能结合实践进行教学设计。

本章要点：

- 教学设计的概念和作用；
- 教学设计的方法与步骤；
- 以教为主的教学系统设计模式；
- 以学为主的教学系统设计模式；
- “教师为主导、学生为主体”的教学系统设计模式；
- 学习策略；
- 教学评价的方法。

5.1 教学设计概述

教学是一种多要素的、动态的复杂系统。教师、学生、教学内容、教学媒体和方法等众多要素构成了教学活动。为了使这些要素有机地配合起来，达到理想的教学效果，就必须对它们进行整体的、系统的规划和安排，即进行教学设计。教学设计是日益受到重视、应用范围广阔的多学科研究领域，它综合多种学术理论自成体系，以系统方法为核心，着重创设学与教的系统，以达到优化教学、促进学习者的学习为目的。

5.1.1 教学设计的概念与特点

教学设计（Instructional Design）又称教学系统设计（Instructional System Design，ISD 或 ID），是一门连接教育理论和教育实践的桥梁性学科。它运用现代教育观念和现代教学方法，以教学论、学习理论、系统论、传播论为理论基础，分析教学中存在的问题，充分利用各种教学资源，创设有利于学生学习的环境，使学生达到最优的学习效果。教学设计是在分析教学需求与问题的基础上，进一步确立解决教学问题的步骤和方案，通过评价反馈来检验方案实施的效果，并修订完善方案，以优化教学过程的一种规划过程和操作程序。

教学设计的特点可以归纳为以下 3 点。

① 教学设计运用系统的观点和方法对整个教学过程中的各个环节进行整体考虑。

② 教学设计的最终目的是提高学习效果，促进学习者更好地学习。

③ 教学设计是一项具有创造性的设计活动，是问题求解的过程。

5.1.2 教学设计系统的层次

美国著名教育技术专家巴纳西认为教学系统分为以下 4 个主要层次。

（1）机构层次的系统：该系统主要是根据社会需要，制定教育目标和教育计划以及根据资源约束条件制定财政预算等。

（2）管理层次的系统：主要是执行机构层次做出的决定并安排机构层次的资源，制订具体的课程设置计划，安排教学资源，制定教学评价指标体系，对教学系统进行评价。

（3）教学层次的系统：由教师根据管理层次的安排制订自己课程的教学计划、教学安排、教学活动等。

（4）学习层次的系统：上述各层次的资源和约束条件都对本层次起作用，该系统的输出是学生各门功课的考核成绩、达到教学目标并取得文凭和证书等。

这 4 个层次的关系如图 5-1 所示，其中教学层次和学习层次是教学设计的主要研究对象，也是本书讨论的主要内容。

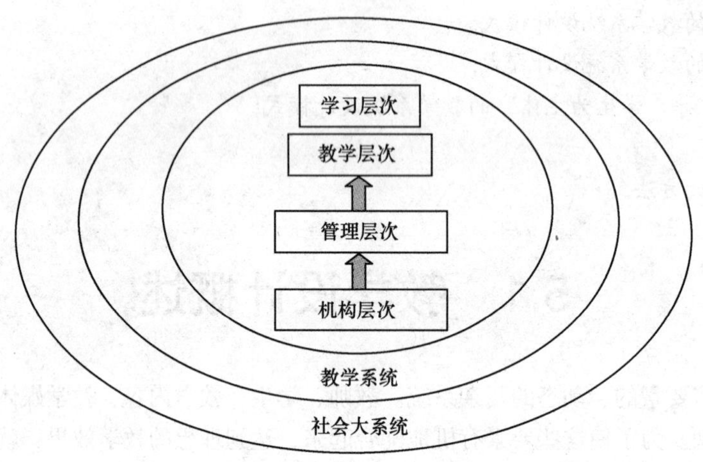

图 5-1 教学系统的层次

教学设计的最终结果是经过验证的能够实现预期功能的各个层次的教学方案，如一个教育实体（如学校）的学科培养计划、一门课程的教学大纲和实施方案、一个教学单元或一节课的教案等。本书所讨论的教学设计研究层次仅限于微观的教学设计，即某一门具体课程的教学规划、一个教学单元或一节课的教学设计过程。在进行微观层面的教学设计时，通常会考虑以下几个问题。

（1）为谁而教：分析教学的对象和教学需求。

（2）为什么而教：分析教学要达到的目标。

（3）教什么：分析教学内容。

（4）如何来教：使用什么样的方法、策略，选择什么样的媒体表现等。

（5）教的如何：怎样评价学习者的学习效果。

这几个部分构成了一个有机的整体，是教学设计要考虑的主要内容，也是教学设计的具体研究对象。

5.1.3　教学设计的过程模式

教学系统设计模式是在教学系统设计的实践当中逐渐形成的一套程序化的步骤，它指出了以什么样的步骤和方法进行教学系统的设计。教学系统设计过程模式是对教学系统设计实践的再现，它是理论性的，代表着教学系统设计的主要理论内容，是教学系统设计理论的简约体现。不同的教学设计过程模式包含的步骤不尽相同，但一般教学系统设计过程模式都包括四个基本要素：学习者、目标、策略和评价（乌美娜，1994）。从理论基础和实施方法看，教学系统设计过程模式主要分为三大类。

1. 以教为主的教学系统设计模式

此模式通常分为第一代教学系统设计模式（ID1）和第二代教学系统设计模式（ID2）。在学习理论方面它是以行为主义的联结学习（即刺激—反应）（ID1）和认知学习理论（ID2）作为主要的理论基础。这种模式强调教师的教，便于教师控制课堂，比较适合我国目前有组织的大班级课堂教学，缺点是学生被动地接受知识，学习效果不好。

2. 以学为主的教学系统设计模式

此模式也称为第三代教学系统设计模式（ID3）。在学习理论方面，它是以建构主义理论为基础的，强调以学生为中心，充分发挥学生学习的主动性和创造性。随着多媒体计算机网络和基于 Internet 的教学环境的发展，这种模式在家庭教育、社会教育、网络教育以及学校中研究性学习的教学中得到了蓬勃发展。这种模式也容易盲目夸大学习的自主性而忽视教师的指导作用，使学习成为没有目标的盲目探索而影响学习效果。

3. 以“教师为主导、学生为主体”的教学系统设计模式

此模式（简称“主导—主体”模式）将以教为主的教学系统设计模式和以学为主的教学系统设计模式相结合，形成了两种模式的优势互补。在教学过程中，教师可以根据教学内容灵活地采取相应的教学模式，以便有效地提高教学效果。

以教为主的教学设计有时被称为“传统教学设计”，以学为主的教学设计和“主导—主体”的教学设计有时被统称为“现代教学设计”。“以学生为中心”的现代教学设计在知识观、学生观、教学观、教学过程和教学评价等各方面都与传统“以知识为中心”的教学设计有本质区别，如表 5-1 所示。

表 5-1　传统教学设计与现代教学设计的区别

设计要素		传统教学设计（以知识为中心）	现代教学设计（信息化教学设计）（以学生为中心）
设计理由	知识观	知识是客观的，可以从教师那里传递给学生	知识不是纯客观的，是学生在与外在环境的交互过程中主动建构起来的
	学生观	学生只是接受知识的容器	学生是有生命意识、社会意识、潜力和独立人格的人，是对知识的积极加工者，每个学生都会对知识有独特的理解
	教学观	教学是课程传递、执行和教学生学的过程	教学是课程创设和开发、师生交往、积极互动、共同发展的过程

续表

设计要素	传统教学设计 （以知识为中心）	现代教学设计（信息化教学设计） （以学生为中心）
教学目标	以教师为阐述主体，使学生掌握基础知识和培养能力	以学生为阐述主体，学生在基础知识、过程与方法、情感态度和价值观方面都得到发展
教学分析	教材教法和教学重点及难点分析	对任务、目标、内容、情景、资源等方面进行分析
策略制定和作业设计	① 传授的策略和帮助学生记忆的策略； ② 以传统媒体为主； ③ 以技能训练、知识（显性）记忆和强化作业设计为主	① 学法指导、情景创设、问题引导、媒体使用、反馈调控等策略； ② 多媒体的教学设计； ③ 根据不同需要，如知识、技能、方法、态度、能力的培养来设计作业
教学过程	传授知识、鼓励学生模仿记忆的以教为中心的五环节教学过程设计	创设情景鼓励学生在体验、探究、发现、思考、问题解决过程中获得自身提高和发展的教学过程设计
效果评价	掌握知识技能，解决问题	掌握知识（隐性的和显性的），提高综合能力和素质，培养创新精神和主动学习的意识，注重过程的评价

5.2 以教为主的教学设计

以教为主的教学系统设计模式的理论基础包括四个组成部分，即系统论、学习理论、教学理论和传播理论。在这四种理论中，系统论、教学理论和传播理论近 30 年来的发展相对稳定，只有学习理论，自 50 年代以来，历经行为主义、认知主义和建构主义等不同发展阶段，对教学系统设计发展的影响特别显著。

以教为主的教学系统设计主要基于行为主义学习理论或认知学习理论，设计的焦点在“教学”上，强调教师的主导作用，突出循序渐进、按部就班、精细严密地运用系统方法对教学进行设计。该模式对客观事实的介绍、行为的矫正、简单认知加工任务（如规则记忆、基本事物的关联、匹配区分等）的完成、动作技能的学习，甚至问题解决技能的培养（如归类、规则的推导、程序的建立）等均比较适合。

尽管以教为主的教学系统设计思想和模式经常受到批评，但是，在我国以教为主的教学系统还大量存在，大班级授课、教师讲学生听还是目前的主要教学形式，而且我国的教学系统设计人员（主要是教师）比较熟悉以教为主的教学系统设计理论和方法，并能在教学实践中较熟练地运用，这就对以教为主的教学系统设计提出很强的客观需求。此外，以教为主的教学系统设计理论和方法经过几十年众多专家的深入研究与发展，已形成一套比较完整、严密的理论体系而且可操作性强。

教学设计是一个运用系统方法解决教学问题的过程。它综合了教学过程中诸如教学（学习）

目标、教学（学习）内容、教学（学习）对象、教学策略、教学媒体和教学评价等要素，将运用系统方法的设计过程加以模式化。为了更简洁、更具概括性地反映教学设计过程，我们可以将教学设计过程的各组成部分之间的联系和关系用理论模式简化进行描述。图 5-2 所展示的就是由教学设计过程诸要素构成的教学设计过程的一般模式，该模式包含学习者分析、学习需求分析、教学目标的分析与确立、教学内容的选择与组织以及教学策略、教学方法和教学媒体的选择和运用及教学设计成果评价等诸多要素。从图 5-2 中我们可以看出教学设计各部分之间的关系：前端分析是教学设计的基础，也就是它非常强调教学设计过程要建立在对学习需要、教学对象、教学内容等方面充分而准确的分析基础上；教学设计的关键任务就是首先要对教学目标进行设计，进而对有助于实现教学目标的教学策略进行设计，对学习活动需要的教学媒体进行选择和设计；为了保证整个教学设计的有效性，教学设计过程中必须随时通过教学评价来进行调控修正，以使教学设计最终成果符合设计目标的要求。

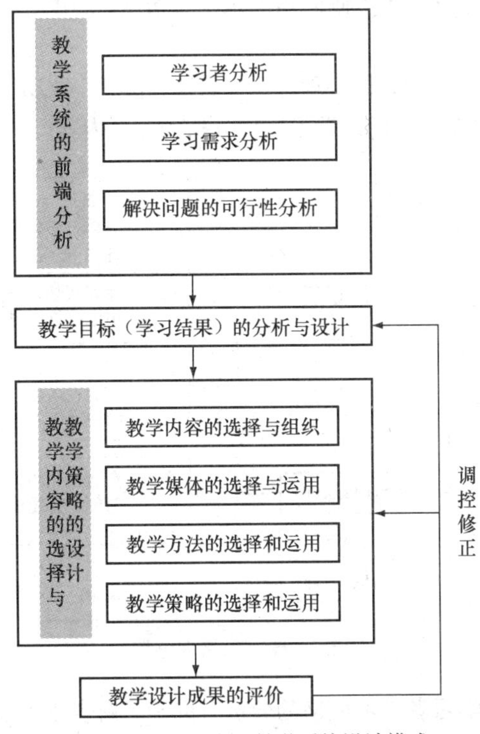

图 5-2　以教为主的教学系统设计模式

5.2.1　学习者分析

分析教学对象的特征是教学设计起始阶段的重要任务，获取学习者的起始能力、目标技能、学习风格特点、学习态度等有关信息对后续教学设计环节以及教学的顺利开展有重要的意义，有助于教师确定教学起点，制定合理的教学目标，安排适当的学习任务，提高教学效率和效果。

1. 分析教学对象的一般特征

教学对象的一般特征指的是不同年龄阶段的学习者所表现出来的与该年龄段相符的共同特征，例如，小学生在智力发展特征方面具有明显的从具体形象思维到抽象逻辑思维的过渡性，从情感发展特征来看，小学生意志力薄弱，抗诱惑力差，需要较强的外控力等。在面对这些学习者时，要充分考虑到这些一般特征，设计恰当的教学目标和内容，采用符合年龄特点的教学方法等。而对于大学生来说，在智力发展特征方面，他们有着更高的抽象性和理论性，由抽象思维向辩证思维发展，思维的组织性、深刻性和批判性进一步发展，注意力更稳定；在情感发展特征方面，大学生具有明确的价值观念，社会参与意识很强，深信自己的力量能推动社会进步，有稳定的人格等。因此，在进行大学课程教学设计时，要能充分利用这些特点，让他们充分参与教学，提高其主动性，注重综合能力的培养等。

由于我们所面对的学习者通常是一个年龄阶段的，因此，对教学对象一般特征的分析通常已经内化为我们的一种教学习惯，并不需要刻意进行分析。

2. 学习风格的分析

学习风格是学习者持续一贯的带有个性特征的学习方式，是学习策略和学习倾向的综合。“持续一贯”指的是学习者在长时间的学习过程中所表现出来的成熟、稳定、变化不大的个性特征，学习策略指的是个体的学习方法，学习倾向指的是学习情绪、态度、动机、坚持以及对学习环境、学习内容方面的偏爱等。

学习风格的分析包括 3 个层面，即心理层面（认知、情感、意动）、生理层面和社会层面（如图 5-3 所示），其中对心理层面的分析是学习风格分析的主要内容。

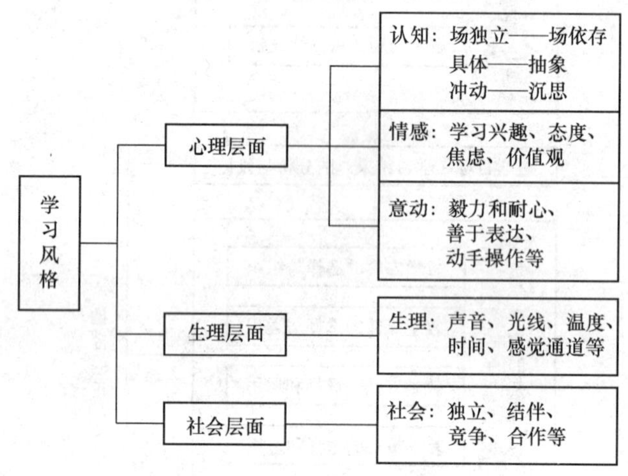

图 5-3　学习风格的分类

在网络教学环境中，对学习者学习风格的分析有助于了解各学习者的学习方式，实施个别化指导，同时对协作学习的分组也有一定的参考价值。例如，可以将不同学习风格的学生分为一组，有助于大家互相学习、取长补短、开展协作。

学习风格的分析方法通常有谈话法和问卷法。谈话法是学习者在教师的引导下说出自己学习风格的过程，比较省时省力。问卷法是用学习风格测试表来详细了解、定量分析学习者学习风格的过程，有助于学习者准确、详细地了解自己和他人的学习风格，对教师的教学实施过程具有一定指导意义。

3. 学习准备分析

学习准备指的是学习者在学习之前的起始能力、背景知识、目标能力以及学习态度等的现实情况。不同的学习者具有不同的学习态度、起始能力、已有知识和个性特征，这些能力和特征直接或间接地影响着学习者的学习效果。因此，教师在确定教学起点时要充分考虑到学习者的一般准备情况。对学习准备的分析是学习者分析的最主要内容。

（1）学习者起始能力的分析

起始能力的分析是指学生在接受新的学习任务之前，教师对学生原有知识和技能、学习新知识必须具备的基础等的分析。教师在诊断学习者的起始能力时需要凭借对教学目标和教学内容进行的分析，预测学习者的知识基础和预备能力。在课堂教学中，对起始能力的预测通常需要编制一套预测题由学生来作答，或者预先设置几个问题，根据学生的回答情况来评测学生的已有知识基础，如果学习者不具备或不完全具备所需的知识基础，应该提供一些“补救”活动。

（2）学习者目标技能的分析

目标技能的分析是指了解学习者对将要学习的内容已经知道了多少。对于目标技能的预测有助于教师在确定教学内容时做到详略得当。当然，假如教师知道学习内容对学习者是完全陌生的，这类预测就失去了意义。对于目标技能的分析可以采用测试问卷的形式，例如可以以学习目标为基础编写测试题目，甚至直接把期末考试题作为测试题目，在教学前检查学生对目标内容的了解程度。从理论上说，同样的考试题分别用于预测和后测，前后两次成绩的差距就反映了教学效果。

（3）学习者学习态度的分析

学习者对待所学内容的态度通常也会对教学效果产生重要的影响，当学生对学习持积极主动的态度时，将迸发出强烈的求知欲、高涨的学习兴趣，感知敏锐、观察细致、思维活跃、记忆效率高，可见学生的学习态度如何是能否达到教学目标的重要条件。因此，在教学设计中分析教学对象时，这是一个必须予以关注的重要因素。了解学习者的学习态度，一是可以召开座谈会，听取有关人员主要是教师对学习者有关情况的介绍，据此对学习者的态度做出分析和了解；二是可以运用问卷调查法，了解学习者对将要学习的有关内容、目标教材、组织、方法、传媒等的看法、喜好和选择；三是可以通过查阅有关文献资料或凭借所积累的教育教学经验对学习者的一般特点或可能具有的学习态度做出基本或大概的估计。

5.2.2　学习需求分析

教学设计是一个解决问题的过程，只有发现问题、认清问题的本质才能解决它，而对问题的鉴别与分析通常也称学习需求分析。学习需求分析是指通过系统化的调查研究过程发现教学中存在的问题，通过分析问题产生的原因，确定问题的性质，论证解决该问题的必要性和可行性，其核心是发现问题，而不是寻求解决问题的方法。

通过分析学习需求，使教学系统的目标能适合更大的教育系统的环境——社会系统的要求，也就是明确社会系统对我们要培养的人才有什么要求，我们的教学活动还存在什么差距。这是我们进行教学设计的逻辑起点：在客观地分析和论证某种学习需求的基础上，确定进行教学设计的教学系统的目标。同时，还要充分考虑对某一教学系统进行教学设计的可能性，即可以利用的人力资源（教师、学生等）、非人类资源（教学设施、教学媒体、教学材料、教学经费等）和各种相关的约束条件等。综合社会需求与可能性，把理想的学习需求与受限制条件结合起来，形成最优的教学目标，使我们的教学设计建立在切实可行的基础上。学习需求分析主要解决的问题是：为什么要开展某一教学（有关教师“为何教”、学习者“为何学”的问题）；教学系统的目标是什么；建立教学系统需具备什么条件等。

5.2.3　教学目标的分析与设计

教学是促使学习者朝着目标所规定的方向产生变化的过程，因此在教学系统设计中，教学目标是否明确、具体、规范，直接影响到教学是否能沿着预定的、正确的方向进行。在学习需求分析阶段所确定的目标是教学的总目标，它是统贯教学活动全局的一种指导思想，是对教学活动的一种原则性规定。要使总的目标落实到整个教学活动体系的各个部分中去，必须对实际的教学活动水平做出具体的规定，即分析与编写具体的教学目标。

教学目标（或学习目标）是对学习者通过教学后应该表现出来的可见行为的具体的、明确的表述。教学目标也称为行为目标，运用这个术语是为了强调教育结果的可观察性和可测量性。教学目标是教学设计活动的出发点和最终归宿；教学目标描述具体的行为表现，能为教学评价提供科学依据；教学目标可以激发学习者的学习动机；教学目标可以帮助教师评鉴和修正教学的过程。

由于在分析和确定教学目标时，为了避免目标的模糊与抽象性，一般强调用行为术语来表述学习结果或描述学习者的变化，但这样做往往会使教学目标变得琐碎，难以把握。而对教学目标进行分类，不仅可使琐碎的目标变得有序，还可防止目标分析中的疏漏与偏颇。因此，要在教学实践中科学地确定和实施教学目标，除了了解教学目标的内涵与功能外，还应了解教学目标分类理论。下面首先介绍当今世界上影响力较大的两个目标分类理论——布卢姆的教学目标分类理论和加涅的学习结果分类理论，然后对我国的教学目标分类的研究做一简介。

1. 布卢姆的教学目标分类理论

美国著名的教育心理学家布卢姆立足于教育目标的完整性，把教育目标分为认知、情感和动作技能三个目标领域，并按照由低到高、由简到繁的顺序把每个目标领域再细分为多个层次和水平，具体可见表 5-2。

表 5-2　布卢姆的教育目标分类

目标领域	层次（由低到高）
认知	① 知道指对先前所学内容的回忆，包括对具体事实、方法、过程、理论等的回忆 ② 领会指能把握所学内容的意义，具体表现为能用自己的话表述、能加以说明、能进行简单的推断 ③ 应用指能将所学内容运用于新的具体情境，包括概念、方法、理论的应用 ④ 分析指能分析所学内容的结构 ⑤ 综合指能创建新的知识结构，如拟订一项操作计划或概括出一组关系等 ⑥ 评价指能依据内、外在标准对所学内容进行价值判断，这是最高水平的认知学习结果
情感	① 接受指注意某种现象 ② 反应指主动参与 ③ 价值化指接受某种价值标准、偏爱某种价值标准和愿意为某种价值标准作贡献 ④ 组织指能对不同的价值标准进行比较，建立内在一致的价值体系 ⑤ 价值或价值体系的性格化指能运用价值体系长时期地控制自己的行为
动作技能	① 知觉指运用感官获得以后可用于指导动作的相关信息 ② 定向指从生理、心理和情绪等方面做好活动的准备 ③ 有指导的反应指对某一动作技能的模仿和尝试 ④ 机械动作指能以某种熟练和自信水平完成动作 ⑤ 复杂的外显反应指能熟练操作复杂的动作 ⑥ 适应指技能的高度发展水平，即学生能根据具体情境修正自己的动作 ⑦ 创新指根据具体情境的需要创造出新的动作，这里强调以高度发展的技能为基础的创造能力

2. 加涅的学习结果分类理论

加涅按学习的结果，又把学习分为 5 类。

（1）言语信息的学习。言语信息的学习帮助学生解决“是什么”的问题，即学生掌握的是以言语信息传递（通过言语交往或印刷物的形式）的内容或者学生的学习结果是以言语信息表达出来的，使信息的学习和意义的学习结合在一起，构成系统的知识。言语信息的学习是进一步学习的必要条件，有组织有联系的言语信息可以为思维提供工具。

（2）智慧技能的学习。智慧技能的学习要解决“怎么做”的问题，以处理外界的符号和信息，又称过程知识。在各种水平的学习中都包含着不同的智慧技能，加涅认为每一级智慧技能的学习要以低一级智慧技能的获得为前提，最复杂的智慧技能则是把许多简单的技能组合起来而形成的。他把智慧技能按不同的学习水平及其所包含的心理运算的不同复杂程度依次分为：辨别—概念—规则—高级规则（解决问题）等智慧技能。

（3）认知策略的学习。认知策略是学习者用以支配自己的注意、学习、记忆和思维的有内在组织的才能，这种才能使得学习过程的执行控制成为可能。认知策略与智慧技能的不同在于智慧技能定向于学习者的外部环境，而认知策略则支配着学习者在对付环境时其自身的行为，即“内在的”东西。认知策略就是学习者自身能管理自己思维过程的内在的有组织的策略。

（4）态度的学习。态度是通过学习获得的内部状态，这种状态影响着个人对某种事物、人物及事件所采取的行动。学校的教育目标应该包括态度的培养，态度可以从各种学科的学习中得到，但更多的是从校内外活动中和家庭中得到。加涅提出有三类态度：第一类是儿童对家庭和其他社会关系的认识；第二类是对某种活动所伴随的积极的喜爱的情感，如音乐、阅读、体育锻炼等；第三类是有关个人品德的某些方面，如爱国家、关切社会需要和社会目标、尽公民义务的愿望等。

（5）运动技能的学习。运动技能又称为动作技能，如跳远技能、写字技能、画画技能、操作设备技能等，是能力的组成部分。

3. 国内对教学目标的研究

国内的教育工作者为了使教学目标的编写更加科学化，更加符合我国教育国情，他们根据布卢姆等人的教育目标分类的理论，对各个领域中的亚领域进行了调整，并对各个部分所达到的结果做出了具体的规定，可供我们参考。详细内容见表 5-3。

表 5-3　　教学目标分类

领　域	学习水平	具体行为
认　知	记忆	记住学过的材料
	理解	① 将学习材料从一种形式转换成另一种形式 ② 理解学习材料 ③ 对学习材料作简单判断
	简单应用	将学习过的材料用于新的具体情境中去解决一些简单问题
	综合应用	① 对综合问题中各组成部分的辨认 ② 对各组成部分之间关系的分析 ③ 识别组合这些部分的原理、法则并能综合运用以解决实际问题
	创新	① 突破常规的思维方式，提出独到的见解或解题方法 ② 按自己的观点对学习过程的材料进行整理分类 ③ 自己设计方案，解答一些实际问题

续表

领　　域	学习水平	具体行为
动作技能	模仿	① 对演示、动作的模仿，对工具和装置的使用 ② 把描述语言转化为实际动作
	对模仿动作的理解	① 解释装置结构原理 ② 动作作用解释 ③ 动作结果的解释和概括
	动作组合协调	① 动作分解和组合协调的实现 ② 动作组合计划设计 ③ 实验结果的解释和概括，并写出实验报告
	动作评价	① 对动作作用的估计 ② 对组合动作或某种装置进行设计和计划 ③ 结果的解释、推论及评价
	新动作的创造	① 新情景下对动作的设计和实现 ② 新情景下对结果的解释和整理
情　　感	接受	① 在适当的环境中注意对象的存在 ② 给予机会时有意地注意对象 ③ 集中注意教师的讲解或演示
	思考	① 能遵照教师指示，考虑有关问题 ② 能对感兴趣的问题主动进行思考，且与过去的经验发生联系 ③ 能有意愿地、兴致勃勃地将问题深入钻研下去
	兴趣	① 有深入研究的意愿 ② 愉快地和对象打交道 ③ 不愿意立即停止自己的思考和动作
	热爱	① 关心对象的存在和价值 ② 价值经过内化成为自己的坚定信念 ③ 认识到对象的美，成为自己的理想信念
	品格形成	依据自己的价值观所形成的信念，内化为自己的品格，并用于指导自己的言论与行动
	记忆	记住学过的材料

5.2.4　教学内容的选择与组织

教学内容是指为了实现教学目标，要求学习者系统学习的知识、技能和行为规范的总和。教学内容的分析应该以教学目标为基础，旨在确定教学内容的范围、深度和各部分内容之间的联系。教学内容的范围是指学习者必须达到的知识和能力的广度。教学内容的深度规定了学习者必须达到的知识的深浅程度和能力的质量水平。明确了各部分内容之间的联系，可以确定教学内容展开的先后顺序。因此，教学内容的分析就是要确定“教什么”。

1. 教学内容的编排

教学内容编排是根据教学目标对内容进行合理的组织安排，使其有一定的系统性和层次性，从而有助于学生对知识由浅入深的理解。编排教学内容时应遵循的原则如下。

（1）对于以掌握概念为主的教学内容，应该把基本的原理和概念放在中心地位，确保内容由整体到部分，由一般到个别不断分化。

（2）对于以技能学习为主的教学内容，应采取由浅入深、由易到难、由具体到抽象、从已知推未知、由简单到复杂的顺序排成一个有层次的系统，使前一部分的学习为后一部分的学习提供基础。

（3）按事物发展的规律排列。如果教学内容是线性的、进化的或按年代发展的，其编排顺序应该与客观事物本身的发展顺序相一致，可以使学习者对自然和社会现象的变化发展过程有全面而清晰的认识。

（4）注意教学内容之间的横向联系。在安排教学内容的顺序时，不仅要注意概念纵向发展之间的联系，还要注意从横向来加强概念、单元之间的联系和衔接，以促进学习者举一反三、融会贯通。若忽视了教学内容之间的横向联系，学习者就难以辨别相似概念之间的差异，对新的概念含糊不清，容易很快遗忘，也不利于学习的迁移。

2. 教学内容的分析

初步编排教学内容以后，还要对其进行进一步的评价和分析。这不仅可以避免在次要的内容上花费时间和精力，更重要的是确保教学内容与教学目标及后续的教学评价保持一致，以保证教学的效果和效率。可以从以下几个方面进行评价和进一步选择组织内容。

（1）所选的教学内容是否为实现课程目标所必需，哪些与目标无关，应该删除？还应该增加哪些？

（2）各单元的顺序排列与本学科逻辑结构的关系如何？是否符合学生的心理发展？

（3）各单元的顺序排列是否符合教学的实际情况？是否需要调整顺序？

（4）学生已经掌握了哪些内容？教学应从哪里开始？

对教学内容的评价不应该只由教师一个人完成，应该组织学科专家、其他相关教师、学生代表等一起参与，这样才能保证教学内容评价的客观性和权威性。

教学内容分析方法常常采用归类分析法、图解分析法、层级分析法等，以下将进行简单介绍。

① 归类分析法。这种方法可以鉴别为实现教学目标所需要学习的所有知识点，一般可用来对类别明晰的教学内容进行分析，如计算机系统分为软件系统和硬件系统，其中软件系统又分为操作系统和应用软件，硬件系统包括输入设备、输出设备、存储设备等。

② 图解分析法。这是一种用直观形式揭示教学内容要素及其相互关系的内容分析法，其结果是一套简明扼要、提纲挈领的从内容和逻辑上高度概括教学内容的图表或符号。这种分析方法的适用范围最广，优点是可以使学习者一目了然地看到教学内容的结构、顺序以及各部分的联系。

③ 层级分析法。层级分析法是用来解释教学目标所要求掌握的从属技能的一种内容分析法。它是一个逆向分析的过程，即从已确定的教学目标开始考虑，要求学习者获得教学目标规定的能力有哪些，必须具有哪些次一级的从属能力，而这些次一级的从属能力又需要具备哪些再次一级的从属能力，依次类推。因此，层级分析中各层级的知识点具有不同的难度等级，越底层的知识点难度等级越低，这是与归类分析法的不同之处。

5.2.5　教学媒体的选择与运用

教育活动是一种复杂的人类社会活动，因此，用于实施教育活动的教学媒体对其教学特性的要求也是多方面的。为了达到预期的教学目标，高效地完成既定的学习任务，在丰富多彩、功能各异的教学媒体中选择哪一种或哪几种媒体的组合才最为合适、最为有效呢？下面是选择教学媒体所要考虑的几个基本依据。

1. 依据教学目标

每门课程、每个单元、每节课都有一定的教学目标，为了达到不同的教学目标常常需要使用不同的媒体去传递教学信息。如要使学生知道某个概念，或理解某种原理，或掌握某项技能等，可选择图表、实物或三维动画等。为了激发兴趣、升华情感可选取音频和视频媒体。

2. 依据教学内容

不同学科的教学内容、性质不同，对教学媒体会提出不同的要求。如在语文、思品、历史等学科的教学中，可以借助于录像等视听媒体向学习者提供一定的情境，如图片、风光片、故事片等。这可以使学习者有亲临其境的感觉，以加深他们对课文的理解和体会。在数学、科学、物理、化学等学科教学中，可提供实物模型、图表、动画等媒体。

3. 依据教学对象

不同年龄阶段的学习者对事物的接受能力不一样，选用教学媒体时必须考虑他们的年龄、心理特征及知识背景。另外，在两种效果接近的媒体中进行选择时，也可适当考虑学生的习惯和爱好。例如，为小学生可多选择动画、投影、视频媒体，为中学生选择媒体可增加一些分析、综合、抽象、概括等理性认识的分量，重点应放在揭示事物的规律上。

4. 依据媒体特征

各种教学媒体具有不同的适用性。在实际应用中，只有最适用媒体，而没有最优媒体。只有充分了解各种媒体的优点和局限性，才能在使用中扬长避短，对它们进行综合应用。例如，能用实物观察的，就无须用图片和视频；能动手实验操作的，就无须用模拟教学。

5. 依据教学条件

教学中能否选用某种媒体，还要看当时当地的具体条件，其中包括资源状况、经济能力、师生技能、使用环境、管理水平等因素。因此，理论上的最适用媒体，不等于实际上的最适用媒体。

教学媒体的选择依据以下几个原则。

（1）基本原则。根据教学媒体对于促进完成教学目的或教学目标所具有的特性和教学功能，来选择和利用媒体。

（2）依据教学内容。不同学科的教学内容和性质不同，对教学媒体会提出不同的要求。如在语文、思品、历史等学科的教学中，可以借助于录像等视听媒体向学习者提供一定的情境，如图片、风光片、故事片等。这可以使学习者有亲临其境的感觉，以加深他们对课文的理解和体会。

（3）考虑教学设计过程中其他要素的影响。选择教学媒体一定要满足教学目标、教学内容、教学对象以及教学策略的要求。教学媒体是教学策略中的一个因素，所以选择媒体时不但要服从制定教学策略的依据，而且还要注意到教学媒体与其他因素之间相互联系、相互制约的关系。借助不同的教学媒体，可以完成不同的教学目标。不同的学科内容或同一学科中不同章节的内容，对教学媒体也有不同的要求。此外，对教学内容的重点或难点，教师往往希望借助教学媒体激发学生的学习兴趣，调动他们的积极性，帮助他们理解、记忆和掌握这些重点或难点，起到事半功倍的效果。学生特征也是影响媒体选择的一个因素。例如，中学生的抽象概括能力要比小学生强，感知的经验也比较丰富，持续集中注意力的时间相对较长，所以在为他们选择媒体时要注意，媒体传递的内容中所包含的分析、综合、抽象、概括和理性认识的分量可相应增加，重点应放在揭示事物的内在规律上。

（4）使用的环境与实际效果。教学媒体只有在具体的教学环境中使用才能发挥出它的作用，而其中的环境因素对于媒体的选择和使用往往有限制作用。师生对媒体的熟悉程度、教育经费、教学软件的质量及数量、对环境的要求以及管理水平等，都会对媒体的选择和使用产生影响。

总之，教学媒体以其特有的优势，能创设情境、激发兴趣，反映事实、显示过程，示范演示、验证原理，直观呈现、突破难点，节省时间、提高效率。但是，在教学过程中，我们一定要因地制宜、科学选择、合理运用，不能一味地用媒体来代替学生的实践、代替学生的思维、代替学生的情感体验，更不能用媒体代替教师的指导、代替教师的人格魅力对学生潜移默化的影响。

5.2.6　教学方法的选择与运用

教学方法是指在教学活动中，教师指导学生学习以达到教学目的而采取的教与学相互作用的活动方式的总称。常用的教学方法有下面几种。

1. 讲授法

讲授法是教师通过口头语言向学生传授知识的方法。讲授法包括讲述法、讲解法、讲读法和讲演法。教师运用各种教学方法进行教学时，大多都伴以讲授法。这是当前我国最经常使用的一种教学方法。

2. 谈论法

谈论法也叫问答法。它是教师按一定的教学要求向学生提出问题，要求学生回答，以此来引导学生获取或巩固知识的方法。谈论法特别有助于激发学生的思维，调动学习的积极性，培养他们独立思考和语言表述的能力。初中和小学低年级常用谈论法。

谈论法可分为复习谈话和启发谈话两种。复习谈话是指根据学生已学教材向学生提出一系列问题，通过师生问答形式以帮助学生复习、深化、系统化已学的知识。启发谈话则是指通过向学生提出思考过的问题，一步一步引导他们去深入思考和探索新知识。

3. 演示法

演示教学是教师在教学时，把实物或直观教具展示给学生看，或者作示范性的实验，通过实际观察获得感性知识以说明和印证所传授知识的方法。

演示教学能使学生获得生动而直观的感性知识，加深对学习对象的印象，把书本上的理论知识和实际事物联系起来，形成正确而深刻的概念；能提供一些形象的感性材料，引起学生的兴趣，集中学生的注意力，有助于对所学知识的深入理解、记忆和巩固；能使学生通过观察和思考，进行思维活动，发展观察力、想象力和思维能力。

4. 练习法

练习法是学生在教师的指导下，依靠自觉的控制和校正，反复地完成一定动作或活动方式，借以形成技能、技巧或行为习惯的教学方法。从生理机制上说，通过练习使学生在神经系统中形成一定的动力定型，以便顺利地、成功地完成某种活动。练习在各科教学中得到广泛的应用，尤其是工具性学科（如语文、外语、数学等）和技能性学科（如体育、音乐、美术等）。练习法对于巩固知识，引导学生把知识应用于实际，发展学生的能力以及形成学生的道德品质等方面都具有重要的作用。

5. 发现法

发现法作为一种严格意义的教学法是美国认知主义心理学家杰罗姆 · S .布鲁纳（Jerome S. Bruner）在《教育过程》一书中提出的。这种方法要求学生在教师的认真指导下，能像科学家发现真理那样，通过自己的探索和学习，“发现”事物变化的因果关系及其内在联系，形成概念，获得原理。在这个认知学习的过程中，学生能够同时体验到“发现”知识的兴奋感和完成任务的自信心。这种兴奋感和自信心可激发学生学习的内在动机。布鲁纳说：“发现包括着用自己的头脑亲自获得知识的一切形式。”发现法能较正确、较充分地体现出教和学这对矛盾在发展中的关系。学生是学习的主体，教师起主导作用。这种方法有利于培养学生的发明创造能力。

6. 课堂讨论法

课堂讨论法是在教师的指导下，针对教材中的基础理论或主要疑难问题，在学生独立思考之后，共同进行讨论、辩论的教学组织形式及教学方法，可以全班进行，也可分大组进行。

7. 实验法

实验法是学生在教师的指导下，使用一定的设备和材料，通过控制条件的操作过程，引起实验对象的某些变化，从观察这些现象的变化中获取新知识或验证知识的教学方法。在物理、化学、生物、地理和自然常识等学科的教学中，实验是一种重要的方法。现代科学技术和实验手段的飞跃发展，使实验法发挥了越来越大的作用。通过实验法，可以使学生把一定的直接知识同书本知识联系起来，以获得比较完全的知识，又能够培养他们的独立探索能力、实验操作能力和科学研究兴趣。它是提高自然科学有关学科教学质量不可缺少的条件。

8. 暗示教学法

暗示教学法是保加利亚教学心理学家乔治·洛扎诺夫提出的，又称启发式教学法或启示法。它是指教师通过各种暗示手段，将学生的逻辑思维与情感倾向结合起来，充分调动学生的无意识心理活动，提高其学习兴趣和自信心，使其在生动活泼、轻松愉快的环境中进行学习，形成最佳的学习状态。暗示教学法坚持的原则有愉快而不紧张的原则、有意识与无意识统一的原则。

9. 实习法

实习法就是教师根据教学大纲的要求，在校内外组织学生实际的学习操作活动，将书本知识应用于实际的一种教学方法。这种方法能很好地体现理论与实际相结合的精神，对培养学生分析问题和解决问题能力，特别是实际操作本领具有重要意义。实习法在自然科学各门学科和职业教育中占有重要的地位。这种方法和实验方法比较起来，虽有很多类似的地方，但它在让学生获得直接知识，验证和巩固所学的书本知识，培养学生从事实际工作的技能和技巧以及能力等方面，却有其特殊的作用。

在实际教学中，教师应该根据自己的特点、特定教学方法的适用范围、学生特点、教学条件约束等进行选择和组合，充分发挥每种教学方法的优势。

5.2.7　教学策略的选择与运用

教学策略是指在不同的教学条件下，为达到不同的教学结果所采用的手段和谋略，它具体体现在教与学的交互活动中。教学方法是师生互动的方式和措施，最为具体、最具有操作性，在某种程度上可以看作教学策略的具体化。但教学方法是在教学原则的指导下，在总结教学实践经验的基础上形成的，因此相对教学策略来说具有一定的独立性，其形成和运用不可避免地受到教学策略的影响，但并不完全受到教学策略的制约。而教学策略不仅表现为教学的程序，还包含对教学过程的元认知。对教学过程的自我监控和自我调整，在外延上要大于教学方法。下面介绍几种比较有代表性的、对我国教育教学有较大影响的教学策略。

1. 先行组织者教学策略

先行组织者教学策略是奥苏贝尔的有意义学习理论的一个重要组成部分。提供先行组织者的目的，就在于用先前学过的材料去解释、整合和联系当前学习任务中的材料（并帮助学习者区分新材料和以前学过的材料）。奥苏贝尔还认为每一门学科都有一个按层次排列的概念结构，高层是一些抽象概念，较低层是一些较具体的观念。对于学生来说，这些概念不仅可以用来分析具体领域，还可成为解决这些领域诸多问题的“智力地图”。人的大脑也具有与上述学科的概念结构相类似的信息储存系统，也是一个按照层次组织的概念体系（即通常所说的认知结构），它为信息和概念的学习提供了“固着点”，并成为这些信息和概念的储存库。所以，教材的组织形式（教材结构）与人们在头脑中组织知识的形式（认知结构）应该是一致的。

先行组织者教学策略的教学过程主要由 3 个阶段组成，具体内容如表 5-4 所示。

表 5-4　先行组织者教学策略

教学过程		教学活动
阶段 1	呈现先行组织者	阐明本课的目的 呈现作为先行组织者的概念：确认正在阐明的属性；给出例子；提供上下文 使学习者意识到相关知识和经验
阶段 2	呈现学习任务和材料	使知识的结构显而易见 使学习材料的逻辑顺序外显化 保持注意 呈示材料 演讲、讨论、放电影、做实验和阅读有关的材料
阶段 3	扩充与完善认知结构	使用整合协调的原则 促进积极的接受学习 提示新、旧概念（或新、旧知识）之间的关联

运用先行组织者教学策略需要的教学条件。

（1）教师起呈现者、教授者和解释者的作用。

（2）教学的主要目的是帮助学生掌握教材，教师直接向学生提供学习的概念和原理。

（3）教师需要深刻理解奥苏贝尔的有意义学习理论和先行组织者策略。

（4）学生的主要任务是掌握观念和信息。

（5）个人的原有认知结构是决定新学习材料是否有意义，是否能够很好地获得并保持的最重要因素。

（6）学习材料必须加以组织以便于同化。

（7）要预先准备先行组织者。

2. 九段教学策略

九段教学策略（或称“九段教学法”）是美国著名教育心理学家罗伯特·M. 加涅将认知学习理论应用于教学过程而提出的一种教学策略。加涅认为，教学活动是一种旨在影响学习者内部心理过程的外部刺激，因此，教学程序应当与学习活动中学习者的内部心理过程相吻合。根据这种观点，他把学习活动中学习者内部的心理活动分解为 9 个阶段，相应地教学程序也应包含以下 9 个步骤。

（1）引起注意

利用有意注意和无意注意的特点，采用不同的方法唤起和控制学习者注意。引起注意的方式有很多：①改变呈现的刺激，如声调、音量、多媒体刺激等；②引起学习者的兴趣，如提出他们感兴趣的问题、讲一段故事或笑话；③用体态语（手势、表情引起注意，如教师一个“嘘”的动作、挥手动作、惊奇的表情等；④指令性语言，如请仔细听、请注意等。

（2）阐述教学目标

教师让学习者具体了解学习的目标是什么，包括他们将学会哪些知识、会做什么等，使学习者形成对学习的期望，监控和调整自己的学习活动。呈现目标的时候要注意用学习者熟悉的语言。

（3）刺激回忆

在学习新知识之前，指出学习新技能所需具备的先决知识和技能，以刺激学习者回忆学过的有关知识和技能，使学习者了解已有知识和技能与新知识之间的联系，有利于学习者建立新知识与旧知识之间的实质性联系，为实现有意义接受学习做好准备。

（4）呈现刺激材料

教师通过呈现具有鲜明特征的新知识材料，向学生传递与教学内容有关的教学信息，促使他们有选择地感知所学的内容。

（5）提供学习指导

教师根据学生对新知识的掌握和领会程度，指导学生对教学内容加以编码，帮助他们同化新知识，以促使学生理解、记忆知识，并形成技能。

（6）诱发学习行为（反应）

教师通过让学生积极参与教学活动，并对所呈现的信息以各种方式做出真实的反应。这样既可以促使学生更好地理解和保持所学的新知识，也便于教师判断学习者的学习效果。

（7）提供反馈

在学习者做出各种学习行为和反应后，教师要及时让学习者知道学习结果。一方面使学生明确自己的理解与行为是否正确，以便及时调整自己的学习；另一方面，学生从教师的肯定性反馈中受到鼓励，既可以起强化作用，也可以帮助学生建立学习的信心，提高学习的参与度与积极性。

（8）评价表现

教师通过各种形式的练习与测试，促使学生进一步回忆和整合所学的知识，并对学生的学习表现做出价值判断，这也是教师检查教学效果的途径。

（9）促进记忆与迁移

教师采用间隔复习的方式，增强学生对已习得知识的保持，并采用提示的策略，帮助学生把这些新知识贯穿到后续的学习内容中去（纵向迁移），或把新知识运用于相似而不相同的其他情景中（横向迁移），以促使学生进一步牢固地掌握所学的知识，培养其运用所学知识与技能解决新问题的迁移能力。

上述9个步骤及其学习者的内部心理活动如图5-4所示。

以认知学习理论作基础，“九段教学策略”不仅能发挥教师的主导作用，也能激发学生的学习兴趣，在一定程度上调动学生的学习主动性和积极性，建立起学与教之间的联系，再加上其实施步骤具体明确，可操作性强，因此其影响和应用都比较广泛。

3. 情境——陶冶教学策略

情境——陶冶教学策略有时也称暗示教学策略，由保加利亚心理学家洛扎诺夫首创，主要通过创设某种与现实生活类似的情境，让学生在思想高度集中但精神完全放松的情境下进行学习。通过学生与他人的充分交流和合作，能提高学生的合作精神和自主能力，以达到陶冶修养和培养人格的目的。因此，这是一种主要用于实现情感领域教学目标的教学策略，当然在认知教学的某些领域也有广泛运用，如外语教学。该教学策略主要由以下几个步骤组成。

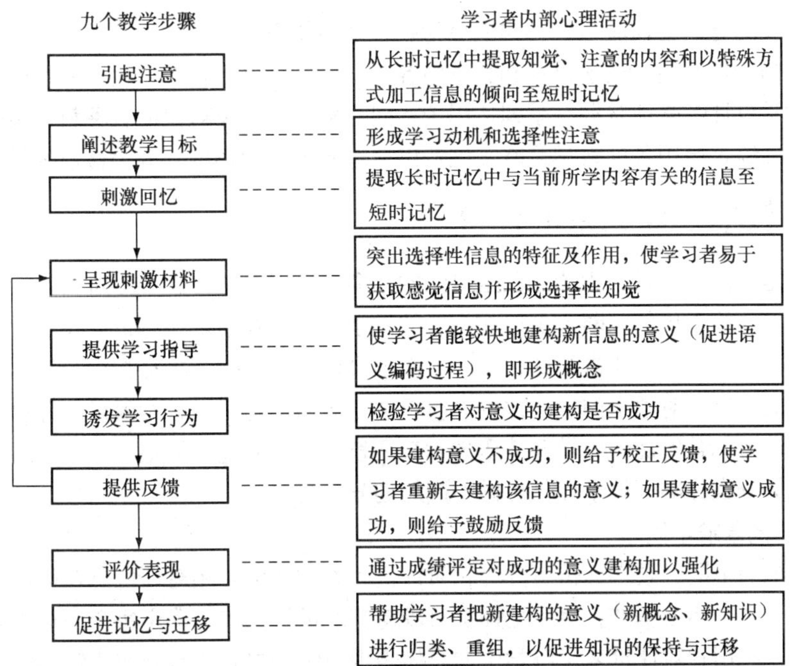

图 5-4　加涅的九段教学策略

（1）创设情境

教师通过语言描绘、实物演示和音乐渲染等方式或利用教学环境中的有利因素为学生创设一个生动形象的场景，激起学生的情绪。

（2）自主活动

教师安排学生加入各种游戏、唱歌、听音乐、表演、操作等活动中，使学生在特定的气氛中积极主动地从事各种智力活动，在潜移默化中进行学习。

（3）总结转化

教师的启发总结使学生领悟所学内容的情感基调，达到情感与理智的统一，并使这些认识和经验转化为指导其思想和行为的准则。

4. 示范——模仿教学策略

示范——模仿教学策略也是教学中常用的一种策略，它主要用于动作技能类的教学内容，包括一些操作技能的学习，该策略主要由以下步骤组成。

（1）动作定向

教师向学生阐明需掌握的行为技能及技能的操作原理，同时向学生演示具体动作，使学生明确要学会的行为技能的要求。

（2）参与性练习

教师指导学生模仿练习一个个分解的动作，并及时提供反馈信息，消除不正确的动作，强化正确的动作，使学生对所学的动作逐渐精确和熟练。

（3）自主练习

在这一阶段中，学生已基本掌握了动作要领，可以将单个的技能结合成整体技能，通过反复练习，使技能更加熟练。

（4）技能的迁移

学生动作技能基本达到自动化的程度，可以不需要思考便能完成行为技能的操作步骤，并且可以把获得的技能与其他技能组合，构成更为综合性的能力。

由于学生的需求不同、教学目标和教学内容也不同，所以不存在适用于一切教学活动的最优教学策略。教学设计者必须掌握一系列适用于不同目标、内容及对象的各种教学策略，才能在教学设计中选取并综合运用各种教学策略，创造出最有效的教学环境，取得最佳的教学效果。

5.2.8 教学设计成果的评价

教学评价是指以教学目标为依据制定科学的标准，运用一切技术手段对教学活动的过程及其结果进行测定，并给予价值判断。虽然在一般的教学设计模式中都将评价放在最后环节，但这并不意味着评价是在教学之后才进行的，实际上教学设计的评价应该贯穿在整个教学设计过程中，如对教学目标的评价、对教学内容的评价、对教学方法的评价、对教学效果的评价等。评价是教学过程的内部动力，是保证各教学环节质量和最终教学效果的重要措施。

依据不同的分类标准，教学评价可做不同的划分。

1. 按评价的基准不同

按评价基准的不同，教学评价可分为相对评价和绝对评价。相对评价是在被评对象的集合中选取一个或若干个个体为基准，然后把评价对象与基准进行比较，确定每个评价对象在集合中所处的相对位置。利用相对评价来了解学生的总体表现与学生之间的差异或比较不同学生成绩的优劣是很有用的，其缺点是基准会随着群体的不同而发生变化，因而易使评价标准偏离教学目标，不能充分反映教学上的优缺点。绝对评价是在被评对象的集合之外确定一个标准，这个标准被称为客观标准，把评价对象与客观标准进行比较，从而判断其优劣。这个客观标准一般是教学大纲和教学目标。

2. 按评价的功能不同

按评价的功能不同，教学评价可分为诊断性评价、形成性评价和总结性评价。诊断性评价也称为教学前评价或前置评价，一般在教学之前或教学初期进行，相当于对学生知识和技能、智力和情感、学习风格等状况的“摸底”测验，如学习者分析中对学习准备的测评就属于诊断性评价。形成性评价是在某项教学活动过程中，为保证教学活动效果更好而不断进行的评价，便于及时得到反馈，调整和改进下一阶段的教学，如一个章节后的作业、小测验等。形成性评价又称为过程性评价，重视过程性评价有助于不断收集有力的数据和资料以完善教学方案和教学过程，对教学质量的不断提高比总结性评价更有实际意义。总结性评价又称事后评价，一般是在教学活动告一段落时对教学效果的最终评价，如学期末或学年末各门学科的考核、考试，目的是检验学生是否达到了各科教学目标的要求。总结性评价注重的是教学结果，借以对被评价者所取得的较大成果做全面鉴定、等级区分，对教学设计的有效性做出评定。这3类评价有着各自的特点，对比情况如表5-5所示。

在实际教学中，应该既注重教学后的总结性评价，也不忽视教学前的诊断性评价和教学过程中的形成性评价，将3种评价有机结合才能达到教学效果的最优化。

表5-5 诊断性评价、形成性评价和总结性评价的比较

比较项目 \ 评价类型	诊断性评价	形成性评价	总结性评价
实施时间	教学之前	教学过程中	教学之后
评价目的	摸清学生底细，以便安排学习	了解学习过程，及时调整教学方案	检验学习结果，评定学习成绩

续表

比较项目 \ 评价类型	诊断性评价	形成性评价	总结性评价
评价方法	观察、调查、作业分析、前测	经常性测验、作业分析、日常观察	考试或考察
作用	查明学习准备情况和不利因素	确定学习效果，改进教学	评定学业成绩

5.2.9　以教为主的教学设计案例分析

通过上面的分析，我们已经对以教为主的教学设计模式的主要过程，即“教谁—为什么教—教什么—怎么教—教得如何”有了比较详细的了解，对于各个环节中的案例也比较熟悉，但是我们可能觉得自己的头脑中还没有建构起以教为主的教学设计的完整过程，可能迫切希望能通过一个完整的案例将所有的环节有机地串起来，那么就请仔细研究一下下面的综合案例，在阅读时，一定要把这个教学过程看成一个整体，特别关注案例的“教学过程”。它将教学的各个环节、教师和学生的活动以及设计者的意图表达得很清晰，有助于我们理解整个教学设计过程。

案例一　《林教头风雪山神庙》教学设计案例

1. 教谁——教学对象分析

本课程的教学对象是高二的学生。

（1）起始能力分析

① 学生通过前几册中小说的学习，已经初步了解小说的基本要素和小说的主要特点。

② 对《水浒传》有一定理解，了解故事发生的前因。不了解封建社会的黑暗，为何经常说官逼民反？

（2）学习者特征分析

具备理性思考的能力，可以理解文章的意境，有一定的分析能力。

2. 为什么教——教学目标

根据对学生起点水平的分析，制定了认知—情感—能力三层教学目标。

（1）认知目标

① 了解环境描写的特点和细节描写的作用。赏析课文中“风雪”的描写。

② 了解关键伏笔、细节安排，领会其对推动情节、渲染气氛、刻画形象的重要作用。

③ 理解林冲由逆来顺受到奋起抗争的思想性格转变过程，认识封建社会“官逼民反”的必然性。

（2）情感目标

① 鉴赏作者如何通过语言、行动以及心理描写来表现人物性格，体会文学作品的意境美。

② 理解本文的社会意义，学会用历史的眼光来看问题。

（3）能力目标

培养学生通过情节、环境、言行来分析人物性格特点的能力。

3. 教什么——教学内容分析

本课选入国标教材人教版必修第 5 册，节选自《水浒传》的第十回。作者运用多种艺术表现手法，着力描写了林冲从一个封建统治集团的依附者，被徽宗宠臣高俅陷害得家破人亡，终于投奔梁山，成为农民英雄的转化过程。课文重点放在人物性格的精细刻画、故事情节的生动描写以及“风雪”环境的描写上。

4. 如何教——教学方法与策略设计

本课采用的教学方法主要是提问法和讲授法。

以提问法贯穿始终，对重点问题加以启发。提出问题的方式包括：课前设问，让学生课前收集资料；课上提问，让学生当堂回答；课下思考，课下思考主要倾向于开放性问题，培养学生的独立思考和自我把握能力。

讲授法要求教师的语言具有流畅性，显示出江湖的快意恩仇，让学生领悟到当时封建社会官逼民反的现实。

5. 教学过程

导入：

课前播放《好汉歌》，然后提问。

老师：同学们最喜欢歌中的哪句歌词？

学生："路见不平一声吼，该出手时就出手"。

老师：很好，这是梁山好汉的作风，路见不平拔刀相助。梁山好汉个个都有一段传奇的故事。鲁智深拳打镇关西，杨志失生辰纲！那么今天我就和同学们一起来学习梁山好汉林冲的一段传奇故事，板书《林教头风雪山神庙》。

老师：首先，我们了解一下作品及作者的相关知识。

《水浒传》和《红楼梦》《三国演义》《西游记》并称为四大名著，代表了中国古典小说的最高成就。《水浒传》不是作者独立创作的作品，而是在民间故事、话本、杂剧等集体创作的基础上再创作而成的。它所写宋江起义的故事源于历史真实。在《宋史》中的《徽宗本纪》《侯蒙传》《张叔夜传》及其他一些史料中都曾提及。从南宋起，宋江的故事就在民间广泛流传。元代出现了大批的水浒戏。这说明水浒故事是在不断发展中丰富和完善的。

《水浒传》原名《忠义水浒传》，甚至就叫《忠义传》。在小说里有一批"大力大贤有忠有义之人"，他们未能"酷吏赃官都杀尽，忠心报答赵官家"，却被奸臣贪官逼上梁山，沦为"盗寇"。《水浒传》是我国文学史上第一部以农民起义为题材的优秀长篇小说，它艺术地概括了历史上农民起义发生、发展直至失败的过程。通过对农民起义者不同反抗道路的详尽描写，热情讴歌了他们的精神和优秀品质，描绘了农民革命的理想，深刻反映了广阔的社会生活。

这篇课文节选自《水浒传》第十回。而林冲无端遭受迫害、终于被逼上梁山、参加了农民起义队伍的故事是从第七回开始的。故事的大致经过如下：林冲本在东京当禁军教头。奸臣高俅的干儿子高衙内几次要霸占林冲的妻子，都遭到抗拒。高俅指使陆谦、富安等人设下毒计，企图置林冲于死地，于是林冲被陷害充军发配到沧州。由于鲁智深、柴进的保护和帮助，林冲一路上不仅免于被害，而且到沧州后还被派到天王堂当看守。《林教头风雪山神庙》是林冲由逆来顺受、委曲求全，走向反抗道路的重要章节，也是封建社会官逼民反的最典型的例子，可以帮助我们认识封建社会被压迫者走上反抗道路的必然性。

作者：施耐庵（1296—1370），原名耳，又名子安，字耐庵，祖籍兴化，生于平江（苏州），19 岁中秀才，29 岁中举人，35 岁中进士，曾在钱塘一带做过几年官，其余时间一直以教书为业，著名小说家罗贯中，即为他的门生。他在教书期间根据民间传说与话本戏曲，编著了一部著名的长篇小说——《水浒》。

讲课前给同学们 10 分钟的时间快速地阅读或浏览课文，给出几个问题让同学们思考，提起学生学习的兴趣和积极性。

① 按地点把课文分为几部分？林冲的心理是如何发展变化的？

② 在酒店里都曾发生过什么事情？事和事之间有什么联系？酒店起了什么作用？

③ 请同学找找这一部分描写林冲的地方，分析他的性格特点。

第一部分（引子，第 1 自然段）：林教头沧州遇旧知。

包括插叙和林、李对话。作用：交代主要人物、事情起因。点明林冲与高俅的尖锐矛盾，说明林、李的亲密关系，留下李小二感恩图报的伏笔。

① 按地点把课文分为几部分，同时注意体会林冲的心理变化。

（可以按地点分大致为三部分：酒店 1～6，草料场 7～10，山神庙 11～12。）

② 在酒店里都曾发生过什么事情？事和事之间有什么联系？酒店起了什么作用？

林冲在街上偶遇了曾经救济的李小二，由此走进了李小二的酒店，开始了在困境之中的常来常往，也算开始了感情的投资。来谋害林冲的陆虞侯和富安也恰是来到这个酒店来商议此事。恰好李小二与林冲是好朋友，特意留了心，让自己老婆偷听打探消息。可惜的是听得并不清楚，为下文打下了铺垫。陆走后林冲进来了，李传递消息。林冲辞别也是在酒店。正是机缘巧合，正应了那句古话“无巧不成书”。李小二的出现为传递消息做了铺垫，陆富的出现为放火做了铺垫，一步一步，徐徐铺展开来。林冲得了消息，发怒寻仇人，但是没几天也就懈怠了。等到分配他去看守草料场时，虽有疑惑但是也很乐意地去了。后来到李小二的店来告别，此处李小二的职责已尽，该谢场了，酒店的作用也到此为止。酒店为各路英雄开辟了一个战场，你来我往，同时也是信息交流的场所。在这里每个人物都露了面，出了场，开始为后文的发展打了个前锋。此处可以列为故事的前奏，事事铺垫好，紧锣密鼓敲起来，好戏还在后头呢！

③ 请同学找找这一部分描写林冲的地方，看看他的性格是怎么样子的。

（逆来顺受，委曲求全，对仇人认识不清，复仇心理并不强烈。）

第二部分（开端，2—5 自然段）：陆虞候密谋害林冲。

4 个自然段：陆虞候密谋策划，李小二疑虑警惕，林教头识破阴谋，怒林冲买刀寻敌。

矛盾的展开：林冲刺配沧州后，高俅派陆谦追踪而来，密谋策划，新的冲突酝酿。没有平铺直叙，设置悬念，没有交代来酒店的是什么人，而是通过李小二夫妻的观察，写出来人的鬼鬼祟祟（“二人一前一后闪将进来”），说话偷偷摸摸（“不叫”“你休来”“交头接耳”），手段卑鄙阴险（诱之以酒食，贿之以金钱，并“好歹要结果他性命”）。再写林冲根据李小二提供有关来人的身材、相貌、年龄等分析断定是陆谦，使故事情节引人入胜。林冲买刀寻敌，矛盾进一步激化。

第三部分（发展，6—9 自然段）：林教头接管草料场。

分为：接管草料场—交割—沽酒。

老师提问：布局已然铺就，下面就要继续发展了。在草料场又有什么事情发生，又是什么推动故事情节的深入发展呢？首先我们看，林冲是怎样发现山神庙的？

去买酒的路上。英雄喜喝酒，况且天寒地冻。于是我们的林大侠就去买酒！大家找出有酒的地方！他们去草料场的路上，标明了“又没买酒吃处”，与老军说“你若买酒吃时有市井”，遥相呼应，使小说叙事周密，同时又为林冲出门买酒发现山神庙而躲过祸事做了铺垫。转眼差错之间，就可能不被烧死，这个酒可算推动故事向下发展的动力之一。

但是只是出门打酒就一定可以躲过祸事吗？不一定！他那破草屋不塌他就还是危险的。那么我们看看草屋是怎么塌的？因为风雪。大家找出对风雪的描写，在去往草料场的路上已然“彤云密布卷下一天大雪来”，天气的确不好，林冲去买酒时候已然是“那雪下得紧”，大家注意这个“紧”它特别形象地刻画出了当时的雪势。鲁迅曾评说“比大雪纷飞多两个字，但那神韵却好得远了(《花边文学大雪纷飞》)”。等到林冲买好酒，出小店时“到晚越下得紧了”，可见，这雪是越下越大，大到足以压倒草屋，所以草屋倒塌也不会很突兀，林冲因此而躲出借住，躲过祸事也就顺理成章！此雪亦是推动故事前进的动力之一！同时请同学想想这里的雪还营造出什么气氛？（烘托环境，渲染紧张气氛，催得情节也紧张起来。）

老师提问：草料场起火，其中有林冲的过失吗？从哪里可以看出？

大家找找看，林冲是怎样处理火的！林冲出门时，特意“将火炭盖了”，当买酒归来看到倒塌的草厅，又特意查看“火盆内火种都被雪水浸灭了”，可见，失火并非林冲的过失！林冲纯粹是被陷害和冤枉的！体现他的被逼。那么此火也可算做推动故事情节发展的动力之一！

老师提问：在这一部分里面，我们看到林冲的什么性格呢？

（随遇而安，委曲求全）

第四部分（高潮和结局，10—12 自然段）：风雪夜山神庙复仇。

3 个自然段：破庙借宿—偶听真情—报仇雪恨。

思考：

布局已然铺就，下面就要继续发展了。在草料场又有什么事情发生？又是什么推动故事情节的深入发展呢？

林冲性格变化的转折点，与前文照应，特意安排“隔壁戏”，让陆谦等人通过对话把阴谋的主使者、原因、内容、执行经过，都不打自招作了全盘交代，是一份绝妙的“自供状”，也是促使林冲性格发生根本转变的关键。

本节以林冲的主要性格特征为线索，表现林冲由忍辱负重到奋起反抗的思想发展过程，有力地突出了“逼上梁山”这个主题。

6. 教得如何——教学评价

诊断性评价：课前的分组调查。

形成性评价：主要采用课堂提问的方式，不仅可以有效地帮助学生进行知识建构，同时也是对学生掌握相关知识和联想能力的一个检测。

7. 小结

在结构上处处设伏，前后照应，可谓天衣无缝，拿金圣叹的话说就是“草蛇灰线”，一以贯之！情节上层层起伏，水到渠成！而在人物形象上，林冲由安于现状到奋起反抗，完全是被一步步逼出来的，在那样的一种社会环境下，官府黑暗，陷害忠良，怎么会有林冲的好日子过呢？本来他有一个幸福的家，但是被百般的陷害和破坏，最后导致家破人亡。“是可忍，孰不可忍”，最后他终被逼得无家可归而走上梁山。

水浒的特色就在于对人物的描写上，刻画鲜明，性格各异！四大名著同为古典小说的典范，但其特点是不同的，希望在阅读的时候要有体会。

5.3 以学为主的教学设计

20 世纪 90 年代后，随着多媒体技术和网络技术的日益普及，特别是基于因特网的教育网络的广泛应用以及建构主义学习理论被人们所理解，以学为主的教学系统设计逐渐发展流行起来。以学为主的教学设计强调教学必须以学生为中心，充分调动学生学习的积极性和主动性，重视“任务”、“情境”、“协作”、“资源”等在教学中的重要作用，弥补了传统教学设计过分分离与简化教学内容、只注重知识传授而不注意学生各方面能力的锻炼和提高等局限，强调发挥学习者在学习过程中的主动性和建构性，十分有利于创造型人才的培养，满足信息社会对人才的各种要求，因此受到多方面的重视，人们对它的研究也越来越深入。

5.3.1　以学为主的教学设计原则

了解以学为主的教学设计原则有助于指导我们在进行教学设计时进行具体操作。

（1）以问题或任务为核心驱动学习，所有的学习活动都应该与大的任务或问题挂钩，鼓励学习者发掘问题作为学习活动的刺激物，使学习成为自愿的事情。

（2）强调“情境”对学习的重要性，设计真实的学习情境，此学习情境应具有与实际情境相近的复杂程度，但要避免降低学习者的认知要求。

（3）强调以“学生”为主体，让学习者拥有学习过程的主动权。教师不是主观武断地控制学习过程，而是积极引导、有效监控，并为他们提供思维上的挑战。

（4）为学习者提供有援的学习环境。设计和提供丰富的学习资源，当他们遇到问题或偏离方向时教师应给予有效的援助和支持。

（5）鼓励学习者体验多种情境和验证不同的观点，鼓励各种合作学习。个人理解的质量和深度决定于一定的社会环境，可互相交换想法，通过协商趋向一致。

（6）设计多种评价方式，强调过程中评价、自我评价、互动评价、小组评价等多种评价方式相结合，避免单一的注重结果评价。

5.3.2　以学为主的教学设计过程模式

基于建构主义理论，以“学”为中心的教学系统设计模式的简化流程如图 5-5 所示。它是以

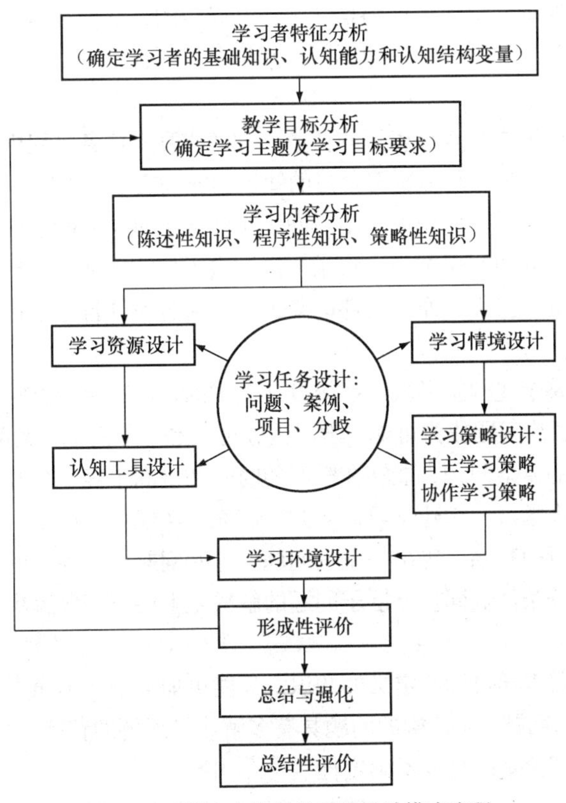

图 5-5　以学为主的教学系统设计模式流程

问题案例、项目或分歧为核心，建立学习“定向点”，然后围绕这个“定向点”，通过设计“学习情境”、“学习资源”、“学习策略”、“认知工具”和“管理和帮助”而展开。问题、案例、项目、分歧的提出基于对教学目标、学习者特征和学习内容的分析，结束部分的教学评价是教学系统设计成果趋向完善的调控环节。以下对以“学”为中心的教学系统设计模式各环节做一较为详细的分析。

1. 学习者特征分析

在建构主义教学系统设计中，学生是学习的主体，是意义的主动建构者。从哲学角度看，学习者是内因，教师的作用是外因，内因是事物发展变化的决定因素，外因通过内因起作用。因此对学习者特征分析的主要目的是通过设计适合学生能力与知识水平的教学内容和问题，提供丰富的学习资源和恰当的指导来促进学习者的学习。在这里学习者特征分析的方法和前面基本相同。

2. 教学目标分析

建构主义在哲学上强调学习内容的自主建构，强调事物的多样性和复杂性。不同人对同一事物可得出不同的理解，因此是无法预先设立学习目标的。但事物有其复杂的一面，也有其客观的一面，事物的某些属性在一定条件下是可能达到共同理解的。所以，在以建构主义理论指导教学系统设计时，一定要考虑教学目标的确定，以避免陷入非理性主义的陷阱，但同时也应注意避免将教学目标简单化的倾向，不能采用传统的行为式的教学目标。教学目标的编写应有一定的弹性、可变化性，如采用认知目标分类的层次来标识（掌握……理解……）；其次，建构主义强调知识的情景性和整体性，强调知识应在真实任务的大环境中展现，学生应在完成真实任务的过程中达到学习的目的。所以在编写教学目标时，不应采用传统教学目标分析过分细化的做法，而应采用一种整体性的教学目标编写法。另外，还要注意区分学习目标与教学目标的异同。教学目标是所有学习者都应达到的学习要求，学习目标则是学生自己确定的，它们在很多情况下是一致的，但有时由于不同学习者知识背景和兴趣爱好的不同，其学习目标也不完全相同。

3. 学习内容分析

建构主义强调学习要解决真实环境下的任务，在解决真实任务过程中达到学习的目的。这需要我们对学习内容做深入分析，明确所需学习的知识内容的类型（陈述性、程序性、策略性知识）及知识内容的结构关系，这样在后面设计学习问题（任务）时，才能很好地涵盖教学目标所定义的知识体系，才能根据不同的知识类型，将学习内容嵌入建构主义学习环境的不同要素中，如陈述性知识可以通过学习资源提供，而策略性的知识则可通过设计自主学习活动来体现并展开。

4. 学习任务设计

学习任务的提出是整个建构主义教学系统设计模式的核心和重点，它为学习者提供了明确的目标和任务，使学习者解决问题成为可能。学习任务可以是一个问题、案例、项目或是观点分歧，他们都代表某种连续性的复杂问题，能够在学习的时间和空间维度上展开，均要求采用真实的情景通过自主建构的方式来学习。构建学习任务时，应充分考虑如下原则。

（1）在教学目标分析的基础上提出一系列问题。这些问题可分为主问题和子问题，子问题的解决是主问题解决的充分条件。同理下层子问题的解决是上层子问题解决的充分条件，这样就形成一树状谱系图。

（2）学习任务要涵盖教学目标所定义的知识，只能更加复杂，不能更简单。

（3）要设计非良构的问题，非良构的问题具有多解或者无解的特征，有多种评判答案的标准，而且与问题相关的概念理论基础具有不确定性。

（4）设计学习任务要符合学习者的特征，不能过多地超越学习者的知识能力。

（5）要设计开放性的问题，解决问题的目的不是期望学生一定能给出正确的答案。

5. 学习资源设计

从广义上说，学习资源是指在学习过程中可被学习者利用的一切要素，包括信息、材料、设备、人员、场所和资金等。从狭义上说，学习资源仅仅指软件资源，它是指经过数字化处理，可以在多媒体计算机上或网络环境下运行的各种用于教与学活动的信息材料。信息材料包括多媒体课件/网络课件、主题学习网页（WebQuest）、专题学习网站、网络课程、专业资源库和学科资源库等。

学生自主学习、主动建构知识意义是在大量信息的基础上进行的，所以丰富的学习资源是建构主义学习的一个必不可少的条件。学习者为了了解问题的背景与含义、建构自己的问题模型和提出问题解决的假设，需要知道有关问题的详细背景，并需要学习必要的预备知识，因此在教学系统设计时，必须详细考虑学生解决这个问题需要查阅哪些信息资料、需要了解哪方面的知识，最好能建立系统的信息资源库（或使用现有的资源管理系统），并提供正确使用搜索引擎的方法，即进行学习资源设计。

6. 认知工具设计

一切能促进学习者认知、帮助学生进行思维的工具，包括纸、笔、模型等都可称为认知工具。基于心理学、知识科学、教与学而开发的计算机认知工具能极大地便利学习过程并促进深度学习。

认知工具在帮助和促进认知过程，在培养学生批判性思维、创造性思维过程中起着重要作用。它可帮助学习者更好地表述问题（如视频工具），更好地表述学习者所知道的知识以及正在学习的客体（如图表工具），或者通过认知工具自动解决一些低层任务或代替做一些任务来减轻某些认知活动（如计算工具）。此外，认知工具还可帮助学习者搜集并处理解决问题所必需的各种信息。

7. 学习情境设计

学习情境主要指在学习获知过程中通过想象、手工、口述、图形等手段使获知达到高效。学习情境具有以下几个特征。

（1）悬疑性或活动性

学习情境要促进学生智力活动的展开，吸引学生的注意力，关键是要提供学生感兴趣的问题，因此，悬疑性是有效学习情境的根本特征。学习情境中的问题与知识本身相异，学生不可能在课本上找到现成的答案，只有经过艰苦的、同时又趣味盎然的探索过程，学生才能真正理解知识的深刻意义，并获得情感体验。

（2）生活性

学习情境的创设应主要面向学生的现实生活，在学生鲜活的日常生活环境中发现、挖掘学习情境的资源，其中的问题应当是学生日常生活中经常会遭遇的一些问题。当然，学习情境应该与知识内容相联系，它应该是能够体现知识发现的过程、应用的条件以及知识在生活的意义与价值的一个事件或场景。只有这样的情境才能有效地阐明知识在实际生活中的价值，帮助学生精确理解知识的内涵，激发他们学习的动力和热情，并促使他们把知识转化为技能。

（3）真实性

根据知识教学的需要，从学生的日常生活中选取学习情境，也意味着学习情境具有真实性，其中所包含的问题是真实的问题。只有在真实的学习情境中，学生才能切实弄明白知识的价值。如果仅仅对知识进行转化，或者仅仅对真实的生活场景给予简单虚拟，就很有可能设置一些虚假的问题，从而消解学习情境应有的功能。

8. **学习策略设计**

学习策略设计是以学为主教学系统设计中促进学生主动完成意义建构的关键性环节。在以学为主的教学设计中，将学习策略分为自主学习策略和协作学习策略两类，如表 5-6 所示。

自主学习策略是整个以学为主的教学设计的核心内容之一，其着眼点在于如何帮助学生更好地"学"，而不是帮助教师"教"。自主学习策略是保证学生充分发挥主动性，体现学习者主体地位的重要保证，是学生意义建构的基础。

表 5-6　常用的自主学习策略和协作学习策略

学习策略	策略类型	定　义	阶段过程	关键词
自主学习策略	支架式策略	应当为学习者建构对知识的理解提供一种概念框架	搭建脚手架 进入情景 独立探索	脚手架
	抛锚式策略	建立在有感染力的真实事件或真实问题的基础上	创建情景 确定问题 自主学习	问题和情景
	随机进入式策略	学习者可以随意通过不同途径、不同方式进入同样教学内容的学习，从而获得对同一事物或同一问题的多方面的认识与理解	呈现基本情录 随机进入学习 思维发展训练	多种途径和入口
协作学习策略	课堂讨论	教师通过问题和主题进行引导	主题已知 主题未知	主题和问题
	角色扮演	让不同的学生分别扮演学习者和指导者。学习者负责解答问题，指导者则检查其是否有误。当学习者在解题过程中遇到问题时，指导者则予以帮助。在学习过程中，所扮演的角色可以互换	师生角色扮演 情景角色扮演	体验
	竞争	由两个或多个学习者对同一学习内容进行竞争性学习，看谁首先达到教学目标的要求	传统竞争 基于竞争的网络协作学习	激励
	协同	在共同完成任务的过程中，学习者发挥各自的认知能力，他们通过相互争论、相互帮助、相互提示及分工合作共同完成某项学习任务	传统协同 基于网络的协同学习	协作
	伙伴	学习者找到与自己学习内容相同的学习者，经双方同意后结为学习伙伴。当其中一方遇到问题时，双方相互讨论，相互帮助	传统伙伴 基于网络的伙伴学习	交流

自主学习策略是指为了激发和促进学生有效学习而安排学习环境中各个元素的模式和方法，其核心是要发挥学生学习的主动性和积极性，充分体现学生的学习主体作用。在设计自主学习策略时，主要考虑主、客观两方面因素。客观是指知识内容的特征，它决定学习策略的选择，如对于复杂的事物和具有多面性的问题，由于从不同的角度考虑可以得出不同的理解，为克服这方面的弊病，在教学中就要注意对同一教学内容，要在不同的时间、不同的情景下，为达到不同的教

学目的、用不同的方式加以呈现。这样学习者可以随意通过不同途径、不同方式进入同样教学内容的学习（即运用“随机通达”学习策略），从而获得对同一事物或同一问题的多方面的认识与理解。主观方面首先是指作为学习主体的学生所具有的认知能力、认知结构和学习风格等智力因素及非智力因素，其中，智力因素对学习策略的选择至关重要。

认知领域和动作技能领域的许多教学目标都可以通过个别化教学来实现，如对事实的记忆、概念的理解、原理的初步运用和动作技能的形成等。但是，随着认知学习理论研究的发展，人们发现在某些要求较高层次认知能力的学习场合（例如，问题求解或是要求对复杂问题进行分析、综合的场合）采用协作（Collaboration）学习方式往往更奏效，而且还能有效地培养 21 世纪新型人才的合作精神。

协作学习（Collaborative Learning）是近年来受到广泛重视的一种教学模式。协作学习是指学习者以小组形式参与，为达到共同的学习目标，在一定的激励机制下为获得最大化个人和小组学习成果而合作互助的一切相关行为。小组协作活动中的个体（学生）可以将其在学习过程中探索、发现的信息和学习材料与小组中的其他成员共享，甚至可以同其他组或全班同学共享。在此过程中，学生之间为了达到小组学习目标，可以采用对话、商讨、争论等形式对问题进行充分论证，以期获得达到学习目标的最佳途径。协作学习有利于发展学生个体的思维能力、增强学生个体之间的沟通能力以及对学生个体之间差异的包容能力。此外，协作学习对提高学生的学习业绩、形成学生的批判性思维与创新性思维、保持对待学习内容与学校的乐观态度、培养小组个体之间及其与社会成员的交流沟通能力与自尊心等都有明显的积极作用。但是，要实现有效的协作学习，必须符合以下条件。

（1）分工合作：以责任分担的方式达成合作追求的共同目的。真正有效的分工合作必须符合两个条件：一是每个学生都必须认识到工作是大家的责任，成败是大家的荣辱；二是工作分配要适当，必须考虑每个学生的能力与经验，做合理安排。在分组方式上，有的采用同质分组的方法，但更多的是采用混合分组，即把不同能力水平、不同背景的学生分到一组中。每组以 4～6 人为宜。

（2）各自尽力，密切配合：指小组成员要学会发挥各自的效能，分享学习成果。

（3）学会互动，学会沟通：指小组成员在态度上要相互尊重，在认知上能集思广益，在情感上能彼此支持，学会处理分歧。

（4）必要指导：教师在协作学习模式中并非可有可无，教师的必要指导可以有效控制和保证协作学习的开展、学习者对学习目标的实现效率以及协作学习的效果等。

因此，以学为主的教学设计通常离不开协作学习。由此可以看出，协作式教学策略是一种既适合于发挥教师主导作用（即以教为主），又适合于学生“自主探索”、“自主发现”（即以学为主）的教学策略。常用的写作学习策略有课堂讨论、角色扮演、竞争、协同和伙伴。

9. 学习环境设计

学习环境是学习者一起学习或相互支持的空间，学习者控制学习活动，并且运用信息资源和知识建构工具来解决问题。学习环境是以技术为支持的，在学习过程中技术是学习者探索、建构和反思学习的工具。学习环境是影响学习者学习的外部环境，是促进学习者主动建构只是意义和促进能力生成的外部条件。学习环境与学习场所、空间、支持、技术工具、信息资源、共同体、建构性学习、情况与条件、社会环境有着密切的关系，我们可以将学习环境分为以下几种类型。

（1）物理学习环境

这里的物理与硬件学习环境包含自然因素和人为因素。自然因素包括网络自主学习者学习的自然环境，如噪声、空气、光线等环境。这些环境影响着学习者的情绪与学习动机。人为因素包括网络环境、使用计算机硬件以及整个网络的运行状况。

（2）资源学习环境

学习资源是指那些与学习内容相关的信息，例如，教材、教案、参考资料、书籍、网络资源等，这些信息资源可以以不同媒体和格式存储和呈现，包括印刷、图形图像、音频视频、软件等形式，还可以是这些形式的组合。在信息环境下，信息技术课的学习资源在存储、传递、提取、加工和呈现等方面都具有更独特的优势，这也为信息技术课的教学设计提出了新的要求，如何有效地利用这些学习资源日益成为教学设计的一个重要内容。

对于课堂教学来说，完全依靠学生自己来查找学习资源是缺乏可行性的。互联网上的信息资源浩如海洋，学生的学习时间和精力，以及学生检索信息的能力有限，且学习资源的质量也良莠不齐，这些因素都对学生的学习产生巨大的干扰。因此，教师应把相关的学习资源进行整理、数字化，优化整合信息资源，以增加其易用性和共享性，围绕学生需要合理组织信息资源，保证资源、信息的及时供给，并把自己设计的有针对性的学习资源上传到网络上，供学生在活动过程中共享。这个网络可以是广域网，也可以是局域网。

（3）技术学习环境

技术学习环境主要指学习过程中学习者可自由选择学习理论。支持系统要有良好的界面设计，能够激发学习者的学习兴趣，各功能模块有良好的导航机制，便于学习者在学习过程中能根据学习进程进行任意的学习跳跃，同时该环境可以支持学生进行小组讨论和协作学习。

另外，物理系统仅仅提供了相应的物品环境，而运行在内部的软件与理论系统，也是支持与领导整个系统合理高效运行的重要软因素。前文提到的学习理论支持、软件系统的人性化、界面的友好程度及工具的完毕都需要较高级的技术支持。

（4）情感学习环境

情感学习环境主要由心理因素、人际交互和策略三部分组成。学习者的学习观念、学习动机、情感、意志等心理因素对学习动机的激发、学习时间的维持和获得良好的学习效果有着直接的影响；人际交互（包括自我交互）的顺畅也同样对学习者的自主学习起着不可小觑的作用；教学策略和学习策略直接影响着学习者的学习效果的好坏。

10. 总结与强化练习

建构主义学习中，学习者是学习的主体，但并不能忽视教师的指导作用，在任何情况下，教师都有控制、管理、帮助和指导的职责。由于不同的学生所采用的学习路径、所遇到的困难不相同，教师需针对不同情况做出适时反馈；学生在自主学习过程中，面对丰富的信息资源容易出现学习行为与学习目标相偏离的情况，教师要在教学实践中注意启发、引导，以促进学生学习；为了使意义建构更有效，教师还应在可能的条件下组织协作讨论，启发诱导学生自己去发现规律、自己纠正和补充片面的认识并对协作学习过程进行引导使之朝有利于意义建构的方向发展，因此教师是教学过程的组织者、指导者、意义建构的帮助者和促进者。

适时地进行教学总结可有效地帮助学生将零散的知识系统化。在总结之后，应为学生设计出一套可供选择、并有一定针对性的补充学习材料和强化练习，以便检测、巩固和拓展所学知识。这类材料和练习应经过精心的挑选，既要反映基本概念、基本原理，又能适应不同学生的要求，以便通过强化练习纠正原有的错误理解或片面认识，最终达到符合要求的意义建构。

11. 教学评价

建构主义主张评价不能仅依据客观的教学目标，还应该包括学习任务的整体性评价、学习参与度的评价等，即通过让学生去实际完成一个真实任务来检验学生学习结果的优劣。建构主义主张学习是自我建构知识意义的过程，因此，源于建构观的评价并不强调使用强化和行为控制工具，而较多使用自我分析和元认知工具。

以“学”为主的教学系统设计由于强调学生是学习过程的主体，是意义的主动建构者，因而有利于学生的主动探索、主动发现，有利于创造型人材的培养，近年来备受人们关注。但以“学”为主的教学系统设计仍有其自身的一些局限性。长期以来，以学生为中心的教学系统设计虽然有一些典型的案例，但尚没有形成用于分析和设计学生学习环境和自主学习策略的教学设计理论框架，并且以“学”为中心的教学系统设计由于只强调学生的“学”，往往容易忽视教师主导作用的发挥，忽视师生之间的情感交流和情感因素在学习过程中的重要作用；而且由于忽视教师主导作用，当学生自主学习的自由度过大时，还容易偏离教学目标的要求（何克抗，1998）。针对以“学”为中心的教学系统设计理论的几种偏向，何克抗教授提出了“主导—主体”教学系统设计模式，该模式在下一节将详细介绍。

5.3.3 以学为主的教学设计案例分析

案例二 《自己去吧》——小学语文

1. 教学内容分析

《自己去吧》是义务教育课程标准实验教科书小学语文第一册中的第14课。本课是一篇童话故事，讲的是小鸭在妈妈的鼓励下，自己学会了游泳；小鹰在妈妈的鼓励下，自己学会了飞翔。故事内容鼓励学生自强自立，拥有自己学会生活的本领。

设计理念：第一阶段，利用学生已有的知识，引导学生借助拼音自主读书，培养学生爱读书的习惯，鼓励学生大声朗读，让学生享受朗读的乐趣。第二阶段，老师引导学生在一定的语言环境中识字，利用多种方法识字、灵活用字，利用生字口头创编小片断或小故事。第三阶段，以读为主，以语言运用为中心，尝试让学生自己创编出与本课主题相关的小故事或小片断，在读写的过程中进行创造性思维的训练。

2. 学习者特征分析

（1）学生是6～7岁的儿童，思维活跃，求知欲、好奇心都很强，课堂上喜欢表现自己，渴望得到教师或同学的赞许。

（2）学生学习动机强烈，对语文学习有浓厚的兴趣，但在学习中随意性明显，需要老师的正确引导。

（3）大部分学生在平常的生活当中已经有了“自己的事情自己做”的意识和体验，如自己穿衣服、整理书包等，但他们依赖性很强，缺乏主动性。

（4）学生已有一定的拼读能力，能借助汉语拼音阅读课文。

（5）学生已经认识“氵”、“口”、“心”3个偏旁和“自”、“己”、“吧”、“那”4个生字。

（6）学生对于识字兴趣很高，识字方法已有所掌握，能采用自己喜欢的方式来识记生字，并且能自己创设情境来巩固和应用生字。

（7）学生能够在教师的引导下通过同伴合作、自主探究的方式组词造句或者编写故事。

3. 教学目标分析

（1）知识目标

① 认识12个生字，能准确读出生字卡片上和含有生字的文字片断或小故事中的生字字音并且认清字形。

② 会写“自、己、东、西”4个生字，书写端正整洁，笔顺正确，间架结构规范。

③ 借助拼音正确、流利地朗读课文，背诵课文。

（2）能力目标

① 能够提出不认识的生字，进一步掌握和体验识字的方法。

② 能够将对课文的理解感悟用语言表达出来，能够与其他同学合作学习生字和朗读课文，体验合作学习的过程和方法。

③ 至少能用3个新学的生字在8～10分钟内口头组词造句或编写小故事。

④ 能够完成一篇语句通顺的、以“自己的事情自己做”为主题的小儿歌或小故事。

（3）情感目标

① 能够注意到写字姿势的重要性，养成良好的书写习惯。

② 培养学生的合作学习和自主学习的意识。

③ 认同从小就要树立“不依赖父母、自己的事情自己做”的思想和意识。

4. 教学策略

（1）以问题解决为主的教学策略：①学生通过朗读课文，自己提出不认识的生字或生僻字（问题），在其他同学的帮助或教师的提示下自主运用谜语、儿歌、组词造句、加减、同音、形近等方法识记不认识的字（解决问题）；②学生通过朗读课文自己提出问题（如鸭妈妈为什么不带小鸭去游泳呢？），通过同桌讨论和教师对重点词句（如：“过了几天”、“自己去游吧”）的点拨，学生自己找出问题的答案并和全班同学交流（问题解决）。

（2）自主学习策略：学生通过自主阅读拓展资料和进行创新写作，在深入理解课文主题的基础上，提高阅读识字能力和写作水平，促进创新思维的发展。

5. 教学环境和资源准备

（1）教学环境：多媒体教室。

（2）资源准备：教学PPT，有关小鸭学游泳、小鹰学飞翔的动画资源，自制教学图片，生字书写笔顺的动画素材。

6. 教学过程

第一课时：

（1）情景引入，激发兴趣

老师：今天，老师给大家看两段动画片，同学们猜猜他们在干什么。

学生一听有动画片看，立刻安静下来，期待着动画片的播放。学生非常专心地观看，认真思考着老师的问题，直到动画片播放完了还意犹未尽。

老师：好，同学们，我们看完了动画片，谁来说说他们在干什么。

学生：鸭妈妈在教小鸭学游泳、鹰妈妈在教小鹰学飞翔。

老师：很好，同学们观察得非常仔细，那么，这两位小朋友能不能不学习让妈妈背着他们游泳或者飞翔呢？

学生们七嘴八舌地议论开了。老师在黑板上贴出小鸭和小鹰的图片，板书今天的课题“自己去吧”。

老师：下面，我们通过学习《自己去吧》这篇课文，来了解为什么不能让妈妈背着他们游泳或者飞翔。

（2）初读课文，认读生字

老师：同学们，下面大家先尝试一下，自己能不能独立完成老师布置的任务，大家先自己阅读课文，给不认识的字做上标记，看谁读得又快又好。（要求：借助汉语拼音，读准字音，读通句子，把自己认为难读的句子多读几遍。）

学生用喜欢的方式自读课文，一边读，一边圈画生字，标出自然段。

随机识字：老师板书“自、己、吧”（老师：作标记的是我们今天要学的生字，谁有办法记住它们？）

学生说出自己识记上述生字的方法，教师适时鼓励。（学生一边说，教师一边把学生说的字或词快速书写在黑板上。）

例举生字：课文中要求会认的生字，你还和哪一个没有交上朋友，把他请到黑板上来吧！

自主识字：谁愿意帮助他们记住这些生字朋友呢？学生用自己喜欢的方式识字。

学生自读教师在 PPT 上列出的扩展词语或句子。（教师同时指导个别同学。）

再读课文。

（3）创新思维训练

要求：你可以采用说一句话、说一段话，或者编一个小故事、编儿歌等方式来和生字做游戏，至少用上 3 个今天学过的生字，当然越多越好。

学生独立思考，练习编的一句话、一段话、一个小故事或者编儿歌等。老师引导同学将自己编的话或者故事讲给同桌听，相互交流，相互学习，看谁编得最好。最后，老师请同学上台表演自己编的话或者故事，老师点评，给以积极的肯定和表扬，并指出如何修改会更好。

（4）指导写字

① 先引导学生观察书中生字的笔顺、占格位置。提问同学，说出某个生字的特点。

② 教师利用多媒体动画展示生字的书写笔顺，学生跟随模仿者练习。

③ 学生在练习本上描红、练写，教师巡视指导。

④ 强化训练，请同学上讲台写出刚才学习的生字，老师纠正错误，针对同学们犯错误较多的字再练习，老师个别指导还没有掌握的同学。

第二课时：

（1）复习旧知，引出新课

老师：上节课我们都学到了哪些生字，看看你还认识它们吗？有哪些已经成为了你熟悉的朋友？哪些你还比较陌生？

老师展示生字 PPT，学生自读 PPT 上的生字故事。然后老师指名学生起来读，教师指点，全班同学大声朗读。

（2）自读课文，理解感悟

第 1 自然段。

① 老师要求学生自己读课文的第 1 自然段，并思考：你读懂了什么？还有什么不懂的？

② 学生自己提出不懂的问题。学生自己思考如何解决问题，和同桌讨论交流解决问题的方法。

③ 教师点拨：A. 小鸭为什么不敢自己去？B. 鸭妈妈为什么不带他去？C. “过了几天”是什么意思？

④ 学生想象：小鸭在那几天中能够遇到什么困难，是怎样克服的？如果自己是小鸭，会怎样做？

⑤ 指导朗读。

第 2 自然段。

学生先自读第 2 自然段，和同桌交流自己的想法。

老师请同学汇报自己的想法，然后大家讨论，引导学生获得正确的理解和观点。

老师指导学生朗读全文，尝试背诵课文，加深记忆。

（3）扩展阅读，深化主题

小鸭通过努力，学会了游泳；小鹰通过努力，学会了飞翔；还有许许多多的小动物，它们都是通过努力，学会了生活的本领，让我们共同走进“阅读天地”（老师事先准备好阅读材料）吧！

（4）展示评价，归纳总结

要求：与同桌合作编一个能说明“自己的事自己做”道理的小故事，可以仿照《自己去吧》编，也可以自由发挥。

学生们开始构思，创新写作，与同伴讨论交流。老师巡视指导，了解想法独特有创意的小组。

汇报反馈。请想法独特有创意的小组同学将故事讲给大家听，让学生欣赏，让他们在欣赏中相互学习，相互促进。

在即将结束本节课的教学活动时，请同学们谈谈自已本节课的收获，目的在于让学生回顾教学过程，对知识进行系统化的梳理，加深对本课重难点的理解。

（5）实践运用，提高发展

为了进一步巩固所学的新知识，培养学生的独立自主的能力，老师设计了这样的作业：“能够独立自主的孩子是多么讨人喜欢呀！孩子们，你们回家后，该如何完成自己的事情呢？爸爸妈妈平时工作很辛苦，下班回家还要照顾你们，那么今天放学回家后，你们能不能主动完成自己事情后，还能够帮爸爸妈妈做些事情呢？下次上课期待同学们能给老师带来你们独立自主完成自己的事情并且帮爸爸妈妈做事的好消息，让老师分享你们的进步”。

7. 总结与评价

评价的指标体系见表 5-7。本课主要评价学生达到课标要求的程度。第一课时侧重于识字教学的评价，在第一课时的教学中，学生通过前半学期的拓展阅读和本节课前的生字前测，对本课的一些生字和偏旁已经非常熟悉。学生通过自读课文把不认识的生字提取出来，由同学或在教师的提示下利用自己喜欢的方式进行识记，掌握多种识字的方法。然后将生字放在语言篇章环境中，贯彻了跨越式的以语言运用为中心，在语言环境中识字的理念。学生不但掌握了本课的生字，而且还认识了很多课标没有要求的生字，大大提高了识字量。第二课时侧重于课文教学的评价，在第二课时的教学中，学生通过自己提出问题，和同桌讨论交流，在教师的相关引导之下，解决了问题，并且和全班同学做了交流。教师在课堂上通过对学生的及时反馈进行评价，课后主要通过完成一些有意义的任务进行评价。对课标内容的处理，没有采用均衡用力，而是采用详略处理，重点处理第 1 自然段，简略处理第 2 自然段。通过拓展阅读资料和创新写作，深化和升华学生对课文主题的理解，促进学生思维的深层次加工。

表 5-7 评价的指标体系

一级指标	二级指标	评价具体内容	评价方式
认知目标	1. 识字	A. 读音基本准确，无不认识的字； B. 读音准确，能说出认字的方法	A. 一颗星 B. 两颗星
	2. 课文	A. 能够朗读课文，无不认识的字； B. 能够有感情地、正确流利地朗读课文； C. 背诵课文	A. 一颗星 B. 两颗星 C. 三颗星

续表

一级指标	二级指标	评价具体内容	评价方式
能力目标	1. 写作	A. 能够写出简单的一句话，不会写的字用拼音代替； B. 能够写出一段话，不会写的字用拼音代替； C. 能够写出一个通顺流畅的小片断，且基本无错别字	A. 一颗星 B. 两颗星 C. 三颗星
	2. 问题探究	A. 能够积极提出不懂的问题； B. 能够就不懂的问题积极思考； C. 围绕问题，将自己的意见和想法向老师或同学表达； D. 围绕问题，能够积极与同学合作解决问题，形成小组意见	A. 一颗星 B. 两颗星 C. 三颗星 D. 四颗星
情感目标	情感内化与外化	A. 能够给家长讲述自己学会生活本领的一件事情； B. 自己尝试学会一项本领	A. 三颗星 B. 四颗星

5.4　以“教师为主导——学生为主体”的教学设计

在我国具体的教学实践中，以教为主的教学系统设计模式和以学为主的教学系统设计模式表现出了各自的优缺点，如表 5-8 所示。

表 5-8　以教为主的教学系统设计和以学为主的教学系统设计优缺点比较

比较	以教为主的教学系统设计模式	以学为主的教学系统设计模式
优点	以教师为中心，有利于教师主导作用的发挥，便于教师组织、监控整个教学活动进程，便于师生之间的情感交流，因而有利于系统的科学知识的传授，并能充分考虑情感因素在学习过程中的重要作用	以学生为中心，强调学生是学习过程的主体，是意义的主动建构者，因而有利于学生的主动探索、主动发现，有利于调动学生学习的积极性，有利于创造型人才的培养
缺点	基本由教师主宰课堂，容易忽视学生的学习主体作用，不利于具有创新思维和创新能力的创造型人才的成长，按这种模式培养出的学生绝大部分是知识应用型人才而非创造型人才	对学生和教师的要求都很高，学生必须有很强的自主学习能力、探究能力和主动学习的精神，教师对整个学习过程的设计、监控和指导作用非常重要。一旦忽视教师的主导或指导作用的发挥，学习效果很难保证。当学生自主学习的自由度过大时，还容易偏离教学目标

尽管以教为主的教学系统设计和以学为主的教学系统设计的根本目的都是为了优化教学效果，促进学习，然而由于其教与学的理论基础，特别是学习理论基础不同，这两类教学系统设计的核心和效果也就必然不同。只有将这两者结合起来，使两者优势互补，才能获得最佳的学习效果。

5.4.1　以“教师为主导——学生为主体”的教学设计过程模式

在分析了以教为主的教学设计模式和以学为主的教学设计模式各自优缺点的基础上，我国学者何克抗教授提出了以“教师为主导，学生为主体”的教学设计模式（简称“主导—主体”或“学教并重”的教学设计模式），如图 5-6 所示。这种新型教学设计模式结合了以“教”为主和以“学”为主这两种教学系统设计模式的优点，在实际教学中可以根据教学对象的特点以及教学目标内容的要求灵活运用以教为主的教学策略和以学为主的自主学习策略。这种教学设计模式明显带有我国的国情特色，是我国教育技术领域的专家学者在教育实验研究中证明了的非常有效的一种教学系统设计过程模式，也是我国教学设计学者对该学科的一大贡献。

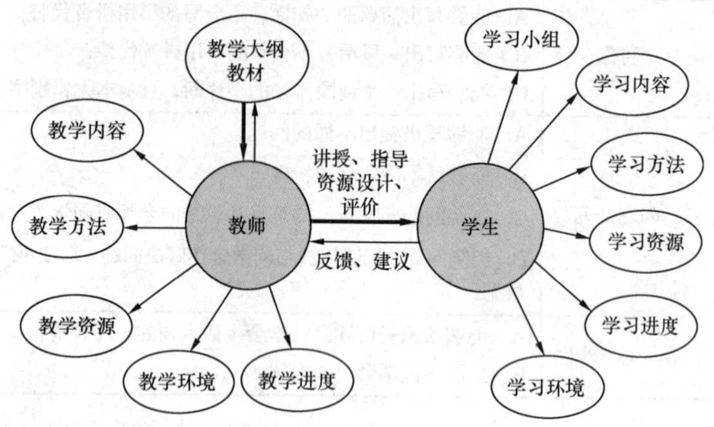

图 5-6 “教师为主导，学生为主体”的教学模式

“主导—主体”的教学设计是以教为主和以学为主的教学设计过程的取长补短，相辅相成，有机结合，互为补充。结合前面对以教为主的教学设计和以学为主的教学设计的叙述，我们设计了一个较有操作性的“双主”教学设计基本流程图，如图 5-7 所示。

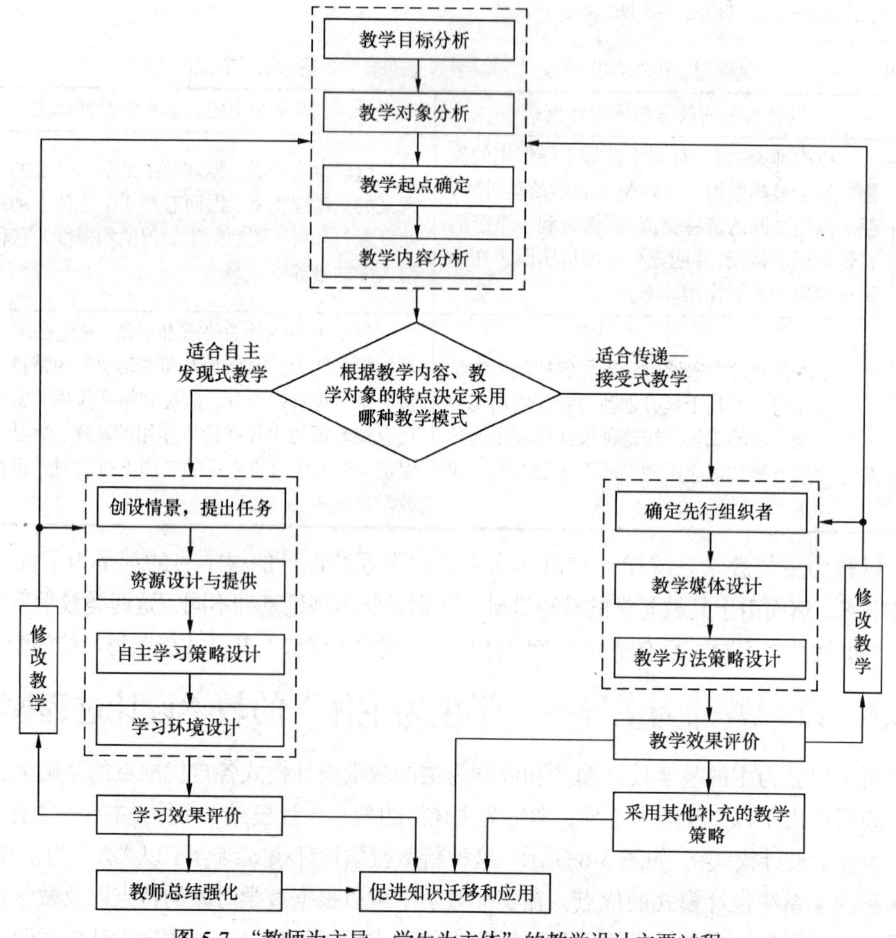

图 5-7 “教师为主导，学生为主体”的教学设计主要过程

该流程涵盖了教学系统设计过程的基本要素，既可以根据教学内容和学生的认知结构状况灵活选择以教为主或以学为主的教学设计，也可以利用其公共部分和相互跳转特性实现“主导—主体”的教学系统设计。其中“确定教学目标和内容”、“分析学习者特征”、“确定教学或学习起点”3 个环节属于以教为主和以学为主教学设计的公共部分，其分析方法与前述基本相同。然后根据教学内容和学生的认知情况决定是采用以学为主的“自主发现”式教学还是采用以教为主的“传递—接受”式教学，从而形成教学设计流程的两个主要分支。在“传递—接受”式（右分支）教学中重点采用了先行组织者的教学策略，在实施过程中如通过形成性评价发现实际效果不太理想，可以及时调整教学内容和教学策略实施方式，还可以采用其他的“传递—接受”式教学策略甚至是自主学习策略作为补充，以期达到更好的教学效果。在“自主发现”式教学分支（左分支）中，重点对信息资源、学习环境、学习评价等进行设计，如在教学中发现学生自由度过大或偏离教学目标，可以随时给予纠正或辅以教师穿插讲授，在教学评价环节要注重知识的总结、迁移和强化，必要时可设计强化练习题对所学知识进行巩固。

总结上述过程，归纳出了“主导—主体”教学设计模式流程的 5 个特点。

（1）可根据教学目标要求、教学内容特点以及学生的认知结构情况灵活选择“自主发现”式或“传递—接受”式教学分支。

（2）在“传递—接受”式教学过程中基本采用先行组织者教学策略，同时也可采用其他的“传递—接受”式策略（甚至是自主学习策略）作为补充，以达到更好的教学效果。

（3）在“自主发现”式教学过程中也可充分吸收“传递—接受”式教学的长处，如进行学习者特征分析和促进知识的迁移等。

（4）便于考虑情感因素（即动机）的影响。在“情境创设”环节（左分支）或“选择与设计教学媒体”环节（右分支）中，可通过适当创设的情境或呈现的媒体来激发学习者的动机；而在“学习效果评价”环节（左分支）或根据形成性评价结果所做的“教学修改”环节（右分支）中，则可通过讲评、小结、鼓励和表扬等手段提高学习动机，促进良好学习风格的形成与发展。

（5）无论在哪个分支都要充分发挥学生的主动性和教师的主导作用，以促进学生学习、提高学习技能、锻炼学生能力、提高创新能力为最终目的。

“主导—主体”式教学设计模式的基本流程，是以教为主与以学为主的教学设计方法和步骤的结合，但其指导思想却与这两种教学设计有本质的不同。“双主”教学设计强调既要发挥教师在教学中的主导作用，又要体现学生在学习中的主体地位，在实际教学中需根据学科特点和具体教学内容的特点选择相应的教学设计模式，充分吸取各种模式的优点，扬长避短，以更好地促进学习为最终目的。

5.4.2　以“教师为主导——学生为主体”的教学设计案例分析

案例　《在 Word 中插入图片》

1. 教学内容分析

本课《在 Word 中插入图片》是小学四年级信息技术教材里的知识点。主要的教学内容包括：插入图片的方法；调整图片大小；移动图片的位置；设置文字环绕方式。这是 Word 排版知识的延伸和拓展。通过本课学习，使同学们能够掌握 Word 中图片处理的各种方法，能够制作出图文并茂的 Word 版面。本节知识掌握的好坏，也直接影响到后面知识的学习。

2. 学习者特征分析

（1）本课的学习者是小学四年级的学生。他们思维活跃，求知欲、好奇心都很强，课堂上喜欢表现自己，渴望得到教师或同学的赞许。

（2）学生学习动机强烈，对语文学习有浓厚的兴趣，但在学习中随意性明显，需要老师的正确引导。

（3）在学习本课前已经有了一些计算机基础，对 Word 的操作环境也有一定的了解，他们具备一定的自学能力，加上教材有趣直观，所以能够在教师的引导下通过同伴合作、自主探究的方式完成学习任务。

3. 教学目标分析

鉴于对教材的理解，确定了如下教学目标。

（1）认知目标

① 掌握在 Word 中插入图片的方法。

② 根据需要调整图片大小，移动图片的位置。

③ 学会设置文字环绕方式。

（2）能力目标

① 培养学生自主、合作、探究学习的能力。

② 培养学生的想象力、创造力和动手能力。

③ 使学生能够对信息进行合理的加工处理，实现自己的创意。

（3）情感目标

① 通过宣传单的设计，激发学生对家乡美丽景致的兴趣和热爱家乡的情感。

② 通过宣传单的设计，培养学生的审美能力。

③ 通过自主、合作与探究学习，培养学生独立自主以及合作的精神和意识。

结合教学目标，本课的重难点如下。

重点：让学生掌握插入图片的方法。

难点：调整图片的大小、位置及文字环绕方式。

4. 教学方法设计

在教学中，依据新课程的理念，采取“以学生为主体，教师为主导”的教学模式。以学生动手操作为主线，采用“演示法”、“任务驱动法”、“自主探究法”等教学方法来突破教材的重点和难点，达到预定的教学目标的要求。

“演示法”主要是激发学生的兴趣，对重要知识点的讲解能够提高课堂教学的效率。

“任务驱动法”主要使学生明确目标任务，充分发挥其主体作用。让学生在实际上机操作中学习新知识、感受新方法、形成新技能，从而培养学生的观察能力、动手能力和思维能力。

“自主探究法”培养学生自主、探究学习的能力。学生通过自主、独立地发现问题，开展实验、调查等探索活动，获得知识、技能，发展情感、态度，具有探索精神和创新能力，这些都有助于发展学生优秀的智慧品质。

在这节课中学生主要用到的学法是：“接受任务—思考交流—尝试操作—自主创造—作品展示”。学生在完成每个任务的过程中，从思考、讨论（完成任务的办法）开始，在（对讨论的结果）进行探究验证的基础上，完成任务，最后通过作品展示，学生体验到一种成就感，进一步激发他们强烈的创造欲望。

5. 教学准备

（1）多媒体网络教室。

（2）多媒体教学课件，家乡的相关文字、图片、视频资料。

（3）纯文字和图文并茂的两份 Word 文档的宣传册。

（4）学生预先分组，并确定组长（计算机能力强的同学）。

（5）将家乡的相关资料及精美图片存放在学生机桌面上。

6. 教学过程

根据本课教学内容以及信息技术课程学科特点，结合四年级学生的实际认知水平，为了更好地完成本课的教学任务，我设计了如下 5 个教学环节。

（1）情境激趣，引出主题。

（2）直观形象，教学演示。

（3）任务驱动，自主探究。

（4）实践运用，提高发展。

（5）展示评价，归纳总结。

教学环节 1：情景激趣，引出主题。

开始上课，老师向同学们展示事先用 Word 文档做好的纯文字版本的《海口，我美丽的家乡》宣传册，让同学们阅读。然后提问："同学们阅读完后，对海口的风土人情有了大概的了解，大家有没有觉得意犹未尽，如果让你来宣传海口，你会怎么做呢？"，这一下引发了学生的学习兴趣，同学们的激情被调动起来，大家七嘴八舌地讨论，有的说拍摄各种风土人情的图片加到宣传册中，有的说拍成电视宣传片让大家看等。接着老师出示第二份制作精美的图文并茂的 Word 文档宣传册，同学们全被吸引住了，接着老师向学生提出问题"想不想自己设计一份家乡美景的宣传单呢？如何设计图文并茂的宣传单？"反应快的同学立即回答："插入图片！"那么老师顺势提出第 2 个问题："如何插入图片？"

教学环节 2：直观形象，教学演示。

问题提出后，让同学们思考，提示同学们打开电脑桌面上的素材，先让同学们自己尝试如何插入图片，然后让能力强的学生向同学演示如何插入图片，教师接着进行点评。但由于这一任务是本课的教学重点，所以教师要做教学演示，于是我转入屏幕教学，演示操作步骤，并借用板书归纳操作方法。然后让学生自己进行操练，老师巡视，指点不会的同学。这样做，既突出了本节课的教学重点，又强化了学生对重点知识的掌握。

教学环节 3：任务驱动，自主探究。

通过刚才的教师演示，学生自己操练，教师辅导，所有学生都能将图片插入文档中。紧接着老师以自己插入的一张图片为例，请同学们观察图片在文章中是否合适。根据学生的作答，我归纳出 4 个有待解决的问题。

问题 1：怎样改变图片的大小？

问题 2：怎样移动图片的位置？

问题 3：怎样调整图片和文字之间的位置关系？

问题 4：如何排版才能让宣传册更美观？

这 4 个问题成为同学们急需解决的 4 个新的任务，先请学生看教材自主学习，再根据自己的能力高低选择 1 个或多个任务进行交流探究，并尝试操作。这种分层教学的方式，既可让能力高的同学充分得到锻炼，展示自己的才华，又可让能力较低的同学品尝到成功的喜悦，使得全体学生都得到最大程度的提升。

在学生自主合作操作的过程中，各个小组的组长负责组织本小组的合作学习，解决本小组同学的问题，收集本小组不能解决的问题。教师巡回指导，对于各个小组遇到的问题，老师进行启发引导。经过练习，大多数同学完成了自己的作品。最后展示学生的学习成果，进行交流评价，从评价中巩固所学知识。

教师最终以总结的形式借用板书归纳操作方法。

教学环节 4：实践运用，提高发展。

在学生掌握新知识后，我设计了一个以小组为单位来为家乡设计一份宣传画的比赛，宣读比赛规则，不但要插入图片，还要图文合一，做得精美漂亮，看哪个小组能充分发挥团队的合作精神做得又快又好。这个环节的设计给学生留下自由发挥的空间，鼓励学生自主创新，充分发挥自己的灵感和特长；采用小组合作的形式，让学生体验团结协作的力量；采用比赛的方式，激发学生的集体荣誉感，再次激起学生强烈的学习动机，在不知不觉中巩固了知识，锻炼了动手能力和创造力。

教学环节 5：展示评价，归纳总结。

在这个环节里，老师将每个小组的作品通过投影一一展示，让学生欣赏，相互点评。老师最后集中点评作品中的创意、亮点和不足，重点讲解如何排版才能使宣传册美观漂亮。让学生在欣赏和老师的点评中获得知识和技能，相互学习，相互促进。

作品展示环节结束后，请同学们谈谈自己本节课的收获，目的在于让学生回顾教学过程，对知识进行系统化的梳理，加深对本课重点和难点的理解，强化本次课掌握的技能。

最后，为了让全班同学进一步巩固所学的新知识，强化技能，培养学生的美感和提高学生动手操作能力，布置课后作业："爸爸妈妈假期的时候一定带大家去过很多名胜古迹，同学们能不能自己亲手设计一份图文并茂的《印象"某某名胜古迹"》宣传单，发到老师的邮箱，下节课老师展示给大家看，让同学们一起分享你的快乐。"

5.5 信息化教学设计

5.5.1 信息化教学设计的概述

1. 信息化教学设计的概念

信息化教学就是在信息化环境中，教育者与学习者借助现代教育媒体、教育信息资源和教育技术方法进行的双边活动。其特点是：以信息技术为支撑；以现代教育教学理论为指导；强调新型教学模式的构建；教学内容具有更强的时代性和丰富性；教学更适合学生的学习需要和特点。信息化教学不仅仅是在传统教学的基础上对教学媒体和手段的改变，而且是以现代信息技术为基础的整体教学体系的一系列改革和变化。

信息化教学设计是上海师范大学黎加厚教授提出的。它以建构主义理论为指导，运用系统方法，以学为中心，充分利用现代信息技术和信息资源，科学地安排教学过程的各个环节和要素，支持学生的自主探究学习，培养学生的信息素养，提高学生的学习兴趣，以实现教学过程的优化。

2. 信息化教学设计的基本原则

进行信息化教学设计时主要把握以下几个基本原则。

（1）以学为中心，注重学习者学习能力的培养。教师作为学习的促进者，引导、监控和评价学生的学习进程。

（2）充分利用各种信息资源来支持学习。

（3）以“任务驱动”和“问题解决”作为学习和研究活动的主线，在相关的有具体意义的情境中确定和教授学习策略与技能。

（4）强调“协作学习”。这种协作学习不仅指学生之间、师生之间的协作，也包括教师之间的协作，如实施跨年级和跨学科的基于资源的学习等。

（5）强调针对学习过程和学习资源的评价。

3. 信息化教学设计的评价标准

评价一个信息化教学设计是否成功，可从以下几个方面着手。

（1）是否有利于提高学生的学习效果

① 学习目标是否明确，表述是否清楚。

② 是否所有的学习目标都符合相关的教学大纲要求。

③ 教学设计中是否考虑到学生的个体差异，并明确说明如何调整成效标准以适合不同的学习者。

④ 教学设计是否能激发学生的兴趣，符合学生的年龄特征，并有利于学生的学习以及高级思维能力的培养，是否有利于学生在信息处理能力方面的培养。

（2）技术与教学的融合是否合理

① 技术的应用和学生的学习之间是否有明显的关联。

② 技术是否是教学计划成功的必不可少的一部分。

③ 把计算机作为研究、发布和交流的工具是否有助于教学计划的实施。

④ 教学计划的实施是否简单易行。

⑤ 教学计划是否可以根据具体教学情况的差异很容易地进行修改，以便应用到不同的班级。

⑥ 教师是否可以比较轻松地应用教学计划中所涉及的技术，并获得相应的软硬件支持。

（3）是否能够有效评价学生的学习

① 教学计划中是否包括一些评价工具，用于实时的评价和评估。

② 学生的学习目标和学习成果评估标准之间是否有明确的关系。

5.5.2 信息化教学设计的过程

信息化教学设计的宗旨是通过设计建构主义学习环境，创设适应学习者内在学习需求的外部条件，以促进学习者有意义学习的发展。这种设计要求掌握建构主义学习环境的基本构成要素，体现有意义学习的基本精神，把教师的主导作用和学习者的主体作用有机地结合起来。结合建构主义所倡导的有意义学习理论和建构主义学习环境设计思想，可以形成如下一种具有普遍指导意义的信息化教学设计过程。

1. 分析/确定单元目标

（1）分析学生、课程学习的特点。

（2）确定单元学习目标。

2. 界定问题/主题

（1）问题、主题、项目的确定应与单元目标一致，具有趣味性、吸引力和挑战性。

（2）应当反映学科的基本概念、原理、规律和法则。

（3）充分描述其产生的情境，恰当地呈现或模拟、描述对问题的可操控方面。

（4）使学生进入问题情境，拥有问题意识或问题的主人翁感。

（5）对于研究型学习来说，在围绕问题的资源浏览的基础上，提出假设。

3. 提供案例/范例

（1）为拓展学生的学习经验，提供与主题学习任务有内在联系的案例。

（2）学生学习案例，考察其与主题学习任务之间的异同。

（3）案例要有益于唤醒学生已有的知识经验，并与学生已有的知识经验相关联。

（4）案例必须能描述问题的复杂性，不能以简单化替代复杂化。

4. 选择/创建量规

（1）根据预期的学习结果形式，选择/创建科学的评价量规。

（2）量规的选择/创建要符合学习目标、主题任务、学习者心理特点的需求。

（3）量规应当建立在教师和学生共识的基础上，并且事先要告诉学生。

5. 准备资源/技术

（1）围绕学习任务，匹配信息化学习资源/技术支持（结合传统学习资源/技术）。

（2）确定资源获取方式是由教师提供，还是学生根据任务自行查找（如果教师提供，则教师需先寻找并认真评价相关资源，以确保学生获得可靠的、有用的信息；如果学生自行查找，教师则要设计好查找目的、要求和策略，以免学生漫无目的，浪费时间）。

（3）确定技术的工具作用，特别是认知工具的作用。

6. 设计活动过程

（1）告知学生需要怎么做，需要遵循哪些步骤才能完成任务。

（2）围绕学习需求，设计多种多样的学习活动形式。

（3）把个性化学习、小组协作或交流学习和班级学习有机结合起来。

7. 组织实施

（1）学生在具体的学习过程中进行有效的自我管理。

（2）在实施的过程中经常反思学习活动的进展。

（3）对学生提供学习建议、咨询帮助和心理激励。

8. 评价反思

（1）学生展示学习结果（作品），并说明结果产生的过程。

（2）按预定的量规进行自我评价、同伴评价、教师评价或外部评价。

（3）创建一个自我评价表，反思自己的学习过程。

（4）根据评价结果反思学习过程的得失，并提出改进策略。

5.5.3 信息化教学设计典型模式

信息化教学设计理念和实践的出现是现代教育技术发展的必然趋势。教育专家曾提出一些有关信息化教学设计的模式，然而被普遍接受的却屈指可数。这里所说的典型模式，并不意味着是最佳的或唯一的模式，但这种模式融合了现代的教学理念、系统的设计方法和结构化的评价手段，体现了信息化教学设计的基本原则，代表了信息化教学的发展方向，并且具有在不同学科的教学中复制应用的可能。

1. Intel 未来教育模式

Intel 未来教育模式融合了现代的教学理念、系统的设计方法和信息化的评价手段，体现了信息化教学设计的基本原则，也代表了信息化教学的发展方向，并且具有在不同学科的教学中复制迁移的可能，因而对这种模式进行认真研究并将其应用于实践是非常有意义的。

该模式的主要特点是教学设计所产生的结果不是传统意义上的教案或课件，而是一个单元教学计划“包件”，包括以下几个部分。

（1）单元教学计划。具体地描述教学单元的主题、学习目标、学习活动(教学过程)、学习资源等，其中，学习活动和学习资源在很大程度上是由信息技术支持的，因此这种教学计划可称为信息化教案。

（2）学生电子作品范例。给学生提供参考用的电子作品，可以从各种电子信息源中选取或由教师自行制作。

（3）学生作品评价量规。提供结构化的定量评价标准，从内容、技术、创意等方面详细规定了评级指标。利用这种量规来评价学生电子作品，可操作性强，准确性高，既可以让教师评，也可以让学生自评和互评。

（4）教学支持材料。为支持学生有效进行学习活动准备的各类辅助性材料，如软件工具、资料光盘、在线参考资料、参考书目、教师用电子讲稿等。

（5）单元实施方案。包括教学活动的时间安排、学生分组办法、上机时间分配以及征求社会支持的措施等。

在这个模式中，教学设计过程可以分为单元教学目标分析、学习任务与问题设计、信息资源查找与设计、教学过程设计、学生作品范例设计、评价量规设计、单元实施方案设计、评价修改 8 个步骤，必要时也可以跳过某些步骤或重新排序。

（1）首先由教师对单元的教学目标进行分析，确定学生通过此教学应该达到的水平或获得的能力。

（2）根据单元教学目标，设计真实的任务和有针对性的问题。

（3）根据任务和问题以及学生的学习水平，确定提供资源的方式，可以要求学生自己按照学习目标查找资源，也可以提供现成的资源给学生。如果是前者，教师要设计好要求，避免学生无目的地查找；如果是后者，教师要寻找相关的资源，并对资源进行认真的评价，确保学生可以得到真实、可靠的信息。如果需要，教师还要制作相关的资源列表，以方便学生查阅，提高学习效率。

（4）接下来，要对整个教学过程进行梳理，使之合理有序，一般情况下应落实成文字呈现的信息化教案。

（5）在教学过程中，如果要求学生以完成电子作品的方式进行学习，教师应事先做出电子作品的范例，当然这个范例是从学生角度出发，以学生应该达到的制作水平进行设计的。有了教师展示的范例，学生浏览后就会对自己将要完成的任务有一个感性的认识。

（6）在评价信息化学习特别是其产生的电子作品时，结构化的评价工具——量规提供了较为科学的方法，对其进行认真设计将提高评价的可操作性和准确性。

（7）最后，还要对教学的具体实施方案进行设计，包括实施时间表、分组方法、上机时间分配、实施过程中可能用到的软硬件（如不具备，应采取什么方法解决）以及其他必要文档的准备等。

（8）在教学设计过程中，评价修改是随时进行的，伴随设计过程的始终。

2. WebQuest 模式

这是一种面向探究的学习活动，学生们所用到的所有或大部分信息都来自网络。WebQuest 模式已是一种很受欢迎的网上学习活动，很多教师和学生都在利用它实现有意义的学习目标，并有相关丰富的案例可供参考，网上还提供了 WebQuest 的模板、评价工具的模板等供教师使用和参考。

（1）主要特点

① 有一个明确的主题或问题（可派生出多个具体问题），为方便起见统称为问题。

② 此类问题可通过寻求信息而得到解答。

③ 问题的解答没有唯一性。我们称此类面向信息问题的探究学习为探究学习模式。

（2）组成部分及设计要点

① 介绍：对于所“探究”问题的简要描述。在这部分中，教师可以向学生们简要介绍此 WebQuest 的大致情况，以进行先期的组织和概述工作。如果在此 WebQuest 中包括角色扮演或闯关游戏（如“你现在是一个鉴别神秘诗人的间谍”），还应在这一部分中设置相应的情境。

② 任务：对于学生们要做的事情的描述。在这部分中，教师应该清晰明了地描述学习者行为的最终结果将是什么。在 WebQuest 中涉及的“任务”可以是：一系列必须解答或解决的问题；对所创建的事物进行总结；阐明并为自己的立场辩护；具有创意的工作；任何需要学习者对自己所收集的信息进行加工和转化的事情等。

③ 资源：指向网上相关站点的链接。在这部分中，教师指出一些学习者用于完成任务的网址，并且应该在每一个链接中嵌入对此资源的描述，以便学习者在点击前知道自己将通过点击获得什么。

④ 过程描述：说明要做些什么才能完成指定的任务，学生将遵循哪些步骤才能完成任务。这部分是探究学习的关键所在，步骤必须简明清晰。

⑤ 学习建议：指导学习者如何组织信息。在此处，教师要为学生提供一些建议，以帮助他们组织所收集到的信息。“建议”可以包括使用流程图、总结表、概念地图或其他组织结构，也可以采用由复选框组成的问卷形式，其中的问题旨在分析信息或提请要考虑事物的注意事项。如果将“学习建议”部分嵌入 “过程描述”部分中，效果可能会更好。不过当建议很多，或者数据的收集和分析过程不是几步就可以完成的时候，还是将这两个部分分开为好。

⑥ 评价：创建量规来展示如何评价最终的成果。另外，教师还可以创建一个自我评价表，这样学生可以对自己学习进行评价和反思。

⑦ 总结：对于将要完成或学习的事物的简要总结。通过简短的一两句话，概述一下学生通过完成此 WebQuest 将会获得或学到什么。

5.6 信息化教学评价

信息化教学评价着眼于促进学生素质的全面发展，改变以往只注重终结性评价方式，坚持形成性评价和终结性评价并重的原则，使教学评价成为学生认识自己、激励自己的教育方式和教师改进教学的反馈方式。这样不仅有利于学生综合素质（尤其是学生分析问题、解决问题的能力）的发展，而且倡导灵活多样的、开放的、动态的考试方式，注重给予学生更大的自主选择空间，减轻学生的压力，激励学生学习，帮助学生有效调控自己的学习过程，使学生获得成就感，增强自信心，培养合作精神，使学生从被动接受评价转变为评价的主体和积极参与者。

5.6.1 信息化教学评价方法

信息化教学评价方法包括诊断性评价、形成性评价和终结性评价方法，利用计算机实现了评价的自动统计分析和评分功能。为了更好地运用评价方法，下面对诊断性、形成性和总结性评价进行比较，见表 5-9。

表 5-9　诊断性评价、形成性评价和总结性评价的比较

评价类型	诊断性评价	形成性评价	总结性评价
评价时机	在单元、学期或学年教学活动开始前	在教学活动开展过程中	在学期、学年或全部课程结束后
评价作用	评定教学准备	评定学习效果	评定学业成绩
评价目的	了解学生特征，合理安排教学活动	调整教学方案，改进教学方法与过程	证明学业成绩，预测后继学习能力
评价重点	认知、情感和素质	认知能力	学习结果
评价手段	摸底测验、学籍档案、调查分析等	平时作业、单元测试、日常观察等	期末测验、年终考试、学业考试等
评价内容	学生的智能基础、生理和心理特征等	课程和单元教学目标的完成情况	课程和学科教学目标的实现情况

5.6.2　信息化教学评价的工具

信息化教学评价主要关注的是学习过程。信息化教学评价的工具主要有以下几种。

（1）范例展示。范例展示在布置学习任务之前，向学生展示符合要求的学习成果范例，以便学生提供清晰的学习预期目标。

（2）评定包。评定包又译为档案袋，是按一定目的收集的反映学习过程以及最终成果的一整套材料，这些资料借助信息技术能很好地组织与管理。

（3）概念图。概念图是一种图表，作为评价工具，它可以方便地表征课、单元或知识领域的组织结构。概念图是用来组织和表征知识的工具，通常将有关某一主题的概念置于圆圈或方框之中，然后用连线将相关的概念和命题连接，连线上标明两个概念之间的意义关系。作为学习工具，概念图能够构造一个清晰的知识网络，便于学习者掌握整个知识架构。作为评价工具，可了解学生的学习进展和内心思维活动的情况，从而及时给出诊断，从中不但能发现学生理解上的问题，还可以发现学生的学习风格和思维习惯。

（4）量规。量规是一种结构化的定量评价标准，它往往是从与评价目标相关的多个方面详细规定评级指标，具有操作性好、准确性高的特点。表 5-10 为对学生网站的评价量规。

表 5-10　对学生网站的评价量规

评价项目	分　数	评价标准
1. 界面友好性	10	区域划分清晰，易于理解，包括恰当明了的、加了标签的链接
2. 高效合理性	10	图片下载迅速，相关文本易读。背景服从文本与图片，并与之相辅相成
3. 页面审美性	10	图片吸引人、动画新颖并富有创意
4. 内容准确性	10	信息准确，完整，有保留价值
5. 内容有用性	10	内容有意义，难于找到精华所在，对人们学习物理有指导意义
6. 内容丰富性	10	信息丰富，具有重读意义
7. 内容综合性	10	多种内容或学科的有机结合，能充分体现学生的发散思维

续表

评价项目	分　数	评价标准
8. 学习思考性	10	鼓励学习者思考、讨论、假设、对比、分类等
9. 过程吸引性	10	通过网站学习的过程能吸引学习者
10. 个性发展性	10	有效地至少将三方面（语言、数学、才能、交际、音乐、物理）的智力或潜能开发融于一体。

评价说明：对学生网站评价标准如上 10 个方面，每个项目为 10 分。30 分以下为浪费时间，30～50 分为一般，50～70 分为非常好，70～90 分为优秀。

（5）学习契约。学习契约也称为学习合同，是学习者与帮助者（专家、教师或学友）之间的书面协议或者保证书。主要有自学式学习契约和同伴辅导学习契约。

（6）评估表。评估表是以问题或评价条目组织的表单，适当地设计可以帮助学习者通过回答预先设计好的问题来产生某种感悟，有效地启发学习者的反思，从而增强他们自主学习的能力。

5.6.3　信息化教学评价方法存在的主要问题及新发展

1. 存在的主要问题

（1）评价内容方面，过多倚重学科知识尤其是课本上的知识，忽略了实践能力、创新精神、心理素质以及情绪、态度和习惯等综合素质的考查。

（2）评价标准方面，过多强调共性和一般趋势，忽略了个体差异和个性发展的价值。

（3）评价方法方面，以传统的纸笔考试为主，过多依赖量化的结果而很少采用体现新评价思想的、质性的评价手段和方法。

（4）评价主体方面，被评价者多处于消极、被动的地位，基本上没有形成教师、家长、学生、管理者等多主体共同参与、互动的评价模式。

（5）评价重心方面，过于关注结果，忽视被评价者在各个时期的进步状况和努力程度，没有形成真正意义上的形成性评价，难以发挥评价促进发展的功能。

2. 国内外教学评价发展的新特点

（1）重视发展，淡化甄别与选拔，实现评价功能的转化。

（2）重综合评价，关注个体差异，实现评价指标的多元化。

（3）强调质性评价，定性与定量相结合，实现评价方法的多样化。

（4）强调参与和互动、自评与他评相结合，实现评价主体的多元化。

（5）注重过程，总结性评价与形成性评价相结合，实现评价重心的转移。

（6）重视教育技术在教学评价中的应用。

5.7　信息化教学设计案例

本节以《探索生命》WebQuest 为案例，分析信息化教学设计过程。

1. 案例说明

《探索生命》主题探究活动是在小学中高年级语文课程中进行综合性研究学习的一项实践活动。通过《探索生命》主题探究活动，让学生通过收集、整理、分析、应用丰富的网络资源以及在学生自主合作的过程中，了解生命的起源、生命的生理系统、人们对生命的不同理解、对生命的赞美以及世上“残害生命”的现象，通过探究让学生能科学地认识生命，提高对生命价值的认识理解。通过实施本案例，让学生综合运用所学的信息技术（工具软件），让信息技术真正成为学生解决问题的工具。

2. 教学目标

（1）认知目标

① 通过本次《探索生命》网络主题探究活动，让学生了解生命的起源、生命的生理系统、生命存在的环境状况，以及人们对生命的不同认识理解。

② 了解社会上“残害生命”的现象。

③ 熟悉搜索引擎的主要功能，熟悉各种搜索方法的运用。

（2）情感目标

① 通过学生的自主、合作探究，培养独立自主的精神和意识，培养团队合作的精神和意识，逐步加强学生探究精神的培养。

② 提高对生命价值的认识理解，懂得珍爱生命，培养学生正确的生命观、人生观。

（3）动作技能目标

① 培养学生收集、整理、分析、应用信息的能力；培养学生自主合作能力以及初步的网络主题探究能力。

② 能熟练运用搜索引擎，运用拾荒式搜索模式收集所需资料。

③ 能熟练运用 FrontPage 制作主题网站。

④ 能熟练运用 Word 编写研究小报告。

⑤ 能运用 PowerPoint 制作专题汇报演示文稿。

3. 任务

（1）利用网络，浏览与“生命主题”相关的资料，进行收集、整理和分析，并及时做好记录。

（2）寻找合作伙伴，明确分工，协作商讨共同进行探究活动。

（3）撰写一份研究报告和一份活动体会，汇报交流后交给老师。

（4）制作一份电子作品，可以是 PowerPoint 演示文稿、主题网站或者其他形式的电子作品，汇报交流活动时用。

4. 资源网站链接

生命的探索：http://www.lifexpl.com

生命奥秘探究：http://smam.myrice.com

生命科学站：http//www.coolbionet.com

外星生命：http://ufoufo.myrice.com

生命驿站：http//netroom.hbu.edu.cn/personal/gene2000

生命的起源：http//www.kepu.com.cn/gb/earth/ocean/halobios

地球生命的诞生：ttp//nerroom.hbu.edu.cn/personal/fene2002/life-qiyuan.htm

人类的诞生：http//netroom.hbu.edu.cn/personal/gene2000/life1.htm

吸毒：http//www.east-doctor.com/drug/drugenda.html

吸毒的危害：http//www.peopledaily.com.cn/wsjk/zhuanti/xidu/home1.htm

5. 教学过程

（1）探究活动准备——提出探究主题（集中活动 1 课时）

① 提供资源。

教师为学生提供介绍与“生命”有关（生命奥秘、残害生命……）的录像、图书资料、相关报道等，让学生通过观看浏览，在教师的引导下确定探究主题——“探索生命”。让学生明确进行这次主题探究的意义。

学生自主浏览资料，记录自己感兴趣的资料和浏览后的感受。

② 讨论归纳——探究主题。

在列出需要着手解决的问题之后，需要进一步讨论问题，全面了解教师提供的资料。通过讨论，筛选出你认为应该对生命认识理解最重要的、最有价值的几个方面。

学生浏览资料，集中讨论，记录自己感兴趣的问题。总结归纳讨论结果，记录有价值、有意义的问题，确定研究主题。

（2）探究活动准备——进行分组并明确分工

① 让学生分类整理问题，列表，提炼有价值的问题。

② 让学生根据自己的兴趣，自由组合寻找自己喜欢的合作伙伴，进行分组。

③ 明确小组成员的分工。

学生在提出问题的过程中，教师要及时引导学生在提出问题时进行适当分类，这样便于对问题多角度认知，并且要让学生学会如何根据问题要求选择重点。小组成员最好不超过 5 人。每一组最好针对一个或两个问题进行探究，这样探究活动才会有深度和广度。

（3）探究活动过程——收集信息，交流评价（以小组为单位）

① 收集信息。

聚焦问题：针对本小组确定的探究主题，分组讨论，并列出你选择本主题的原因。及时做好记录，便于进一步的探究活动。

资源搜索：使用关键词，在网络上搜索、访问与生命相关的网站，并围绕本组所确立的学习主题，收集相关的、可靠的、可用的信息。如果网络资源不足，学生还可以通过其他途径收集资料。例如，到各类图书馆查找相关资料或者采访相关的专家学者，以达到解决问题的目的。

记录分析：把收集到的相关的资料进行进一步的分析筛选，精选出对本组探究主题有用的资料。让学生注意信息的来源，并记录信息的出处，养成记录习惯。

② 交流评价（以小组为单位）。

小组讨论：讨论形式以小组为单位集中讨论或者在学校的专用论坛上进行讨论交流，加深对相关问题的理解。记录同一组交流的相关内容。

总结反思：重新思考本小组将要完成的学习主题，通过小组内的信息交流和讨论，记录每个同学对生命较为共性的认识，并进行重点讨论。需要注意的是，小组各成员之间肯定也存在不同的问题，一定要尊重学生的独特体验，让学生根据自己的兴趣探究相关问题。

（4）探究活动过程——交流讨论（全班同学利用学校网上专用论坛、网络会议，定期进行讨论交流，让学生自由发挥，教师进行适当的指导和监控。）

① 交流共享各自收集到的信息，让资源高度共享。

② 提出自己不易理解的问题，并进行讨论，以达到共同进步、互相学习的目的。

讨论的前提是要让每个学生做好准备，积极参与，大胆发言，教师对论坛及时监控。

（5）探究活动过程——深入认识，完成作品

① 分组集中讨论小组选定的学习主题，深入认识。

② 小组分工合作完成研究报告、主题网站和活动体会。

③ 反思：反复推敲在研究报告或电子作品中存在的一些较为模糊的地方，再次思考，继续完善主题探究电子作品。

深入讨论这一环节难度比较大，在深入讨论的过程中，学生有可能出现无从下手的困惑，这时老师要适时适当地进行引导，让学生选择适当的角度逐步深入分析。选择的角度一定要小，分析时要让学生学会多问"为什么"，这样才能达到目标。在完成报告时，要指导学生注意格式，要有自己鲜明的观点，要注意从多个角度认识选定的"生命主题"。

（6）探究活动总结——汇报交流　完善作品（集中活动 2 课时）

① 以小组为单位进行汇报：在小组成员共同准备的基础上，派代表向全班汇报大家的研究成果。小组成员记录好其他同学提出的问题和本小组成员的回复。

② 倾听各小组的汇报：记录下其他小组汇报的要点。在笔记上及时写下你打算提出的质询问题。记录下该小组对你所提问题的回复。

③ 以小组为单位，加强合作，继续完善主题探究作品。继续在网上论坛专用区上就某些有价值的、关键性的问题进行讨论。

在交流的过程中，以小组为单位，小组成员积极配合，尽量完整阐述本组探究成果。同时要让学生在交流过程中学会如何应对别人的质疑，学会通过运用各种方法为自己的观点服务，准备要充分。如果存在问题，要学会及时总结反思，进一步深化自己的认识，让探究活动更有效、更深入。

6. 评价

依据表 5-11 所示的评价量规对学生的表现进行评价。

表 5-11　评价量规

评价项目		评价结果			
		完　成	统计结果（%）	典　范	统计结果（%）
综合分析	主题判断	选择了一个学习主题，能从几个方面阐明选择的依据。能对搜索的资料进行初步分类、分析，能从多个角度来认识问题，有自己独特的见解	60%	能较准确、清晰、多角度地阐明所选学习主题的依据，对收集到的资料能进行细致分类、分析、总结，能全面认识生命的真谛，并且对问题认识有与众不同之处	40%
	主题分析	能从生命的起源、生命的生理系统、生命的意义、残害生命等其中的几个方面进行较深入的探究，分析理解有一定的深度与广度	75%	能从生命的起源、生命的生理系统、生命的意义、残害生命等多角度深入挖掘，能逐步认识生命的真谛	25%

续表

评价项目		评价结果			
		完　成	统计结果（%）	典　范	统计结果（%）
表达能力	口头表达	普通话标准，有感情地叙述，有相应的肢体语言配合表达内容，对表现主题有一定的帮助，整个演讲过程流畅	65%	普通话标准流利，声音悦耳动听，有强烈的感染力。能恰如其分地运用肢体语言表达思想情感，演讲过程流畅，一气呵成	35%
	书面表达	语句表达通畅清晰，没有错别字现象。正确表达自己的观点，通篇文章条理清楚，结构完整，符合文体格式	80%	语句表达能运用恰当的修饰，简明流畅、生动形象，能鲜明地表达自己的观点，通篇文章条理清晰，结构严谨，完全符合文体格式	20%
合作学习	小组合作	每个人都能积极参加小组活动，通过协作，能较好地完成合作任务，基本解决在合作中存在的分歧	85%	全组成员能同心协力完成每一次的协作任务，职责分工明确，能很好地解决合作中产生的冲突	15%

7. 活动总结

《探索生命》是基于网络资源利用的主题探究活动。在本次活动中，通过教师的适时适当的指导，学生利用网络对生命的起源、生命的生理系统、生命的意义、残害生命的现象和本质等相关主题进行了较为深入的探究。学生在自主合作过程中寻找资源、运用多学科知识、分析材料，能及时总结反思，使探究活动有一定的深度。学生在探究过程中，他们的自主合作能力和基于主题的研究性学习能力得到培养和锻炼。学生在探究过程中对生命的认识也逐步深入，学生能科学地认识生命，提高对生命价值的认识理解。本次探究活动对逐步培养学生正确的生命观、人生观有很大的帮助。

思考与练习

1. 以教为主的教学设计分为 ID1 和 ID2，其划分的理论基础是什么？它们之间有什么本质的区别？

2. 以教为主的教学设计模式包含哪些主要的过程？你能根据自己的理解画出其设计流程图吗？

3. 在以学为主的教学设计中，对学习目标和学习内容的分析有什么特点？与以教为主的教学设计中教学目标和教学内容的分析有何区别？

4. 学习情境设计在以学为主的教学设计中有什么样的作用？如何根据不同的学习内容设计不同的学习情境？

5. 你认为“网络学习环境”应包含哪些功能？

6. 以学为主的教学评价有哪些特点？

7. 谈谈你对“主导—主体”教学设计模式的理解？

8. Intel 未来教育模式有哪些特点？

9. WebQuest 模式的组成部分及设计要点是什么？

第6章 教学技能

本章学习目标：

通过本章的学习，了解教学技能的概念、特征及分类；掌握基本的教学技能（包括教学语言技能、教态变化技能、板书技能、讲解技能和演示技能）；掌握课堂教学综合技能（包括导入技能、提问技能、强化技能、结束技能和教学组织技能）；掌握课堂倾听的技能；掌握教学沟通的技能；掌握说课的原则和技巧。

本章要点：

- 教学技能的概念、特征及分类；
- 导入技能的概念、作用、类型、原则和实施要点；
- 提问技能的概念、作用、类型、原则和实施要点；
- 讲解技能的概念、作用、类型、原则和实施要点；
- 强化技能的概念、作用、类型、原则和实施要点；
- 教学沟通技能的概念、作用、类型、原则和实施要点；
- 教学组织技能的概念、作用、类型、原则和实施要点；
- 说课技能的概念、原则、误区和要求。

教学既是一门科学又是一门艺术，它是建立在教师具有广博的知识和熟练的教学技能的基础之上的。教学技能是指教师运用已有的教学理论知识，通过练习而形成的稳固、复杂的教学行为系统。它既包括在教学理论基础上，按照一定方式进行反复练习或由于模仿而形成的初级教学技能，也包括在教学理论基础上因多次练习而形成的，达到自动化水平的高级教学技能，即教学技巧。教学技能是教师必备的教育教学技巧，它对取得良好的教学效果，实现教学的创新具有积极的作用。

教学技能是教师素养中最基本、最重要的内容，掌握一定的教学技能是一名合格教师必须具备的基本业务素养。教学技能对外表现为成功地、创造性地完成既定的教学任务，卓有成效地达到教学目的和获得有效的教学方法；对内表现为保证完成教学任务的知识、技巧、心理特征和个性特征的功能体系，是教师的个性、创造性与教学要求的内在统一。从表面上看，教学技能是教师在教学活动中有效促进学生学习的活动方式；从深层剖析，它是教师职业个性品格和专业修养外化的表征，是教学能力的重要标志。每一位教师要想形成自己的教学风格，达到艺术化教学的水平，就必须遵循教学技能发展的规律，在熟练掌握教学技能的基础上，不断探索，不断创新。

6.1 教学语言技能与教态变化技能及板书技能

教学语言技能是教师在教学过程中所运用的语言方式与方法。在各种教学技能中，教学语言技能是最基本的技能。教学语言是教学信息的载体，是教师完成教学任务的主要工具。教师的教学语言水平是影响学生学习水平和学习能力的重要因素，在引导学生学习、启发学生思维、实现教学目标等方面具有重要作用。教师的语言形式主要有课堂口语，即口头表达；书面语言，即用书面文字表达，如板书、作业批语等。教态是体态语言，即用示范性或示意性的动作来表达思想。

6.1.1 教学语言技能

1. 教学语言技能的作用

（1）传递教学信息

教学语言技能要保证准确、清晰地传递教学信息，以完成教育教学任务。这就要求教师具有良好的语言技能。

（2）发展学生的智力

教学过程是学生智力得以发展的过程，学生的身心健康发展要求有一个良好的环境。教学环境应该是愉快和谐、启迪智慧、积极紧张三者的统一，而这正是由教师提供的，是教师运用完美的教学语言创设的。

（3）促进教师个人思维的发展和能力的提高

不断提高教学语言水平，可以促进教师个人思维的发展和能力的提高。语言是思维的工具，语言能力的提高必然会促进思维的发展。苏霍姆林斯基发现，“备课和对教材的教学论加工——这首先是教师的逻辑思维和语言修养的统一”。这就生动地说明，教师教学语言技能的提高与其思维发展和能力的提高是辩证统一的。

2. 教学语言技能的构成类型

教学语言由基本语言技能和特殊语言技能两方面因素构成。

（1）基本语言技能

这是在社会交际中人人都必须具备的语言技能，包括以下诸要素。

① 语音和吐字。语音是语言的物质外壳。有了语音这一载体，才使表达信息的符号——语言能以声音的形式发出和被感知。在交际中特别是在教学中，对语音的基本要求是规范，即要用普通话语音来讲话。与语音相关的还有吐字问题，人们形容吐字不清是“嘴里像含个热饺子”，使人听不清楚。造成吐字不清的主要原因是发音器官（唇、齿、舌）在发相应的字音时动作不到位。对于这种问题，只要有意识地矫正，并且经常练习，养成习惯，是完全可以解决的。

② 音量和语速。音量指声音的大小，声音过小时让人听不清楚，声音过大使人听起来不舒服。音量应控制为在教室安静的情况下最后一排也能听清楚。音量大小和气息控制有关。要达到一定的音量，就要注意深呼吸，要注意有控制地用气。注意音量的保持，避免听清前半句而听不清后半句。要把每一句的最后一个字都清清楚楚地送进学生的耳朵。语速是指一个人讲话的速度。耳朵有一定的承受力，超载就听不清。语速以每分钟 200～250 字为宜（播音员为 350 字/分）。

③ 语调和节奏。语调一般指的是讲话时声音的高低升降、抑扬顿挫的变化。合适的语调可以加强口语表达的生动性。节奏指讲话时的快慢变化，它和语速有联系但不是一回事。每个字音的

时间长短不一样，句中长短停顿不一，这种不一就形成了一种节奏。善于调节音调的轻重缓急，可以形成和谐的节奏，同样可以加强口语表达的生动性。

④ 词汇。没有词就没有语言。一个人只有具备一定词汇量并能正确、熟练地运用于口头表达中，才能具有一定的口语技能。在课堂口语中，对词汇的要求为：一是规范，要用普通话进行交流；二是准确，表达一个意思和客观事物时要用恰当的词语，不走样；三是生动，用词的形象性、可感性，用词的感情色彩，应能启发想象、联想，激发人的感情。

⑤ 语法。要注意符合语法规范，否则让人听不懂或费解，同时还要注意合乎逻辑规律。

（2）特殊语言技能

特殊语言技能是在特定的交流中形成的语言技能。教师的课堂口语技能是在课堂教学的特殊环境中形成的。加强教师的语言修养，就是要培养教师具有良好的口语技能。教师要培养口语技能的科学性、艺术性，需要注意以下几个方面。

① 准确。确切地表述概念、原理、定律等，而不是错误地或含混不清地表述。

② 规范。虽然是口头语言，也要符合现代汉语的规范，如发音要标准，吐字要清楚，遣词造句要讲究语法，叙述事理要符合逻辑。

③ 言简意赅。语言表达明白简练。所谓明白，即语言通俗易懂、深入浅出，使学生明确地知道教师所要表达的内容。所谓简练，即语言简洁清楚、干净利落、恰到好处。

④ 语言要生动、形象，富于启发性。也就是说要把抽象的概念具体化、深奥的道理形象化，运用学生所熟知的生动事例启发、引导学生理解、掌握并运用所学的知识。

⑤ 语言要有节奏感。这是教师运用语言的技巧问题。所谓节奏感是指教师讲课的声调要有高低，节奏要讲究快慢和停顿。

3. 教学语言技能的应用原则

（1）学科性和科学性原则

① 学科性：教学语言是学科的教学语言，因此必须应用本学科的专门用语——术语。专业术语是学科范围内的共同语言，不用这些术语不仅不利于交流，而且往往会显得不严密，甚至可能出现错误。学科性还要求教师运用本学科的教学术语来进行教学，教学术语分别表示不同的特定意义，是教学中的共同语。

② 科学性：指用词一要准确，二要合乎事物自身发展的规律，合乎逻辑。教学语言的科学性是教学内容科学性的重要保证，而教学内容的科学性是教学中第一位的要求。

（2）教育性和针对性原则

① 教育性：教学语言对学生的思想、情感、行为会产生潜移默化的影响，有时甚至是决定性的影响。学生年级越低，这种影响越大。教学语言的教育性还表现在组织教学中。教学语言的教育性的发挥在很大程度上取决于教师的言行一致，教师应在业务上精益求精，在思想、道德、情操等各方面全面提高自己的修养。

② 针对性：针对性可以从内容和表达两方面来研究。

内容：必须是学生在已有的知识和经验范围内能够理解的，与学生思想感情相通，不能超越学生的认识能力，也不可和学生的兴趣、需要相悖。

表达：深入浅出、通俗易懂、简单明了、生动活泼。那种“你不说我倒还明白，你越说我越糊涂了”以及故弄玄虚、重复啰唆、思维紊乱的语言是不允许的。

（3）简明性和启发性原则

① 简明性：就表达内容来说一定要经过提炼和认真组织，所用词语一定要经过认真推敲，句

式要经过严格选择，语言不多但一听就明白。简明的语言也包括留有余地以引起学生的思考。

② 启发性：启发学生对学习目的和意义的认识，激发他们的学习兴趣、热情和求知欲；启发学生进行联想、想象、分析、归纳、演绎等，激发学生积极思考；启发学生培养高尚的审美情趣，丰富学生的思想感情。教学语言要体现出对学生的尊重，要饱含感情；要体现新旧知识的联系，要尽可能把抽象的概念具体化，使深奥的道理形象化；要能引起学生合乎逻辑地思考问题，这就要求教师的语言必须是逻辑性极强的语言。

4. 教学语言技能的评价

在教学语言训练的过程中，可以按照表 6-1 中所列的评价内容为自己的语言技能打分。

表 6-1　　教学语言技能的自我评价表

评价项目	评价等级			权　重
	好	中	差	
1. 语言流畅，节奏适当				0.10
2. 正确使用本学科名词术语				0.13
3. 比喻恰当，通俗易懂				0.10
4. 逻辑严密，条理清晰				0.13
5. 感情充沛，语言具有趣味性和启发性				0.10
6. 使用普通话，字音正确				0.10
7. 语调抑扬顿挫，舒缓适当，有节奏感				0.08
8. 运用短句，避免语句过长				0.08
9. 简明扼要，在重点之处重复强调				0.10
10. 没有明显的口头语和多余的语气助词				0.08

如果自我评价分数在 0.7 以上，可以直接转向下一小节学习内容——教态变化技能；如果分数在 0.5 以下，需要采取一些方法进行训练以提高自己在教学语言使用方面的能力。

5. 教学语言技能训练的实施要点

在课堂上，教师要从一定的教学目的、教学内容、教学对象出发来组织自己的语言，这就形成了课堂口语的特殊结构。课堂口语的 3 个要素（阶段）为引入、介入和评核。

（1）引入

教师用不同方式使学生对所学内容做好心理准备，具体来说又有若干细节。

① 界限标志：指明一个新话题或新要求的开始。

② 点题、集中：指明新话题或新要求的目的。

③ 指名：指定学生作答。

（2）介入

教师用不同方式鼓励、诱发、提示学生做出正确回答或正确执行教师的要求，可分为以下几种方式：

① 提示：为使学生做出正确回答，教师提示问题，提供知识，提示行为的依据。

② 重复：重复学生的回答，目的是引起全体学生的重视以做出相应的判断。

③ 追问：教师根据学生的答案（不完全正确或完全错误）提出问题，以引发思考，得出正确的回答。

（3）评核

教师以不同的方式处理学生的回答。在“评核”这个要素中又有以下若干细节。

① 评价：对学生的回答加以分析、评论。

② 重复：教师重复学生的答案，以引起重视。

③ 更正：学生的答案依然不正确，教师予以分析、更正，并给出正确答案。

④ 追问：教师根据学生的答案（不完全正确或完全正确）继续提出问题，以引起学生深入而广泛的思考。

⑤ 扩展、延伸：在已经得到正确回答的基础上，联系其他有关资料进行分析，使学生对问题的认识更深入、更广泛。

6.1.2 教态变化技能

教态变化技能是指教师讲话的声音、使用的手势和身体的运动等的变化。这些变化是教师教学热情及感染力的具体表现。教态变化不需要借助于其他工具就可以实现，是最基本的教学技能。教师在深得教材精髓的前提下，可以借助面部表情、手臂活动等教学辅助方式，活灵活现地外化教材的主题、情感和知识，使学生在潜移默化中把握教材并开发思维。

1. 教态变化的作用

（1）教育作用

身教重于语言。非语言和外加语言提示是教师教学活动生动性的主要组成部分，教学的生动活泼基本上是由于不断变换对学生的刺激方式，不断引起和抓住学生的注意而形成的。有些课堂之所以枯燥乏味，主要是授课教师使用的语言呆板，很少有身体运动和面部表情的变化，以及缺乏手势的协助等。

（2）激励作用

充满生气和激情的教师会极大程度地唤起学生参与学习的积极性，他们认为非语言的提示与我们的身体运动所发出的信息是分不开的，它传递着情绪和感情，并增强语言所表达的内容。

（3）启发作用

教师非语言教学行为的重要特点是模拟性和象征性，它能引起学生对事物的丰富联想。尤其是一些难于用语言表达清楚的动作和感情，通过教师的非语言教学行为能较好地表现出来。因此，它对学生具有启发思维、促进理解的作用。

（4）强化作用

教师非语言教学行为的强化作用主要体现在它能把学生的视听有机地结合起来，用视听两个方面的刺激作用于学生的感官，增大了学生接收的信息量。美国心理学家艾帕尔•梅拉列斯总结了人接受信息的效果公式：信息的总效果=7%文字+38%音调+55%面部表情。从这个公式中我们可以充分地看出，教师的非语言教学行为对于学生接受信息具有重要的强化作用。

（5）教学控制作用

在课堂教学中，教师要根据学生的不同反应及时调整教学内容，改进教学方法，调节教学进度。教师要根据学生的不同情况，自觉运用体态语加强对课堂秩序的控制；教师可以通过突然终止讲课、目光暗示、边讲边走到学生座位巡视等方式达到加强课堂秩序的目的。

（6）信息传递作用

教态变化可以传达更加丰富的知识信息。教师的表情、眼神、身姿、手势均会对学生的情绪产生极大的暗示作用和感染力。另外，可以利用提问、微笑、锐利的目光和善意的勉励，使不专心的学生感到无法开小差，从而集中精力专心听课。积极的体态信号会引起学生正向的情绪反应。

2. 教态变化的类型

（1）身体位置的变化

教师在课堂上如果总是固定于一个位置不移动，让学生长时间从一个方向注视自己，学生的眼神容易疲劳，单调沉闷而影响学习效果。教师适时适度地在教室中走动，不但不会分散学生注意力，还会使课堂变得有生气，能调动学生的积极情绪，加强师生间的感情交流，促进师生关系。但是要注意，教师在课堂上走动不要过于频繁，以免造成学生的视觉疲劳。

（2）手势的变化

恰当地运用手势变化配合口头语言表达可以加重语气，增强语言的表现力，突出重点，使学生加深印象。教师做手势的目的要明确，不要带有随意性，手势的变化不要过多、过于琐碎，要适度、自然大方。生硬造作的手势，如挠头皮、挖鼻孔、敲桌子等不仅不能给人以美感，还会分散学生的注意力，影响教学效果。

（3）情绪和态度变化

课堂上师生之间情感的交流，不但是创造和谐课堂气氛的重要因素，而且对开启学生的智力有重要作用。有的教师在教学过程中态度严肃以至刻板，不苟言笑，或是义正词严；有的教师轻声慢语，或是有气无力。其实，这些类型的教师都不受学生喜欢，只有情绪和态度自然变化的教师才真实可亲。当然，我们更提倡教师上课时面带微笑，具有感染力的表情可以让学生感受到关心、爱护、理解和友谊，可以激发学生产生同样的情感并延伸至热爱教师讲授的课程内容。

（4）眼神变化

作为教师，讲话时要面对全体学生，使用从注视全班到部分学生的变化方法，尽量与每一个学生的目光接触，使学生对教师加强信任感，增强听课的兴趣。同时，从与学生的目光接触中获得及时的反馈信息，了解学生对教学内容感兴趣的程度，接受的程度，是否注意听课等。

（5）停顿变化

停顿是引起注意的一种有效方法。教师讲话不能总是一个声调、一个速度，声音要有停顿，该高则高，该低则低，该快则快，该停则停。停顿的目的是给学生回味、思考的时间，造成一种高低快慢、轻重缓急、抑扬顿挫相结合的情景，增强学生的注意力，减轻学生的疲劳感，使学生时刻处于最佳的思维状态。

3. 教态变化技能的应用原则

（1）目的性原则

教师的教态变化应当是有目的的行为，教师应当明确教态变化的目的是使教学变得活泼，集中学生的注意力，引起学生的学习兴趣。

（2）明确性原则

教师运用教态变化时必须做到能够促进学生对教学内容的进一步理解。

（3）适度性原则

教态变化的运用要适当，避免过分夸张和脱离教学内容。

4. 教态变化技能的评价

作为一名能够使学生感觉亲近且给学生留下深刻印象的教师，需要随时注意自己的教态是否得体。在教态变化技能训练的过程中，请参考表 6-2 中的指标，给自己和同事进行评测。

表 6-2　　教态变化技能的自我评价表

评价项目	评价等级			
	优	良	中	差
1. 穿着端庄大方，打扮自然				
2. 目光与学生的接触恰当自然，关注全体学生				
3. 面部表情严肃而友善，有亲和力				
4. 神态自若、镇静，有幽默感				
5. 教态变化与教学内容协调一致				
6. 表情、目光、手势、体位等有变化				

5. 教态变化技能训练的实施要点

如果你是一名不善于表达的教师，如何才能够使用丰富的肢体语言配合你的语言讲解，如何达到此时无声胜有声呢？可以试试下面的方法。

（1）教师需要沉着、稳重。教师的姿态要沉着、稳重、自然大方，使学生敬而不畏，感到听你的课是一种美的享受，越听越爱听。要注意既不要呆在一个位置上用一种机械的姿势讲课，也不要在讲台上频繁地来回走动，以免分散学生的注意力，影响学生听课的效果。

（2）教师的眼睛应环视全班学生。教师的视线要注视全班学生，既不能只面对课本、教案，也不能只面对黑板。教师的视线要尽量环顾班内每一位同学，通过目光与学生交流信息，得到反馈。

（3）教师的情绪应该饱满、自然。教师的情绪要乐观、饱满，笑而不露，发自内心并自然流露。教师要用乐观饱满的情绪去调剂学生听课的情绪，以减轻学生听课的疲劳。

6.1.3　板书技能

板书技能是教师在教学过程中，为辅助口语表达而运用黑板书写的文字或符号等形式传递教学信息的教学行为方式。板书是教师在教学过程中帮助学生理解和掌握知识而利用黑板，以凝练的文字符号、图表等呈现的教学信息的总称。教学板书一般表现为 3 种形式：板书、板演和板画。板书是教师写在黑板上的授课内容的主要标题。板演是指教师在黑板上推导公式、演算例题或书写方程式等，是理科教学中常用的一种形式，一般效果要优于计算机多媒体演示。板画是指教师在黑板上画的各种图形、符号和表格，在美术、生物、物理、化学等学科中经常用到。

1. 板书的作用

（1）有利于学生构建知识结构。课堂上每位教师所讲授的知识都有其内在的逻辑性和规律性，仅靠教师的口述，学生难以全面理解和把握知识的结构体系。板书则是教材的高度浓缩，可以将本节课程知识的内在联系在黑板上清晰地反映出来，有利于学生构建自己的知识框架。

（2）有利于学生对重点知识的掌握和对难点的突破。教师可以利用板书对教学内容的精华加以提炼，并以板书的形式展现在学生眼前。在讲授过程中，教师可以在关键处使用圈点或用不同颜色粉笔书写等方式加以强调，对学生而言用书面语言再现事物本质，能更好地突出教学重点和帮助学生记忆。

（3）有利于强化直观形象。板书是通过视觉感官来传递信息的，比口头讲授更富有直观性。教师讲解时配合适当板书文字、符号、线条等形式，可以使抽象的知识具体化、形象化，使学生更容易理解概念、原理、定理和公式。

（4）有利于激发学生兴趣，启发学生思维。优秀的教师都具备深厚的板书功底，能够运用形式优美的板书勾画教学内容的轮廓，生动地表达某一问题。这样可以很好地激发学生的兴趣，甚至可以使学生终生难忘。

（5）有利于学生能力的发展和非智力因素的开发。板书能够极大地反映教师对教学内容的理解程度和思维的严谨程度。教师严肃认真的教学态度可以对学生的学习习惯产生潜移默化的影响。板书具有很强的示范作用，书写正确、格式规范、形式优美的板书有助于引导和训练学生养成良好的书写习惯。

2. 板书的类型

板书设计没有固定的模式。一节课采用哪种板书形式，主要取决于教学内容。内容决定形式，形式服务于内容。教师在备课时必须吃透教材，把握教材内容的特点。其次还要考虑教学目的，是让学生掌握基础知识还是培养学生的实际能力。一般来说，教学板书可以分为基本板书和辅助板书。基本板书也叫做主板书，是体现教学目的和教学内容内在联系的重点、难点和关键点的板书，体现教学内容的基本事实、基本思想及结构形式。基本板书是整个课堂板书的骨架。辅助板书也叫副板书。辅助板书是教师为了引起学生的注意或解释一些学生难以理解的字、词、符号等，随机在黑板右侧写下的板书。教学板书依据具体表现形式分为词语式、提纲式、结构造型式、表图示意式等类型。

3. 板书技能的应用原则

（1）计划性。教师在上课前要吃透教材，根据教学任务、教学内容和学生实际确定板书内容，规划板书格式及布局。

（2）简洁性。板书语言是教学内容的提炼，应当精练概括，恰当反映教学内容的本质，尤其是突出重点、难点。板书过多则影响讲解和分析，容易分散学生的注意力。板书必须言简意赅、提纲挈领、重点突出、以简驭繁、以少胜多，使学生产生联想，融入到自己的知识结构中去。

（3）科学性。板书一定要体现科学性，表现为教学内容的相关概念、原理表达得恰当；所用公式、符号准确无误；书写标准简化字，不出现错字、别字及漏字现象，字号大小适中；图形、表格要保持线条整齐、位置适当、格式规范。

（4）条理性。板书必须脉络清晰、层次明了，各层次标号一致，同层次内容排列整齐。

（5）启发性。教师在板书设计上要做到形式优美、风格独特，给学生思考和遐想的空间，能够调动学生主动思考和探究的积极性。

（6）适时性。一般板书要与讲解相结合：先写后讲适合于需要学生对某一事物有一个概括性了解，再进行细节讲授；先讲后写适合于利用板书帮助学生回忆所学要点，归纳总结，强化所学知识；边讲边写适合于图示、表格等内容。

（7）艺术性。板书是形式美和内容美的完整统一，要求内容完善、语言精练、构图美观、字体俊秀。

4. 板书技能评价

表 6-3 是一个有关板书技能的自我评价表，大家可以对照相应内容进行自我评测。

表 6-3　　板书技能的自我评价表

评价项目	评价成绩	参考权重
1. 文图准确，科学性		0.12
2. 层次分明，条理性		0.12
3. 简明扼要，简洁性		0.12
4. 书写规范，示范性		0.10
5. 重点突出，计划性		0.12
6. 布局合理，艺术性		0.10
7. 形式多样，启发性		0.10
8. 讲写配合，适时性		0.12
9. 运用灵活，创新性		0.10
总评：A 优秀（85 分以上），B 良好（70～85 分），C 合格（60～70 分），D 不合格（60 分以下）	总成绩：	

5. 板书技能训练的实施要点

（1）训练目标：能够根据教学实际需要，运用常见的板书类型，进行规范的板书设计。

（2）训练程序：包括以下几个环节。

① 知识准备。首先了解有关板书的基本知识，例如教学板书的作用有哪些，教学板书有哪些基本形式，如何根据教学实际恰当选择板书形式，板书设计应考虑哪些因素，运用板书时需要注意哪些问题。

② 重点突出。教师在课堂上的板书必须概括整堂课的主要内容，真正成为整堂课的提要和纲领。突出重点和关键，在备课时，必须进行板书内容的提炼和选择，要考虑板书内容和课堂语言配合使用的效果，并通过板书强调教学内容的实施。

③ 书写规范。字要工整、规范，笔顺要正确，不能乱用怪癖字、不规范的简化字，这是最起码、最基本的要求。同时公式、符号、拉丁文和英文字幕等也要正确规范，符合国际标准和惯例。

④ 布局合理。教师备课时要设计板书布局，有计划地板书，哪些是主板书，哪些是副板书，哪部分需留用，哪部分要擦掉，教师心中要有数，事先做出周密的安排。最基本的要求是既不能使板书文字顶到黑板的上边缘，又不留下太多的空白，要高低得当，疏密均匀，字间行距有规律。

⑤ 用语准确。板书的文字语言要合乎逻辑、用词准确，使用教学术语、专业用语必须科学合理，符合学生的认知特点，符号的书写要标准化、系统化。

⑥ 形式多样。依据教学内容和学生的认知特点，在板书形式上力求多样化，提纲式、图示式或表格式等均可灵活运用，尽量使自己的板书在形式风格独特、个人模式基础上进行变化。教师在备课时要精心设计和编排板书的类型，注意板书的趣味性，用优美的文字、形式和色彩吸引学生的注意力，同时也给学生以新鲜感和美的享受。

6.2　导入技能

教学过程的导入是教学的开始，若导入运用得好，教师可以很快集中学生的注意力，激发学生的学习兴趣，很自然地将学习目标明确告之。设计精良的导入环节可以为新知识的引入创造良好的氛围。导入包括课程导入、单元导入和课时导入。

6.2.1 导入技能概述

1. 导入技能的概念

导入技能是指在教学活动开始时，教师引起学生注意，激发学生学习兴趣，引导学生进入学习状态的一种教学行为方式。导入是一节课的开始，教师一般可以使用 5 分钟左右的时间创设一个情境，将当天要讲授的新知识巧妙地融入进去，让学生了解到当天所要学习知识的实际用处及其与以往知识间的关联性，使学生快速产生对新知识的求知欲望，把学生的注意力吸引到特定的教学任务中来。所以，对于一堂课的好坏，开始 10 分钟是最重要的，主要在于如何设计导入环节。

2. 导入技能的应用原则

（1）目的性原则：导入要根据教学目标、教学大纲、学生的认知特点、学生的兴趣爱好有目的地进行设计，不能只考虑形式的新颖独特，还要考虑是否能够为教学目标服务以及为学生所接受。

（2）启发性原则：教师可以利用启发性的语言激发学生的学习兴趣，促使学生进入自主探求知识的境界。

（3）科学性原则：导入必须建立在科学的教学理论、学习理论之上，确保导入内容和导入方法科学。

（4）简洁性原则：导入要力求用最简洁的语言、最短的时间，迅速、巧妙地吸引学生的注意力，缩短师生之间、学生与教材之间的距离。

（5）关联性原则：导入的内容要与新课内容紧密连接，揭示新旧知识的联系，使学生的知识系统化。

（6）艺术性原则：富有艺术魅力的导入可以深深吸引学生，使学生产生探究的欲望和认知的兴趣，使学生以精神饱满的状态进入到学习活动中。

（7）有效性原则：导入阶段的目的是使学生尽快进入到学习情境中来，导入环节要做到紧凑，与后面课程讲解部分连接紧密，不拖沓。时间安排一般以 3～5 分钟为宜。

课堂教学的导入是教师在新课或新教学内容开始前引导学生进行学习的行为。导入的成功与否关系到后面教学时学生的学习状态。教师应该重视并抓好课堂教学中导入这个环节，以促进教学效果、教学质量的提高。

6.2.2 导入技能的作用

导入的作用在于集中学生的注意力，引起学生的兴趣，明确学习的目的、要求，为学好新知识创造良好的前提。有效地导入新课是课堂教学中的一个重要环节。好的导入可以点燃学生思维的火花，开拓学生思维的广阔性和灵活性。富有启发性的导入不但能活跃学生的思维，还能起到培养学生定向思维的作用。运用正确的方法导入新课，能集中学生的注意力，明确思维方向，激发学习兴趣，引起内在的求知欲望，使学生在学习新课的一开始就有一个良好的学习情境，为整个教学过程创造良好的开端。

6.2.3 导入技能的类型

教学没有固定的形式，一堂课如何开始也没有固定的方法。由于教育对象以及内容不同，开头也不会相同。即使是同一内容，不同教师也有不同的处理方法。教师要根据所教学生的心理特点，结合教学内容，以达到调动学生积极性为目的，采用灵活多样的方式导入新课。教学中的导入形式很多，主要有以下几种。

① 通过复习旧知识导入新知识，引导学生发现问题，明确探索的目标。这是教学最常用的方式。

② 利用直观演示的方式导入。根据学科的特点，尽量采用直观教学。采用直观教学，可以使抽象的知识具体化、形象化，为学生架起由形象向抽象过渡的桥梁。因此，采用直观教具来揭示道理或规律是十分重要的。

③ 用实验演示的方式导入。教师巧妙地设计一些小的实验或练习，指出一些现象让学生自己观察和分析，然后进行归纳总结，得出的结论就是本节要讲的主要内容，课题随之被揭示出来。这种导入方法能帮助学生掌握抽象的知识，激发学生的思维活动。

④ 从生产实践和生活实际问题导入。实际生产和生活中有不少现象，人们往往能感觉它而不能理解它。一旦把它上升到理论的高度便能引起学生浓厚的兴趣。教师利用这种心理，则许多问题都可以从学生亲身经历过的实际问题或本身的生理现象导入新课。通过学生生活中熟悉的事例或自身的生理现象引入，能使学生有一种亲切感和实用感，容易引起学生学习的兴趣。

⑤ 以讲故事的方式导入。很多学生爱听、爱看有趣的故事，教师可以抓住学生这个心理，变学生的好奇心为浓厚的学习兴趣，使学生的思维活跃起来。教师根据教学内容适当地引入一些材料，从与教材有关的趣事轶闻出发导入，能激起学生对所学新课的浓厚的兴趣。

⑥ 采用逻辑推理的方法导入。推理是指人们根据头脑中已有的判断，经分析综合引出新的判断的过程。它是指根据已有的概括性认识和有关材料或事实，对过去进行推断或对未来进行预测。

6.2.4　导入技能的自我评价

在导入教学技能训练的过程中，可按表 6-4 进行评价。

表 6-4　导入技能的自我评价表

评价项目	评价等级			
	优	良	中	差
1. 能引起学生注意并进入学习准备状态				
2. 教学设计合理，能自然引入新课				
3. 时间和内容安排紧凑，衔接恰当				
4. 能激发学生的学习兴趣				

6.2.5　导入技能训练的实施要点

1. 训练目的

导入的类型是在深入钻研教学内容、明确教学目标和分析学生认知特点的基础上确定的。因此，每种导入都应从教学目标出发，使学生明确学习目的和教学内容，启发他们学习的积极性和主动性，形成寻求答案的迫切心理，以便更好地理解和掌握知识。导入的设计必须具有合理的结构。

2. 训练步骤

典型的导入由以下 4 个方面构成。

（1）集中注意。导入的首要任务是使学生对教学无关的活动得到抑制，迅速投入到新的学习中来，并使之得到保持。

（2）引起兴趣。兴趣是学习动机中的重要成分，是求知欲的起点。导入的目的是用各种方法把学生的这种内部积极性调动起来。

（3）明确目的。在导入的过程中只有使学生明确学习目的，才能把他们的内部动机充分调动起来，发挥学习的积极性和主动性。

（4）进入课题。通过导入自然地进入新课题，使导入和新课题之间建立起有机的联系，才能发挥导入的作用。

6.3 提问技能

提问是教师在教学过程中，以提出问题的形式，通过师生之间的相互作用，进行交流检查学习、促进思维、巩固知识、修正错误、运用知识、促进学生学习的教学行为方式。提问是教学过程中教师和学生之间常用的一种相互交流的方式，通过提问可以了解学生对知识的理解程度，诊断学生在学习中遇到的障碍，反馈教学效果，对学生进行个别指导。提问还有一个有效的功能，就是激发学生的学习兴趣，维持学生的注意力。

6.3.1 提问技能的作用

1. 激发学习动机

教师在教学过程中，针对学生的思维特点有计划地提出问题，可以把学生自然地带入学习情境、激发学习动机、使学生积极思考、主动求知。

2. 揭示和解决矛盾

提问过程是解释矛盾和解决矛盾的过程。通过解决矛盾，使学生逐步认识新事物，抓住问题的本质并激励学生参与，活跃课堂气氛，培养学生语言表达的能力。

3. 反馈调控

反馈是实行调控的必要前提，教师恰当的提问，可迅速获得反馈信息，并据此对教学进程做出相应的调整。当学生思维出现偏差或冷场时，教师的一个导向性问题可及时引发学生的思维活动，并借以控制教学的方向。

4. 论断评价

在课堂教学中，学生的基础知识和基本技能掌握得如何，是否实现了教学目标以及目标达到的程度如何等，都有赖于形成性的提问做出评价。

5. 激励参与

启发式教学的核心是发挥学生的主体作用，教师有目的地提问可以激发学生主体意识，鼓励他们积极参与教学活动，从而增强学生学习的动力。

6. 巩固强化

各种概念、定理、法则等的复习离不开发人深思的问题的启发；知识和技能的巩固和强化同样来自精心设计的问题的诱导。教师恰到好处地提问，不仅能激发学生强烈的求知欲望，而且还能促使知识内化并构建认知结构，强化综合应用的能力。

6.3.2 提问技能的类型

在教学中需要学生学习的知识是多种多样的，有事实、现象、过程、原理、概念、法则等；

有的需要记忆，有的需要理解，有的需要分析、综合等；学生的思维方式也有不同的形式和水平。这就要求教学中所提的问题不能千篇一律，应包括多种类型。

1. 低级认知提问——回忆型提问

学生在回答这类问题时不需要进行深刻思考，一般多是集体应答，不容易发现个别学生掌握的情况。回忆性提问包括以下两种。

（1）判别性的提问。教学中，教师常运用“……是不是？”“……对不对？”来进行提问，要求回答“是”与“否”，“对”与“错”。教师期望的目标是学生做出唯一正确的解答。这类提问只要求学生对提问做出反应，不需要进行深刻的思考，多是集体应答。因此，判别性的提问不容易发现个别学生理解的情况。

例如：“2”是质数还是合数?

（2）复习式提问。要求学生回忆旧知识，如解释词语、术语，回忆已学过的事实、概念、定义，背诵课文等。这种提问主要是帮助学生回忆旧知识，为学习新的知识做好准备。

例如：学习《一粒种子》这篇课文前，教师先指导学生做“种子发芽”的实验。分析课文前，提问学生：种子发芽的两个必备条件是什么？学生很快回答出：温度和水。

简单的回忆提问会限制学生独立思考，没有表达自己思想的机会，因而教师在课堂上不应过多地把提问局限在这一等级上。有些课堂看上去好像很活跃，师生之间好像交流很多，但学生除了回答“是”或“不是”外，很少有其他经过较高级思维的回答，这是不可取的。不过这并不意味着这类问题不能使用，只是应有所节制。这类提问一般用在新课的开始或对某一问题进行论证的初期，使学生回忆所学过的概念或事实等，为学习新的知识提供材料。

2. 中级提问——理解提问

一般来说，理解提问用来检查最近课堂上新学到的知识与技能理解掌握的情况，多用于某个概念或原理讲解之后，或课程的结束。根据学生理解程度的不同，理解提问可分为三种类型。

（1）用自己的话对事实、事件等进行描述，以便了解学生对问题是否理解。

（2）用自己的话讲述中心思想，以便了解学生是否抓住了问题的实质。

（3）对事实、事件进行对比，区别其本质的不同，达到更深入的理解。

学生要回答这些问题，必须对已学过的知识进行回忆、解释或重新组合，所以这些问题是较高级的。例如，信息技术课上教师提问学生：“请说出五次信息技术革命？”如果换一种提问方式，效果会好很多：“五次信息技术革命中哪一次革命使得信息首次超越了时间与空间上的限制？”答案是“文字的出现”。这个问题要求学生不但要知道具体的五次信息技术革命的内容，还必须对信息技术革命的内容有一定理解，这样才能加强学生对这部分知识的记忆和理解。

3. 高级认知提问——应用提问

应用提问包括分析提问、综合提问和评价提问三种。

（1）分析提问。分析提问要求学生识别条件与原因，或者找出条件之间、原因与结果之间的关系。这要求学生能组织自己的思想，寻找根源，进行解释或鉴别，进行较高级的思维活动。

（2）综合提问。这类问题的作用是激发学生的想象力和创造力，通过对综合提问的回答，学生需要在脑海中迅速地检索与问题有关的知识，对这些知识进行分析综合得出崭新的结论，有利于学生思维能力的培养。

综合提问的表达形式一般如下。

◆ 根据……你能提出什么问题吗?
◆ 为了……我们应该……?
◆ 如果……会出现什么情况?
◆ 假如……会产生什么后果?

(3)评价提问。在分析提问或者综合提问后,无论答案怎样出色,都应要求学生分析其理由是否充分,结论是否正确,表达是否准确,对答案进行分析,估计其价值。杜威认为,在教学中应该鼓励学生进行判断和给出判断的理由,这样做会使他们回答问题时,理由十分明晰。因此,对评价提问的回答也是一种高级思维活动。

评价提问的表达形式通常如下。

◆ 你同意……?为什么?
◆ 你认为……?为什么?
◆ 你相信……?为什么?
◆ 你觉得……?为什么?
◆ 你细化……?为什么?

6.3.3 提问技能的应用原则

在教学过程中只有进行有效的课堂提问,才能引发学生积极思考,深化对所学知识的理解,培养学生的思维能力。关于提问的一般原则,是我们在设计问题时和提问过程中都应当遵循的,主要有以下几点。

1. 设计问题及提问的原则

① 要准备适应学生年龄和个人能力的多种水平的问题,使多数学生能参与回答。

② 要特别注意明确问题的重点,问题的内容要集中。

③ 要注意问题的表达用简洁易懂的语言,最好用学生语言。

④ 要结合教学内容的实际情况,利用已学过的知识,把问题设计合理,并能预想到学生可能给予的回答和你的处理方式。

⑤ 要依照教学的进展和学生思考的进程提问,把握提问的时机。

⑥ 要以与学生一起思考的心情提问,不要用强制回答的语气和态度。

⑦ 提问后不要随意地解释和重复,有时用词稍微不同,问题的意思便会发生微妙的变化。

⑧ 当学生理解得不透彻或抓不住重点而不能回答时,教师不要代替学生回答,应从不同侧面给予启发引导,培养他们独立思考的意识和解决问题的能力。

⑨ 在教学过程中教师头脑中临时浮现的问题不要脱口而出,要考虑它在教学中的作用和意义。

⑩ 学生回答后,教师要给予确认和分析,强化学生的学习。

2. 提问的要求和注意事项

提问不仅是为了得到一个正确的答案,更重要的是让学生掌握已学过的知识,并利用旧的知识解决新问题,或使学习向更深一层发展。为了使提问能达到预期的目的,教师还必须掌握提问的要求。提问的要求主要由以下几个方面构成,即清晰与连贯、停顿与速度、指导与分配、提示与探询。

（1）清晰与连贯

要使问题表述清晰、意义连贯，必须事前精心设计，这在进行高级认知提问时显得更为重要。这就要求在设计时对所提问题要进行仔细推敲，不但要考虑问题与教学内容的关系，还要考虑学生是否能理解和接受。对于某一问题，教师或对这个问题有专门研究的人可能认为是简明的、清晰的和连贯的，而对于一个学生来说，由于基本知识和理解能力的限制，就可能认为在概念上是混乱的。另外，问题的措辞是否恰当以及表达是否准确也会影响提问的清晰与连贯。

（2）停顿与语速

在进行提问时应有必要的停顿，使学生做好接受问题和回答问题的准备。停顿对于学生和教师来说都有一定的意义。教师提出问题后可以停顿一下，环顾全班，观察学生的反应。这些反应一般都是非语言的身体动作或情绪反应。

提问的语速是由提问的类型决定的。低级认知提问比较简单，可以用较快的速度叙述，而高级认知提问是针对比较复杂的问题，除应有较长时间的停顿外，还应仔细缓慢地叙述，使学生对问题有清晰的印象。如果以较快的节奏提出比较复杂的问题，学生很可能听不清题意，会造成混乱或保持沉默。

（3）指导与分配

在任何一个班集体中，学生的性格特点及对问题的理解程度等都是不同的。有些学生理解能力强，善于发表自己的见解，他们往往在教师提出问题后很快举手要求回答，教师对答案也比较满意。这样教师对他们注意得较多，乐于让他们回答问题。有些学生理解问题并不慢，但不愿在众人面前表现自己，一般不积极回答问题。还有一些学生成绩较差，且不善于表达。教师往往对后两种人注意得较少，这就有意无意地把班级分为一小组积极参加者和一大组被动学习者。为了调动每一个学生学习的积极性，让他们主动参与教学过程，教师必须对提问进行适当的分配。首先，教师必须细心观察班级里谁积极参与活动，谁对活动不感兴趣；其次，对于不善于表达的学生要给予锻炼的机会，对于学习不好的学生要让他们先回答比较简单的问题，不断地给予鼓励和帮助，使他们逐步地赶上去。最后，要特别注意坐在教室后面和两边的学生，这些区域常常容易被教师忽略。

指导主要是对不愿意参加交流的学生进行指导。总有一些学生不愿意参加讨论，这时教师可以提出一些不太复杂的问题，引导他们参加活动，并给予适当的鼓励和提示。

（4）提示与探询

提示是由为帮助学生而给出的一系列暗示所组成的，当学生应答不完全或有错误时，为了使应答完整就需要提示。提示的目的主要是使学生的回答要点突出，指示解决问题的方向以及引起学生的进一步思考，更好地回答问题。为了使提示能收到预期的效果，要根据出现的问题有意识地提示以下几个方面的问题。

① 使其回忆已知的知识或生活经验（回忆）。

② 使其理解已学过的知识（理解）。

④ 使其运用已学过的知识解决问题（应用）。

⑤ 引导思考，活跃思维，产生新的想法（综合）。

⑥ 使其进行判断和评价（评价）。

6.3.4　提问技能的评价

提问技能训练过程中，可以按表 6-5 对自己的提问水平进行评测。

表 6-5　提问技能评价表

评价项目	评价等级			
	优	良	中	差
1. 问题内容明确，没有歧义				
2. 问题设计难度恰当，有启发性，能促进学生思维				
3. 提问后适当停顿，给予思考时间				
4. 提示适当，对学生以鼓励为主				
5. 面向全体，照顾到各类学生				
6. 对学生回答的分析评价中肯，针对性强				

6.3.5　提问技能训练的实施要点

1. 复习提问的基本类型

（1）回忆提问：关于回忆特定事物和普遍事物的提问，关于回忆处理特定事物方式和手段的提问，关于回忆某一范围的一般概念和抽象概念的提问。

（2）理解提问：转译、解释、推断。

（3）应用提问：运用、举例、说明。

（4）分析提问：分析、证明。

（5）综合提问：综合、升华。

（6）评价提问：判断、评价。

2. 训练步骤

（1）精心设计问题。在精心设计问题环节需要注意：提问要科学，有明确的方向；必须集中突破重点和难点，把握关键；要有整体构想，顺乎学生的认知规律；要有启发性，善于激疑。

（2）把握发问时机。在把握发问时机环节需要注意的问题包括：把握教学进程，有针对性提问；把握教学情境，设置不同的问题；把握学生心态，在易于生疑时提问。

（3）选准提问对象。在选择提问对象环节需要注意的问题包括：因材施教，因人提问；提问对象要有层次；适当照顾特殊类型的学生。

（4）善于启发诱导。在启发诱导环节需要注意的问题包括：创造良好的提问氛围，教师应当以愉快、友好、从容、平等交谈的态度来提问；提问的方式一般是先提后问；较平均地分配学生回答问题，鼓励学生提问题，对学生的回答因势利导。

（5）及时分析评价。教师针对学生的回答给予及时准确的评价及反馈，对于学生回答中的可取之处采用鼓励方式，对于需要改进之处提出中肯建议，促使学生进行深入思考，也可以使其他学生对照自己的答案进行自我评价。

6.4　讲解技能

讲解是教学过程中最重要的技能之一，几乎在每一堂课的教学活动中都有教师的讲解过程。教师运用讲解技能的熟练程度直接影响教学的效果。

讲解技能是指教师运用教学语言辅以各种教学媒体，引导学生理解教学内容并进行分析、综合、抽象、概括、巩固、应用而达到传授知识的目的的教学行为方式。讲解的实质是通过语言对知识进行剖析和揭示，剖析其组成要素和过程程序，揭示其内在联系，从而使学生把握其实质和规律。讲解技能有两个显著的特点：一是教学媒体的单一性——以语言为唯一媒体，二是信息传递的单向性——由教师传向学生。

6.4.1 讲解技能的作用

从宏观上讲，讲解技能的目的与教学大纲的目标体系是一致的；从微观上讲，每节课的讲解目的与教学目标也是一致的。因此，讲解技能的教学目的大致有以下几个方面。

1. 传授知识，解难释疑

运用讲解技能的首要目的是传授知识。通过教师的讲解，把知识准确、清晰地呈现在学生面前，引导学生在原有知识结构的基础上了解、理解并进一步掌握新知识。讲解的关键就在于使学生理解新知识。教师课堂的每一段讲解都是针对学生学习中的疑点、难点以及新知识传授的要点设计的，这些讲解都是以让学生充分理解和掌握知识为准则，经过认真筛选、科学组合和加工而成的，或是描述情境、解释说明，或是阐明道理、推导结论。

2. 引导学生，启发思维

通过讲解，引导学生进行思考。讲解区别于灌输的地方就在于充分重视引导思维、发展思维、开发智力目标。当然要实现上述目标，教师在设计讲解时不仅要深钻教材，把握知识，还要分析学生的学习现状和课堂心态，抓住学生的思维，使教师的课堂讲解达到内容与学生求知渴望合拍、与学生的探寻心理沟通，在已知和未知之间为学生架起思维的桥梁。

3. 传道育人，培养品质

德育目标与讲解内容是水乳交融的，给学生的影响是潜移默化、润物无声的，所以成功的讲解可以用积极向上的思想情感影响学生，使学生受到良好道德品质和行为规范的教育。讲解以健康的审美情感熏陶学生，促进学生形成正确的审美观；讲解以正确的思维方法训练学生，培养学生形成良好的个性品质和学习习惯。

6.4.2 讲解技能的类型

讲解技能的类型可根据不同的标准、层次划分，一般分为解释式、描述式、比较式、释疑式和推理式几种类型。

1. 解释式

解释式又称说明式或翻译式，通过讲解把未知和已知联系起来，因其讲解内容的不同又可分为意义解释，结构、程序说明，翻译性解释和附加说明。解释、说明性讲解是普遍运用的一种讲解方法。解释式一般适用于初级的、具体的、事件性的知识，对于抽象的、复杂的知识，单用解释方法难以收到好的效果。

2. 描述式

描述式又称叙述式或记述式。描述的对象是人、事和物，描述的内容是人、事、物的发生、发展变化过程和形象、结构、要素，描述的任务是使学生对描述的事物、过程有一个完整的印象，有一定深度的认识和了解。描述可分为以下几种：

① 结构要素性描述。要注意揭示事物的结构层次关系和要素间的关系，突出重点，抓住关键，注意运用生动、形象的比喻和类比方法。

② 顺序性描述。按事物发生、发展变化的先后顺序进行描述，可分为顺叙、倒叙、插叙等，但其时间顺序不能颠倒。这种描述要注意事物发展的阶段性，注意抓住事物发展的关键点，而不

是无重点、无要点、流水账似的叙述。

描述式讲解是广泛应用的一种讲解方法。由于描述式讲解的内容主要是事物的结构变化过程，因此所描述的知识多是形象性的、具体的，也是初级的。描述可以提供大量的材料，激发学生形象思维（如联想、想象）的发展。但是，描述难以进行抽象知识的传授，也难于培养学生的逻辑思维（或说概念和理论思维）能力。

3. 比较式

比较式是指把两种或两种以上的事物、现象联系起来，辨别其共同点和不同点。比较方法在人类认识的整个过程中占据重要的地位，通过比较可以从共性中寻求规律，从差异中探求矛盾的特殊性，在被比较的事物中找出共同的东西，并把它们结合起来，进行综合概括。通过比较可以提高学生的识别力、理解力、观察力和综合概括能力。

4. 释疑式

首先由事实材料引出问题，也可以直接提出问题，随着问题的展开，再分析条件，推理论证，最后得出结论，进行总结。释疑式讲解利用学生的好奇心，引起学生的学习兴趣，定向引导学生的思维。运用释疑式要注意与讨论、实际操作等其他方法配合。

5. 推理式

推理式讲解是以规律、原理、法规为中心内容，以推理为主要手段的讲解。常用的方法是实例引出结论，由特殊到一般的归纳方法和三段论的演绎推理方法。推理式讲解除了常用的演绎和归纳推理外，还有类比、分析、综合等其他推理方法。应用时既要注意通俗易懂，又要注意逻辑严密，不要出现概念和逻辑错误。

6.4.3 讲解技能的运用原则

1. 目的性原则

每一节课教学内容的讲解都要有明确的目标，这是教师在备课时首先要确定的。教师在讲解的过程中为实现既定的教学目标，应明确学生对教学内容的了解、理解或掌握的程度。

2. 科学性原则

学科知识内容本身的科学性要通过讲解准确表达出来，也要注意讲解方式的科学性。学科语言的运用要准确、层次清晰、条理分明、结构严谨、重点突出、组织合理、作图规范。所以教师必须熟悉和掌握所讲的教材内容，突出重点、突破难点和关键，充分准备。

3. 针对性原则

要充分考虑学生的年龄和心理特点，认识水平和已有的认知结构，针对各自的特点组织讲解的内容、对不同的对象采用不同的讲解方法和顺序，达到讲解的目的。

6.4.4 讲解技能的评价

如何才能够合理运用并检查自己的讲解是否恰当呢？请参考表 6-6 进行自我评测。

表 6-6 讲解技能评价表

评价项目	评价等级			
	优	良	中	差
1. 讲解内容准确，观点科学				
2. 讲解目标明确，条理清楚				

续表

评价项目	评价等级			
	优	良	中	差
3. 描述生动，富有感染力，有趣味性				
4. 语言简练、清晰，普通话标准				
5. 音量、语调、语速、节奏合适且有变化				
6. 启发学生思考，避免“满堂灌”				

6.4.5　讲解技能训练的实施要点

1. 训练目的

能综合运用讲解技能和技巧完整讲解本专业某一章节教学知识。

2. 训练要点

（1）恰当地运用教学语言技能

在进行讲解时要充分考虑教学语言技能的语速、词汇、语调等多方面的要素。例如，语速适中、语言清晰、用词准确、表述精炼、语调亲切并富于变化等，使之能够完整、流畅、确切地表达出所讲授的内容。

（2）突出讲解的重点

为了达到预订的教学目标，教师在讲解时必须仔细斟酌，突出重点、难点的讲解方法和效果，遇到重点、难点要加以提示和停顿，必要时可以重复。

（3）注意讲解的阶段性

每次讲解的时间不宜太长，当讲解的内容较多时，可适当分段，防止冗长单调的讲解引起学生的疲劳。

（4）注意与其他教学技能的配合使用

为了达到最佳的教学效果，应将板书技能、提问技能、语言技能、变化技能、强化技能等灵活地穿插在讲解中，并根据教学内容合理组合、适当调配。

（5）随时注意教学信息的反馈

教学信息的反馈反映课堂教学的效果，只有及时地掌握信息的反馈才能对讲解进行控制和调节，以达到讲解的良好效果。

6.5　强化技能

强化是一个心理学概念，“使有机体在学习过程中增强某种反应重复可能性的力量称为强化”。最早对强化进行系统研究的是操作性条件反射学说的创始人、美国心理学家斯金纳。他认为操作引起行为反射，可以用来促进操作的学习。对操作学习引起的条件反射，是由带有一个刺激的行为来控制的。凡能增强反应概率的刺激，都称为强化物。强化就是通过强化物增强某种行为的过程。如果某个操作发生以后呈现一个强化刺激，则强度就增加了。

所谓强化技能是教师依据“操作性条件反射”的心理学原理，对学生的反应采用各种肯定和奖励，保持学习力量的方式，使教学材料的刺激与希望得到的学生反应之间，建立起稳固联系，帮助学生形成正确的行为，促进学生思维发展的一类教学行为。强化是塑造行为和保持行为强度不可缺少的关键。

6.5.1 强化技能的作用

（1）引起学生的注意，使学生在教学过程中将注意力集中到教学活动上，防止和减少非教学因素刺激所产生的干扰，提高学生注意的持续性。

（2）激发学生的学习动机，激起学习兴趣，明确学习目的。教师可以通过运用强化技能鼓励、表扬积极参与课题学习、肯于钻研思考的学生，使他们保持和发扬优点，并号召全班学生向他们学习。对于不爱思考的学生，教师可以设计一些培养和启发思维的作业和其他学习情境，对他们在这方面的进步给予肯定性的评价，唤起他们的探索、求知的兴趣。

（3）促进学生积极参与活动，促进教师与学生的双向交流。教师对于学生的反应、回答等，应给予即时、正面、积极的回应。这也是师生间沟通联系的一个很重要的方面。

（4）肯定学生的努力成果，确定学生的正确行为。通过恰当的奖与罚，使学生的努力在心理上得到适当的满足，培养学生在课堂上的正确的行为方式，如专心听讲、遵守纪律、积极思考、踊跃回答问题等。在这里我们强调正面积极的表扬，因为它更有利于学生的心智健康发展。

教师要研究学生，了解他们的心理需求，以便进行适合于学生心理特征的强化教育，达到事半功倍的教学效果。每一个学生的心理特征都会有某种个人的色彩。教师若能在强化的同时关注学生的心理特征，会更有助于增强强化的效果。另外，同一个学生在不同时期的心理状态也不同，教师在给予强化时也应考虑这些不同的因素。

6.5.2 强化技能的类型

强化技能的方式很多，教师在教学中可运用诸如激励赞扬的语言、期望称赞的目光与眼神、赞美的手势、会心的微笑等面部表情、体态和活动方式，为学生创设最佳的学习环境，增强情感的感染力，强化学生的学习情绪。强化技能主要有语言强化、标志强化、动作强化、活动强化等类型。

1. 语言强化

语言强化是当教师发现学生有了所期待的行为后，给予的一种强化。语言强化有两种，分别是口头语言强化和书面语言强化。

口头语言强化是指教师运用一些感叹词或语言评论的方式，即通过表扬、鼓励、批评、惩罚等方式来强化教学活动的行为。比如，在学生回答完问题后，教师可以回应："你回答得很完善"，"你说出了一个很有新意的想法"，"这个问题向我们提出了一个重要的研究方法和思路"，"你的构思很新颖，再仔细想一想"。

书面语言强化是教师运用一些醒目的文字、符号对比等书面语来强化教学活动的行为。例如，对学生完成的课堂作业、家庭作业等教师给出相应的评语。

2. 标志强化

标志强化是教师运用一些醒目的符号、色彩对比等标志来强化教学活动的行为。

（1）在作业中加评语、五星等。

（2）为重点、难点和关键点的板书添加标志，引起学生注意。

（3）在演示实验中为引起学生注意，在需重点观察处加标志。

3. 体态语强化

体态语强化是教师运用非语言的身体动作，对学生在课堂上的表现表示出他的态度和情感，并以此来强化教学的行为。

（1）微笑：对学生的表现表示赞许。

（2）点头、摇头：对学生的表现表示肯定或否定。

（3）鼓掌、举手：对学生的表现给予强烈的鼓励或同意。

（4）接触：接触学生，起到暗示、关心、起动学习的强化作用。

（5）接近：教师走到学生身边，倾听学生讲话。

4. 活动强化

教师指导学生用自己的正确行为相互影响，通过学生自我参与、自我活动来达到强化和促进学习的作用。

（1）有针对性地参与课堂练习，给他们提供表现的机会；或通过设置问题“陷阱”，请同学解答，“先错后纠”，达到强化的作用。

（2）请同学“代替”教师，帮助教师进行演示实验。

（3）给个别学生布置新的、有难度的观察练习和习作练习等，促进学生的学习活动。

（4）采用竞赛性活动。

（5）变化方式进行强化。这是教师运用变换信息的传递方式或变换活动等使学生增强对某个问题反应的一种强化。

在各种教学技能中，强化技能被称为巩固之技。大教育家孔子曾经说过：“学而时习之，不亦乐乎。”可见，强化技能历来是教育者在教学过程中不可忽视的重要教学技能之一。

6.5.3 强化技能的应用原则

1. 目的性原则

运用强化技能时，一定要将学生的注意力引到学习上来，提高学生参与教学活动的意识，帮助学生采取正确的学习行为，并以表扬为主，促进学生的学习。

2. 恰当性原则

要注意运用强化技能，做到合适、自然、恰到好处。采用动作强化时，过于频繁地走动和接触学生会分散学生的注意力。另外，教学强化的方式方法要适合不同年级学生的心理特征。

3. 情感性原则

教师要热情真诚，对学生充满期望、关怀和信任，这样才能对学生的情感产生积极的影响。

4. 及时性原则

当所期望的行为出现时，教师应抓住时机给予奖赏，力求得到强化。对于学习行为或纪律行为较差的学生，要注意强化他们的微小进步。

5. 间歇性原则

若期望的某种行为已经相当巩固了，要逐渐减少强化的次数，直至最终在每一间隔时间后偶尔给予强化。这种间歇性的强化对于保持已养成的行为比经常强化更为有效。

6.5.4 强化技能的评价

在进行强化技能训练的时候，可以按表 6-7 进行自我评测。

表 6-7　　强化技能评价表

评价项目	评价等级				权重
	优	良	中	差	
1. 能随时注意获得教学反馈信息					0.10
2. 能通过多种方式获得反馈信息					0.10
3. 能利用反馈信息调节教学活动					0.12
4. 对学生的反应能及时给予强化					0.10
5. 强化反馈明确、具体					0.12
6. 强化方法符合学生的表现					0.08
7. 鼓励较差学生的微小进步					0.10
8. 以内部强化为主，促进主动学习					0.08
9. 以正面强化为主，不用惩罚方法					0.12
10. 强化方法符合学生的年龄特征					0.08

教师在课堂教学中运用强化技能时应注意以下几点要求。

（1）多样性：单调会使学生感到乏味，故强化的方式和强化的类型应根据所授课内容的特点经常变化，使用的语言也要变化，要有幽默感。

（2）个性化：强化要顾及强化对象的个性及行为程度，强化的方法要符合学生的年龄特征和学生的表现，注意以内部强化为主，促进学生主动学习，多用正面强化，不用或少用反面强化。

（3）针对性：给学生的强化应明确、具体。对于不同性格特点的学生用不同的强化方法，对于不同的行为用不同的强化方法。要特别注意鼓励较差学生的微小进步。

（4）实效性：对学生的反应要及时给予强化。强化的时间对于强化效果有很大的影响，过早易使学生慌乱，阻碍探究活动进行；过晚易使学生失去帮助的良机，甚至可能接受不了正确的信息。

6.5.5　强化技能的实施要点

1．训练目的

通过练习，加强教师使用强化技能深化教学的目的。

2．训练的实施要点

（1）刺激学生作出反应

消极被动的接受型学习很难持久，难以达到令人满意的教学效果。在课堂上，若教师长时间进行讲解，除了个别学习意志坚强的学生之外，大多数学生都会进入一种疲劳的状态，因而对教师的讲解视而不见，听而不闻。因此，教师在教学过程中，要灵活地运用强化技能，不断地刺激学生做出反应，使学生大脑始终处于一种活跃的接收状态。反应是接受的前提和条件，只有使学生作出反应，才能达到接受知识的目的。

（2）多采用积极强化的方法

从心理学的角度来说，学生普遍愿意听到教师的表扬和奖励，而对批评和惩罚则有一种本能的畏惧和抵触。因此，教师在运用强化技能时，一定要多用积极强化，少用和慎用消极强化。

（3）注意培养学生的强化意识

在教学过程中，学生在作出教师所期望的反应时，教师要及时、适当地强化这种反应，这样才有可能产生较为明显的效果，并在以后类似的教学情境中得到重复。这样，学生在教师的强化过程中，才会作出许多教师所期望的反应，达到预期的教学效果。

（4）强化要努力做到恰当、准确

运用强化技能时要恰到好处，如果使用不恰当，反而分散学生的注意力。如当对某一学生进行惩罚性强化时，批评应个别化并要恰当，如果这一学生因学习基础差而回答错误时，采取全班批评，反而起到消极强化的效果。

（5）情感要真诚

教学过程中，教师只有热情、诚恳才能使对学生情感性的信息传递产生积极有效的影响，即便是批评惩罚性强化，以等待、期望的深深情感感动学生，也能起到强化的作用。

6.6　教学沟通技能

新型课堂是以师生之间、学生之间的沟通为基础的，没有沟通就不能体现课堂中的多主体性。沟通是人际交往的基本形式，因此，教学中的沟通是一种特殊的社会现象。

6.6.1　教学沟通技能概述

1. 教学沟通技能的概念

教师的沟通技能一般是指教师在课堂上通过各种方式和手段与学生所进行的全方位的交流与对话。教师可以通过有效的沟通技能发掘学生的潜能，了解学生的不同需求及个性的差异，从而提高学生的主动认知和人际交往能力，促进教学过程的展开。从教师的角度看，如何与学生进行沟通是课程改革实施过程中的重要问题。在教学中教师是否能真正理解学生的立场和看法，在对话中形成共识和行动方案，则需要教师学会并运用好沟通的技能与技巧。

2. 教学沟通技能与对话的区别

教学交往中的沟通常常要借助“对话”来实现。这里所说的“对话”不只是言语的应答，它强调的是双方的“敞开”与“接纳”，是一种在相互倾听、接受和共享中实现视界融合、精神互通，共同去创造意义的活动。教学中的“对话”就是教师与学生以教科书内容为“话题”共同去生成和创造“文本”、去构造“意义”的过程，它既是一项“原则”又可以成为一种方法。

教学中的对话不同于交谈，它是师生相互理解的过程。教学对话不是为了消除差异、求得一致，而是为了真正的理解和珍视差异；对话不是教案的简单复述，而是交互作用中的即兴展开。从方法论的角度说，它要求我们改变过去那种太多的“传话”和“独白”的方式，走向对话与交流，使“知识在对话中生成，在交流中重组，在共享中倍增”。当然，实现交往互动中的沟通与对话，要求教师不仅有教学策略和教学方法的改变，而且有角色的转换——从传授者、管理者变为引导者和促进者，同时还有个性的自我完善——需要民主的精神、平等的作风、宽容的态度、真挚的爱心和接纳学生的情怀。

6.6.2　教师如何有效地与学生进行沟通

教学对话的前提是我——你关系的确立，也就是对话者之间平等关系的确立。在传统的教学关系中，学生处于被动的状态，他们在教师面前缺少平等，课堂经常被教师“独白式”的表演所占据。教师可以采用如下的沟通技能将课堂空间让位给学生。

1. 引导学生找回自我

教学沟通技能主要通过教学对话进行，师生的双向交流构成教学对话的前提。但是在传统课堂中，学生大多数时间处于被动接受知识的位置，学生的思维被教师限制在某个方向上，学生很少进行质疑，不能与教师平等对话。在这样的教学环境中，学生只能是记忆正确的答案，复述教师的思想。因此，传统课堂中的学生已逐渐失去了自我，他们不能提出问题，不能根据自己的兴趣、爱好、特长有选择地学习；他们离开教师，不会讨论与合作。

在高校课程改革中，教师要改变传统的教学方式，在平等的条件下通过师生间的对话、合作，使学生实现教学过程中的自主学习。因此，教师必须首先帮助学生找回自我，树立自信，确立自我，使学生获得适应新的学习方式的心理状态，进而真正使其成为教学活动的主体，成为教学活动的真正参与者。

2. 让学生说话

师生间的对话应遵循平等的原则。这种平等在观念上是人格上的相互尊重，在实际的教学中是以对话为主要表现形式的一种积极参与教学活动的态度，是双方的“敞开”与“接纳”，是双方的倾听。让学生说话，不是师生教学对话的全部，但它是实现真正意义上的对话的基础，是实现师生沟通的条件。教师想让学生说话需要做到以下几点。

（1）教师为学生创设民主、和谐的课堂氛围。教师要保护学生的心理自由和心理安全，只有这样，学生才会展示自己的内心世界，才会勇于表现自我，积极发挥主观能动性，大胆探索，充满自信地讨论问题。

（2）教师要使学生明白教学的实质。教师要让学生明白教师在教学中的角色内涵是指导、促进、帮助学生学习。教师不能代替或强制学生学习，同样，学生不能把学习的主动权、选择权让位给教师。教师必须在使学生理解这一道理的前提下唤起学生的主体意识，使他们担负起学习的责任。

（3）教师要处理好学生参与学习的评价问题。教师在教学活动中对学生的评价要有助于学生不断受到激励、调整和改善自己的学习行为，更加积极主动、负责地进行学习。

当然，让学生说话不是让学生无目的、无限制地说话，教师要根据教学的实际对学生的说话加以引导。具体要注意以下问题：要让学生有平等的机会说话，要对学生的发言给予恰当的应答，要让教师的发言保持平衡。

6.6.3 教师如何平衡学生沟通上的差异性

课堂教学中教师与学生沟通常见的问题是有些学生很喜欢回答问题，而有些学生从不回答问题。教师如何平衡这样现象，可以从如下几个方面入手。

1. 课堂教学沟通中的发言机会平衡问题

在实际的教学过程中，学生的发言往往是不均衡的。有些学生争抢发言或说起话来滔滔不绝，而有些学生则沉默寡言或只有寥寥数语；有些学生善于表达，因而获得许多说话机会，而有些学生则因词语含混、表达不清而没有很多说话的机会。因此，在实际的教学中教师必须有意识地保持学生发言机会的平衡。

（1）个别学生喜欢发言

其主要原因有：认为经常发言可以赢得教师的表扬（事实上确实如此）；学生的个性特征是比较外向；这些学生在班级里多处于优势地位且善于表达；教师组织不当，教学目标偏移，没有全面促进学生发展的思想。

（2）有些学生占用过多回答问题的机会和时间

教师要想让学生的发言机会均衡，在对待这些学生时应对其进行引导，提出建议。在课程开始时，教师应通过示范或口头说明，使学生了解课堂说话、讨论的基本规则和要求。不过分地鼓励或表扬争抢发言的学生，教师在与学生对话时应注意将讲话机会分配给不愿讲话的学生。教师要经常研究学生在课堂中学习的表现，并经常针对一些问题与学生谈话，例如学生讲话过多或沉默不语等。教师在课堂教学的组织实施过程中要善于因时利导、因人利导。

2. 课堂教学沟通中学生保持沉默问题

（1）学生保持沉默的原因

当教师认为学生已经做好了准备，提出了一个非常有意义的问题，并期望学生能马上回答时，有时会遇到这样的情形：一段较长时间的沉默，学生在座位上局促不安地不断变换自己的姿势，眼睛回避着教师的目光，充满了不安与困惑。教师以为没有把问题说清楚，于是又以一种更直接的方式把问题重述一遍，然而教室里还是鸦雀无声。缺乏学生的参与使得教师变得非常沮丧。那么，为什么学生会保持沉默呢？

一般而言，学生保持沉默的原因主要有以下几种。

① 师生关系较为紧张。

② 学生失去学习的主动性。

③ 教师的问题过难，学生不知如何回答。

④ 害怕是一个陷阱，回答的结果成为教师惩罚的把柄。对平时说话较少的学生而言，可能是性格较内向或者怕回答不完整而被教师批评，或者是在发言这件事情上获得的表扬较少等。

（2）如何让沉默寡言的学生讲话

在面对不爱讲话、发言的学生时，教师要做的主要事情如下。

① 课程刚开始时，建立一些关于尊重发言的基本规则，如倾听、不妄加评论、不抓把柄或奚落发言者，要给发言不连贯者以鼓励等，要创设一个安全的课堂氛围。

② 帮助学生建立自信心。感到自己不受同学欢迎或发言受到教师的批评，是导致沉默的重要原因。因此，教师在为这些学生提供发言机会的同时还要使他们有受欢迎的感觉，及时给予鼓励和表扬，对同学的不支持行为给予制止。

③ 教师要经常征求学生的意见，倾听学生的需要，对学生给自己提出的批评意见要认真接受，勇于自我批评。

④ 教师应该多与沉默寡言的学生进行谈话、交流，多加指点。

6.6.4　师生课堂教学沟通的主要方式

在课堂教学中，师生间的沟通是通过对话形式实现的，对话是双向的、互动的。在实际的教学活动中，教师在得到了学生的反馈信息之后就必须给予回应。通常这是教师不太注重的地方，其实这恰是影响师生沟通的一个重要因素。回应是教师把自己的理解、态度、意向和想法传递给学生的过程，是师生之间建立对话关系的重要组成部分。

1. 课堂教学沟通的主要方式

（1）认可

认可是指教师对学生所说的话表示已经听见了，希望对方继续说下去。表示认可的方式可以是言语行为，如“嗯”、“对”、“是的”、“很好”、“真棒”等，也可以是非言语行为，如点头、微笑、鼓励的目光等。在一般情况下，这两类方式都可以起到鼓励对方多说话的作用。但是，一定要注意这种方式的使用不可过多过频。

（2）重复、重组和总结

重复指的是教师把学生所说的话重复一遍，目的是引导学生补充自己的陈述，同时检验自己对学生所说内容的理解是否准确无误。重组指的是教师把学生所说的话换一种方式说出来，检验自己的理解是否正确，请对方及时进行纠正，同时起到与对方共进的作用。总结是指教师将学生所说的话用一两句话概括出来，目的是帮助对方理清思想，鼓励对方继续谈话，同时检验自己的理解是否正确。

（3）自我暴露

教师与学生沟通时既不能只说不听，也不能一言不发，或总是点头、微笑。在适当的时候，教师也应该以适当的方式进行插话。自我暴露就是一种较好的插话方式，它指的是教师对学生所谈的内容，就自己有关的经历或经验做出回应。例如，告诉学生自己过去也有这样的想法或也有过这种经历等。这么做可以产生至少两个方面的作用：一是可以使学生产生亲切感、信任感；二是可以起到“去权威”的作用，减少了与学生之间的距离，使交谈变得比较轻松。

（4）鼓励对方

学生在与教师交流时通常有一些顾虑，不知道自己所说的内容是否符合教师的要求。因此，教师要给学生及时的肯定和鼓励。教师必须注意采用这些方式的基本前提是师生间平等友好的关系。在回应学生的发言时，教师还必须关注一个问题，就是注意自己发言的平衡问题，要做到既不独占也不缺席。在师生对话过程中，教师成人地位的客观性往往导致教师在回应时或者讲话过多，挤占了学生发言的机会；或者下结论过早，封闭了学生的谈论空间；或者成为局外人而不知所云。这样做往往是因为教师过高地估计了自己发言的价值，而低估了学生发言的价值。

2. 教师应用教学沟通技能时需要注意的问题

在课堂教学中交流往往是通过对话形式进行的，教学中的对话又是多方面的，除了师生之间的对话外，对学生成长有意义的还包括学生之间的对话、个体与群体之间的对话等。因此，教师在提高自身与学生对话能力的同时，还要促进学生对话能力的提高。这既是实现有意义对话的前提条件，也是对话的目的之一。

没有沟通就不可能有教学，但教学也不是一般意义上的沟通。教学是集约化、高密度的多元结构的沟通活动，常常借助对话来实现。所以从学生学习的角度看，对话应是一种学习方式。这种学习方式有两个重要的环节，一是对客体的接纳与理解，二是主体思想观点的表达。所以，在教学活动中教师应注重学生对这两个环节的掌握。

（1）教师要指导、帮助学生学习接纳、学习在一定的情境中去理解。在帮助学生学习接纳时主要解决两个方面的问题：一是态度，即要有一个积极学习吸纳的态度；二是选择能力，即接纳必须有选择性，要从诸多复杂的、交织在一起的思想、观点、知识、结论当中进行有意义的选择。这需要教师依据学生身心的发展及社会价值取向来指导和帮助学生。指导学生从情境中去理解，也需要把握两个方面：一是帮助学生依据已有经验来理解；二是为学生提供相应的背景信息或引导学生进入社会，从事实践活动，增加人生经验。

（2）要帮助学生提高表达能力。教学中的对话离不开经验表达，但语言表达不一定是教学中的对话。例如，交谈不等于对话，对话是各方相互理解的过程；对话不是说得越多越好，对话求得的是心灵的敞开、接纳、理解和包容，精神上的提升；对话的目的不一定是求得一致同意，对话的真正目的在于探索真理，是实现自我认识的途径；对话也不是某种确定的交流模式，它具有灵活性、多变性等特征。所以，提高学生对话中的表达能力不应是表达技能技巧的训练，而应是一种内心思想的释放，要使学生的内心世界真正得以敞开。让学生说话是要找回学生的自我，求得人格上的平等。表达的技能技巧可以使表述清晰准确，而内心世界的敞开则是表达内容的真实与真诚。这几个方面的有机结合才构成了教学中对话的话语。

6.7　教学组织技能

课堂教学是一个动态的、变化的、发展的过程，教师要具备一定的组织管理技巧，能根据教学目标和课堂出现的不同情况，采取相应的对策来完成教学任务，提高教学效率。

在课堂教学过程中，教师通过组织学生、管理纪律、引导学习，建立和谐的教学环境，帮助学生达到预期课堂教学目标的行为方式，称为教师的课堂组织技能。这个技能的实施是使课堂教学得以动态调控，使教学顺利进行的重要保证。它不仅影响了整个课堂教学的效果，而且与学生思想、情感、智力的发展有密切的关系。一个组织方法得当、秩序井然的课堂，学生的注意力集中，必然会使课堂教学得到好的效果。

6.7.1　教学组织技能的作用

1. 组织和维持学生的注意

比如，大学生注意的特点是，有意注意需要与他们的内在需求相关联，情绪比较稳定，容易懈怠，注意力很容易转移。为了有效地组织学生的学习，教师必须重视随时利用各种变化手段引起学生的注意，引导学生进行教学思考。

2. 引起学习兴趣和动机

采用多种教学组织形式是激发学生兴趣、形成学习动机的必要条件。学生的学习兴趣和学习愿望总是在一定的情境中产生的，因此要根据不同情况创造不同情景。

3. 增强学生的自信心和进取心

在课堂秩序管理方面，采用不同的组织方法会对学生的思维、情感等产生不同的影响。

4. 照顾到不同学生的特点

任何学生都有自己的特点和长处，教师在组织课堂教学的时候，对于个别学生既要严格要求、认真管理，又要看到他们的长处，肯定他们的优点，因势利导地进行教育。

5. 帮助学生建立良好的行为标准

良好的课堂秩序要靠师生共同努力才能建立。教师在讲清道理的同时，用规章制度所确立的标准来指导和约束学生，帮助他们遵守规则，实现自我管理。树立良好的行为标准是课堂组织的任务之一。

6. 创造良好的课堂气氛

课堂气氛是整个班级在课堂上情绪和情感状态的表现，只有积极的课堂气氛才符合学生求知欲的心理特点。从教育的角度来看，良好的课堂气氛是一种具有感染力的催人向上的教育情境，能使学生受到感染和熏陶，产生情感上的共鸣。从教学的角度来看，生动活泼的课堂气氛会使学生的大脑皮层处于兴奋状态，易于全身心地投入学习，更好地接受知识，并且能够使所学知识掌握得更牢固、记忆得更长久。

6.7.2 教学组织技能的类型

教学组织从其基本特征出发，可归纳为10个行为方面，即行为的作用、方法、活动、题目、认知过程、参加人、时间、陈述、教学辅助和规则确定。教学组织从类型上分为以下几种。

1. 管理性组织

管理性组织的目的是进行课堂纪律的管理，使教学能在一种有秩序的环境中进行。课堂是学习的场所，既要使学生积极主动地进行学习，又要有纪律作为保障。

2. 指导性组织

这种行为特指教师对某些具体教学活动所进行的组织，以指导学生的学习和课程的方向为目的，包括对阅读、观察、实验等的指导组织，对课堂讨论的指导组织等。

3. 诱导性组织

诱导性组织是指在教学过程中，教师用亲切、热情的语言引导、鼓励学生参与教学过程，用生动有趣、富有启发性的语言引导学生积极思维，从而使学生顺利完成学习任务。在这种教学组织中，教师不是生硬地灌输知识，也没有代替学生思考，把结论直接告诉给学生，而是积极启发诱导，使学生沿着一定的思考路线科学、正确地得出结论。

6.7.3 教学组织技能的评价

表6-8是针对教师的教学组织技能进行评价的量表，大家可以在教学演练时作为参考，针对每个方面把握自己的教学组织技能的培养。

表6-8 教学组织技能评价表

评价项目	评价等级				权重
	优	良	中	差	
1. 提出要求的合理性					0.2
2. 组织方式与时机的适宜性					0.2
3. 学生的活动范围和参与程度					0.2
4. 课堂秩序和教学环境的和谐稳定					0.2
5. 教师行为的规范性					0.2

6.7.4 教学组织技能训练的实施要点

可以进行一个10分钟的教学组织模拟练习。教师在进行课堂教学组织时应当尽量做到以下方面：

（1）教师仪表端庄大方，精神饱满，态度亲切自然。

（2）认真组织教学，严格要求全体学生。

（3）尊重学生，处理问题冷静，引导方法得当。

（4）应变能力强，因势利导。

（5）让全体学生进入最佳学习状态。

6.8 结束技能

结束技能是教师在结束教学内容或课堂教学任务时，通过重复强调、归纳总结和实践活动等方式回顾与概括所讲的主要内容，强化学生学习兴趣，使学生形成完整的认知结构的教学行为。结束与导入互为呼应，是导入的延续和补充，导入的内容与问题在课堂结束时应该有一个完善的交代和解答。教师在课程导入时已经激发了学生的学习兴趣并进入了课程的学习，在课程结束时应该使这种兴趣升华为对知识的理解、技能的掌握。精彩而完善的结束可为课堂教学起到“画龙点睛”的作用，明显地增强了课堂教学的效果。

6.8.1　结束技能的作用

教师一般在一节课教学结束前都要进行总结，但不同的“结束”教学活动所取得的教学效果也不相同。有的仅仅是对前面教学过程的简单回顾和重复，使这一教学环节的活动流于形式。而有的却是有目的、有意识地对学生初步获得的知识进行巩固和应用，使教学活动进入了一个新的高潮。从这一现象中可以看出，要掌握结束技能，首先要明确“结束”教学活动的基本任务，从而在应用技能时使学生的教学行为成为有目的、有意识的教学活动。

1. 归纳所学内容，形成系统认识

布鲁纳在《教学过程》一书中曾指出：“不论我们教什么学科，务必使学生理解该学科的基本结构。”在教学中应使学生对一节、一章、一个单元的结构有所理解，并掌握该结构中知识之间的关联。学生对知识的学习是在对教学内容的展开、分析过程中进行的，在这一过程中不可能对知识形成系统、明确的认识。当学习过程进行一个阶段后，需要通过归纳、总结形成系统的认识。

2. 强化巩固知识，加深对重点、难点和关键内容的理解

概括一单元、一节课的知识结构和内容，使学生在头脑中对所学的重点、关键内容进行重复、理解和记忆，也是对学生学过的知识的强化过程。心理学研究表明，记忆是一个不断巩固的过程，通常是由瞬间记忆到短期记忆，再到长期记忆。对逻辑性很强的数学问题的理解，也是不断深化的，实现这种转化过程的最基本的手段就是及时小结，周期性复习总结。显然，在一节课结束时，通过归纳、类比，一方面使知识系统化，另一方面还可加强学生对知识的深化理解。

3. 帮助学生理清思路，使知识得到升华

合理运用结束技能，例如通过课堂小结等方式结束课程，不但有利于帮助学生理清本节课程的知识脉络，还可以和以前所学知识进行有机的联系，使学生达到对知识的简单理解和运用，并在自我经验范围基础上进行知识的二次加工，从而使知识得到理性的升华。

4. 检查学生学习效果，为改进教学提供依据

在课堂教学的结束环节，教师引导学生回忆、归纳、系统总结，还可针对这些内容设计问题、实验、讨论和检查学生对所学知识的理解程度，及时得到反馈，以便改进教学。

6.8.2　结束技能的类型

1. 简单回顾，提示要点

在教学结束阶段，教师引导学生回顾教学过程中的有关内容，有助于对所学知识的理解和巩固。回顾不是按照一节课的教学程序复述一遍，而是对重点知识进行回顾，帮助学生记忆、储存。回顾的主要内容如下。

（1）对重要概念、定理、公式等的回顾。

（2）对所学习的主要概念、定理、公式形成过程的回顾，对相关概念以及相似概念、定理、公式的比较进行回顾，以加深对知识的理解。

（3）归纳和总结分析解决问题的思路和方法。引导学生对分析和解决问题的全过程作总体认识。把握分析解决问题的思路，有助于培养学生思维的连贯性，使思路通畅。

2．沟通知识

任何学科知识的教学，在引入部分总是从提出问题、提出疑问、提出矛盾开始，当问题得到解决之后，就要把悬疑的问题与刚获得的结论之间的关系总结清楚。新的学科知识常与以前学过的有关旧知识有某种联系，又有某种深化，建立这种新旧知识的联系、弄清它们的区别，是结束技能的重要要素。将新旧知识进行沟通，常使学生的认识得到升华。

3．深化拓展

深化就是通过分析、比较等方法，引导学生掌握具体概念、具体理论的内涵、外延，以及选择典型材料进行分析，以加深理解。拓展就是要讲清这一知识与其他相关知识的联系，这一知识和热点问题的联系，以明确这一知识在整个知识体系中的地位及重要性，明确掌握这一知识的意义。结束技能要素中的拓展与深化是对课上所讲的结论，包括定义、原理、概念等的适用条件的分析，使学生对它们的认识进一步深入、引申、拓宽。教师要把知识讲活，拓宽学生思考的空间，要让学生自觉意识到教材内容有思考的空间和钻研的必要。

4．分析评估

结束技能的分析评估通常包括以下两个方面：第一，对本课讲过的知识内容从不同的角度，使用不同的方法原理进行分析、评价，使学生了解问题是有情境性的，对于不同的应用场合会有不同的分析结果和结论，培养学生换个角度思考问题的习惯；第二，教师在课程结束时还可以给出一些与课上所讲知识内容有关联但是应用领域不同的实例，鼓励学生应用课上所讲授的原理和方法加以分析讨论，拓展思维，以提高学生分析问题、解决问题的能力。教师以这样的方式结束课程不但可以对课程本身加以总结评价，还可以将学生的思维带出课堂，延伸拓展，培养学生将课堂知识与实际生活联系起来加以分析思考的能力和意识。

6.8.3 结束技能的应用原则

为了在实际的课堂教学中充分发挥结束技能的作用，圆满地完成课堂教学的任务，课程结束技能一般有如下要求。

1．自然贴切，水到渠成

课堂教学结束是一堂课发展的必然结果，它既反映了课堂教学内容的客观要求，又是课堂教学自身科学性的必然体现。教师在教学过程中要严格按照课前设计的教学计划由前而后依次展开，力求做到有目的地调整课堂教学的节奏，有意识地照顾到课堂教学的结果，使课堂教学的结束做到自然妥贴、水到渠成。

2．语言精练，紧扣中心

课堂教学结束语一定要少而精，紧扣本节课教学的中心，梳理知识，总结要点，形成知识网络结构，干净利落地结束全课，做到首尾呼应、突出重点、深化主题，让学生的认识产生一个飞跃。课堂教学的结束语切忌冗长、拖泥带水，而应高度浓缩，起到了画龙点睛的作用。总之，教师应该在结课前的几分钟内以精练的语言使讲课的主题得到提炼升华，使学生对课堂所学知识有一个既清晰完整又主题鲜明的认识。

3．内外沟通，立疑开拓

在学校教学中，课堂教学是教学的基本形式，但不是唯一的组织形式。为了充分发挥各种教学组织形式在培养学生中的协同作用，课堂教学结束时不能只局限于课堂本身，还要注意课内与课外的互动，学科课程与活动课程的联系，以及本学科课程与其他学科课程的沟通，以此拓宽学生的知识面。

6.8.4　结束技能的评价

课堂结束技能训练中，可按表 6-9 进行评价。

表 6-9　结束技能评价表

评价项目	评价等级			
	优	良	中	差
1. 概括本节课的知识结构和中心内容				
2. 升华主题，符合教育要求				
3. 学生印象深刻				
4. 时间掌握恰当（紧凑性），按时下课				
5. 作业分量和要求合理，有承上启下作用				
你有什么建议，请写在下面：				

6.8.5　结束技能训练的实施要点

1. 训练目的

掌握结束一堂课的基本流程，让学生的知识得到拓展和深化。

2. 训练步骤

通常可以通过以下 4 个阶段结束一堂课的讲解，大家可以按照下面介绍的步骤分组进行尝试。

（1）简单回忆：对整个教学内容进行简单回顾，整理认识的思路。

（2）提示要点：指出内容的重点、关键是什么，必要时可做进一步的具体说明，以进行巩固和强化。

（3）巩固和应用：把所学知识应用到新的情境中去，解决新的问题，在应用中巩固知识，并进一步激发思维。

（4）拓展延伸：有时为了开拓学生的思维或把前后知识联系起来形成系统的认识，需把课题内容扩展开来。

6.9　说课技能

说课作为一种教学研究的新形式起源于 1987 年 6 月，河南省新乡市红旗区为参加新乡市举办的"教坛新秀"评比活动而采用了这项技能。说课活动有效地调动了教师投身教学改革、学习教育理论、钻研课堂教学的积极性，是提高教师素质，培养造就研究型、学者型青年教师的最佳途径之一。

6.9.1　说课概述

1. 说课概念

关于"说课"的定义有不同的表述。我国的教育艺术策略研究专家、特级教师刘显国对说课的理解是：所谓说课，就是授课教师在独立备课的基础上，系统地谈自己的教学设想及理论依据，以达到相互交流、共同提高目的的一种教研形式。

另一种比较流行的理解是：说课是指说课教师运用口头语言向其他教师述说在课堂教学中如何以教育教学理论为指导，依据教学大纲和教材，根据学生的实际情况，进行教学设计的一种教研活动形式。

2. 说课目的

让听课的教师明白你这节课讲的是什么？为什么这么讲？怎么讲？教学效果如何？即教学目标的确定、为完成目标而制定的教学过程、为完成这个过程进行的教学思路设计、为实现这个设计你应该具体怎么教、采取什么手段完成、评价目标的制定等。

3. 说课的意义

（1）说课有利于提高教研活动的实效

以往的教研活动一般都停留在上几节课，再请几个人评评课。上课的老师处在一种完全被动的地位。听课的老师也不一定能理解授课教师的意图，这就导致了教研实效低下。通过说课，让授课教师说说自己教学的意图，说说自己处理教材的方法和目的，让听课教师更加明白应该怎样去教，为什么要这样教，从而使教研的主题更明确，重点更突出，能更好地提高教研活动的实效。另外，我们还可以通过对某一专题的说课，统一思想认识，探讨教学方法，提高教学效率。

（2）说课有利于提高教师备课的质量

我们检查了很多教师的备课笔记，从总体上看教师的备课都是很认真的。但是我们的老师都只是简单地备怎样教，很少有人会去想为什么要这样备，备课缺乏理论依据，导致了备课质量不高。通过说课活动，可以引导教师去思考。思考为什么要这样教学，这就能从根本上提高教师备课的质量。

（3）说课有利于提高课堂教学的效率

教师通过说课，可以进一步明确教学的重点、难点，理清教学的思路。这样就可以克服教学中重点不突出，训练不到位等问题，提高课堂教学的效率。

（4）说课有利于提高教师自身的素质

一方面，说课要求教师具备一定的理论素养，这就促使教师不断地去学习教育教学的理论，提高自己的理论水平。另一方面，说课要求教师用语言把自己的教学思路及设想表达出来，这就在无形中提高了教师的组织能力和表达能力，提高了自身的素质。

（5）说课没有时间和场地等的限制

上课听课等教研活动都要受时间和场地等的限制。说课则不同，它可以完全不受这些方面的限制，人多可以，人少也可以。时间也可长可短，非常灵活。

6.9.2 说课的原则

1. 科学性原则——说课活动的前提

科学性原则是说课的基本要求，主要体现在以下几个方面。

（1）教材分析正确、透彻

说课中，教师不仅要从微观上弄清弄懂各知识点的内涵和外延，做到准确无误，更重要的是要从宏观上正确把握本节课教材内容在本学科、本年段的地位和作用以及本课内容的知识结构体系，深刻理解各知识点之间的关系。

（2）学情分析客观、准确，符合实际

说课中教师要从学生学习本课的原有基础和现有困难两个方面分层次，客观、准确地分析学情，为采取相应的教学对策提供可靠的依据。

（3）符合课程标准、教学内容和学生实际

教学目的包括本节课的总目标与具体的基础知识目标、发展智能目标和思想教育目标，这些都要与教材分析和学情分析保持高度的一致性，要有切实可行的落实途径。

（4）紧扣教学目的，可操作性强

教法设计紧扣教学目的，符合课型特点和学科特点则有利于发展学生智能，可行性强。说课中，教师既要说清本节课的总体构想以及依据，又要说清具体的教学设计。尤其是关于重点、难点知识的教法设计的构想及其依据，使教法设计思路清晰、具有较强的可操作性。

2. 理论联系实际原则——说课活动的灵魂

说课是说者向听者讲述其对某节课教学设想的一种方式，是教学与研究相结合的一种活动。因此在说课活动中，说课者不仅要说清其教学构想，还要说清其构想的理论与实际两个方面的依据，将教育教学理论与课堂教学实践有机地结合起来，做到理论与实践的高度统一。

（1）说课要有理论指导

在说课中对教材的分析应以学科基础理论为指导，对学生情况的分析要以教育学、教学心理学理论为指导，对教法的设计应以教学论和学科教学法为指导，力求所说内容言之有理、言之有据。

（2）教法设计应上升到理论高度

教师在教学实践中，往往注意对教法本身的探索、积累与运用，而忽略了将其总结上升到理念高度并使之系统化、规律化，因而淡化、浅化了教学实践的功能。说课中，应尽量把自己的每一个教法设计上升到教育教学的理论高度并接受实践的检验。

（3）理论与实际要有机统一

在说课中，既要避免空谈理论，脱离实际；又要避免只谈做法不谈依据；还要避免为增加理论色彩而张冠李戴，理论与实际不一致，不吻合。要做到理论切合实际，实践是在理论指导下的实践，理论与实践要高度统一。

3. 实效性原则——说课活动的关键

任何活动的开展，都有其鲜明的目的。说课的目的就是要通过“说课”这一简易、速成的形式或手段来在短时间内集思广益，检验和提高教师的教学能力、教研能力，从而优化课堂教学过程、提高课堂教学效率。因此，实效性就成了说课的核心。为保证每一次说课活动都能达到预期目的、收到可观实效，至少要做到以下几点。

（1）目的明确

大体上，说课可用于检查、研究、评价、示范等多种目的。一般来说，检查性说课主要用于领导检查教师的备课情况；研究性说课主要用于同行之间切磋教法；评价性说课主要用于教学评比、竞赛活动、求职面试；示范性说课则是为了给教师树立说课的榜样，供其学习、参考。在开展说课活动前，首先要明确目的，也就是将要开展哪一类型的说课活动，以便做好相应的准备工作。

（2）针对性强

这主要是针对检查性、研究性两种说课活动而言。检查性说课一般来说主要针对以下问题：教师的工作态度、教师的专业知识、教师的教学能力、教师的教研能力。研究性说课应主要针对承上启下的章节、知识难度较大的章节、结构复杂的章节以及同科教师之间意见分歧较大的章节等。只有加强了说课的针对性，才便于说课者和评课者对问题的集中研究与解决。

（3）准备充分

说课前，说课者和评课者都围绕说课活动的目的进行系统的准备，认真钻研课程标准和教材，分析学情，做到有的放矢。说课者还要写出条理清楚、有理有据、重点突出、言简意赅的说课稿。

（4）评说准确

评说要科学准确，指导性强。说课者说完之后，参加评说的人员要积极发言，抓住教学理论上的重大问题和教学中带有倾向性、普遍性、规律性的问题进行重点评说。主持人还应该将已达成的共识和仍存在分歧的问题分别予以归纳总结，以便在教学中贯彻执行或今后继续进行研究。

4. 创新性原则——说课活动的生命线

说课是深层次的教研活动，是教师将教学构想转化为教学活动之前的一种课前预演，其本身也是集体备课，是备课活动的一个组成部分。尤其是研究性说课，其实质就是集体备课。在说课活动中，说课者一方面要立足自己的教学特长、教学风格，另一方面更要借助同行、专家参与评说，众人共同研究，树立创新的意识和勇气，大胆假设，小心求证，探索出新的教学思路和方法，从而不断提高自己的业务水平，进而不断提高教学质量。只有在说课中不断发现新问题、解决新问题，才能使说课活动永远“新鲜”、充满生机和活力。

6.9.3 说课的结构和内容

1. 说课的结构

说课的类型很多，根据不同的标准，有不同的分类。按学科分有语文说课、数学说课、音体美说课等；按用途分有示范说课、教研说课、考核说课等。但我们从整体来分，说课可以分成两大类：一类是实践型说课，另一类是理论型说课，它们主要的内容结构基本一致，如图 6-1 所示。

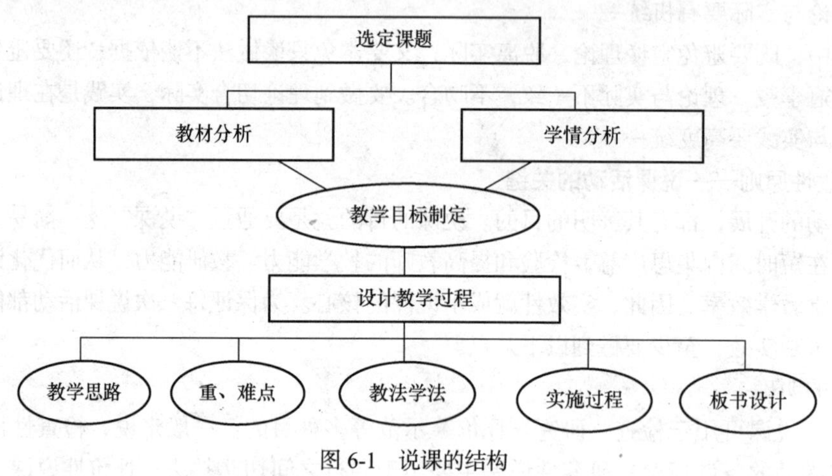

图 6-1 说课的结构

2. 说课的主要内容

（1）说教材

教材是编者依据课程标准所编写的教学内容的载体。熟悉课程标准和教材，了解教材的编写体系，理清教材的脉络，领会课程标准的精神，才能做到对教学要求从整体上把握，在局部中落实，对每一节课的重点、难点做到心中有数，从而在课堂教学实施中循序渐进，要求得当，教法学法选择合理，对学生学习知识、方法、技能和建构认知结构提供最有效的帮助和指导。说教材一般体现在以下几方面：

① 教材简析。任何一门课程的教材，从其知识内容到编排形式，都会构成一个系统。要说出

对教材的整体把握，就需要明确本课题或章节内容在整个学段、一个学年的教材系统中所处的位置及其作用。要分析教材的系统和知识结构，教材展开的逻辑层次，教学的关键，提出处理教材的方法和依据。只有明确了这一点，才能在教学中重视前后知识的内在联系，准确地认定教材的重点和难点，从而提高课堂教学效率。

② 提出本课时的具体明确的教学目标。教学目标是课时备课中所规划的课时结束时要实现的教学结果。课时目标越明确、越具体，反映教者的备课认识越充分，教法的设计安排越合理。教学目标一般可从认知、技能操作、思想情感等几方面来确定。说课中要注意避免千篇一律地提出“通过教学，使学生能正确计算××习题”一类的套话，要从识记、理解、掌握、应用四个层次上分析教学目标。课时目标制定中还要提出思维能力和非智力因素方面的培养目标，包括思想品德教育渗透和兴趣、习惯培养目标。

确立教学目标的依据：一是教学大纲的规定；二是单元章节的要求；三是课时教学的任务；四是教学对象的实际。要把这四点结合在一起全面考虑，再来确定教学的起点和终点，从而明确提出本课时的具体教学目标。

③ 重点、难点的确定及依据。抓重点、突破难点是不同的课堂教学结构取得最佳教学效果所采用的共同的方法。教学重点是由教学内容、教学目标决定的，教学重点往往是学科中基础的、有共性的知识和概括性强、理论性强的概念、原理、规律性知识，或是有助于学生个性发展的、有利于素质教育的知识、技能、方法。

教学的难点除决定于教学内容外，还与学生的认知发展水平和生活经验的多少等因素有关，不同的学生对学习难点感觉也是不一样的。对初中学生而言，抽象的知识、逻辑性强的知识、思维要求高的知识及难以记忆的知识等均属于难点。

（2）说教法

主要说明“教什么”的问题和“为什么要教这些”的依据。即在个人钻研教材的基础上，说清本节课的教学内容的主要特点，它在整个教材中的位置、作用和前后联系并说出教者是如何根据大纲和教材内容的要求确定本节课的教学目的、目标、重点、难点和关键点的。例如，为完成教学任务所采用的课堂教学模式及其理论依据；为突出重点和突破难点采用的手段和理由；为处理某个习题所采取的策略和措施等。选择何种教学方法，关键在于教师对教材特点和学生认知规律的把握，但无论采用什么样的方法，都要始终贯彻“具有启发性”、“突出主体性”、“注重思维能力”的原则。因此，说课者要从实际出发，选择恰当的教学方法。而且，随着教学改革的不断深入，还要创造性地运用新的教学方法。

（3）说学法

说学法不能停留在介绍学习方法这一层面上，要把主要精力放在解说如何实施学法指导上，主要说明学生要“怎样学”和“为什么这样学”的道理。要讲清教者是如何激发学生学习兴趣、调动积极思维、强化学生主动意识的；还要讲出教者是怎样根据年级特点和学生的年龄、心理特征，运用哪些学习规律指导学生进行学习的。特别在当今的新课程改革中，转变学生的学习方式，倡导以“主动参与，乐于探究，交流与合作”为主要特征的学习方式，是本次新课程改革的重中之重。要说好学法，首先必须深入研究学生，处理好课堂教学中的师生关系，重新摆正师生的位置。要改变师者在讲台上滔滔不绝、面部表情呆板、“我讲你听”，学者在下面正襟危坐、目不斜视、“你问我答”的陈旧的教学模式。其次，要注意对学习指导过程的阐述，如教师是通过怎样的情景设计，学生在怎样的活动中，养成哪些良好的学习习惯，领悟出不但让学生“学会”，还要让学生“会学”、“乐学”。

（4）说教学过程

说教学过程主要是说程序的整体构思，制定过程的策略，及实施的简明步骤。一般可先拟订教学流程。说编拟流程的策略，再结合课堂教学的具体环节，围绕教学目标的落实，重点的突出和难点的突破，学生能力的培养进行陈述。教学过程包括以下内容。

① 新课引入的设计。

② 教学内容如何按逻辑层次和学生认知规律组织，如何有序地呈现教学内容。

③ 突出重点，突破难点的方法、途径。

④ 如何分层落实目标，如何反馈调控。

⑤ 实验的操作，媒体呈现时间、方式。

⑥ 学生活动的组织，能力培养的切入点、方法、途径。

⑦ 达标的检测评价方案等。

（5）说板书设计

简明扼要叙述板书的内容、编排、个性化设计的特色，如何突出显示重点知识，有利于知识条理化、系统化，有利于学生记忆等。

6.9.4 说课的误区

1. 误区之一：说课就是复述教案

说课稿与教案有一定的联系，但又有明显的区别，不能混为一谈。说课稿是在个人钻研教材的基础上写成的，说课稿不宜过长，时间应控制在10～20分钟之内；教案只说“怎样教”，而说课稿重点说清“为什么要这样教”。教案是教师备课这个复杂思维过程的总结，多是教学具体过程的罗列，是教师备课过程的记录，是教师进行课堂教学的操作性方案。它重在设定教师在教学中的具体内容和行为，即体现了“教什么”、“怎么教”。

说课稿侧重于有针对性的理论指导的阐述，它虽也包括教案中的精华部分（说课稿的编写多以教案为蓝本，作为参考的第一手材料），但更重要的是要体现出执教者的教学思想、教学意图和理论依据，即思维内核。简单地说，说课稿不仅要精确地说出“教”与“学”的内容，更重要的是要结合理论和实践具体阐述“我为什么要这样教”。教案是平面的、单向的，而说课是立体的、多维的。说课稿是教案的深化、扩展与完善。

2. 误区之二：说课就是再现上课过程

有些教师在说课过程中一直口若悬河，激动万分地给听者“上课”：讲解知识难点、分析教材、演示教具、介绍板书等，把讲给学生的东西照搬不误地拿来讲给下面就座的评委、同行们听。其实，如果他们准备的内容和课程安排面对的是学生，可能会是一节很成功的示范课。但说课不是上课，二者在对象、要求、评价标准以及场合上具有实质性的区别，不能同等对待。

说课是“说”教师的教学思路轨迹，“说”教学方案是如何设计出来的，设计的优胜之处在哪里，设计的依据是什么，预定要达到怎样的教学目标。这好比一项工程的可行性报告，而不是施工工程的本身。由此可见，说课是介于备课和上课之间的一种教学研究活动，对于备课是一种深化和检验，能使备课理性化，对于上课是一种更为严密的科学准备。

3. 误区之三：说教学方法太过笼统，说学习方法有失规范

“教学设计和学法指导”是说课过程中不可缺少的一个环节，有些教师在这个环节中多一言以蔽之：我运用了启发式、直观式等教学法，学生运用自主探究法、合作讨论法等。至于教师如何启发学生，怎样操作，却不见下文。甚至有的教师把“学法指导”误解为解答学生疑问、学生习惯养成、简单的技能训练。

4. 误区之四：说课过程没有任何的辅助材料和手段

有的教师在说课过程中，既无说课文字稿，也没有运用任何的辅助手段。有的教师明明说自己动手设计了多媒体课件来辅助教学，但在说课过程中，始终不见庐山真面目，让听者不禁怀疑其真实性。所以，说课教师在说课过程中可以运用一定的辅助手段，如多媒体课件的制作、实物投影仪、说课文字稿等，在有限的时间里向同行及评委们说清楚课，说好课。

6.9.5　说课的要求

针对上面分析的说课中存在的误区，我们对说课提出了 6 点要求。

1. 说清本课内容在本学科教学中所处的地位及其作用

在教学过程中，每一课时教案所包含的内容是不同的，它们在每一学科的知识体系中的地位及其作用也是不同的。有些课时所含的教学内容极其重要，与今后授课的内容密切相关，是阶段性的关键点，甚至是本教材的重点内容，起着承上启下的作用。教师如何认识每一课时教案在学科教学中的地位，进而如何对学生进行学习指导至关重要。我们一些有经验的老教师为什么能称为“把关”老师，也就是因为他们熟悉了学科知识体系中的要点和关键，并善于抓住这些知识关键点来指导学生，从而达到事半功倍的教育效果，确保教学质量。分清每一课时教案内容在学科知识体系中的地位及作用，是青年教师必须下功夫掌握的极其重要的一项基本功。

2. 说清本课内容的重点、难点和要点

每一课时教学内容一般都有自己独特的教学要点需要学生掌握，要让学生把握一节课的教学内容，必须突出重点，从而起到提纲挈领的效果，便于学生掌握。在教学过程中，每一课时又往往有一些知识点学生难以明确，难以掌握，作为教师必须从学生的实际出发，把握重点、要点，找出难点，化解难点以达到预期的教学目的。这些都需要“说课”教师在说课过程中掌握并说清如何在教学过程中体现。

3. 说清本课的时间安排和目标

在有限的课堂教学时间中，掌握课堂教学目标是教师的基本功。在有限的 45 分钟课堂教学时间内，实现课堂教学目标，是很有讲究的。如何突出重点、掌握要点，如何化解难点、巩固知识，如何复习旧课、导入新课，如何演绎示范、归纳总结，如何提问设问、布置练习，都需要合理安排授课的时间。一节好的课离不开一个好的课时结构，要使每个课时的各个教学环节均能恰到好处，合理分配课堂教学时间尤为重要。作为说课者，必须紧紧围绕课堂教学目标，在说课中，体现课时结构，优化各个教学环节的时间分配。

4. 说清实施课堂教学目标的方法与手段

在课堂教学目标确定之后，用什么方法和手段实现课堂教学目标极为重要。它要求“说课”者根据教学要求和所教对象，说清如何运用相应的教学方法来完成教学任务，并运用何种教学手段，来强化教学目标的重点、要点，化解难点，使学生掌握所教知识。俗话说，“教无定法，但教要得法”，充分说明了教学方法不是一成不变的，每一种教学方法都有它们的合理性和科学性，在同一课时中，教学方法可以多样化，但教学方法的多样性，必须和教学效果相一致。

5. 教学过程状态的调节与信息的有效传递

教学过程中师生教学状态的调控，教学信息的传递、反馈，实质上是一个很重要但又往往容易被“说课”者遗忘的环节。在实际教学中教师的“教”与学生的“学”虽是相互联系的，但有主动和被动、先后快慢之分。有时也许老师讲得快的地方恰恰正是学生一下子不能领悟到的地方；

有时学生积极性很高、偏离教学目标，这就需要教师通过信息传递、反馈来适当调控，而教学状态的有机调控必须注意提问、设问、练习等信息传递的精心设计和合理安排。在“说课”中说课者要充分说明。

6. **对本节教学计划的预评估**

说课不是上公开课，在实际上课效果不能体现的情况下，说课者对说课内容应该有一个预评估，并将此作为说课的一项内容。预评估中应包括教学过程中可能出现的问题，包括学生中可能出现的有代表性的错误、时间控制上的调整，以及补救措施、目标测试的答疑等。

说课活动有说又有评，特别是课后的说评结合，围绕这课的教学怎样落实素质教育，怎样提高课堂教学效率，各抒己见，相互交流，不仅锻炼了参与者说与评的能力，而且促使教师在理论与实践的结合上有了新的认识，新的提高。

6.9.6 说课的评价

说课的评价不同于说课中的评议。说课中的评议是同行们针对说课内容所进行的议论和评说。说课评价一般由专家来承担，要对说课者及其说课的整体情况作出综合价值判断。表 6-10 是一个说课的评价量规，对于我们说课训练后进行自我测评很有指导价值。

表 6-10 说课评价量规

评价项目	评 价 内 容	权重	得分
说教材（12 分）	课程标准要求	3	
	教学内容的地位和作用、知识之间的内在联系	2	
	教学目标的三维设计、可操作性、科学合理性	4	
	重点、难点及成因分析	3	
说教法（12 分）	教法合理有效性、多样性、灵活性、创新性	2	
	创设情境激发学生兴趣及积极性	2	
	互动性	2	
	信息素养及思维能力、实践能力等	3	
	选择教法的理论依据	3	
说学法（14 分）	学情分析	3	
	对学生学习的关注及发展	3	
	信息素养及能力的培养	3	
	学法的合理性、效率、学法与教法的结合、指导性	3	
	学法的理论依据	2	
说过程（40 分）	课题引入激发高级思维、兴趣、求知欲	5	
	学习主体性的发挥、互动性	5	
	目标实现效果	5	
	教学各环节安排、过渡、时间分配及结合性	6	
	主次、重点突出，难点突破，关键把握	5	
	教学原则、教学规律的应用	4	
	评价、反馈与调节措施及构想	5	
	各环节教学设计的理论依据		

续表

评价项目	评 价 内 容	权重	得分
教师基本功（12 分）	助学技能	3	
	讲解准确性、层次性、重点及实践的把握	3	
	语言流畅、清晰、有感染力	2	
	板书布局设计、教学性及艺术性	2	
	教态、体态语	2	
教学效果预测（10 分）	学生认知、能力、情感态度价值观等发展预测	5	
	改进意见合理性及创新性	5	
综合评语		总分	

注：90～100 分为优秀，80～89 分为良好，70～79 分为中，60～69 分为及格，60 分以下为差。

6.9.7　说课的模板

尊敬的各位老师：下午好！

很高兴能有这个机会就《____》一课在此向各位老师做一下汇报。下面，我将从教材分析、教法与学法分析、教学程序设计以及板书设计四个部分来进行我的说课，并将我的教学评价与反思渗透其中。

一、教材分析

1. 教材的地位与作用

《____》是____出版社出版的中等职业教育系列规划教材《____》第____章的第____节内容。我计划用一课时的时间来完成。

本节是在学习了____之后编排的。通过本节课的学习，既可以对____的知识进一步巩固和深化，又可以为后面学习____打下基础，所以____是本章的重要内容。此外，《____》的知识与我们日常生活、生产、科学研究有着密切的联系，因此学习这部分有着广泛的现实意义。

2. 学生情况的分析

（1）从学生的知识基础来看，通过之前对____的学习，学生已经有一定的理论基础，但是，不同水平的学生掌握知识的程度是不一样的。

（2）从学生的年龄特征来看，此阶段的学生大多出生于 20 世纪 90 年代，他们已经通过电脑、电视等多种途径了解到了相关知识，但是相对于成年人来说，这些认识还是比较浅显的，因此，我计划通过本课帮助学生获得对____更深层次的理解。

3. 教学目标的确立

为全面提高学生的素质，根据教学大纲的要求，我计划引出 3 个方面的教学目标：

（1）知识目标

通过本节课的学习，使学生理解____的原理，使学生能够正确掌握____。

（2）能力目标

通过本节课，使学生学习科学的思维方法，培养分析问题的能力和言语表达能力。

（3）情感目标

通过本节课的学习，激发学生对____的热情，同时增强学生的民族自信心和自豪感。

4. 教材的重点与难点

（1）教材的重点是____。分析如下：

（2）教材的难点是____。分析如下：

二、教法与学法分析

科学合理的教学方法能使教学效果事半功倍，达到教与学的和谐完美统一。基于此，我准备采用的教法是讲授法，讨论法和点拨法。讲授法使教师可以系统地传授知识，充分发挥教师的主导作用。现代教育，对受教育者的要求不仅是学到了什么，更重要的是教会学生怎样来学。我使用这种模式的教学方法，摒弃了原有的学生被动接受知识的状态，学生在教师的指导下，通过相互讨论，自主探究，从而得出结论。教师与学生之间的平等协作关系得以体现。此外我准备用多媒体手段辅助教学。

学法上，我贯彻的指导思想是把“学习的主动权交给学生”，倡导“自主、合作、探究”的学习方式，具体的学法是讨论法、阅读法和画线法，让学生养成不动笔墨不读书的良好阅读习惯。我计划通过本节课，使学生掌握根据教学要求来发现问题，分析问题并得出结论的学习方法。

三、教学程序设计

1.（第一环节）是创设情境，课题引入

一堂课的开始，学生往往尚未进入学习状态，因此，我会利用多媒体来播放一幅____的图片，使学生眼前一亮。同时请一名同学给大家讲授有关____的知识，帮助学生在最短时间内进入学习状态，激发学生的学习兴趣。继而会以适宜的方式引入新课。问题是这样的：“____？本堂课我们就来学习第____课《____》。”

2.（第二环节）是进入新课教学

由于本堂课我采用的是探究式教学为主，因此，我会首先让学生带着大屏幕上的问题来看书并分组进行讨论，在学生相互交流之后请代表发言，我来逐一进行讲解。

首先是探究一：“____是什么？”我安排学生自主进行探究，在小组讨论之后，请代表来回答，我会结合____来进行讲解。接下来，我会运用____来加深这一问题的理解。

探究二：“____是什么？”同样让学生相互讨论，自主探索。对于此开放式问题，我会请多位同学大胆回答，之间我会通过简单分析问题引导学生发散思维的培养。在教学过程中，我会逐渐树立学生从多角度分析问题的意识。

通过以上问题的探究，____的教学就得到了自然过渡，____教学是我本堂课的重点，内容包括：____、____、____。我会重点讲解____。使学生充分理解把握____的知识。

由于现在全面贯彻素质教育方针，教材做了大幅度的修改，为帮助学生建立完善的知识体系，我会给学生拓展两个知识点：第一个知识点是：____。第二个知识点是：____。

3.（第三环节）是总结回顾，布置作业

我会引导学生根据板书来梳理知识结构，构建知识网络，同时布置作业。我选取的是课后第____题和第____题，这两个题都是和____相关的，这样学生就可以巩固以前所学知识，同时运用新知识解决问题。

四、板书设计

我会把黑板分为三个板面，前两个板面用于新授课知识的讲解，包括____，第三个板面是用于知识回顾、框架设计，从而做到条理清晰，简洁而不失美观。

说课综述：

以上是我对《____》这节教材的认识和对教学过程的设计。在整个课堂中，我引导学生回顾前面学过的____知识，并把它运用到对____的认识，使学生的认知活动逐步深化，既掌握了知识，又学会了方法。

总之，对课堂的设计，我始终在努力贯彻以教师为主导，以学生为主体，以问题为基础，以能力、方法为主线，有计划培养学生的自学能力、观察和实践能力、思维能力、应用知识解决实际问题的能力和创造能力为指导思想。并且能从各种实际出发，充分利用各种教学手段来激发学生的学习兴趣，体现对学生创新意识的培养。和谐的教学氛围需要师生共同努力，让我们携手描绘更美好的教学蓝图。我的说课完毕，谢谢各位专家老师。

6.9.8　说课的课例

"制作 Flash 补间动画"　说课稿

作者：徐艳

单位：海南陵水思源实验学校

一、说教材

（一）教材内容与地位

本节内容选自海南出版社出版的《信息技术》八年级上册第二章《动画信息制作》中的第三节《制作 Flash 动画》的第一课时，该节内容是学生学习 Flash 动画制作的开端。在学习本节课之前，学生已经学习了动画及制作的基本原理，对于基本原理有了一个较清晰的理解，因此确定本节课主要内容为：让学生体验 Flash 补间动画制作的一般步骤及对一些常用工具的学习。通过对制作过程的了解，让学生消除动画制作的神秘感，激发学生学习 Flash 动画的求知欲，为后续的深层次的学习打下坚实的基础。

（二）教学目标

根据上述教材结构与内容分析，考虑到学生已有的认知结构心理特征，制定如下教学目标。

1. 知识与技能

（1）了解工具面板中常用工具的使用方法，重点掌握椭圆工具、颜料桶工具及选择工具的使用。

（2）学会调用元件制作简单的补间动画，了解制作 Flash 补间动画的一般步骤。

（3）在制作过程中加深对元件、库、关键帧、图层等概念理解。

2. 过程与方法

通过制作"落地的小球"体验动画制作的一般步骤和常用工具的使用方法，并加深对时间轴概念的理解；通过"喜羊羊开飞机"的补间动画练习巩固学习和反馈学习情况。

3. 情感态度价值观

消除学生对 Flash 软件的神秘感，体验制作动画带来的乐趣，培养学生学习动画制作的兴趣；培养学生探究学习和合作学习的能力。

（三）教学重点难点

本着初中新课程标准，在吃透教材的基础上，我确定了以下的重、难点。

1. 教学重点

（1）元件的制作和调用。

（2）了解制作补间动画的一般步骤。

重点依据：本节课重点在于培养学生通过制作和调用元件制作 Flash 补间动画，善于总结制作补间动画的一般步骤，最后运用一般步骤制作生活中的动画作品，做到学以致用。

2. 教学难点

对元件、库、关键帧、图层等概念的理解。

难点依据：图层、关键帧较为抽象，学生未接触过类似的软件载体。

二、说学情

本节课的学习对象是八年级学生，该阶段学生已具备了一定的信息素养，对制作动画有着浓厚的兴趣。学习本课前已经对 Flash 的窗口界面、时间轴、关键帧、元件等概念有所了解，但理解得不够透彻，有待于在学习过程中逐步加深理解并掌握相应操作技能。

据了解，定安思源的学生来自边远农村地区，不具备在课后学习的物质条件，且信息技术知识水平存在一定的差异，学生的认知能力、自主学习能力各不相同，因此授课过程中要做到因材施教，关注每一位学生在课堂上的发展。

三、说教法与学法

（一）教法

信息技术是培养学生实践能力的重要学科。在教学过程中，我认为不仅要让学生“知其然”，更要“知其所以然”。教师作为课堂客体，需要引导学生正确地探索规律，理解原理。考虑到初中学生的实际情况，本身对课程关注度不够，我主要采用教师演示、学生活动的教学方法，在学习制作补间动画的一般步骤后，产生践行的愿望。基于本课的特点，我主要采用如下的方法策略。

1. 讲授演示法

在课题引入阶段，利用学生感兴趣的喜羊羊动画导入，激发学生学习兴趣，活跃课堂气氛。教师采用形象比喻法，把动画创作比喻成导演拍戏，将两者联系点结合讲解，实现新旧知识的紧密衔接。

学生没有接触过制作补间动画，所以教师必须演示一些新知识点操作，如调用元件、“动作补间动画”中采用关键帧设置起点、终点、对象运动三步骤等新知识。

2. 任务驱动教学法

教师以任务引路，用任务来驱动同学们的学习积极性，学生边学边练，完成自主学习任务。在本节课中，给予掌握较好的同学创设提高情境，加入动漫灰太狼元素，让学生自己思考探究由调用文件，到动作补间动画的一系列过程，使学生的独立探究能力得到了充分的发挥，培养学生的自学能力、思维能力。在任务设计中实现分层，让学有余力的学生得到发展。

3. 分组教学法

根据教学大纲关于“能够与他人协作或独立解决与课程相关的问题，完成各种任务“的要求，培养学生的合作能力、团队精神，我会把学生进行分组，让学生逐步学会与他人共事，提高学习效率及效果。

（二）学法

“授人以鱼，不如授人以渔”。因此，我在教学过程中特别重视学习方法的指导，让学生从“学会”向“会学”转变，主要采取模仿学习法、合作探究法。

1. 模仿学习法

学生仅初步接触 Flash 软件，没有办法使用知识技能的迁移方法，结合以前学过的软件进行相关的直接探索，所以，采用演示教学法，让学生模仿教师操作是必须的过程。

2. 合作探究法

学生在模仿学习后，具备基本的制作知识，在此基础上，安排任务，使得学生能够展开小组学习，对其进行合作探究。

四、说教学过程

本节课设计了六个环节：创设情境，导入新课——形象比喻，获取新知——演示操作，学生实践——任务驱动，合作探究——交流欣赏，总结评价——课堂小结。

1. 创设情境，导入新课（2 分钟）

教师播放喜羊羊开飞机动画效果，提问学生："这个动画中哪些对象在动？大小有什么变化？"（引出补间动画的基本特点）

教师根据学生回答提出设问："怎样能制作出类似的动画效果呢？"从而引出本节课的课题：制作 Flash 动画。从学生感兴趣的动画入手，激发学生的学习兴趣。

2. 形象比喻，获取新知（3 分钟）

教师将动画创作比喻成导演拍戏，讲解两者的紧密联系，实现新旧知识的紧密衔接；形象地分析了动画制作的原理，这样的方式使学生更易接受理解。

3. 演示操作，学生实践（12 分钟）

教师以导演拍戏作为切入点，以"落地小球"动画为例逐步讲解补间动画的一般步骤：规划场景——制作元件——对象运动——测试影片；接着让学生模仿学习制作小球落地的动画效果，不仅让学生在动手制作过程中了解制作补间动画的一般步骤，而且在绘画小球元件中学会使用椭圆工具、颜料桶工具及选择工具，使学生在制作过程中加深对库、元件、关键帧的理解，初步体现了教学重点难点所在。学生制作结束之后，师生共同小结制作补间动画的一般步骤，不仅对所学知识进行巩固，更为接下来的任务探究打好知识基础。

4. 任务驱动，合作探究（16 分钟）

在学生了解制作补间动画的一般步骤后，提出三个任务让学生小组合作探究学习。三个任务由浅入深，层层递进，实现任务分层，让处在每个层次的学生都有任务操作，对学有余力的学生鼓励继续探究。

基础任务一：请尚未完成"小球落地"动画制作的同学继续完善；完成的同学请将作品以"名字+小球"命名保存至桌面上，继续探究任务二。

探究任务二：请打开"喜羊羊开飞机.fla"文件，在飞机层制作开飞机动画效果。飞机从左往右飞，飞动过程中越来越小。教师展示动画效果。学生采用小组合作学习。

拓展任务三：当喜洋洋开动飞机之后，被灰太狼发现了，灰太狼会怎样发起追击呢？请通过你的想象力创作动画。操作提示：（1）单击灰太狼图层，选中第一帧；（2）将库中灰太狼.gif 的图像拖入相应位置；（3）设置灰太狼层的结束帧，创建补间动画。让灰太狼发起追击。

以学生感兴趣的动画素材作为任务驱动，激发了学生的学习兴趣，并且与导入新课的素材相一致，做到首尾呼应，让学生知道我也能制作动画，保持学生学习动画的积极性。纵观这节课，几个任务一个比一个难，具有一定的层次和梯度。学生在操作任务过程中，教师要善于发现优秀作品，为接下来的展示交流环节作铺垫；此外，要对学生出现的共性问题及时解决，做课堂的组织者和引导者，实现以学生为主体，教师为主导地位的理念。

5. 交流欣赏，总结评价（5 分钟）

教师展示优秀作品，并让学生对作品进行评价，提出两个优点和建议，教师再进行总结评价。在此过程中，教师要善于运用鼓励的语言表扬学生的作品，培养学生欣赏和评价作品的能力。

6. 课堂小结（2 分钟）

采用提问的方式问学生你能制作出小球落地、喜羊羊开飞机的动画效果吗？从而引出本节课的重点知识：制作补间动画的一般步骤。对本节课进行总结。同时使用激励的语言鼓励学生继续探索动画的制作。

五、结束语

以上，我仅从说教材，说学情，说教法，说学法，说教学过程说明了“教什么”和“怎么教”，阐明了“为什么这样教”。

思考与练习

1. 什么是教学技能？
2. 教师需要掌握的基本教学技能包括哪些方面？
3. 教师在课堂上经常使用的教学技能包括哪些？
4. 课堂教学可以采用哪几种形式的导入方式？
5. 教师如何利用提问技能增进学生对知识的记忆及理解？
6. 在教学中教师可以采用哪些方式对重点教学内容加以强化？
7. 什么是教学组织技能，教师如何组织学生实施协作学习？
8. 教学语言技能的构成类型及应用原则。
9. 什么是说课？说课的原则是什么？
10. 说课的误区有哪些？其对策是什么？

第 7 章 信息技术与课程整合

本章学习目标：

通过本章的学习，掌握信息技术与课程整合的概念和目标；了解信息技术与课程整合的层次；掌握信息技术与课程整合的实施，包括信息技术与课程整合的学习资源、信息技术与课程整合的教学模式和信息技术与课程整合的教学评价。通过学习本章能够根据教学内容，设计信息技术与课程整合的实施方法，开展教学活动。

本章要点：

- 信息技术与课程整合的概念和目标；
- 信息技术与课程整合的层次；
- 教育资源建设的四个层次；
- “学教并重”的教学设计方法；
- 信息技术与课程整合的典型教学模式；
- 信息技术与课程整合的教学评价流程。

7.1 信息技术与课程整合概述

当今人类社会已从工业时代步入信息时代，现代信息技术已经渗透到人们的生活、工作等方方面面。信息、知识成为社会中的基本资源，不仅改变着我们的生活方式，也改变着教育和学习方式。因此，对信息的获取、分析、加工、利用的能力成为信息社会每个公民必须具备的一种基本素质。一方面，信息时代的知识经济对人才培养提出了前所未有的新需求——必须使受教育者具有创新意识、创新思维与创新能力；另一方面，信息时代伴随知识经济的发展，信息量空前膨胀和频繁更新也将对传统教育提出新的挑战。

7.1.1 信息技术与课程整合的背景和意义

1. 信息技术的定义与内涵

信息技术是指能够扩展人的信息器官功能的一类技术。具体而言，信息技术被定义为能够完成信息的获取、传递、加工、再生和施用等功能的一类技术。信息技术也被定义为感测、通信、计算机和智能以及控制等技术的整体。根据以上定义我们可以了解信息技术的四项基本内容，即信息技术的“四基元”。

（1）感测技术——感觉器官功能的延长。

（2）通信技术——传导神经网络功能的延长。

（3）计算机和智能技术——思维器官功能的延长。

（4）控制技术——效应器官功能的延长。

信息技术“四基元”的关系构成了一个和谐整体，共同完成扩展人的智力功能的任务。它们之间的关系如图 7-1 所示。

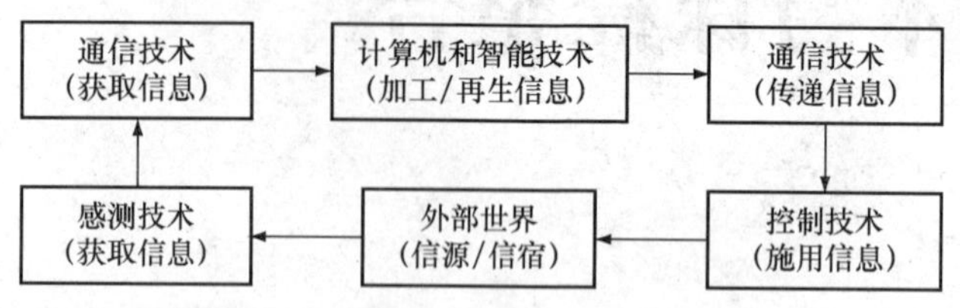

图 7-1　信息技术“四基元”及其功能系统

根据图 7-1 我们可以发现“四基元”之间的关系：通信技术与计算机和智能技术处于整个信息技术的核心位置，感测技术和控制技术则是核心与外部世界之间的接口。信息技术的“四基元”是一个完整的体系。

2. 信息时代对教育提出的新要求

（1）信息时代要求学习者具有良好的信息素养

根据目前国内外大多数教育技术专家和计算机教育专家的意见，信息素养应当包括“信息意识、信息技术知识与能力、信息道德”三个方面。

信息意识是指能认识到信息与信息技术的重要性，对于信息有一定的敏感性和辨析力，并具有在各个领域、各个部门和各项工作中运用信息技术的主动要求和意愿。

信息技术知识与能力是指与“信息获取、分析、加工、利用”等有关的基础知识和实际能力。信息获取包括信息发现、信息采集与信息优选；信息分析包括信息分类、信息综合、信息查错与信息评价；信息加工则包括信息的排序与检索、信息的组织与表达、信息的存储与变换以及信息的控制与传输等；信息利用则包括如何有效地利用信息来解决学习、工作和生活中的各种问题（例如，能不断地自我更新知识、能用新信息提出解决问题的新方案、能适应网络时代的新生活等）。这种与信息获取、分析、加工、利用有关的知识可以简称为“信息技术基础知识”，相应的能力可以简称为“信息能力”。这种知识与能力既是信息素养水平高低的主要体现，又是信息社会对新型人才培养所提出的基本要求。所以狭义地说，“信息素养”也可理解为“信息技术知识与能力”这一个方面。

信息道德是指在信息社会中生存所必需的有关信息的道德、法律观念与社会责任。

（2）知识经济的形成与发展要求学习者具有较强的创新精神

21 世纪是信息时代，同时也是知识经济时代。知识经济是科技高度发展的产物，是以知识创新为基础、以智力资源为依托、以高科技产业为支柱的后工业经济。知识成为经济发展的基础，成为经济增长的驱动力，拥有先进技术和最新知识尤其是具有知识创新能力的人成了决定性的生产要素，成为一个国家重要的战略资源。因此，创新已经成为世界各国驾驭改革的焦点和核心。

（3）学习化社会要求学习者具有终身学习的能力

根据联合国教科文组织的统计，人类近 30 年来所积累的科学知识占有史以来积累的科学知识总量的 90%，而在此之前的几千年中所积累的科学知识只占 10%。随着知识更新周期的缩短，随着社会经济中知识含量的不断增加，学习者所面对的生活环境更加复杂多变，这就向学习者提出了更高的学习要求：进行更有效率的学习，进行更高水平的学习，进行更为广泛而持久的学习乃至终身学习。要求学习者应当具有不断地自主获取知识、更新知识和生成知识的能力，要真正学会学习。

3. 信息技术对课程改革的影响

教育制度的变革首先会受到课程体系发展的制约。决定课程体系的关键因素是知识、社会要求、社会条件和学生特点。现代信息技术的飞速发展，对上述决定课程的四个关键因素都产生了冲击性的影响。

（1）信息时代的知识爆炸，要求课程要从传授知识为主转变为培养学习能力与应用能力为主。

（2）信息技术对人类社会的深刻影响，要求把信息素养作为信息社会的文化基础。

（3）信息时代要求课程的内容结构、表现形式、实施手段都应符合促进“信息”型认知结构发展的需要。

（4）信息技术为课程的设计与实施提供的前所未有的手段，使实施个性化的课程成为可能。

7.1.2　信息技术与课程整合的概念与目标

1. 信息技术与课程整合概念的界定

“课程”广义上是指所有学科，或指学生各种学习活动的总和，狭义上是指具体的一门学科。“整合”是指一个系统内各要素的整体协调，相互渗透，并使系统各要素发挥最大效益。“信息技术与课程整合”最早源于西方“课程整合”的概念。在英文中，“整合”一词表述为“integration”，这一单词在汉语中有多重意义，如综合、融合、集成、一体化等，但其主要含义是“整合”。

目前，何克抗教授对信息技术与课程整合的描述得到了广泛的认可。该定义可简言之为：所谓的信息技术与课程整合就是通过将信息技术有效地融合于各学科的教学过程来营造一种新型的教学环境，以实现一种能充分体现学生主体地位的以“自主、探究、合作”为特征的新型的教与学方式，目的是使传统的以教师为中心的课堂教学结构发生根本变革。

2. 信息技术与课程整合的目标

信息技术与课程整合的宏观目标是：“建设数字化教育环境，推进教育的信息化进程，促进学校教学方式的根本性变革，培养学生的创新精神和实践能力，实现信息技术环境下的素质教育与创新教育。”一般情况下，可以把信息技术与课程整合的目标概括为以下几个方面。

（1）培养学生的信息素养

信息时代要求学习者具有驾驭信息的能力，可以根据需要进行信息的获取、分析、加工等，做到有效地利用信息来解决学习、工作、生活中的各种问题，对信息具有深度感知，能够适应信息时代，具备融入信息社会的能力。

（2）培养学生具有终身学习的态度和能力

互联网络带来了学习资源的全球共享，使人们随时随地学习所需知识变成了可能。这样的学习资源允许学习者自我组织学习活动，规划学习内容，制定学习进度，控制学习进程，运用各种方法，评估学习效果，做到有计划、有目的地运用技术手段实现终身学习，不仅培养学生学会知识，更重要的是使学生具有终身学习的态度和能力，这样才能更好地适应知识的全球共享。

（3）培养学生掌握信息时代的学习方式

信息化学习环境深刻变革了人们的学习方式。自主学习、探究性学习、研究性学习成为学生的主要学习方式，教师在整个学习过程中更多地与学生进行协商讨论，起引导作用，而学生则运用各种现代化信息工具来解决学习中的问题，适应数字化学习环境，掌握信息时代的学习方式。

（4）培养学生解决实际问题的能力和创新能力

信息时代使学生和教师在信息获取上站在了同一起跑线上，知识的获得与信息的传递变得非常便捷，因此，学生能力的培养应该从掌握知识转变到对知识的运用能力和对创新能力的培养，以适应信息化的飞速发展。

7.1.3 我国信息技术与课程整合的现状分析

现代信息技术与课程整合，是21世纪我国普及中小学信息技术教育和实现中小学教育跨越式发展的关键，也是我国目前基础教育改革与发展的核心，是当代教育改革、教育现代化发展的必由之路。对于教师和教育研究者而言，信息技术与课程整合还是一个较新的概念和领域，因此在实践探索过程中，或多或少出现了一些认识和实践上的误区。

1. 当前我国信息技术与课程整合存在的主要问题

（1）对信息技术与课程整合的意义不清楚

尽管信息技术与课程的整合在我国已经开展多年，但迄今为此，在广大中小学教师中仍有不少教师还把信息技术与课程的整合看作是一种时尚，没有真正弄清楚为什么要开展信息技术与学科课程的整合，只是因为大家都在应用信息技术，或者是上级领导号召应用信息技术而不得不用。

课程整合不是把信息技术仅仅作为辅助教学或辅助学习的工具，而是强调要把信息技术作为促进学生自主学习的认知工具和情感激励工具，利用信息技术所提供的自主探索、多重交互、合作学习、资源共享等学习环境，把学生的主动性、积极性充分调动起来，使学生的创新思维与实践能力在整合过程中得到有效的提高。这正是我们国家素质教育目标所要求的，是培养创新人才的重要途径和根本措施。

（2）对信息技术与课程整合的内涵不了解

不少教师只是把信息技术与课程整合看作是现代化教学的一种工具、手段或是更有效地学习信息技术的一种方式，有人认为：“信息技术与课程整合就是要把信息技术与其他学科课程融合在一起，以便在学习其他学科课程的同时能更有效地学习信息技术”。这种观点在中学计算机教师中颇为流行，甚至在一些信息技术教育专家中也不鲜见。这种观点显然是不了解信息技术与课程整合的内涵实质。

信息技术与课程整合，就是通过将信息技术有效地融合到各学科的教学过程来营造一种新型教学环境，实现一种既能发挥教师主导作用又能充分地体现学生主体地位的以“自主、探究、合作”为特征的教与学的方式，目的是把学生的主动性、积极性、创造性较充分地发挥出来，使以教师为中心的传统的课程教学结构发生根本性变革，从而使学生的创新精神与实践能力的培养真正落到实处。

（3）对信息技术与课程整合的方法不了解

很多教师对整合的理论虽然有一定认识，但停留在“在课程中使用计算机就是整合”这种浅显的层次上，把信息技术与课程整合同计算机辅助教学（CAI）完全等同起来，认为只要在课堂上运用了多媒体或是课件就是在进行信息技术与课程整合。这种看法实质上是没有深刻理解信息技术与课程整合的内涵，也表明他们对实施信息技术与课程整合的途径与方法还是一知半解，甚至根本没有掌握。

2. 对于我国信息技术与课程整合的一些思考

信息技术与课程整合的过程中存在的问题从某种程度上阻碍了教育信息化的发展，影响了信息技术与课程整合的进程，容易使新课程标准在实施过程中偏离正确的方向，所以，我们必须采取相应的措施来解决这些问题。

（1）要运用先进的教育理论作为指导

信息技术与课程整合的过程绝不仅仅是现代信息技术手段的运用过程，它必将伴随教育、教学领域的一场深刻变革。换句话说，整合的过程是教育革命的过程（而不仅仅是新的教学手段、教学方法的应用推广过程），既然是革命，就必须要有先进的理论作为指导，没有理论来指导的实践是盲目的实践，将会事倍功半甚至劳而无功。这里之所以要特别强调建构主义理论，并非因为建构主义十全十美，而是因为它对于我国教育界的现状特别有针对性——它所强调的“以学为主”、学生主要通过自主建构获取知识意义的教育思想和教育观念，对于多年来统治我国各级各类学校课堂的传统教学结构与教学模式是极大的冲击。除此之外，建构主义的学习理论与教学理论（特别是建构主义学习环境下的教学设计方法）可以对信息技术环境下的教学，也就是信息技术与各学科课程的整合，提供强有力的理论支持。

（2）必须改变传统的教学结构

为了推进我国教育的深化改革，为了具有创新能力人才的成长，“课程整合”必须明确认清教学过程的本质。“整合”的实质与落脚点是变革传统的教学结构，即改变传统的“以教师为中心”的教学结构，创建新型的、既能发挥教师主导作用又能充分体现学生主体地位的“主导—主体相结合”教学结构。既然如此，信息技术与课程的整合当然应该紧紧围绕“新型教学结构”的创建来进行，否则将会迷失方向，把一场深刻的教育革命变成纯粹的技术手段运用与操作，就失去了“整合”的真正意义。

（3）运用“学教并重”的教学设计方法

目前常用的教学设计理论主要是“以教为主”的教学设计和“以学为主”的教学设计两大类。由于这两种教学设计理论有其各自的优势与不足，所以最好是将二者结合起来，取长补短，形成优势互补的“学教并重”教学设计理论。这种理论正好能支持“既要发挥教师主导作用，又要充分体现学生主体地位的新型教学结构”的创建要求。在运用这种理论进行教学设计时，应当注意的是，对于以计算机为核心的信息技术，不能把它们仅仅看作是辅助教师教课的形象化教学工具，而应当更强调把它们作为促进学生自主学习的认知工具与协作交流工具。

（4）要重视各学科的教学资源建设

重视各学科的教学资源建设，是实现课程整合的必要前提。没有丰富的高质量的教学资源，就谈不上学生的自主学习，更不可能让学生进行自主发现和自主探究，教师主宰课堂、学生被动接受知识的状态就难以改变，新型教学结构和模式的创建也就无从说起。但是，我们说重视教学资源的建设，并不是要求所有教师去开发多媒体素材或课件，而是要求我们广大教师努力收集、整理和充分利用网上已有的教学资源，同时可以根据自身的实际需要对其进行修改，使其得到充分利用。只有在确实找不到与学习主题相关的资源（或找到的资源不够理想）的情况下，才有必要由教师自己去进行开发。

（5）结合各学科的特点构建新型教学模式以实现整合

一方面，传统课程教学模式中，教师主宰整个课堂，处于教学的中心地位。在这种教学模式中，教学活动和教学结构实际上都是围绕教师转，教学设计的指导思想是“以知识为中心”的。信息传递是单向的，学生的学习积极性和创造性思维得不到发展。

另一方面，实践也证明用技术完全取代课程教学的想法和做法是不可取的，特别在基础教育领域，因为课程教学所具有的教师与学生面对面的直接交流，较之教师完全通过现代化媒体教学，学生通过媒体学习这种间接的交流方式，在许多方面仍然有其优越性。

信息技术与课程的整合不是把学科教学整合到信息技术中，而是把信息技术有机地融入到学科教学中去支持学科教学。学科不同，对信息技术的需求也不同。能体现新型教学结构要求的教学模式很多，但要因学科而异。每位教师都应结合各自的学科特点去构建既能实现信息技术与课程整合，又能较好地体现新型教学结构要求的新型教学模式。模式的类型是多种多样的，不应将其简单化、模式化。

7.2 信息技术与课程整合的本质与层次

7.2.1 信息技术与课程整合的本质

我国各级学校的传统教学结构基本上都是以教师为中心的。在这种结构下，教学系统中的四个要素（教师、学生、教学媒体、教学内容）的关系是：教师是主动的施教者，是教学过程的主宰和绝对权威，通过口授、板书把知识传递给学生；作为学习过程主体的学生，在整个教学过程中主要是用耳朵听讲、用手记笔记，处于被动状态；教学媒体在教学过程中主要是作为辅助教师教学，即用于演示重点和难点的直观教具；在这种结构下，教材（教学内容）是学生获取知识的唯一来源。

以教师为中心的教学结构的优点是有利于教师主导作用的发挥，有利于教师监控整个教学活动进程，有利于教学目标的完成。其缺点是限制了学生的主动性和首创精神，束缚了学生的发散思维和想象力，容易使学生迷信书本、迷信老师、迷信权威，从而不利于创新精神和创新人才培养。

信息技术与课程整合的本质是要改变“以教师为中心”的教学结构，构建既发挥教师主导作用又充分体现学生主体地位的教学结构，即“主导—主体相结合的教学结构”。

实现这样的教学结构改革，就是要彻底改变教学系统中四个要素的地位、作用和它们之间的关系，而其核心则是要改变教师与学生的地位、作用及相互关系，使教师由课堂的主宰，改变为课堂教学组织者、指导者，学生建构知识意义的帮助者、促进者。学生则由外部刺激的被动接收器，改变为信息加工的主体和知识的主动建构者。媒体也由辅助教师教的直观演示教具，改变为既能辅助教师教更能促进学生自主学习的工具，成为学生自主探究的认知工具、协作交流工具与情感激励工具。教材则改变为学生多种学习资源中的一种。

7.2.2 信息技术与课程整合的层次

根据信息技术与课程整合的不同程度，可以将整合的进程大略分为三个阶段：封闭式的、以知识为中心的课程整合阶段；开放式的、以资源为中心的课程整合阶段；全方位的课程整合阶段。在不同的阶段，技术投入与学生学习投入是不同的。根据整个过程中学生参与学习程度的不同，对信息技术的特征和功能的不同要求，我们将信息技术与课程整合的三个阶段细化为十个层次，并对每个层次的教学策略、学生的学习方式、教师的角色、学生的角色、教学评价方式及依据，以及信息技术在不同层次的作用进行了比较、阐述，如表 7-1 所示，并在文中对三阶段十层次的相关内容进行了详细的论述。

表 7-1　　信息技术与课程整合层次划分表

阶段	层次	教学策略	学习方式	教师角色	学生角色	教学评价	信息技术的作用	硬件要求
封闭式的、以知识为中心的课程整合	信息技术作为演示工具	说教式讲授	集体听讲	知识施与者	知识被灌输者	纸笔测试、口头问答	演示工具	一台教师机、投影仪
	信息技术作为交流工具	说教式讲授、个别辅导	个体作业为主	知识施与者、活动组织者	被灌输为主、呈现主动参与学习的兴趣	纸笔测试	简单的人人交互工具，培养学习兴趣、促进情感交流	局域网或互联网
	信息技术作为个别辅导工具	个别辅导式教学、个别化学习	个体作业	计算机软件的开发者或选择者、辅导者	主动学习、接受软件讲授	纸笔测试或计算机测试	简单人机交互工具，实现教师职能的部分代替	每人一台PC机
开放式的、以资源为中心的课程整合	信息技术作为资源环境	探索式学习等策略	个体作业和协作学习	教学的引导者、帮助者	学习主动参与者	测试学生的作品	资源收集、查询工具	局域网或互联网
	信息技术作为信息加工工具	个别化学习、协作式学习	个体作业为主、少量协作作业	知识施与者、学习的指导者、活动组织者	学习主动参与者	测试学生的作品	学生表达思想、观点、交互的工具	网络教室或局域网
	信息技术作为协作工具	多种学习策略，以问题解决式、任务驱动式为主	协作作业为主	教学的指导者、帮助者、教学活动的组织者	学习主动参与者	按照学生的作品进行评价	生活、学习的协作工具	互联网
	信息技术作为研发工具	多种学习策略，以发现式、任务驱动式为主	协作作业或个体作业或二者均有	教学的指导者、帮助者、促进者	主动探索、主动发现、主动建构	有一定价值的作品	智能工具	宽带互联网
全方位的课程整合	课程内容改革	——						
	教学目标改革	——						
	教学组织架构改革	——						

1. 阶段一：封闭式的、以知识为中心的课程整合

传统教学和目前大多数教学都属于此阶段。所有的教学都严格按照教学大纲，把学生封闭在教材或简单的课件内，使其和丰富的资源、现实完全隔离。按照教材的安排和课时的要求来设计所有教学活动，如果课程内容较少，就安排一些讨论，多设计一些活动，如果课程内容较多，就采用“满堂灌”的形式，力保不超时、不少时。虽然采用一定的辅导软件，但是目前的辅导软件也都在上述思想下编制出来，没有什么突破。整个教学都在以“知识”为中心的指导下进行，教学目标、教学内容、教学形式及教学组织都和传统课堂教学没有什么区别，整个教学过程仍以教师的讲授为主，学生仍然是被动的反应者、知识被灌输的对象。信息技术的引入，只是在帮助教师减轻教学工作量方面取得了一些进步，而对学生思维与能力的发展，与传统方式相比，并没有实质性的进步。

按照教学对技术的依赖程度和学生的投入程度，此阶段可细化为以下三个层次：信息技术作为演示工具、信息技术作为交流工具、信息技术作为个别辅导工具。不同层次中教学策略、学习方式、教学评价，以及教师和学生在教学活动中的角色都是不同的。

2. 阶段二：开放式的、以资源为中心的课程整合

信息技术与课程整合的第一阶段基本上都是封闭的，以个别化学习和讲授为主。在第二阶段，教学观念、教学设计的指导思想、教师的角色和学生的角色等都会发生较大的变化。教育者日益重视学生对所学知识的意义建构，教学设计从以知识为中心转变为以资源为中心、以学为中心，整个教学对资源是开放的，学生在学习某一学科内的知识时可以获得许多其他学科的知识，学生在拥有丰富资源的基础上完成各种能力的培养，学生成为学习的主体，教师成为学生学习的指导者、帮助者和组织者。

按照对学生能力由低到高的培养顺序，可以将此阶段细化为四个层次：信息技术提供资源环境、信息技术作为信息加工工具、信息技术作为协作工具、信息技术作为研发工具。每层着重培养的学生的能力分别是：信息获取和分析能力——信息分析和加工能力——协作能力——探索和创新能力。

3. 阶段三：全方位的课程整合

前两个阶段的各个层次虽然彼此之间有很大的差异，但是，它们都没有使教学内容、教学目标以及教学组织架构进行全面的改革和信息化。当教育理论和学习理论得到充分发展和利用时，当信息技术在教学中的应用得到更系统、更科学的探讨和细化时，必然会推动教育发生一次重大的变革，促进教育内容、教学目标、教学组织架构的改革，从而完成整个教学的信息化，将信息技术无缝地融合到教育的每一个环节，达到信息技术和课程改革的更高目标。体现为以下三个方面。

（1）教育内容的改革。

（2）教学目标的改革。

（3）教学组织架构的改革。

7.3 信息技术与课程整合的实施

信息技术与课程整合的实质与落脚点是变革传统的教学结构，即改变以教师为中心的教学结构，创建新型的、既能发挥教师主导作用又能充分体现学生主体地位的“主导—主体相结合”教学结构。要紧紧围绕新型教学结构的创建这一实质来整合，就要求教师在进行课程整合的过程中，密切关注教学系统的四个要素（教师、学生、教学内容和教学媒体）的地位和作用。

7.3.1 “学教并重”教学设计的一般流程

教学设计是指运用系统的方法，将学习理论与教学理论的原理转换成对教学目标、教学条件、教学方法、教学评价等教学环节进行具体计划的系统化过程。目前流行的教学设计理论主要有“以教为主”的教学设计和“以学为主”的教学设计两大类。由于这两种教学设计理论均有其各自的优势与不足，所以最好将二者结合起来，取长补短，形成优势互补的“学教并重”教学设计理论。这种理论正好能支持“既要发挥教师主导作用，又要充分体现学生主体地位的新型教学结构”的创建要求。在运用这种理论进行教学设计时，应当注意的是，以计算机为核心的信息技术不仅仅是辅助教师教课的形象化教学工具，更是促进学生自主学习的认知工具与协作交流工具。

1. “以教为主的教学系统设计模式”和“以学为主的教学系统设计模式”各自的优缺点可见表 7–2

表 7-2　以教为主的教学系统设计模式和以学为主的教学设计模式优缺点比较

比较	以教为主的教学系统设计模式	以学为主的教学系统设计模式
优点	以教师为中心，有利于教师主导作用的发挥，便于教师组织、监控整个教学活动进程，便于师生之间的情感交流，因而有利于系统的科学知识的传授，并能充分考虑情感因素在学习过程中的重要作用	以学生为中心，强调学生是学习过程的主体，是意义的主动建构者，因而有利于学生的主动探索、主动发现，有利于调动学生学习的积极性，有利于创造型人才的培养
缺点	基本由教师主宰课堂，容易忽视学生的学习主体作用，不利于具有创新思维的创造型人才的成长，按这种模式培养出的学生绝大部分是知识应用型人才而非创造型人才	对学生和教师的要求都很高，学生要有很强的自主学习能力、探究能力和主动学习的精神，教师对整个学习过程的设计、监控和指导作用非常重要。一旦忽视教师的主导或指导作用，学习效果很难保证。当学生自主学习的自由度过大时，容易偏离教学目标的要求

2. “学教并重”的教学设计的一般流程

“学教并重”的教学设计吸收了这两类教学设计模式的优点，既充分发挥教学过程中教师的主导作用，又凸显学生在学习过程中的主体地位，是实现信息技术与课程整合的有效的教学设计方法。对于中小学的课程来说，其教学目标通常由课程标准给出，因而可以省去“确定教学目标”这一步骤。“分析学习者特征”这一环节一般包含对学习者的知识基础、认知能力和认知结构变量三方面的分析，根据奥苏贝尔的教学理论，要实现“有意义的接受学习”，比较有效的教学策略是“先行组织者”。由于“先行组织者”实际上对学习者的认知结构变量进行操纵的一种策略，所以我们可以根据学习者的认知结构变量是否适合于运用“先行组织者”策略来决定是否选用“传递—接受”教学方式，从而形成如图 7-2 所示的教学设计流程的两个分支：“传递—接受”教学分支（右分支）和“发现式”教学分支（左分支）。另外，在实施“先行组织者”策略的过程中，如通过形成性评价发现实际效果并不理想，除了可以调整教学内容和修正“先行组织者”策略的实施方式以外，还可以采取其他的“传递—接受”教学策略作为补充，以求达到更佳的教学效果。在“传递—接受”教学分支（右分支）中，由于强调教师主导作用的发挥，且促进习得知识的巩固与迁移是教师主导作用的基本内容之一，所以“传递—接受”教学往往比较重视最后的“知识迁移”环节，但在“发现式”教学分支（左分支）中，这一环节则容易被忽视。

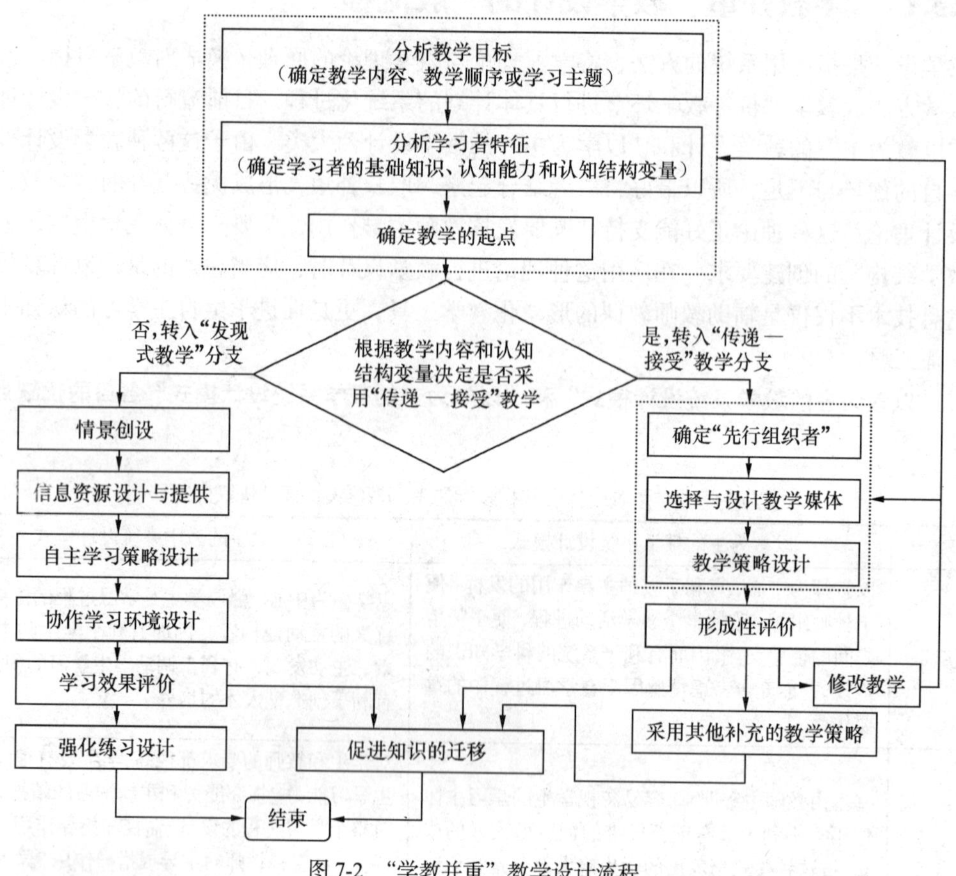

图 7-2 “学教并重”教学设计流程

3. “学教并重”教学设计流程的特点

（1）可以根据教学内容和学生的认知结构情况灵活选择“发现式”或“传递—接受”教学分支。

（2）在“传递—接受”教学过程中基本采用“先行组织者”教学策略，同时也可采用其他的“传递—接受”策略（甚至是自主学习策略）作为补充，以达到更佳的效果。

（3）在“发现式”教学过程中也可充分吸收“传递—接受”教学的长处（如学习者特征分析和促进知识的迁移等）。

（4）便于考虑情感因素（即动机）影响；在“情境创设”（左分支）或“选择与设计教学媒体”（右分支）中，可通过适当创设的情境或呈现的媒体来激发学习者的动机。

而在“学习效果评价”环节（左分支）或根据形成性评价结果所做的“教学修改”环节（右分支）中，则可以通过讲评、小结、鼓励和表扬等手段促进学习者三种内驱力的形成与发展。

7.3.2 “学教并重”教学设计的核心要素分析

1. “发现式”教学分支的设计

（1）学习任务的设计

学习任务是指对学习者要完成的具体学习活动的目标、内容、形式、操作流程和结果的描述。学习任务可以是一个问题、案例、项目或是观点分歧，它们都代表连续性的复杂问题。提出学习任务是整个教学设计的核心和重点，它为学习者提供了明确的目标和任务。设计学习任务时应考虑如下原则：

① 任务的设计要有明确的目标要求。教师要在学习总体目标的框架上，把总目标分成一个个小目标，在教学目标分析的基础上提出一系列问题。这些问题可以分为主问题和子问题，子问题的解决是主问题解决的充分条件；同理，下层子问题的解决是上层子问题解决的充分条件。学习任务要涵盖教学目标所定义的知识，任务的活动内容应能引发学习者的高级思维活动。

② 任务的解决具有可操作性。对于知识与能力的培养，实际问题的解决，学生亲自动手实践远比听老师讲、看老师示范要有效得多。教师创设了问题的真实情境，学生不仅要能发现问题，还要努力通过实践去把握真知、掌握方法。因此，教师在设计学习任务时，要注意让学生通过自己的实践解决问题，要将大问题、大任务进行分解，以便于学生能够通过解决一个个子问题，逐步解决大问题、完成大任务。

③ 任务的设计要符合学生特点。设计学习任务要符合学生的特征，要在学生的最近发展区，不能超越学习者知识能力太多。具体表现为：

第一，“问题”设计时要注意学生的特点以及学生知识接受能力的差异。

第二，“问题”设计要注意分散重点、难点。一般来说，对于课堂学习，每个“任务”中涉及的知识点不宜过多，最好不要有两个以上，过多的话会增加学生学习的难度；“任务”的规模宜小不宜大，前后“任务”之间能有一定的联系是比较理想的。

第三，尽量体现“学生为中心、教师为主导”。

④ 任务的设计要注重渗透和潜移默化。在教学过程中，培养学生产生大量疑问、不受固定模式约束的能力，还要鼓励学生学会大胆猜想、判断，并将其猜想作为逻辑推理的一种形式和发展其创造力的一种重要手段，帮助学生克服思维定式。同时，教学中让学生完成“任务”，要注重讲清思路，理清来龙去脉，在不知不觉中渗透处理问题的基本方法。让学生在掌握了基本方法后能够触类旁通，举一反三，开阔思路，掌握完成类似“任务”的能力，进而能有效地进行学习迁移。

⑤ 任务的设计要注意自主学习与协作学习相统一。教师在进行“任务”设计时，要注意以适当的比例分别设计出适合自主学习和协作学习的“任务”。对于自主学习的“任务”，让学生采用不同的方法、工具来独立完成，培养学生独立自主的能力；对于协作学习的“任务”则要求多个学生组成的学习小组协作完成。

⑥ 任务的设计还要注意学生的体验。设计的问题最好具有开放性和非良构性。非良构的问题具有无显示目标和限制条件，有多解或者无解，有多种评判答案的标准。学生在完成任务时，目的不是期望学生能给出完美的答案，而是鼓励学生参与，使其了解这个领域，强调学生解决问题的体验，而不仅仅是关注解决问题的结果。

（2）学习情境的设计

学习情境的设计是指为学生提供一个完整、真实的问题背景，以此支撑物启动教学，使学生产生学习的需要。同时，支撑物的表征、视觉本质又促进了学习共同体中成员间的互动，即合作学习，驱动学习者进行自主学习，从而达到主动建构知识意义的目的。在设计学习情境时，应注意以下问题。

① 不同的学科对情境创设的要求不同。

② 在进行教学目标分析的基础上选出当前所学知识中的基本概念、基本原理、基本方法和基本过程作为当前所学知识的主题，然后再围绕这个主题进行情境创设。

③ 学习情境只是促进学习者主动建构知识意义的外部条件，是一种外因，外因要通过内因才

能起作用，设计理想的学习情境是为了促进学习者自主学习、最终获得知识的意义建构服务的。因此，学习情境可以看作是一个“导火线”，真正能激发学生主动学习的因素还是学习任务的引导。

④ 学习任务与真实的学习情境相融合，不能处于分离或勉强合成的状态。

（3）学习资源的设计和认知工具的提供

学习资源的设计指确定学习主题所需信息资源的种类和每种资源在学习过程中所起的作用，主要包括应从何处获取以及如何有效地利用这些资源等问题。

根据资源的媒体表现形式来划分有：文字资源、图片资源、音频资源、动画资源、视频资源等常见的几类。根据资源的作用和功能来划分有：内容资源、软件资源、在线资源、模板资源和案例资源几类。

认知工具是支持、指引、扩充使用者思维过程的心智模式和设备。认知工具可帮助学习者更好地表述问题，更好地表述学习者所知道的知识以及正在学习的客体。认知工具在帮助和促进认知过程，培养学生批判性思维、创造性思维和综合思维中有重要作用。

常用的认知工具有 6 类：问题/任务表征工具；静态/动态知识建模工具；绩效支持工具；信息搜集工具；协同工作工具；管理与评价工具。例如：知识库、语义网络、几何图形证明树、专家系统。

（4）自主学习策略的设计

学习策略的设计是以学为主的教学设计中促进学生主动完成意义建构的关键性环节。其中，自主学习策略的设计是保证学生充分发挥主动性，体现学生主体地位的重要保证，是学生意义建构的基础。自主学习策略的核心是发挥学生学习的主动性、积极性，充分体现学生的认知主体作用，其着眼点是如何帮助学生“学”。自主学习策略的主旨是自主探索和自主发现。常见的自主学习策略有教练策略、建模策略、支架式策略、反思策略、启发式策略、自我反馈策略、抛锚策略、学徒策略、随机进入式策略等。建构主义学习理论下的常见的 3 种自主学习策略的比较如表 7-3 所示。

表 7-3　常见的 3 种自主学习策略的比较

策略类型	支架式策略	抛锚式策略	随机进入式策略
定义	应当为学习者建构对知识的理解提供一种概念框架（Conceptual Framework）	建立在有感染力的真实事件或真实问题的基础上	学习者可以随意通过不同途径、不同方式进入同样教学内容的学习，从而获得对同一事物或同一问题的多方面的认识与理解
阶段过程	搭建脚手架 进入情景 独立探索	创建情景 确定问题 自主学习	呈现基本情景 随机进入学习 思维发展训练
关键词	脚手架	问题和情景	多种途径和入口

（5）协作学习策略的设计

协作学习策略的设计是为了使学生在个体意义建构的基础上，通过与他人的协商，进一步完善和深化对主题的意义建构。协作学习策略是一种既适合教师主导作用发挥，又适合学生自主探索、自主发现的学习策略，所以协作学习策略也可以成为教与学通用的策略。常见的协作学习策略有课堂讨论、角色扮演、竞争、协同和伙伴 5 种，具体如表 7-4 所示。实际教学往往包含多种协作式教学策略。

表 7-4　　常见的 5 种协作学习策略之比较

策略类型	课堂讨论	角色扮演	竞争	协同	伙伴
定义	教师通过问题和主题进行引导	让不同的学生分别扮演学习者和指导者。学习者负责解答问题，指导者则检查其是否有误。当学习者在解题过程中遇到问题时，指导者则予以帮助。在学习过程中，所扮演的角色可以互换	由两个或多个学习者对同一学习内容进行竞争性学习,看谁首先达到教学目标的要求	在共同完成任务的过程中，学习者发挥各自的认知能力，他们通过相互争论、相互帮助、相互提示及分工合作共同完成某项学习任务	学习者找到与自己学习内容相同的学习者，经双方同意后结为学习伙伴。当其中一方遇到问题时，双方相互讨论，相互帮助
类型	主题已知 主题未知	师生角色扮演 情景角色扮演	传统竞争 基于竞争策略的网络协作学习	传统协同 基于网络的协同学习	传统伙伴 基于网络的伙伴学习
关键词	主题和问题	体验	激励	协作	交流

2. “传递—接受”教学分支的设计

（1）确定先行组织者

所谓先行组织者是指安排在学习任务之前呈现给学习者的引导性材料，它比学习任务具有更高一层的抽象性和包摄性。提供先行组织者的目的就是用先前学过的材料去解释、融合和联系当前学习任务中的材料。先行组织者可以是比较性的，也可以是讲解性的，但是在呈现作为先行组织者的概念时，必须仔细解释这些概念结构或命题的基本特征。

由于原有观念和新观念（即当前学习内容）之间，如前所述，可以有“类属关系”、“总括关系”和“并列组合关系”三种不同关系，所以先行组织者也可以分成三类。

① 上位组织者——组织者在包容性和抽象概括程度上均高于当前所学的新内容，即组织者为上位观念，新学习内容为下位观念。新学习内容类属于组织者，二者存在类属关系。

② 下位组织者——组织者在包容性和抽象概括程度上均低于当前所学新内容,即组织者为下位观念，新学习内容为上位观念。组织者类属于新学习内容，二者存在总括关系。

③ 并列组织者——组织者在包容性和抽象概括程度上既不高于、也不低于新学习内容，但二者之间具有某种或某些相关的甚至是共同的属性，这时在组织者与新学习内容之间存在的不是类属或总括关系而是并列组合关系。

（2）教学媒体的选择与运用

由于不同教学媒体的特性不同，各种媒体都有自己的优缺点，因此不存在对任何教学目标都最优化的“超级媒体”。所谓的教学媒体选择就是在一定的教学要求和条件下，选出一种或一组适宜可行的教学媒体。

（3）教学内容的组织策略

① 针对上位组织者——渐进分化策略

渐进分化策略：应该首先讲授最一般的，即包容性最广、抽象程度最高的知识，然后再根据包容性和抽象程度递减的次序逐渐将教学内容一步步分化，使之越来越具体、深入。

② 针对下位组织者——逐级归纳策略

逐级归纳策略：先讲包容性最小、抽象程度最低的知识，然后再根据包容性和抽象程度递增的次序逐级将教学内容一步步归纳，每归纳一步，包容性和抽象性即提高一级。

③ 针对并列组织者——整合协调策略

整合协调策略：通过分析、比较先行组织者与当前教学内容在哪些方面具有类似的共同的属性，以及在哪些方面二者并不相同，来帮助和促进学习者认知结构中的有关要素进行重新整合协调，以便把当前所学的新概念纳入到认知结构的某一层次之中，并类属于包容范围更广、抽象概括程度更高的概念系统之下的过程。

7.3.3 “学教并重”教学设计范例

《在Word中插入图片》——教学案例设计

一、教学内容

本课是Word排版知识的延伸和拓展，通过本课学习，要使同学们了解到Word作为一个优秀的办公软件，不仅可以对文字进行处理，还能实现对图像的处理。本节知识掌握的好坏，也直接影响到后面知识的学习。

二、教学目标和重难点

1. 认知目标

（1）让学生掌握在Word中插入图片的方法。

（2）根据需要调整图片大小，移动图片的位置。

（3）学会设置文字环绕方式。

2. 能力目标

培养学生自主、合作、探究学习的能力和意识，培养他们的审美能力和想象力，以及对信息加工处理以实现自己创意的动手能力。

3. 情感目标

通过宣传单的设计，激发了学生对家乡美丽景致的兴趣和热爱家乡的情感。

结合教学目标，本课的重点难点如下。

重点：让学生掌握插入图片的方法。

难点：调整图片的大小、位置及文字环绕方式。

三、依学情，立教法，指导学法

本课的学习者是小学四年级的学生。他们思维活跃，求知欲、好奇心都很强，在学习本课前已经有了一些计算机基础，对Word的操作环境也有一定的了解，具备一定的自学能力，加上教材趣味直观，所以他们能够在教师的引导下通过同伴合作、自主探究的方式完成基本任务。

鉴于此，在实际教学中，我将以学生为主体，教师为主导，学生动手操作为主线，采用“演示法”、“任务驱动法”、“自主探究法”等教学方法来突破教材的重点和难点。

“演示法”：激发学生的兴趣。

“任务驱动法”：使学生明确目标任务，充分发挥其主体作用。

“自主探究法”：培养学生自主、探究学习的能力。

在这节课中学生主要用到的学法是：“接受任务——思考交流——尝试操作——自主创造——

作品展示”。学生在完成每个任务的过程中，从思考、讨论（完成任务的办法）开始，在对（讨论的结果）进行（探究验证）的基础上，完成任务，最后通过作品展示，让学生更多地体验到一种成就感，进一步激发他们强烈的创造欲望。

四、教学准备

1. 多媒体网络教室
2. 多媒体教学课件
3. 学生预先分组，并确定组长
4. 将家乡的相关资料及精美图片存放在学生机桌面

五、教学过程

根据本课的教学内容以及信息技术课程学科特点，结合四年级学生的实际认知水平，为了更好地完成本课的教学任务，我设计了如下 5 个教学环节。

1. 情境激趣，引出主题
2. 直观形象，教学演示
3. 任务驱动，自主探究
4. 实践运用，提高发展
5. 展示评价，归纳总结

第一个环节：情景激趣，引出主题

首先，我打开事先准备好的 Word 文档《我的家乡在 × × ×》给同学们看，引发学生的学习兴趣，同学们的激情一下被调动起来，我接着出示更多的图片，并且向学生提出问题“想不想自己设计一份家乡美景的宣传单呢？如何设计图文并茂的宣传单？”反应快的同学立即回答：“插入图片！”那么我顺势提出第二个问题：“如何插入图片？”

第二个环节：直观形象，教学演示

问题提出后，先让同学们思考，然后让能力强的学生说说他自己如何操作，教师接着进行点评，那么问题的答案就已经清楚了。但由于这一任务是本课的教学重点，所以教师要做教学演示，于是我转入屏幕教学，演示操作步骤，并借用板书归纳操作方法，然后让学生自己进行操练。这样做，既突出了本节课的教学重点，又强化了学生对重点知识的掌握。

第三个环节：任务驱动，自主探究

通过刚才的教师演示，学生自己操练，大部分学生基本上都能将图片插入到文档中来。紧接着我以自己插入的一张图片为例，请同学们观察图片在文章中是否合适？根据学生的作答，我归纳出 3 个有待解决的问题：

问题 1：怎样改变图片的大小？

问题 2：怎样移动图片的位置？

问题 3：怎样调整图片和文字之间的位置关系？

这 3 个问题就成为了 3 个急需同学们解决的新任务，我请学生先看教材自主学习，再根据自己的能力高低选择 1 个或多个任务进行交流探究，并尝试操作。这种分层教学的方式既让能力高的同学充分得到锻炼，展示自已的才华，又可以让能力较低的同学品尝到成功的喜悦，使得全体学生的能力都得到最大程度的发展。

在学生自主合作操作的过程中教师巡回指导，对于个别同学遇到的问题，老师则进行启发引导。

这一环节的最后，展示学生的学习成果，进行交流评价，从评价中巩固所学知识。

教师最终以总结的形式借用板书归纳操作方法。

第四个环节：实践运用，提高发展

在学生掌握新知识后，我设计了一个以小组为单位来为家乡设计一份宣传画的比赛，宣读比赛规则后，让学生合作美化宣传单。这个环节的设计给学生留下自由发挥的空间，鼓励学生自主创造，充分发挥自己的灵感和特长；采用小组合作的形式，是为了让学生体验团结协作的力量；采用比赛的方式，目的是再次激起学生的兴奋点，在不知不觉中使知识得到巩固。

第五个环节：展示评价，归纳总结

在这个环节里，我将小组比赛中的优秀作品，通过大屏幕放映，让学生欣赏，让他们在欣赏中相互学习，相互促进。

在即将结束本节课的教学活动时，我请同学们谈谈自己本节课的收获，目的在于让学生回顾教学过程，对知识进行系统化的梳理，加深对本课重点难点的理解。

为了进一步巩固所学的新知识，培养学生的美感和提高学生的动手操作能力，我布置了这样的作业："请孩子们自己精心设计一份图文并茂的《"我去过的旅游景点"宣传单》，以电子邮件的方式发送给老师，让老师分享你们的成功。"

六、板书设计（略）

教学板书精练而明确地呈现出我的教学重点，是多媒体教学内容的有益补充。

7.3.4 信息技术与课程整合的常用模式

1. 教学模式的概述

我国教育技术学者何克抗教授认为："教学模式是指在一定的教育思想、教学理论和学习理论指导下，在某种环境中展开的教学活动进程的稳定结构形式。"教学模式属于方法策略的范畴但又不等同于一般的方法策略。一般的方法策略是指单一的方法、单一的策略，教学模式则是指两种以上方法策略的组合运用。教学模式是教学理论与教学实践的桥梁，既是教学理论的应用，对教学实践起直接指导作用，又是教学实践的理论化、简约化概括，可以丰富和发展教学理论。

2. 信息技术与课程整合模式的分类

关于教学模式的分类可以有不同的角度。乔伊斯等人根据教学模式的理论根源区分了四种类型的教学模式：信息加工的教学模式、人格发展的教学模式、社会交往教学模式、行为修正教学模式。教学模式的种类是多样的，分层次的，信息技术与课程整合的教学模式也不例外。从不同的教学，如学科教学过程、技术支撑环境、教学策略等方面为出发点，可以得到不同的信息技术与课程整合教学模式的分类结果。

（1）基于教学过程的整合模式

基于教学过程的整合模式可以分为"课外模式"和"课内模式"两类。目前，西方发达国家在信息技术与"课前"、"课后"教学过程的整合，即"课外整合模式"方面做了大量的研究与探索，并取得了值得借鉴的经验，比如 WebQuest、just in time 等。"课内整合教学模式"由于涉及不同的学科、不同教学策略和不同的技术支撑环境等多种因素，所以实现课内整合的教学要复杂一些。比如：从学科的角度来看，有数学、物理、化学、语文、历史、地理等不同学科的课内整合教学模式。

如果按教学策略划分，有自主探究、协作学习、基于网络、多媒体、软件工具、仿真实验等不同技术支撑环境的课内整合教学模式。

（2）基于技术支撑环境的整合模式

就我国目前的实际情况来看，多媒体演示教室和多媒体网络教室是中小学开展整合所普遍采用的。因此，下面对这两类整合模式予以简单介绍。

① 多媒体演示教室的整合教学模式一般是运用教师事先准备的多媒体演示课件来进行教学，其突出特点有两个：一个是运用图像、声音、视频等多媒体素材形式，以实现对宏观或微观等现象的再现，或者实现对思想情感的渲染和铺垫；另一个是学生听、看为主要的参与形式，实践动手等活动较少借助计算机、网络等信息技术完成。

② 基于多媒体网络教室的整合教学模式的特点是:在实施过程中更能突出学生的动手实践和自主学习。对教师要求较高，不仅要求教师具备网络环境下的课堂组织管理能力，而且要求教师具有有效整合网络资源、合理设计能体现学生自主、激发学生探究的学习活动和任务等能力。

（3）基于教学策略的整合模式

基于教学策略的不同，“课内整合教学模式”原则上可以分为自主探究、协作学习、演示、讲授、讨论、辩论、角色扮演等多种不同的教学模式。但如上所述，教学模式是指教学过程中两种或两种以上方法或策略的稳定组合与运用。在教学过程中，为了实现某种预期的效果或目标往往要综合运用多种不同的方法与策略。当这些教学方法与策略的联合运用能达到预期的效果或目标时，就成为一种有效的教学模式。

所以，教学模式尽管原则上可以按照某一种教学策略来划分，但实际上由于教学过程中都是多种方法与策略的综合运用，所以通常的课内整合教学模式还是要涉及多种教学方法与策略。

3. 信息技术与课程整合的典型教学模式

（1）“传递—接受”教学模式

教师讲、学生听为主的“讲授型”教学模式，也称为“传递—接受”教学模式，是传统教学过程的主要模式。计算机支持的讲授包括计算机多媒体在课堂教学中的多种应用，如电子讲稿制作与演示；用网络化多媒体教室支持课堂演示、示范性练习、师生对话、小组讨论等。计算机在课堂教学中的应用使传统的教学形式得到新生，并且有助于教师在信息化时代的教学过程中继续发挥其应有的作用。

接受式教学的思想主要来源于美国著名教育心理学家奥苏贝尔提出的有意义接受学习。奥苏贝尔认为，“传递—接受”式教学不一定是机械的，“发现式”教学也不一定是有意义的。教学是否有意义在于学生能够真正理解、掌握所教的知识，而不是死记硬背、机械地生搬硬套。发生有意义学习的条件是学习者必须积极主动地将具有潜在意义的新知识与其认知结构中有关的旧知识发生相互作用，从而使旧知识得到改造，使新知识获得实际意义，即心理意义。这种教学的主要目标是促进学生对知识的掌握，尤其是对意义的理解、保持和应用，强调依据知识的内在逻辑联系形成良好的认知结构。

“传递—接受”教学模式可以用图7-3来表示，它包括4个基本步骤。

① 实施先行组织者策略。

这个步骤包括阐明教学目标，呈现并讲解先行组织者和唤起学习者先前的知识体验。阐明教学目标是要引起学生的注意并使他们明确学习的方向。先行组织者是指利用适当的引导性材料对当前所学新内容加以定向与引导。这类引导性材料与当前所学新内容（新概念、新命题、新知识）之间应存在某种非任意的实质性联系，而且在包容性、概括性和抽象性等方面符合认知同化理论要求（即能建立起“类属关系”、“总括关系”或是“并列组合关系”三者中的某一种），从而能对新学习内容起固定、吸收作用。

② 介绍与呈现新的学习内容。

对当前学习内容的介绍与呈现，可以有讲解、讨论、实验、阅读、作业或播放录像等多种形式。学习材料的介绍与呈现应有较强的逻辑性与结构性，使学生易于了解学习内容的组织结构，便于把握各个概念、原理以及各知识点之间的关联性，从而使学生对整个学习过程有明确的方向感，对整个学习内容能从系统性与结构性去把握。

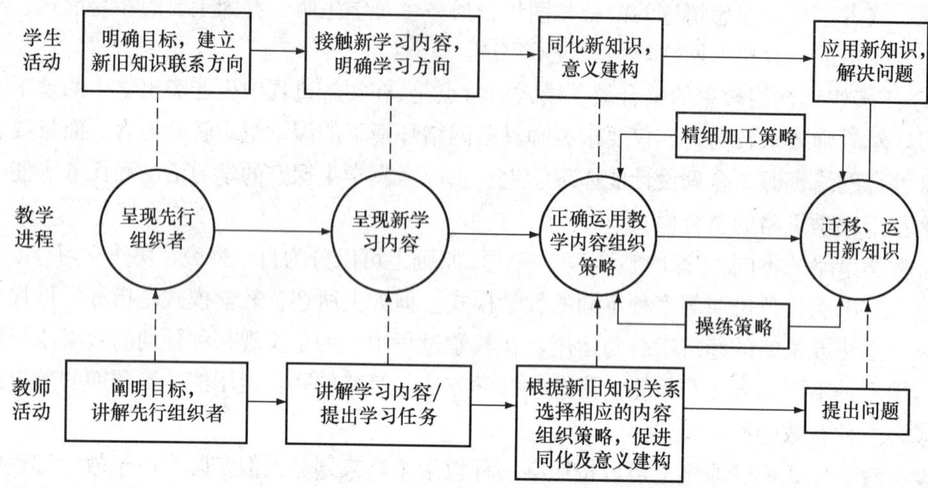

图 7-3 “传递—接受”教学模式

③ 运用教学内容组织策略。

为了帮助学生有效地实现对新知识的同化（即帮助学生把当前所学的新知识吸纳到自己的认知结构中），除了要运用自主学习策略激发学生主动学习的积极性以外，还要求教师依据当前所学新知与旧知之间存在的关系是“类属关系”、“总括关系”或是“并列组合关系”而运用不同的教学内容组织策略。如果新知与旧知之间存在类属关系，则教学内容的组织应采用“渐进分化”策略；如果新知与旧知之间存在总括关系，则教学内容的组织应采用“逐级归纳”策略；如果新知与旧知之间存在并列组合关系，则教学内容的组织应采用“整合协调”策略。

④ 促进对新知识的巩固与迁移。

在实施这一步骤的过程中，学习者一方面要应用精细加工策略和反思策略来巩固和深化对当前所学新知识的意义建构；另一方面还要通过操作与练习在运用新知识解决实际问题的过程中来促进对新知识的巩固与迁移。

（2）探究性教学模式

探究性教学模式是指在教学过程中，要求学生在教师指导下，通过以“自主、探究、合作”为特征的学习方式对当前教学内容中的主要知识点进行自主学习、深入探究并进行小组合作交流，从而较好地达到课程标准中关于认知目标与情感目标要求的一种教学模式。

在实施信息技术与课程深层次整合的过程中，各学科知识与能力（如阅读、写作、计算、看图、识图、实验以及上机操作等能力）的培养以及健康情感、正确价值观与优秀思想品德的形成，都可通过探究性教学模式来逐步落实。

探究性教学模式的主要特征可以用一句话来概括：“主导—主体相结合”。具体表现在以下两个方面：高度重视教师在教学过程中的主导作用；充分体现学生在学习过程中的主体地位。由此可见，探究性教学模式的成功实施涉及两个方面：既要充分体现学生在学习过程中的主体地位，又要重视发挥教师在教学过程中的主导作用。离开其中的任何一方，探究学习都不可能取得良好效果。

“探究性”教学模式可以用图 7-4 来表示，它的实施包括 5 个基本步骤。

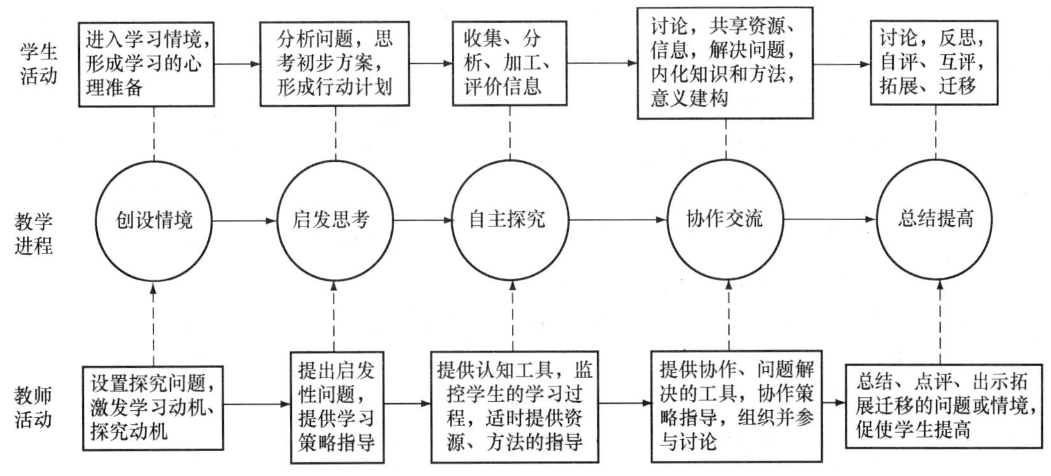

图 7-4 探究性教学模式

① 创设情境。

创设情境的作用是通过真实或近似真实的情境创设，使学生产生比较深切的感受与体验。在教学中一般有两种情况需要创设情境：一是在一节课开头，二是在一节课的中间或结尾。这两种情况的运用对情境创设的要求不完全相同。

课首的情境创设是激发学生的学习兴趣并把学生的注意力集中到本课的主题上来；课中或课尾的情境创设则是用于促进学生对知识、概念的理解或是用于对情感类教学目标的巩固、深化与拓展。

② 启发思考。

学生被创设的情境激发起学习兴趣并形成了学习的心理准备之后，教师应及时提出富有启发性而且能涵盖当前教学知识点的若干问题（切忌提出一些有明显答案或明知故问的问题）。

让学生带着这些问题去学习和探究有关的知识、技能——这一过程也就是主动地、高效地完成当前学习任务的过程。在问题思考阶段，教师对于学生应当如何解决问题、应当利用何种认知工具或学习资源来解决问题、应当如何利用这些工具及资源、如何处理在探究过程中遇到的新问题等，都应给出具体的建议和指导；学生则要认真分析教师所提出的问题，明确自己所需完成的学习任务，并通过全面思考形成初步的探究方案。

③ 自主学习与自主探究。

这类自主学习与自主探究活动包括：

◆ 学生利用相关的认知工具（不同学科所需的认知工具不同）去收集与当前所学知识点有关的各种信息；

◆ 学生主动地对所获得的信息进行分析、加工与评价；

◆ 在分析、加工与评价基础上形成学生对当前所学知识的认识与理解（即由学生完成对当前所学知识意义的自主建构）。

在学生进行自主学习与自主探究的过程中，教师应密切关注学生的学习与探究过程，并要适时地为学生提供如何有效地获取和利用认知工具、学习资源以及有关学习方法策略等方面的指导。

（3）研究性教学模式

研究性教学模式是指学生在教师指导下，从自然界或社会生活中选择某个真实问题作为专题去进行研究，要求学生在研究过程中主动地获取知识，并应用所学知识去解决选定的实际问题。

“学生在教师指导下”说明研究性学习是学校正常教学的组成部分，而不是学生自发的、个体的探究活动。教师应是学生进行研究性学习的组织者、指导者和促进者；学生是研究性学习的参与者并且是这一学习过程的主体。“从自然界或社会生活中选择某个真实问题作为专题”说明了研究性学习的主题以及这种学习所涉及的内容和范畴。“进行研究”说明研究性学习的主要学习方式是结合实际的科学研究活动来进行学习。这意味着学习过程是探索与创造的过程，是学生运用已知、并突破已知去创新去发现的过程。“主动地获取知识，并应用所学知识去解决选定的实际问题”说明实施研究性学习的目的是要让学生在科学研究的实践中、在解决实际问题的过程中去主动获取并掌握知识技能。换句话说，研究性学习的目的，不仅仅是让学生能够认识与理解所学的知识技能，而且要能够真正掌握，即能运用所学的知识技能去解决实际问题。

研究性教学模式可以用图 7-5 来表示，它的实施包括 5 个基本步骤。

① 提出问题。

在此环节中，教师通过创设问题情境激发学生学习与研究的兴趣，并由此引出当前研究性学习的主题——自然界或社会生活中有待解决的某个真实问题。在研究性学习的初始阶段，用这种方式由教师向学生提出问题，从而为当前的研究性学习确定主题是比较恰当的。随着研究性学习的开展，学生们对研究性学习的了解逐步增多，教师就要帮助学生学会自己提问题。

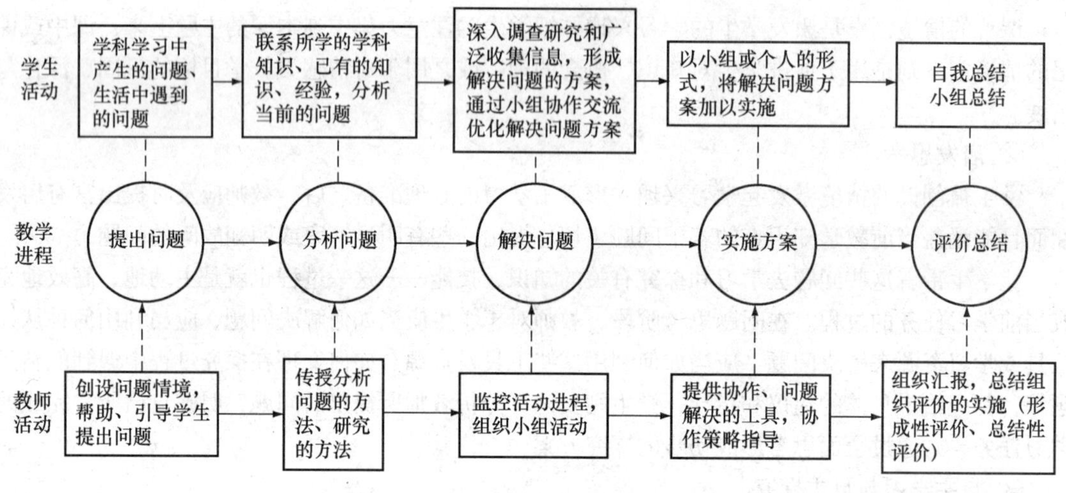

图 7-5　研究性教学模式

② 分析问题。

在此环节中，教师应该首先向学生介绍分析问题的方法（例如由表及里、由浅入深、由近及远、透过现象看本质、突出重点抓主要矛盾、运用逆向思维、换位思考、用两点论而非一点论看问题、既看到事物的正面也看到反面，既看到有利因素又看到不利因素等）。

然后再根据问题的性质和研究的需要教给学生相关的研究方法（如问卷调查法、访谈法、文献调研法、案例收集法、实验法、行动研究法、数据统计分析法等），并对研究性学习的策略给出建议和指导。学生运用上述各种分析问题的方法，联系目前所学的学科知识和过去已有的知识与经验，深入分析当前的问题，确定该问题的基本性质及解决该问题的关键所在。

③ 解决问题。

这一步骤通常包括两个子环节：提出解决问题的初步方案和优化解决问题的方案。解决问题方案的内容主要涉及两个方面：

一是要阐明“是什么问题”（问题的基本性质、解决这个问题的关键点）；

二是要讲清楚“如何解决问题”。一般都要先把它分解为若干个子问题，然后再对每一个子问题给出可行的解决方案。要能够找到有效的解决方案，除了需要学习有关的知识与技能以外，还必须进行广泛、深入的调查研究（除了上网搜集有关资料以外，还应通过个别访谈、问卷调查、实际测量等多种手段来获取相关的信息与资料），并且还要掌握科学的研究方法。研究性学习中的研究主体可以是学习者个人，也可以是学习小组。

④ 实施解决问题方案。

如果研究主体是学习者个人，这一步骤就完全由学习者个人去实施；如果研究主体是学习小组，则实施方案这一步骤就要由学习小组集体来完成。为了少走弯路，减少人力、物力和时间的浪费，不论研究主体是个人还是小组，在实施解决问题方案的过程中，都应注意做好形成性评价，随时收集反馈信息，经常进行反思；对解决问题方案，在可能的情况下可以作必要的修正或调整，以免大返工甚至重起炉灶。

⑤ 总结提高。

研究性学习中的总结包括个人自我总结、小组总结和教师总结。小组总结应在个人自我总结基础上进行，教师总结又要在个人总结和小组总结的基础上进行。

7.3.5　信息技术与课程整合的学习资源建设

各学科学习资源的建设是实现信息技术与课程整合的前提，也是信息技术与课程深层次整合的基本途径与方法之一。如果没有丰富的高质量的学习资源，就谈不上学生的自主学习，更不可能让学生进行自主发现与自主探究，教师主宰课堂、学生被动接受知识的状态就难以改变，新型教学结构的创建也就无从谈起。

1. 学习资源的基本概念

学习资源（Learning Resources）是指在学习过程中可被学习者利用的一切人力与非人力资源，主要包括信息、资料、设备、人员、场所等。一般认为，信息技术与课程整合的学习资源包括两大类：信息技术环境与教学软件资源，即笼统地分为硬件环境与软件环境。其中信息技术环境包括多媒体综合教室、多媒体网络教室及校园网络等；教学软件资源包括媒体素材、试题库、案例、课件、网络课程及专题学习网站。

2. 学习资源的类型

（1）教学材料

教学材料是学习者学习过程直接作用的客体，指经筛选符合一定教学目标和教学要求的可用于教学、促进学习的一切信息及其组织。传统的教学材料包括教学书、挂图、CAI 课件、教学电视等，它与各种学校体系之外的知识、信息的界限比较分明。但随着信息技术特别是网络技术对学习的影响以及建构主义的形成与完善，教学材料与其他信息的边界日益模糊，越来越多的信息成为教学材料。

（2）支持系统

支持系统主要指学习者有效学习的内外部条件，包括学习能量的支持、设备的支持、信息的支持、人员的支持等。支持系统是学习者与教学资源进行交流的途径。例如，现代媒体和学习工具对教与学过程的参与，网络中海量信息对学习内容补充，世界各地的专家、学者、教师以及其他学习者对学习的指导和帮助，这些都是支持系统。支持系统侧重于信息的支持和人力资源的投入，我们生活的社会就是一个最大的支持系统。

（3）学习环境

学习环境不仅是指教学过程发生的地点，更重要的是指学习者与教学材料、支持系统之间在进行交流的过程中所形成的氛围，其最主要的特征在于交互方式以及由此带来的交流效果。常见的学习环境有课堂学习、虚拟学习环境、参观和见习。

课堂学习通过学校的校风、班级的学风、带班教师的引导、学生之间形成的学习氛围以及学生、教师、学习材料的相互作用形成了最为普遍的一种学习环境。

虚拟学习环境可以是网络协作学习或者虚拟现实等，通过这种非物理存在但能被人们感知的电子现实空间为学习者创造交流和相互学习的平台。

参观和见习可以通过面对面的交流为学习者创造更为直观、具体的学习环境。

3. 学习资源的建设

（1）学习资源建设有 4 个层次的含义

① 素材类教育资源建设。该类资源主要分 8 大类：试题库、试卷素材、媒体素材、文献素材、课件素材、案例素材、常见问题素材和教育资源索引。素材类学习资源的收集与加工是资源建设的关键步骤，主要是对教育教学素材进行收集、加工与处理。

② 网络课程建设。它是通过网络表现的某门学科的教学内容及实施的教学活动的总和。它包括两个组成部分：按一定的教学目标、教学策略组织起来的教学内容和网络教学支撑环境。其中网络教学支撑环境特指支持网络教学的软件工具、学习资源以及在网络教学平台上实施的教学活动。

③ 资源建设的评价。通过评价筛选出优秀的教育资源。

④ 驾驭资源管理系统的开发。

上述 4 个层次中，网络课程和素材类教育资源建设是基础，是资源建设的重点和核心；第 3 个层次是对资源的评价与筛选，需要对评价的标准规范化；第 4 个层次是工具层次的建设，网络课程和素材类资源的具体内容千变万化，形式各具特色，对应的管理系统必须适应这种形式的变化，充分利用它们的特色，对教育资源进行有效的管理。

（2）资源建设的原则

① 科学性原则。资源建设中涉及的各种概念、原理、案例、模型等内容应该准确无误，正确地传递信息是对资源建设最基本的要求。

② 先进性原则。系统设计要充分考虑可持续性发展的需要。这不仅包括数据库所选用的结构、数据所采用的格式和分类方法等开发内容的先进性，而且也包括开发平台、操作系统、编程模式等具体开发技术的先进性。由此建设的系统能随着未来科学技术的发展而不断平稳升级。

③ 实用性原则。要使用最流行的开发平台和软件采用通用的文件格式、界面风格和操作规范，使系统不仅便于使用和维护，而且易于移植推广。

④ 规范性原则。信息资源使用的文件格式和分类标准要符合国家信息资源建设技术规范，这样才能最大范围地实现资源共享，从而提升资源的价值，方便使用。

⑤ 开放性原则。在底层技术标准上实现开放，采用模块化建设模式，以适应计算机技术和网络技术发展的需求。在资源开发上，采用专业与普及相结合的方法，调动多方面的积极性，扩大信息资源的来源，实现信息渠道的多元化。

⑥ 经济性原则。系统建设成本要低，功能要强，性价比要高，这样的学习资源才会实现更高的利用率。

7.4　信息技术与课程整合的教学评价

1. 教学评价概述

教学评价是指以教学目标为依据，制定科学的标准，运用一切有效的技术手段，对教学活动及其结果进行测定、测量、并给以价值判断。教学评价有诊断功能、激励功能、调控功能、教学功能和导向功能。依据不同的分类标准，教学评价可以划分出不同的评价类型。信息技术与课程整合的评价属于教学评价范畴，主要包括对教学设计成果的评价、教学实施效果的评价、研究性学习的评价等。

2. 信息技术与课程整合的教学评价流程

（1）教学评价的方案设计

教学评价方案是在评价过程中，为实现一定的评价目的，对评价的依据标准、方法途径、实施程序等所做的设计和安排。评价方案的设计可以包括评价目的、评价准则、各准则相应的权重、量表及各类表格等。教学评价设计的内容比较广泛，在设计评价方案时，应根据具体要求，细化评价方案。

① 明确评价的目的，确定评价对象。

② 建立评价标准，选择合理的评价尺度。

③ 选用科学合理的方法，使用适当的工具。

④ 整理评价数据，得出合理解释。

（2）教学评价的指标体系设计

评价教学是否达到设计初的目标和目的，要设计一套科学的、合理的、可行的教学评价指标体系来进行测定。一个评价体系主要由三部分组成：一是反映被评价对象特征的各个成分，即评价要素；二是衡量事物特征各个成分的比较基准，即评价标准；三是指各个成分在整体中所具有的重要程度的标志，即指标权重。这三种因素的确定是整个教学评价体系是否正确合理的关键所在。评价指标体系设计包括 6 个步骤。

① 分解目标。

② 通过归类合并导出评价对象特性。

③ 建立评价标准。

④ 对标准进行描述。

⑤ 确立其价值取向的原则。

⑥ 确定指标的权重。

分解目标简单地说就是把一项任务分解成若干个易于衡量的较小的任务。得到的大量较小的任务需要进行归类和合并，这样就可以将重复条目删减归并，对指标体系简化提炼，对相互矛盾的各指标，依照总体目标加以修订改进，完善指标体系。建立评价标准也就是建立衡量事物的准则，并对准则进行描述。确定指标的权重是指根据组成事物的要素在整体中的地位和作用不同而赋予其一定的数值，充分考虑各因素对整个状态水平的不同影响，按照各分项指标客观地考察对象达到目标的程度，可以使结果更为准确、全面且富有说服力。

（3）教学评价的实施

① 教学评价的实施方法。

在信息技术与课程整合教学中，实施教学评价除了采用传统的评价方法外，还要充分发挥概念图、学习契约和量规等评价方式的作用。其中量规具有操作性好、准确性高的特点，下面进行详细的介绍。

量规是一种结构化的定量评价标准，从与评价目标相关的多个方面详细规定评级指标。在信息化教学中，学习过程往往是以学生为中心的，而学习活动往往是以真实任务驱动的，最后的学习结果则往往是电子作品、调查报告、观察心得等。这就要求相应的评价工具不但要关注学习过程，还要具有操作性好、准确度高的特点。量规是从与评价目标相关的多个方面详细规定评级指标，只要设计者掌握一些设计要旨，设计出来的量规完全可以胜任此类评价。为了更好地评价学生的绩效，并获得可靠的分数，设计量规时要注意以下几点。

a. 要根据教学目标和学生的水平来设计结构分量。

b. 根据教学目标的侧重点确定各结构分量的权重。

c. 用具体的、可操作性的描述语言清楚地说明量规中的每一部分。

除了上述 3 点以外，下面两点对于设计出规范的好量规来说也是很重要的。一是同一部分必须出现在每个量规水平里。例如，如果水平 1 中涉及到“信息收集”项见表 7-5，则水平 2、3、4 也应该包括此项。二是量规水平必须尽可能接近等距离。例如水平 1 和 2 之间的距离应当和水平 3 和 4 之间的距离相等。

表 7-5　　研究型学习量规

分数	问题	信息收集	分　类	分　析	最终产品
4	学生围绕一个主题，自己确定问题	从多种电子和非电子的渠道收集信息，并正确地标明了出处	学生为给信息分类，自己开发了基于计算机的结构。如数据库	学生分析了信息，并得出他们自己的结论	学生有效地使用综合媒体，以多种方式展示了自己的发现，并发布到网上
3	给出主题后，学生自己确定问题	从多种电子和非电子的渠道收集信息	师生为基于计算机的分类结构共同想办法，学生自己创建了这个分类结构	学生分析了信息，并在教师的指导下得出了他们自己的结论	学生有效地使用综合媒体，以多种方式展示了自己的发现
2	学生在老师的帮助下确定问题	从有限的电子和非电子渠道收集信息	师生共同开发了基于计算机的结构	学生在教师的指导下分析了信息，并得出了结论	学生使用综合媒体，展示了自己的发现
1	教师给出问题	只是从非电子渠道收集信息	学生使用教师开发的基于计算机的分类结构	学生复述了所收集的信息	学生使用有限媒体，展示了自己的发现。如书面报告

资料来源：http://www.learningspace.org/instruct/lplan/resrubric.htm

当然，量规的形式并不是固定不变的。有的量规没有采用表格的形式；也有的量规中给出了所要求的最高标准（优），而并不写明其他（中、差等）标准。总之，设计量规时不必拘泥于形式，内容实质和学生的参与度更为重要。

对于信息技术课程整合可用的评价手段还有很多，比如，档案袋、范例展示、评估表等，因此在进行教学评价的时候可以同时使用几种评价工具，这样有助于得出更加准确的结果。

② 教学评价的实施要求。

在教学活动进行前，提出评价的标准。在信息技术与课程整合教学中，强调以学为中心，学生具有较大的主动权和控制权。在教学进行前预先提供范例、制定量规、签订契约，可以使学生对自己要达到的结果有一个明确的认识。同时，评价方案也可以在学生学习的过程中起到导航的作用，学生将明确地知道评价者如何评价他们所完成的学习任务，从而帮助他们自己调节努力的方向，并最终达到预想的学习目标。

实施分层次的评价。在实施评价过程中，要注意评价的层次。教师应该在学生完成任务或解决问题过程中设置好评估的锚点。评价时不仅要检验学生在具体情境中使用知识的能力，还要对学生的高级思维能力进行评估,此时的评估重点要放在如何使学生的这些能力得到发展和提高上，而不仅仅是判断学生的学习能力。

提供给学生自评和互评的机会。评价本身就是一种重要的学习经验，在这种体验中，学生的知识、技能将获得长进，甚至飞跃。参与评价将有助于学生加深自我的了解，以便调整学生策略，改进学习方法，增强学习的自觉性。

通过评价选择、收集适宜的资源。在信息技术与课程整合教学中，学习内容是开放的、动态的，而要保证其开放与动态，需要相应的评价方案来筛选合适的资源，去除不适宜的资源。这些资源包括原有的学习内容，学生通过学习创作的资源，学生通过学习发现的资源等，应注意通过合理的评价方案帮助师生获得适宜的资源，以保证学习内容的良性循环。

思考与练习

1. 简述信息技术与课程整合的概念和目标。
2. 简述信息技术与课程整合的层次。
3. 请分析比较“以教为主的教学系统设计模式”和“以学为主的教学系统设计模式”各自的优缺点。
4. 请分析“学教并重”的教学设计方法的特点是什么。
5. 请分析“传递—接受”教学模式的实施步骤和优缺点。
6. 请分析探究性教学模式的实施步骤和优缺点。
7. 简述信息技术与课程整合的教学评价流程。
8. 自选学科，利用本章节所介绍的信息技术与课程整合教学模式进行教案的设计。

第 8 章 网络课程设计与制作

本章学习目标：

通过本章的学习，使学生了解网络课程的概念，掌握网络课程的开发过程，学会用 Microsoft Expression Web、Dreamwaver 设计网页，了解 Moodle 教学平台和 Blackboard 教学管理平台的功能特点，了解社会性软件在网络教育中的应用，会用社会性软件交流。

本章要点：

- 网络课程的概念；
- 网络课程的开发过程；
- Microsoft Expression Web 软件的使用；
- Dreamwaver 软件的使用；
- Moodle 教学平台；
- Blackboard 教学管理平台；
- 社会性软件。

8.1 网络课程概述

现代远程教育资源开发中最主要的一种课程形式就是“网络课程”。“网络课程”不是一个严格的学术名词，简单理解就是“通过网络组织与实施的课程”。现实中存在着多种对网络课程的不同理解，理解的差异会影响网络课程的表现形态，也会直接影响网络课程的开发理念与设计思想，进而影响到网络课程的质量。

8.1.1 网络课程的概念

我国教育部高等教育司颁布的《现代远程教育技术标准体系和 11 项试用标准简 V1.0 版》中指出，网络课程是“通过网络表现的某门学科的教学内容及实施的教学活动的总和”，它包括两个组成部分：按一定的教学目标、教学策略组织起来的教学内容和网络教学支撑环境。网络课程还要考虑到教育信息的传播方式发生改变，进而产生的教育理念、教育模式、教学方法等的极大改变。网络课程首先是课程，它应该包含课程的一切特征，如教育目标、教学内容、教学活动、教学评价等；其次要体现网络这一特点，构建多媒体化的接近真实生活的自主、协作学习情境，能充分利用网络的资源开放性；再次，网络课程应该体现网络教学的特征，网络教学的主要特征是非面授教育，在这种教学过程中，教师的教与学生的学在时空上是分离的。因此，相应的教学理念、课程的教学设计也必须发生相应的变化。要站在学习者的角度，以学习者为中心来考虑一切问题。

8.1.2　网络课程的类型

按网络课程的表现形式可分为“三分屏课程”、“Flash 课程”、“网页型课程”等；按教学策略分类可分为“讲授型”、“自学型”、“体验型”和“问题解决型”。前者对网络课程的分类实际上并不能指导实践者为特定的内容选择恰当的形式；而后者虽克服了这一问题，但并不能清晰地表现课程资源的具体形态，因而也有一定的局限性。

网络课程不仅仅包括课程资源，还包括教学活动。黄荣怀教授等（2007）在《网上学习发生的条件》一文中指出，“学习应以真实问题为起点，以学习兴趣为动力，以学习活动的体验为外显行为，以分析性思考为内隐行为，以指导和反馈为外部支持”，其中特别强调学习活动的重要性。

如果从学习资源与学习活动的组织方式角度对网络课程进行分类，我们可以将网络课程分为“围绕学习资源组织学习活动”和“围绕学习活动进行学习资源的优化整合”两种。前者是以细化的多媒体学习资源为主体，根据需要开展必要的学习活动，以学习活动促进学生对学习资源的探究与学习。后者是以学习活动为主体，围绕学习活动组织学习资源，以学习资源支持学生的学习活动。

以学习资源为中心的网络课程对学生的要求较高，要求学生具有较强的自学能力，而远程教育更多是以目标为导向，因此，“以围绕学习活动进行学习资源优化整合的方式”建设网络课程，更符合网络教育的实际。按照学习活动思想来构建网络课程，每一个学习活动都是一个完整的体系，活动被分为若干步骤完成，在学习过程中能够体现特定教学策略，并配以恰当的资源，有利于学习的有效发生。因此，我们建议采用“以学习活动”为中心的思想组织和开发网络课程。

8.2　网络课程开发过程

网上教育打破了传统学校教育的课堂授课模式，同时也突破了传统远程教育无法实施有效的沟通和交流的局限。它要求建立一种全新的教学与学习模式。这种教学模式绝不是简单地将教学内容放在网上让学生阅读，更多的是要求师生之间通过网络进行充分的沟通与交流，使学生感觉是在老师的指导下学习，而不是在向计算机学习，要有人性化的交流。它要求教师通过网络组织学生学习、帮助学生学习，教师要想办法让学生主动参与学习，要及时解决学习过程中的困难。它要求网络提供良好的教学评价与教学诊断工具，便于教师了解学习者的主体特征与学习发展，提供个性化的帮助，改进教学。

网络教学模式要求传统教学中的核心教学环节能够在网上得到很好的实施，如授课、学习、考试、作业、讨论、评价、答疑图书馆、笔记记录等；要求通过网络来实施素质教育，将传统的知识教育转化成能力教育；要求网络能够支持多种形式的教育模式，特别是基于问题的探索式和协作式学习模式；要求网络能够提供传统校园中的文化氛围、人文精神，将校园的潜在影向在空间上延伸；要求提供内在精神的物化工具，如图书馆、虚拟社团、虚拟学术演讲厅、学生社区、教师社区等。

8.2.1 网络课程开发的理念

在网络教学环境中必须以学生为中心，学生已经成为教学过程中的主体，所有的教学资源都必须围绕学生学习来进行优化配置。教师不再是知识的唯一源泉，最大的知识源泉是网络，教师的任务是指导学生如何获取信息，帮助学生解决学习过程中的问题，并帮助学生掌握一套有效的学习方法和解决问题的方法。学生的地位也应该由原来的被动接受者转变为主动参与者，学生应该成为知识的探究者和意义建构的主体。学生的头脑不再被看作是一个需要填满的容器，而是一支需要点燃的火把。网络学习环境不再是教师讲解的辅助工具，而是帮助学生探索、发现、学习用的认知工具。网络教学应该围绕如何促进学生的自主学习、促进学生思维的深度与广度发展、组织学生的自主学习活动来展开。

8.2.2 网络课程开发的过程模式

如果教师已经深入了解了教学对象的学习特点，而且本课程已有成型的教学大纲和知识体系结构，老师可以依据图 8-1 的网络课程开发的过程模式开发网络课程。

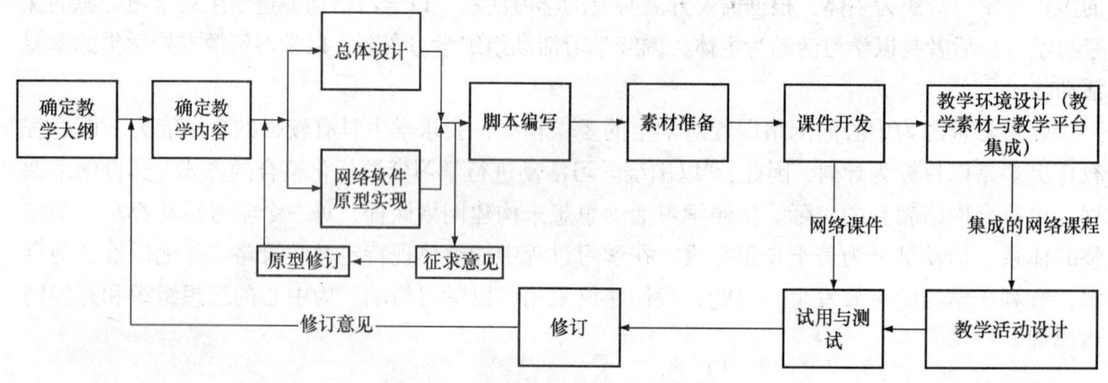

图 8-1 网络课程开发的过程模式

如图 8-1 所示，网络课程开发过程主要包括：确定教学大纲、确定教学内容、总体设计与原型实现、内容组织、内容表现、内容导航、脚本编写、素材准备、课件开发、教学环境设计、教学活动设计、运行维护与评价。下面我们将详细阐述各个部分。

1. 确定教学大纲

教学大纲是以纲要的形式规定学科的内容、体系和范围，它规定课程的教学目标和课程的实质性内容，是编写网络课程的直接依据，也是检查网络教学质量的直接尺度。

2. 确定教学内容

根据教学大纲，编写教材、配套的练习册、实验手册。如果已有优秀教材，则可以选用。教材的内容应具有科学性、系统性和先进性，符合本门课程的内在逻辑体系和学生的认知规律，表达形式应符合国家的有关规范标准。

3. 总体设计与原型实现

选择一个相对完整的教学单元，设计出一个教学单元的网络课件原型。通过原型设计，确定网络课件的总体风格、界面、导航风格、素材的规格以及脚本编写的内容。

4. 内容组织

课程内容采用模块化的组织方法，模块的划分应具有相对的独立性，基本以知识点或教学单元为依据。每一个教学单元的内容都有如下几个部分：学习目标、教学内容、练习题、测试题（每一章）、参考的教学资源、课时安排、学习进度和学习方法说明等。在疑难关键知识点上提供多种形式和多层次的学习内容。根据不同的学习层次设置不同的知识单元体系结构。模块组织结构应具有开放性和可扩充性，课程结构应为动态层次结构，而且要建立起相关知识点间的关联，确保用户在学习或教学过程中根据需要跳转。

5. 内容表现

在具体的开发过程中，要注意描述性文字要精炼、准确。中文字体尽量用宋体和黑体，字号不宜太小和变化太多，背景颜色应与字体前景颜色协调，以便减少在屏幕上阅读的疲劳。

在画质上，应要求构图合理、美观，画面清晰、稳定，色彩分明，色调悦目，动画、影像播放流畅、具有真实感。图形图像应有足够的清晰度。色彩的选择应清晰、明快、简洁，颜色搭配合理，主题与背景在色彩上要有鲜明的对比。网页色调要与内容相适应，背景颜色应与前景颜色协调，各页间也不宜变化太大。

构图的基本要求是设计好屏幕的空间关系，使画面新颖简洁、主体突出，具有艺术感染力，使教学内容形象地展示在学习者面前。

动画的造型要合乎教学内容的要求，比喻和夸张要合理，动作应尽量逼真，动画要尽可能接近事实。由于动态影像的信息量大，受网络带宽的限制，播放可能会出现停顿现象，这时应适当减小影像的播放窗口，尽可能采用流媒体技术。

在声音质量上，应要求解说准确无误，通俗生动，流畅清晰；音响时机恰当，效果逼真，配乐紧扣主题，有利于激发感情，增强记忆。在声音的处理上要慎重考虑，要考虑网络带宽的制约，应与影像结合起来综合平衡。

在内容结构上，同一网页中不宜同时出现过多动态区域。网页长度不宜太长，一般不要超过三屏，在 800 × 600 屏幕分辨率下不应横向滚屏。每门课程的网页应保持统一的风格和操作界面。控制功能和操作方法需符合常规习惯。

6. 内容导航

列出课程结构说明，建立目录索引表，以表格的方式列出如下内容：教学单元、教学活动、学习时数、学习进度和学习方法。指明学生所处的知识层次和位置，让学习者了解网络课程的信息结构，直接到达所需要的学习页面。

网络课程网站的文件结构：网站的文件结构要根据章节、通用网页、组件和媒体类型等适当地建立相应的子目录，单个子目录中文件数目不宜太多，以方便维护。

页面组织：网站的网页组织要反映课程的目录层次结构和网状结构。网页间的联系要便于学习者对知识结构的掌握。在网页中应有到课程起始页（Home）、前一页、后一页、上一层、相关内容的超链接，应提供由关键词（基本概念）和目录树查找相关网页的快速跳转功能。对于描绘教学内容的重要媒体也要提供查询和直接显示功能。

直接导航：对一些重要的导航点，如当前学习单元、当前学习目标、学习单元的结束、前进、后退等，在主界面的导航中心提供直接的导航，只需用鼠标单击导航上的超链接，便可直接进入对应的界面之中。

浏览历史记录：记录学生在超媒体知识空间所经历的历史路径，学生可随时快速跳转到以前浏览过的页面。线索：记录学习者浏览路径，可让学习者沿路返回，也可预先设计浏览的路径，减少学习者的探路时间。

检索表单：提供对整个课程全文检索功能，让用户检索 Web 的信息，帮助学习者迅速寻找所需要的学习内容。

帮助：对一些学习过程中容易遇到的问题，用帮助页面的方式给出指导，提供解决问题的方法和途径，使学习者不致于迷航。

演示控制：用于对动画、影像、声音的控制，让学生根据自己的学习需求控制影像或声音的播放进度。

书签：记录学习者标记的学习重点，便于对重点学习内容的快速定位。它是 Web 浏览器必备的功能。

框架结构：对结构比较复杂的课件设计可采用这种方法。主框架可以是学习区，副框架则可用作动态导游图，以显示当前的学习进度，并可以单击导游图直接到达某个进度。

7. 文字脚本编写

文字脚本是按照教学过程的先后顺序，描述每一个环节教学内容及其呈现方式的一种形式，其主要目的是规划教学软件中知识内容的组织结构，帮助教学软件开发者将所要传授的知识清晰化，并对软件的总体框架有一个明确的认识。文字脚本与文本教材有较大的区别，它除了要表达清楚知识内容之外，还需要对教学目标、学习目标、教学活动、采用的教学策略、所采用的表现方式、教学软件的总体结构等弄清楚。

（1）使用对象与使用方式的说明：阐明教学软件的教学对象，软件的教学功能与特点以及软件的适用范围与使用方式。

（2）教学内容与教学目标的描述：阐明教学软件的知识结构，以及组成知识结构的知识单元和知识点，并详细介绍教学的目标和要求。

（3）网络课件的总体结构：根据教学大纲和总体教学目标，确定网络课件的总体体系结构，划分软件的基本组成模块，并确定各模块间的联结与导航关系。

（4）知识单元的教学结构：表述一个知识单元的教学结构，它是文字脚本设计的主体，一般都由多个文字卡片组成。每个卡片一般都有序号、具体的教学内容、教学媒体类型、教学模式、教学内容的呈现方式、教学方法、教学活动以及教学的组织结构等。

文字脚本可以说是对教学软件的总体构思的设计，它是学科教师按照教学过程的先后顺序，将知识内容的呈现方式描述出来的一种形式。它还是一种概要设计，不能作为多媒体教学软件制作的直接依据，因为教学软件的开发，还应考虑所呈现各种信息内容的位置、大小、显示特点（如颜色、闪烁、下划线、黑白翻转、箭头指示、背景色、前景色等）、交互方式，还要考虑信息处理过程中的各种编程方法和技巧，还需要编写制作脚本。

制作脚本包含学习者将要在计算机屏幕看到的细节，例如，用各种媒体展示的教学信息；计算机提出的问题；计算机对学习者各种回答（正确的或错误的）的反馈；在不同的情况下，学生应进行的正确操作等。制作脚本一般采用卡片式格式，在卡体部分将这些信息的内容及显示的位置描述出来，同时用相应的符号表示这些信息的类型。在卡体的注释部分，详细地说明卡体中各种信息显示的逻辑关系，即先显示什么内容，后显示什么内容；后来的内容显示时，先前的内容是否还保留；操作信息的作用等。

8. 素材准备

素材准备。根据脚本的要求准备所需要的素材，包括文字、图片、声音、动画、视频、案例等，通过课件原型的设计和脚本的编写，可明确素材的规格、数量、种类和具体内容，便于进行批量制作，可大大降低开发的时间与成本。

素材采集。通过扫描仪扫描图形，把准备好的音频和视频素材，通过声卡和视频采集卡，转换为计算机可识别的数据文件。

素材整理。制作好素材后，要根据《现代远程教育资源建设技术规范》对素材进行属性标注，纳入到网络课程的素材库中，供学生学习和教师在学习和教学中参考。

9. 教学活动设计

社会化功能：社会化是"个人学习知识、技能和规范，取得社会生活的资格，发展自己社会性的过程"，例如团结、服从。通过网上学习活动可促进个体的社会化，如用户注册、网络规则和礼仪是培养社会性的有效手段。以虚拟社区形式出现的网站能体现出更高的社会性。

个性化功能：个性作为心理学上的概念，即个人稳定的心理特征（如性格、兴趣、爱好、品性等）的总和。网上学习活动为学生的个性发展提供了广阔的天地。它为学生个人提供获取知识和实践技能的新途径，使学生的学习富于独立性和创造性。

知识化功能：创建一个有充分交互的多媒体资源和愉快的活动环境，提供各种支持网络工具，使学生能容易地将信息转换为有用的知识。通过 Web 能获得课外"即时信息"，对于扩大学生知识面，增加信息量，跟上时代潮流，培养学生主动获取信息、处理信息的能力都是十分重要的。

实践化功能：实践性是课外活动的重要特性。学生能力的培养，重要的一点在于必须独立观察、分析，在实践活动中锻炼。网络能充分提供发挥学生自我管理、自我教育的实践功能。通过网络可建设虚拟的实验平台，合作或者个人进行充分安全的实践。

实时讲座、实时答疑、分组讨论、布置作业、作业讲评、协作学习、探索式解决问题等。

教学活动的安排，根据课程实际教学内容与时间确定。在实际教学中，时间性因素非常重要。

自主学习活动实施起来比较难，知识传递的效率没有课堂授课高，它主要针对学生的学习能力与基本素质的培养，它应在课程内容中占一定比例，但不能过多，否则，实施起来比较困难。另外，自主学习活动往往要求学生做深入的思考，做广泛的调研，它针对复杂的教学内容比较有效，对于简单的教学内容采用传统式的方式可能更加有效。要充分考虑教学内容的特色。

10. 运行维护与评价

网络课程与传统的课程内容不同，它是开放的，因为支持它的网络教学环境是动态的，开放的。在网络课程的运行过程中，会产生很多很有价值的教学资源，这些教学资源通过相应的管理系统的管理，本身就可以纳入到网络课程中并成为网络课程的重要组成部分。

网络课程的设计也不可能一步到位，需要在网络课程的运行过程中，不断收集教师与学生的反馈意见，以及实际的教学数据，根据这些数据再对网络课程的设计做进一步修订。

8.3 使用 Microsoft Expression Web 制作网页

Microsoft Expression Web 是微软开发的，为取代其经典老作品 Frontpage 的最新的网页设计工具。它的使用与 Frontpage 基本相似，只是更加标准化，Microsoft Expression Web 对于喜欢使用 DIV+CSS 制作网页的设计者来说非常适合。而对于网页制作的新手以及对代码不熟，以及偏重于编程的设计者来说，用功能强大、辅助性工具强的 Dreamweaver 比较适合。

8.3.1 Microsoft Expression Web 主要功能特色

Microsoft Expression Web 主要功能特色如下。

1. 以标准为基础的网站

依预设将建立 CSS 架构且遵循 XHTML 1.0 Transitional 的网站，并且更佳地在浏览器间运作，简化了部署和维护。设定弹性的结构描述设定，以便在浏览器的特定结构描述外，还支持 HTML/XHTML/Strict/Transitional/Frameset 和 CSS1.0/2.0/2.1 的所有组合。以兼容性报告验证您的网站，并使用协助工具报告来验证您的网站是否符合条款 508 和 W3C 内容协助工具方针（WCAG）。

2. 精密的 CSS 架构和格式

使用可直接处理位置、缩放、边界和填补的强大设计接口工具，产生雅致、现代的 CSS 页面配置。使用样式应用和位置工具列，以便精确地控制 CSS 样式的产生方式，产生于何处，并使用样式产生器来进行完善的样式设计和有效率的样式编辑。

3. 丰富数据展示

使用强大的 XSLT 设计工具，在业界标准的 XML 数据上建立与格式化检视。从数据检视工作窗格中拖放，以便有效率地建立检视，并以 XPath Expression 产生器建构复杂的 XPath 查询与复合字段。您可使用完善的 CSS 功能集，套用与您网站其它检视一致的视觉格式化到数据检视内。

4. 强大的服务器技术

以服务器和使用者控件的整合支持，充分运用 2.0 功能，且不含程序代码数据系结，以便将网站转换成动态、交互式的 Web 应用程序。使用控件工具箱、属性方格和依控制而定的“动作菜单”，以快速地插入和设定控件。借由 IntelliSense 以及整合的设计和程序代码接口中的卷标完成，快速地撰写标记，并以主版页面的控件更有效率地更新您的网站。

Expression Web 是一个专业的设计工具，可用来建立现代感十足、且以标准为基础的网站，让您在 Web 上提供绝佳的质量。

5. 新纪元、新工具

通过使用强大的设计工具和工作窗格快速地合并 XML 数据，减少复杂度和简化数据整合。通过 Expression Web 和 Visual Studio 对 XML、和 XHTML 的绝佳支持，您可以顺畅地整合 Web 设计和开发团队。

6. 内外皆美

通过复杂的 CSS 设计功能，释放您的创意点子，并替您的网站注入活力。可视化的设计工具、专门的工作窗格和工具列，让您精确地控制版面配置和格式。

7. 特别注重标准

建立可驾驭 Web 能力的动态、交互式网页，以提供最佳的质量。对于现代 Web 标准的内建支持，让您轻松地针对协助工具和跨浏览器兼容性，将您的网站最佳化。

8.3.2 Microsoft Expression Web 软件界面介绍

Microsoft Expression Web 的运行与启动和 Office 等其他软件相同。启动成功后，出现的界面如图 8-2 所示，Microsoft Expression Web 工作区提供了编辑网页和网站所需的工具。鉴于工作区可以进行自定义，因此可以更改工作区的外观，使其与您的工作风格完美匹配。此处显示了首次安装 Expression Web 时工作区的外观。

任务窗格可使您随手获取所需的各种工具，从而帮助您完成工作。可以在“任务窗格”菜单上找到每个任务窗格。可以一次打开多个任务窗格，并更改每个任务窗格的位置和大小，以满足您的需要。当您按照适合自己的布局排列各个任务窗格之后，Expression Web 会在下次启动程序时自动使用此布局。

首次启动 Expression Web 时，会显示“文件夹列表”、“标记属性”、“应用样式”和“工具箱”任务窗格，这些任务窗格分别停靠在编辑窗口的各条边上。

“任务窗格”菜单上的任务窗格被划分为 6 组。默认情况下，首次打开这些任务窗格，每组中的任务窗格会显示为合并的任务窗格。这些合并的任务窗格占用同一空间，其中一个任务窗格隐藏在另一个任务窗格之后，通过单击各个任务窗格的选项卡即可显示相应的任务窗格。

可以将任务窗格停靠在程序窗口的边缘，编辑窗口会调整大小以容纳停靠的任务窗格。可以水平或垂直停靠任务窗格，也可以浮动任务窗格，以便将其拖放到任意位置。

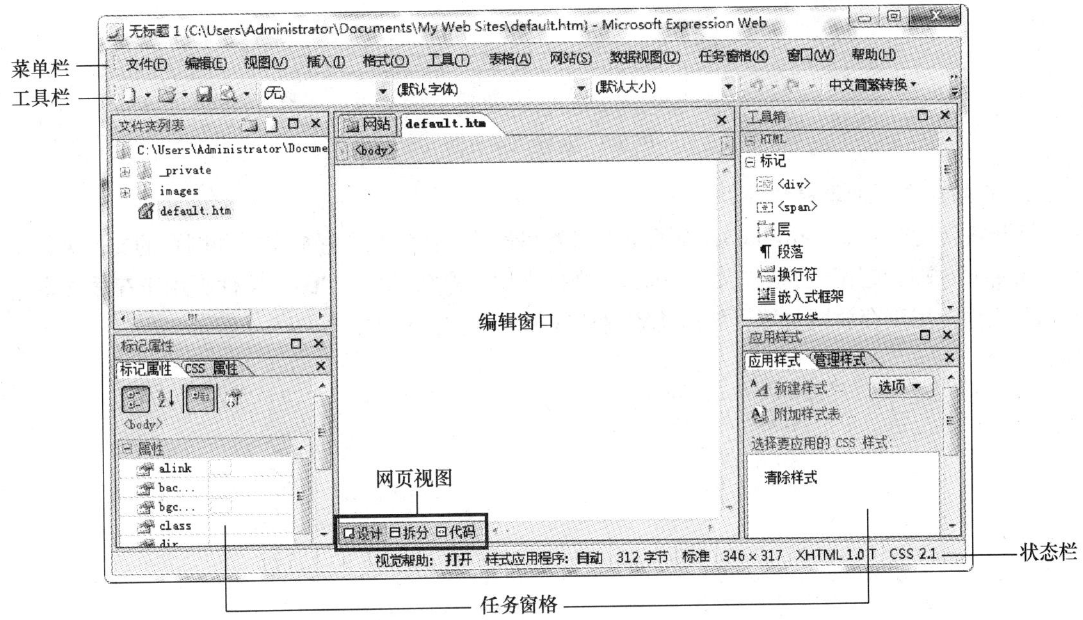

图 8-2　Microsoft Expression Web 的界面

网页视图是 Microsoft Expression Web 中最常用的工作界面，网页的创建、编辑、预览等基本操作都是在此视图中进行的。网页视图窗口底部有 3 个标签：“设计”、“拆分”和“代码”，它们分别控制着网页的 3 种显示模式。在设计模式下，能够以“所见即所得”的方式编辑网页；在代码模式下，可以查看或编辑网页的 HTML 的源代码；在拆分模式下，能够同时编辑网页和查看或编辑网页的 HTML 的源代码。

8.3.3　制作网页实例

下面我就以《摄影技术》课程网站主页的制作为例讲解如何用 Microsoft Expression Web 制作网页。

1. 启动 Microsoft Expression Web

单击任务栏上的“开始”按钮，指向“程序”，单击“Microsoft Expression Web”，启动 Microsoft Expression Web。

2. 新建站点

选择“文件”菜单中的“新建”→“网站”命令，在 D 盘下创建一个以“mysite”命名的只有一个网页的站点，Microsoft Expression Web 默认建立主页为 deflaut.htm，如图 8-3 所示。

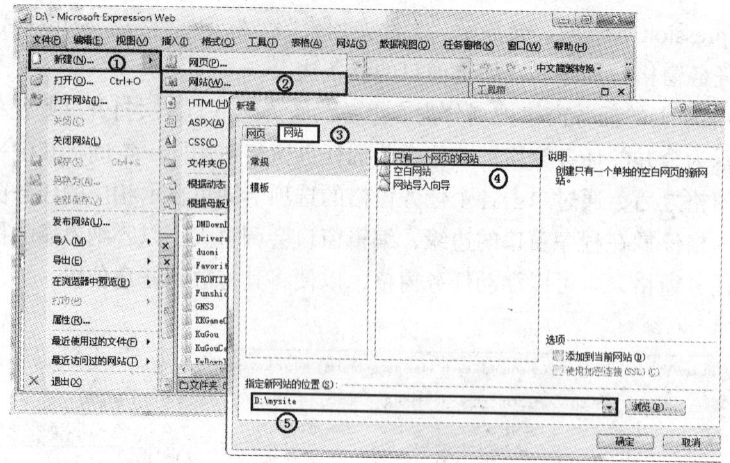

图 8-3 新建站点页面

3. 在站点中添加素材和网页

打开站点文件夹（D:\mysite），为了便于归类和管理，新建几个存放素材和网页的文件夹，比如“images”文件夹用于存放图片，“flash”文件夹用于存放动画，“txt”文件夹用于存放文本，“web”文件夹用于存放网页等，然后将素材放入相应的文件夹中，如图 8-4 所示。

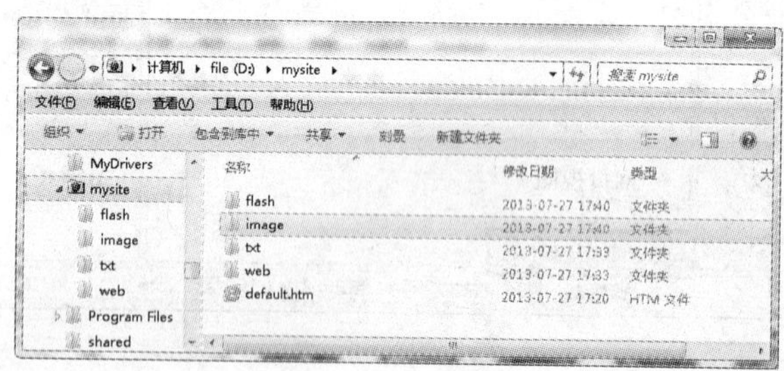

图 8-4 站点文件夹

4. 制作主页

回到 Microsoft Expression Web 软件界面，选择“文件”菜单中的“新建”→“网页”→“框架网页”命令，步骤如图 8-5 所示，新建一个“嵌套式层次结构”的框架网页来决定主页的结构，结果如图 8-6 所示。

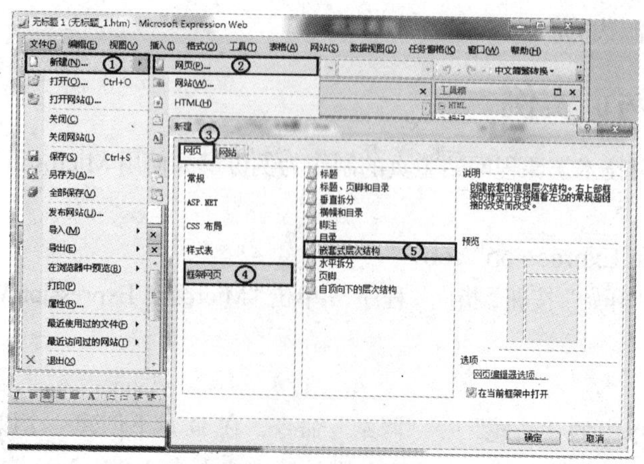

图 8-5 新建“框架网页”

图 8-6　“嵌套式层次结构”的框架网页

5. 保存框架网页

单击图 8-6 中的“新建网页”，新建三个子框架网页，在给每个网页添加内容之前先保存框架网页，具体操作是选择“文件”菜单中的“全部保存”命令，左框架命名为“left.htm”，右上框架命名为“right.htm”，右下框架命名为“main.htm”，总框架命名为“default.htm”。如图 8-7 所示，图中的数字 1、2、3 所在的网页分别是 left.htm、right.htm 和 main.htm。

图 8-7　保存后的框架网页

6. 布局网页

在布局网页时，考虑到是以图片为主的摄影课程的网站，选择深色背景浅色文字比较能够突出照片的效果。为了使网页的效果更生动，采用表格布局网页，插入文字、图片等元素。

（1）设置框架属性，给框架添加标题，单击鼠标右键，选择“框架属性”→“框架网页”→“常规”，在“标题”栏里输入“《摄影技术》网络课程”，预览网页时就可以显示网页的标题了，具体如图 8-8 所示。

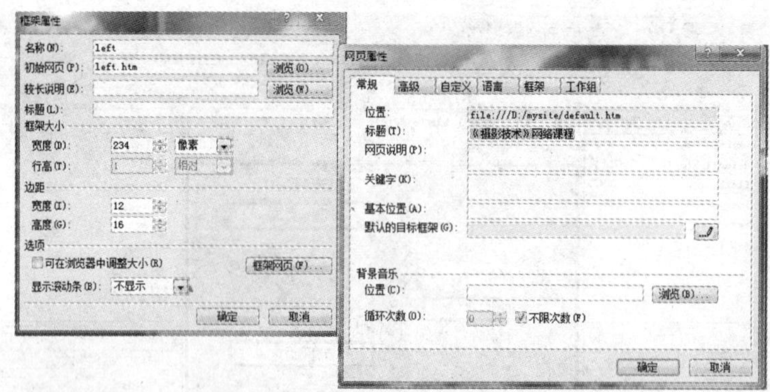

图 8-8 设置网页标题

（2）设置背景颜色，光标放在左框架中，单击鼠标右键，选择“网页属性”→“格式”→“颜色”→“背景”，选择恰当的颜色，如图 8-9 所示。

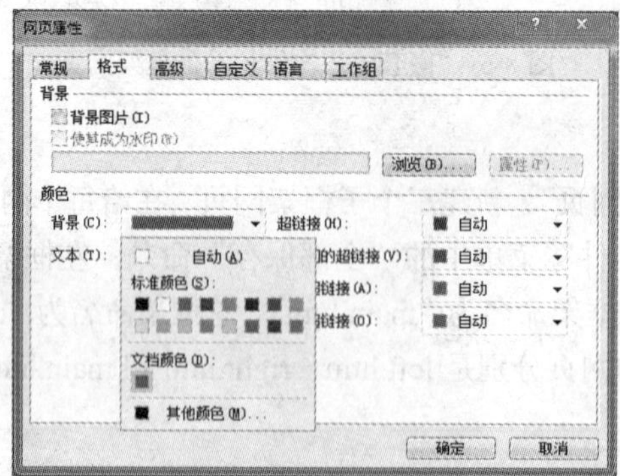

图 8-9 背景颜色设置

（3）在左框架中插入一个 2 行 1 列的表格（选择“表格”菜单中的“插入表格”命令）。在第 1 行插入网站的 logo，在第 2 行中插入一个 7 行 1 列的表格作为网站的导航模块，在 7 行中分别输入导航模块的名称。调整单元格的宽度和高度属性直至合适，效果如图 8-10 所示。

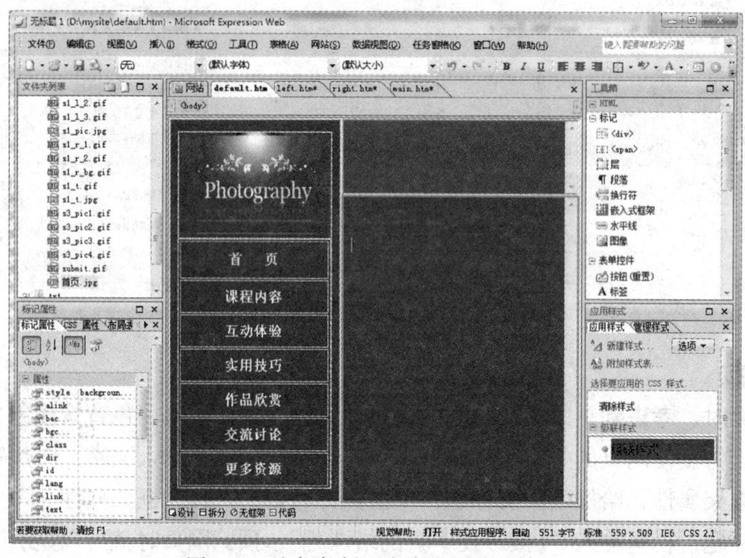

图 8-10 左框架插入文字和图片后效果

（4）在右上框架和右下框架中分别插入合适的图片，如图 8-11 所示。

图 8-11　在右框架中插入图片

（5）设置图片属性。如果插入的图片大小布局不合适，可以利用“格式”菜单中的“属性”或右键菜单中的“图片属性”命令，打开“图片属性”对话框，选择其中的“外观”选项卡，修改布局、大小等属性，设置图片的对齐方式等，如图 8-12 所示。

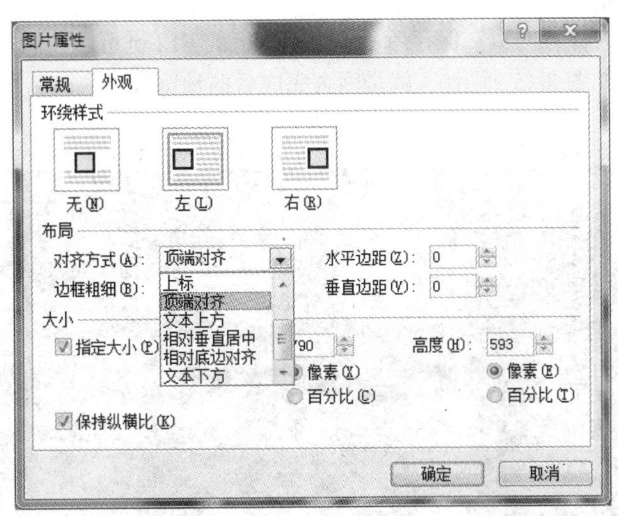

图 8-12　设置图片属性

（6）插入超链接。为左框架中的导航条加上超链接，单击超链接后能够在右下框架中显示。利用“插入”菜单或右键菜单中“超链接”命令，打开“插入超链接”对话框进行设置，打开超链接的“目标框架”选择“右下框架”，如图 8-13 所示。

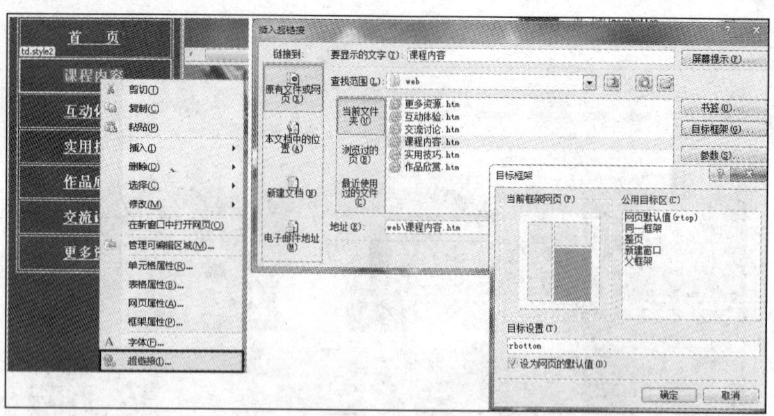

图 8-13　插入超链接

（7）插入其他效果

如果想使网页的效果更丰富，可以插入“交互式按钮”、“HTML”控件和“ASP.NET 控件”等，如图 8-14 所示。

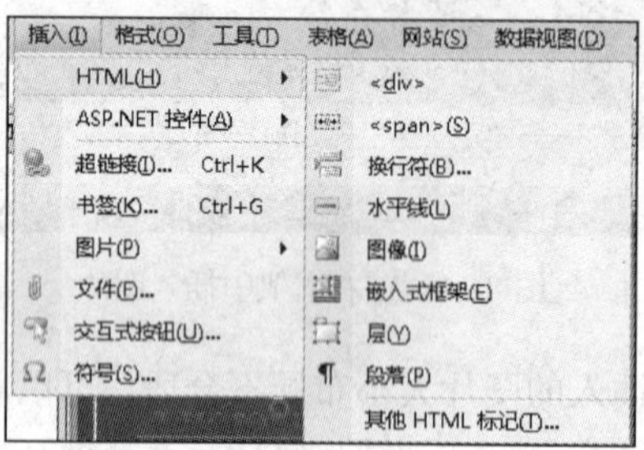

图 8-14　插入其他效果

7．保存和预览网页

制作过程中要及时保存网页。保存后，单击键盘上的 F12 键可以在浏览器中打开网页，浏览该网页的最终效果（如图 8-15 所示），就是网页完成后的预览效果。

图 8-15　网页的最终效果

*8.4 使用 Dreamwaver 制作网页

Dreamweaver CS4 是目前最流行的一款所见即所得的网站开发与网页制作软件，在制作网络课件方面具有独特的优势。它是一款所见即所得的网页编辑工具，具有功能强大、界面简洁、简单实用等特点，是最好的网页制作软件，也是制作网络课件的首选软件。

8.4.1 Dreamweaver CS4 工作界面

和以前的版本相比，Dreamweaver CS4 对界面几乎是完全颠覆，类似于“苹果”的界面，操作更简洁。而且 Dreamweaver CS4 的工作区非常灵活，用户完全可以根据自己的习惯来定制。Dreamweaver CS4 提供了多种工作界面，以适合不同的工作人员。第一次安装该软件并启动后，出现的工作界面如图 8-16 所示。

对于老用户而言，如果不适应这种工作界面，可以通过界面切换菜单进行切换，选择适合自己的界面模式。本章将以“经典”界面模式介绍 Dreamweaver CS4 在网络课件中的应用。

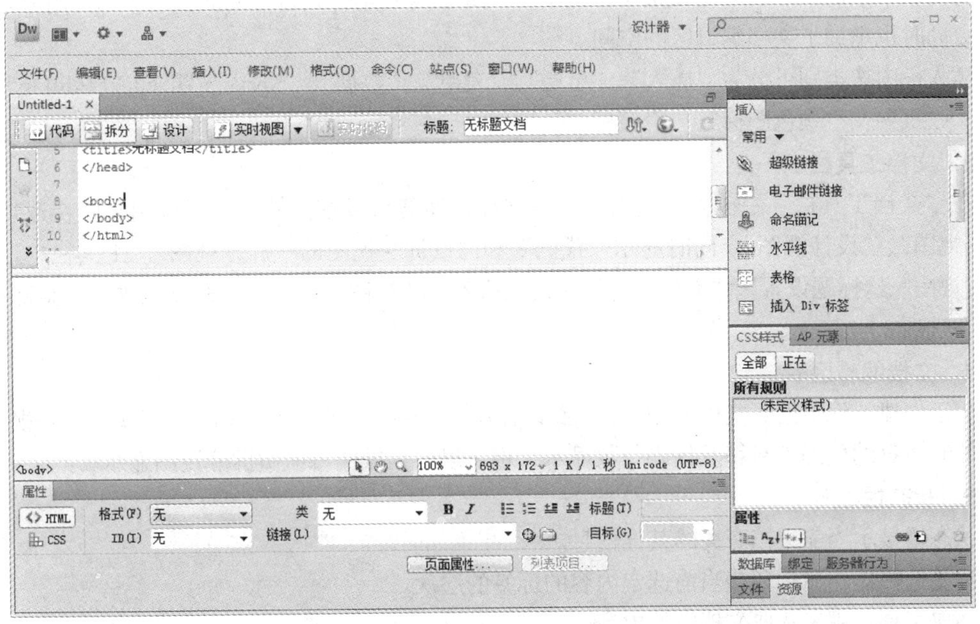

图 8-16 Dreamweaver CS4 工作界面

Dreamweaver 是一个专业的 HTML 编辑器，用于对 Web 站点、Web 网页和 Web 应用程序进行设计、编码与开发。无论使用者喜欢直接编写 HTML 代码，还是偏爱在可视化编辑环境中工作，Dreamweaver 都会为使用者提供众多的帮助工具，丰富使用者的网页创作体验。

作为该软件的最新版本，Dreamweaver CS4 除了具有以前版本中的所有功能外，还增加了一些新功能，可以在可视化工作环境中制作出更多的网页效果，主要体现在如下方面。

支持领先 Web 技术。在支持大多数领先 Web 开发技术的工具中进行设计和编码，这些技术包括 HTML、XHTML、CSS、XML、JavaScript、Ajax、PHP、Adobe ColdFusion 软件和 ASP。

CSS 最佳推荐新增功能。无须编写代码即可实施 CSS 最佳推荐。参考 CSS 最佳推荐实现可视化设计，并辅以通俗易懂的实用概念说明。用户可以在支持可访问性和最佳推荐的同时，创建基于 Ajax 的交互性应用。

全面的 CSS 支持增强功能。使用 Dreamweaver CS4 中增强的 CSS 实施工具可使用户的网站脱颖而出。借助“设计”和“实时视图”中的即时可视反馈，在“属性”面板中可快速定义和修改 CSS 规则。使用新增的“相关文件”和“代码导航器”功能可找到定义特定 CSS 规则的位置。

HTML 数据集新增功能。无须掌握数据库或 XML 编码即可将动态数据的强大功能融入网页中。Spry 数据集可以将简单的 HTML 表中的内容识别为交互式数据源。

代码导航器新增功能。新增的“代码导航器”功能可显示影响当前选定内容的所有代码源，如 CSS 规则、服务器端包括、外部 JavaScript 功能、Dreamweaver 模板、iframe 源文件等。

1. 菜单栏

和之前版本较为独立的排列相比，Dreamweaver CS4 的菜单栏功能更加强大，与整个工作界面更为协调，成为一体。包括“编辑”菜单、“插入”菜单、“修改”菜单、“格式”菜单、“命令”菜单和“帮助”菜单。

2. 插入栏

之前版本中的插入栏均是在菜单栏的下方，而 CS4 版本将其整合在面板组中，使用起来更为灵活，同时也增加了文档编辑区的空间。

插入栏中按类别可分为“插入”、“布局”、“表单”、“数据”、“Spry”、“Context Editing”、“文本”、“收藏夹”、“颜色图标”、“隐藏标签”。

3. 文档工具栏

在“文档工具栏”中包含一些按钮，这些按钮使您可以在文档的几个视图之间快速切换：“代码视图”、“设计视图”、同时显示“代码”和“设计”视图的“拆分视图”。工具栏中还包含“实时视图”、“标题设置”、“文件管理”、“浏览查看”、“视图选项”、“可视化助理”、“验证标记”等命令选项。

4. 文档编辑区

用于创建或编辑网页文件的操作区，在设计视图中编辑区默认是空白的，切换至代码视图时，在左侧有竖直的代码工具箱及代码行数显示，也可以根据操作习惯做拆分视图显示。

5. 状态栏

状态栏显示当前文档有关的其他信息。

标签选择器：显示环绕当前选定内容的标签的层次。

选取工具：用来选取文档中的内容。

手形工具：可以拖曳页面。

缩放工具：设置当前页面的缩放比率。

窗口大小：可以编码调整窗口的自定义尺寸。

文档编码：可以显示当前文档的默认编码。

6. 属性检查器

默认情况下，属性检查器位于工作区的底部边缘，但是可以将其取消停靠并使其成为工作区中的浮动面板。

7. 面板组

Dreamweaver CS4 将各种工具面板集成到面板组中，其中包括“插入”面板、“CSS 样式”

面板、“行为”面板、“框架”面板、“文件”面板、“历史”面板等，可以选择“窗口”菜单命令，在弹出的下拉菜单中选择显示或隐藏某项面板。

8. 附加功能

在 Dreamweaver CS4 的工作界面上，还有几个附加的功能，如扩展管理器、管理站点。在工作界面全屏状态下这两个功能连同代码拆分的快捷操作一起与菜单在一行中显示，当工作界面缩小时，这 3 个功能会移动到菜单栏的上方与菜单栏平行。

8.4.2 Dreamwaver 制作网页实例

下面我就以《现代教育技术》网络课程首页的制作为例，讲解如何用 Dreamweaver CS4 设计静态网页。

由于表格可以控制文本、图像、Flash 在页面上出现的位置，不必担心页面的整体结构遭到破坏，或者在浏览时无法正常显示。因此在设计主页时，可以使用表格来控制页面的版式，再使用图文混排的方式进行布局。除此之外，还可以通过设置文本的大小、颜色、对齐方式等属性，使网页更加美观，并可以对一些文本突出显示。

1. 新建站点

打开 Dreamweaver CS4 软件，新建《现代教育技术》网络课程的站点，站点路径为“D:\etsite\”。然后在站点中新建主页文件（index.html）和图像文件夹（images），将图像素材复制到 image 文件夹中，如图 8-17 所示。

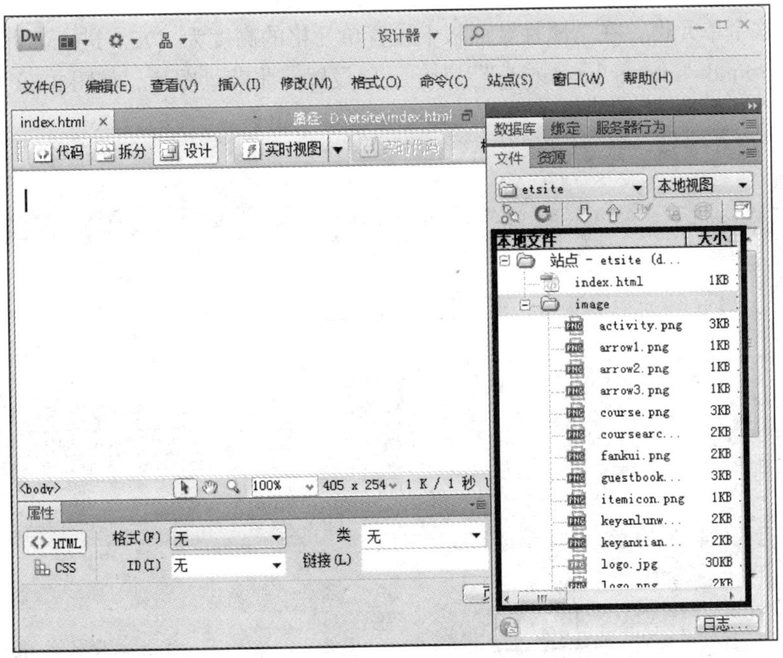

图 8-17　站点文件夹

2. 设计网页

在主页中单击鼠标右键，选择“页面属性”命令，在打开的“页面属性”对话框中设置“左边距”、“右边距”、“上边距”和“下边距”都为 0，在“标题/编码”对话框的“标题”文本框中输入“现代教育技术主页”，单击“确定”按钮，如图 8-18 所示。

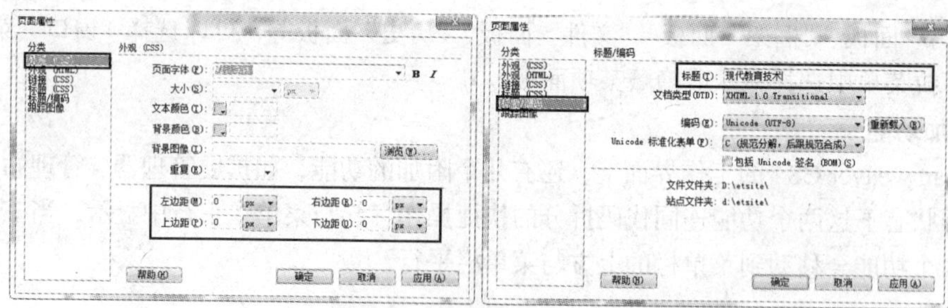

图 8-18　设置页面属性和标题

单击“插入”选项卡中的“表格”按钮，打开“表格”对话框，设置“行数”和“列数”均为 1，“表格宽度”为 1024 像素，“边框粗细”为 0 像素，单击“确定”按钮创建第 1 个表格，如图 8-19 所示。

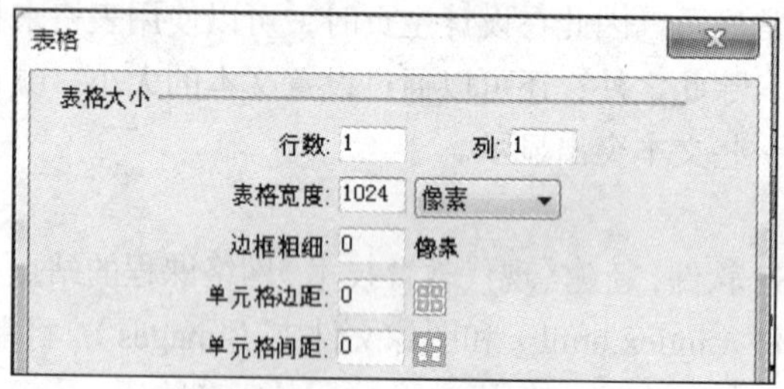

图 8-19　插入 1 行 1 列表格

单击选中这个单元格，在“属性”面板上设置单元格的高度为 172。进入“拆分”视图，输入代码“background="images/header.jpg"”为单元格设置一张背景图片，如图 8-20 所示。

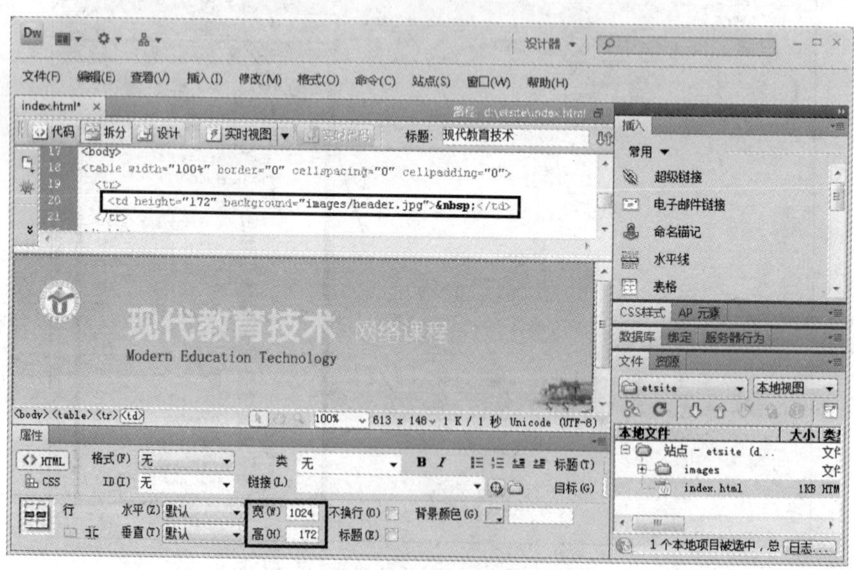

图 8-20　设置表格背景图片

接下来制作导航栏目。单击“插入”选项卡中的“表格”按钮，创建第 2 个表格，设置为 8 列、间距为 1。选择表格，然后单击标签<tr>选中该行，在“属性”面板中，设置“高”为 20、“背景颜色”为#8DCFFF、“水平”对齐方式为“居中对齐”、“垂直”为“居中”，单击“CSS”,设置字体“大小”为 14、“文本颜色”为白色#FFF，如图 8-21 所示。

图 8-21　设置 1 行 8 列表格属性

选中 8 个单元格，设置它们的宽度为 128，分别输入文字“课程首页”、“课程简介”、“课程学习”、“实践教学”、“学习资源”、“作品展示”、“学习交流”和“在线作业”，如图 8-22 所示。

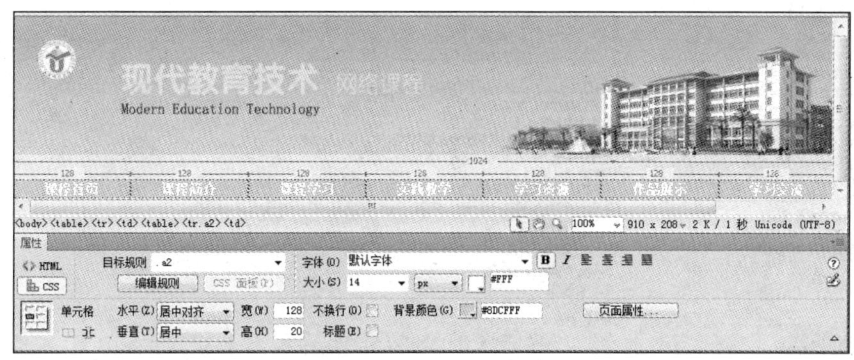

图 8-22　设置导航文字

单击“插入”选项卡中的“表格”按钮，设置参数为 1 行 2 列，“边框粗细”、“单元格边距”、“单元格间距”均为 0，单击“确定”按钮，创建第 3 个表格，在表格的“属性”栏设置表格的“背景色”为“#99FFFF”。

单击第 3 个表格中左边的单元格，在其中插入一个 6 行 1 列的表格，单击“确定”按钮，创建第 4 个表格。设置表格的属性，表格宽 300 像素，填充为 2 像素，间距为 2 像素，如图 8-23 所示。每个单元格的属性都设置成水平左对齐，垂直顶端对齐。将 1、3、5 行分别拆分成 3 列，建立三个模块区，分别是“最新公告”、“友情链接”和“互动交流”区，输入相应的内容。

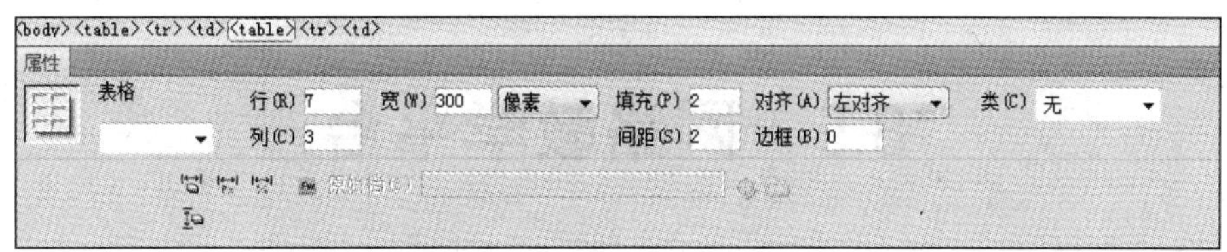

图 8-23　第 4 表格属性设置

单击第 3 个表格右边的单元格，在其中插入一个 6 行 1 列的表格，单击“确定”按钮，创建第 5 个表格。设置表格的属性，表格宽为 710 像素，填充为 2 像素，间距为 2 像素，如图 8-23 所示。每个单元格的属性都设置成水平左对齐，垂直顶端对齐。将 1、3、5 行分别拆分成 3 列，建立三个模块区，分别是“课程简介”、“课程资源”和“学习方法”区，将内容填入相应的模块。

将所有的标题添加超级链接，最后美化网页，每个标题前加上修饰图片或者项目符合。至此，网页设计就全部完成了，最终的网页效果如图 8-24 所示。

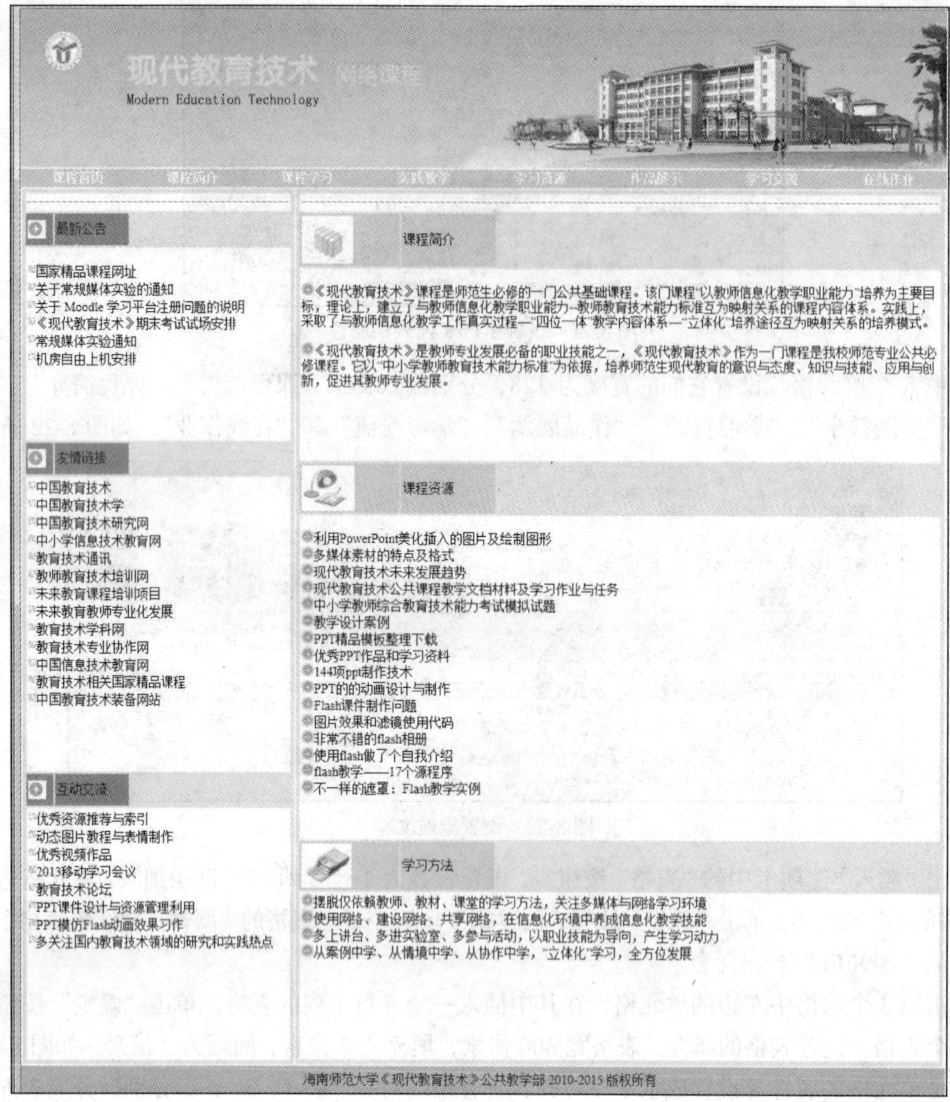

图 8-24　网页的预览效果

*8.5　网络教学平台

目前，国际上流行的学习、课程管理系统软件很多，有 Moodle、Blackboard、Claroline、Dokeos 等。其中，以 Moodle 和 Blackboard 两个平台的使用最为广泛。Blackboard 是微软公司针对教育领域开发的商业产品，使用者多为大学与大型机构的培训部门。Blackboard 属于 LMS（Learning Management System），即学习管理系统，是侧重在网络上对教务教学、行政事务进行管理的平台。Moodle 则是由澳大利亚的 Martin Dougiamas 开发并不断更新的开放源码免费系统，迄今为止，已有近百个国家 2000 多个机构采用。Moodle 属于 CMS（Course Management System），即课程管理系统，与内容管理系统有关。LMS 是定位于学习的管理系统，学习作为一个过程，其管理系统必将包括涉及学习过程的各个方面，除了学习资源管理外，还包括教务管理、行政管理等；CMS 则是定位于课程的管理系统，主要涉及与课程相关的学习与活动的管理、支持。

Moodle 与 Blackboard 作为两种重要的网络学习平台，具有很多支持网络学习的共性特征，但也具有较大差异。这些差异可以在功能定位、使用费用、应用范围、支持能力、目前市场、具体功能和角色分类几个方面加以区别。第一，Moodle 的定位为 CMS，而 Blackboard 的定位为 LMS，这就决定了 Moodle 的具体功能都是针对与课程内容相关的学习活动展开的，例如，作业、任务、聊天、讨论等；Blackboard 的功能模块不但包括了学习系统、内容系统，还包括了公文包模块和 K-12 启动模块、背包模块，可以对学习和培训进行管理。第二，从 Blackboard 国外的应用来看，主要应用于高等教育辅助教学。Moodle 为著名的开源软件之一，因此，其使用费用完全免费，Blackboard 为微软公司的商业杰作，费用自然不菲。第三，费用差异使得两个平台的用户群也有显著不同。由于 Moodle 平台的免费使用，因此受到各类用户的青睐，其主要用户群为教育投资较少的组织和个人，例如中小学校、教师、家庭以及一些非营利组织和小公司企业等。第四，市场与支持能力。随着 Moodle 影响力的不断增强，其市场范围越来越大，其中中国注册使用 Moodle 的网站已有 114 家，包括上海师范大学东行记、北京大学网络教育学院引领式教学平台、易语网网络课堂等多个知名网站和学习中心，其支持能力也随着平台的不断完善而逐步提高。相比之下，Blackboard 在市场运作和支持能力方面具有商业产品的极大优势，它是目前市场上唯一支持百万级用户的教学平台，拥有美国近 50%的市场份额。全球有超过 2800 所大学及其他教育机构在使用，其中包括著名的哈佛大学、斯坦福大学、普林斯顿大学、西北大学等，在我国也有北大、哈尔滨工业大学、武汉大学、云南大学、华南师范大学等上百所高等院校正在使用。

8.5.1　Moodle 教学平台简介

Moodle 是由澳大利亚教师 Martin Dougiamas 开发的。Moodle 这个词最初是作为模块化面向对象的动态学习环境（Modular Object-Oriented Dynamic Learning Environment）的首字母的缩写。Moodle 这一软件对教学者与学习者的计算机技能要求不是很高，只要掌握计算机的基本操作并会使用 IE 浏览器就可以方便地使用。

我们用下面表 8-1 说明 Moodle 能干什么，不能干什么。

表 8-1　Moodle 的作用

	对教师的支持	对学生的支持
Moodle 支持的教学行为示例	资源上传与管理	
	给学生提供学习资源	下载资源
	设计教学活动	参与小组活动
	布置、回收、查看、评价学生作业	提交作业，看到教师对作业的评语
	组织学生非实时讨论	参与讨论
	组织学生实时讨论	参与讨论
	计算学生分数	
	在线测试	参加在线测试
	学生跟踪	
	教师社区	
不能支持的教学行为示例	在线实时视频授课	
	语音答疑	

1. Moodle 的特征

像许多著名的学习管理系统一样，Moodle 可以管理内容元件，但是更针对教育训练设计，另外，更加强了学习者的历程记录，让老师们更能深入分析学生的学习历程。具体地讲，作为创设虚拟学习环境的软件包，Moodle 的主要特征与功能可从下面几个方面来介绍。

（1）总体设计

Moodle 比较容易安装，可以支持大量的多种类别课程，特别重视整个系统的安全性。所有的界面设计风格一致、简单、高效，而且不需要特殊的浏览技能。

（2）网站管理

网站是在安装时由定义的管理者来进行管理的。管理者进入“主题”即可以设定适合自己的网站颜色、字体大小、版面等。在网站中还有活动模块和 43 种语言包，用以满足不同国家的学习者的需求。而且一些代码已经清楚地写出，方便用户按照自己的需求对其进行修改。

（3）用户管理

每一位用户都可以选择一种语言应用于 Moodle 的用户界面，可以指定自己的时区和相关的数据，鼓励学生建立一个在线档案，包括相片、个人描述、E-mail 地址，而且这些信息可以依据用户要求不呈现。

如果学习者有一段时间不参加活动的话，管理员将有记录，其注册将自动退出。为了安全起见，老师可以设定课程的登录密码，阻止闲杂人等进入。课程的账户开设仅仅对建立这些课程和教授课程的人公开。

目标是使管理者尽可能少地参与系统的安全保障。通过将验证模块插件整合到系统中，来支持一些验证机制。学生可以创建他们自己的登录账号，而其电子邮件地址将需要验证。

2. Moodle 的主要功能

（1）课程管理

① 教师可以全面控制课程的所有设置，包括限制其他教师。

② 可以选择课程的格式为星期、主题或社区讨论。

③ 灵活的课程活动配置——论坛、测验、资源、投票、问卷调查、作业、聊天、专题讨论。

④ 课程自上次登录以来的变化可以显示在课程主页上——便于成员了解当前动态。

⑤ 绝大部分文本（资源、论坛帖子等）可以用所见即所得的编辑器编辑。

⑥ 所有在论坛、测验和作业评定的分数都可以在同一页面查看（并且可以下载为电子表格文件）。

⑦ 全面的用户日志和跟踪——在同一页面内统计每个学生的活动，显示图形报告，包括每个模块的细节（最后访问时间、阅读次数），还有参与的讨论等，汇编为每个学生的详细的“故事”。

⑧ 邮件集成——把讨论区的帖子和教师反馈等以 HTML 或纯文本格式的邮件发送。

⑨ 自定义评分等级——教师可以定义自己的评分等级，并用来在论坛和作业打分。

⑩ 使用备份功能可以把课程打包为一个 zip 文件。此文件可以在任何 Moodle 服务器恢复。

（2）作业模块

① 可以指定作业的截止日期和最高分。

② 学生可以上传作业（文件格式不限）到服务器）——上传时间也被记录。

③ 也可以允许迟交作业，但教师可以清晰地看到迟交了多久。

④ 可以在一个页面、一个表单内为整个班级的每份作业评分（打分和评价）。

⑤ 教师的反馈会显示在每个学生的作业页面，并且有 E-mail 通知。

⑥ 教师可以选择打分后是否可以重新提交作业，以便重新打分。

（3）聊天模块

① 支持平滑的、同步的文本交互。

② 聊天窗口里包含个人图片。

③ 支持 URL、笑脸、嵌入 HTML 和图片等。

④ 所有的谈话都记录下来供日后查看，并且也可以允许学生查看。

（4）投票模块

① 有点像选举投票。可以用来为某件事表决，或从每名学生得到反馈（例如支持率调查)。

② 教师可以在直观的表格里看到谁选择了什么。

③ 可以选择是否允许学生看到更新的结果图。

（5）论坛模块

① 有多种类型的论坛供选择，例如教师专用、课程新闻、全面开放和每用户一个话题。

② 每个帖子都带有作者的照片，图片附件内嵌显示。

③ 可以以嵌套、列表和树状方式浏览话题，也可以让旧贴在前或新贴在前。

④ 每个人都可以订阅指定论坛，这样帖子会以 E-mail 方式发送。

⑤ 教师可以设定论坛为不可回复（例如只用来发公告的论坛）。

⑥ 教师可以轻松地在论坛间移动话题。

⑦ 如果论坛允许评级，那么可以限制有效时间。

（6）测验模块

① 教师可以定义题库，在不同的测验里复用。

② 题目可以分门别类地保存，易于使用，并且可以“公布”这些分类，供同一网站的其他课程使用。

③ 题目自动评分，并且如果题目更改，可以重新评分。

④ 可以为测验指定开放时间。

⑤ 根据教师的设置，测验可以被尝试多次，并能显示反馈和/或正确答案。

⑥ 题目和答案可以乱序（随机）显示，减少作弊。

⑦ 题目可以从外部文本文件导入。

⑧ 如果愿意，可以分多次完成试答，每次的结果被自动累积。

⑨ 选择题支持一个或多个答案，包括填空题（词或短语）、判断题、匹配题、随机题、计算题（带数值允许范围）、嵌入答案题（完型填空风格），在题目描述中填写答案、嵌入图片和文字描述。

⑩ 在 Moodle 中设计的各类题目可以备份并导出，可以在任何支持国际标准的学习管理系统中导入。

（7）资源模块

① 支持显示任何电子文档、Word、PowerPoint、Flash、视频和声音等。

② 可以上传文件并在服务器进行管理，或者使用 Web 表单动态建立（文本或 HTML）。

③ 可以连接到 Web 上的外部资源，也可以无缝地将其包含到课程界面里。

④ 可以用链接将数据传递给外部的 Web 应用。

（8）问卷调查模块

① 内置的问卷调查（COLLES、ATTLS）作为分析在线课程的工具已经被证明有效。

② 随时可以查看在线问卷的报告，包括很多图形。数据可以以 Excel 电子表格或 CSV 文本

文件的格式下载。

③ 问卷界面防止未完成的调查。

④ 学生的回答和班级的平均情况相比较，作为反馈提供给学生。

（9）互动评价（Workshop）

① 学生可以对教师给定的范例作品文档进行公平评价，教师对学生的评价进行管理并打分。

② 支持各种可用的评分级别。

③ 教师可以提供示例文档供学生练习打分。

④ 有很多非常灵活的选项。

8.5.2 Blackboard 教学平台简介

Blackboard 教学管理平台（Blackboard Learning System™）是一套专门用于加强网络教学、辅助课堂教学并提供互动、交流的网络教学平台。在完善教学的功能外，还有交流、评价等关键教学环节，使教师可以有效地管理课程、制作内容、创建和布置作业、加强协作，使学生可以轻松学习、快乐交流、热情参与，使学校实现网络教学的现实控管和提升，使教与学更富乐趣、更有效果，不再受空间和时间的限制。

为了提高教与学的效率，提升教与学的质量，Blackboard 教学管理平台推出了一系列好学易用的功能，从课程的分析设计开始，涉及课程的制作、编辑、发布、管理，还有针对学生设计的学习单元设定个人信息管理等功能，使老师不必再为网络课程建设耗费太多的精力，使学生不必在学习课程外还要额外普及使用办法。

Blackboard 教学管理平台支持异步交流——讨论板工具；同步交流——虚拟课堂两种方式，突破时间和空间的限制，帮助师生随时随地沟通交流、传递资源信息、解惑答疑、分享心得、创造革新。同时通过增加的协作工具，老师可以把学生分成不同的小组，并为各个小组配备合作工具，确保学习和项目分工可以高效、顺利地进行。

1. 课程管理

（1）创建和设置课程。

（2）复制、循环使用课程。

（3）导入、导出课程；课程存档、备份。

2. 课程内容制作

（1）提供具有丰富编辑界面的文本编辑器，具备 WYSIWYG（所见即所得）和拼写检查等功能。

（2）提供快速编辑功能，帮助教师迅速在编辑界面和浏览界面之间切换。

（3）支持教师将由外部制作工具（如 Macromedia Dreamweaver）生成的内容导入到课程中。

3. 选择性内容发布

（1）支持教师根据课程内容和活动定制教学路径，如先学什么再学什么，哪些用户学什么等。

（2）系统根据教学路径中设定的条件有选择地将内容发布给学生。

4. 课程大纲编辑器

（1）支持教师上传已经编辑好的教学大纲。

（2）提供内置的大纲制作功能，支持教师设计开发新的课程大纲。

5. 学习单元

（1）支持教师创建有序的课程内容，控制学生按顺序进行学习。

（2）能够保存学生在学习单元中的进度位置，便于学生以后继续学习。

6. 在线教材内容（出版商的课程包）

（1）支持大多数全球教育出版商开发的课程内容资料，如多媒体资源、题库、交互式应用等。

（2）支持用户对下载到课程网站中的资料进行定制。

7. 教学工具

支持特定教学活动的多种工具，如术语表、电子记事本等。

8. 个人信息管理

（1）提供日历，支持教师管理和浏览课程、学院以及个人的事务。

（2）提供任务工具，帮助教师分配任务并监督任务进展。

（3）提供平台内部短信功能，发送课程内部邮件无须经过外部地址。

9. 网络学习书签（Scholar）

（1）与 Blackboard 教学管理平台集成。

（2）提供网页标记功能，用户可随时随地收藏喜欢的网页，并显示在 Bb 平台上。

（3）支持用户之间共享收藏的网页书签。

（4）支持教师将 Scholar 添加到课程内容区，从而便捷地搜索相关主题的网页书签。

10. 讨论板：异步交流

（1）支持教师将不同的主题设置为不同的论题。

（2）支持教师将论坛嵌入到课程中的任意内容区内，从而将讨论与学习过程结合起来。

（3）教师可以设置学生是否能匿名留言、修改、删除和粘贴附件等。

（4）支持用户根据主题、作者、日期排列浏览论坛内容。

（5）支持用户进行完全搜索。

11. 虚拟课堂/协作工具：同步交流

（1）提供文本聊天、协作白板、小组页面浏览、问题和解答集锦等协作交流的功能。

（2）具有讲座模式和开放参与模式两种运行方式。

（3）开放参与模式下，用户有完全参与控制权利，如举手回答问题等。

（4）可以记录聊天的过程并进行存档。

12. 管理小组

（1）提供小组工具，支持教师创建各种学生成员小组。

（2）每个小组都有自己的文件交换区、讨论区、虚拟教室和小组邮件。

（3）每个学生都可属于多个小组。

13. 评价：改进评价策略和方法

“评价”是教与学成果检验最全面、直接的方式。老师通过创建测验试题和作业工具，配合系统自带的自动评分机制，方便地进行评分、统计等操作，还可增加平台外的成绩、生成成绩报告等。新增的防抄袭工具（SafeAssign）能有效检测抄袭痕迹，从而有助于预防学生抄袭行为。学生则可以通过自动存放在电子成绩簿中的成绩直接了解自己的学习情况，以便发现不足，后期改进。

14. 测验和调查

（1）支持教师创建包括计算题、判断题、选择题、论述题等多种题型在内的测验和调查。

（2）支持教师导入自己设计的或外来题库的测试数据包。

（3）与 Content Collection 互通，即测试数据从 Content Collection 导入，也可将其导出到 Content Collection 保存。

（4）支持教师控制测试选项，包括题目呈现方式、计时与否、是否允许学生多次作答等。

15. 作业

（1）支持教师创建在线提交作业和需要下载完成的作业。

（2）教师可以从成绩中心下载整个班级的作业，根据学生的作业情况进行打分。

（3）教师可以为每位学生的作业提供在线反馈。

16. 成绩中心

（1）提供了学生成绩的详细信息表格，并支持教师在线编辑表格中的成绩信息。

（2）互动视图支持教师选择或隐藏成绩列信息。

（3）智能视图支持教师选择浏览指定的用户或小组的成绩。

（4）支持教师任意添加成绩列（栏）、进行加权计算成绩等操作。

（5）支持教师生成指定用户或用户组、指定成绩列的统计报告。

17. 反抄袭工具（SafeAssign）

（1）与 Blackboard 教学管理平台集成。

（2）能够将提交的论文与指定的资源库中的论文进行抄袭对比检测，并将检测结果（包括匹配度、分析报告）反馈给用户。

（3）与成绩中心互连，教师可在成绩中心为检测后的论文打分。

18. 自评和互评

（1）支持教师创建测试、编辑多个测试题、并为不同的题目添加不同的评价标准。

（2）支持学生根据评价标准评价自己及他人的测试情况。

（3）测试及评价均可选择性发布给学生，且评价可选择匿名进行。

（4）与成绩中心互连，教师可选择是否将评价结果添加到成绩中心。

*8.6 社会性软件在网络教育中的应用

8.6.1 社会性网络的缘起

社会性网络起源于美国著名社会心理学家米尔格伦（Stanley Milgram）于 20 世纪 60 年代提出的六度理论："你和任何一个陌生人之间所间隔的人不会超过六个，也就是说，最多通过 6 个人你就能够认识任何一个陌生人。"

基于此理论的社会性网络软件 SNS（Social Network Software）2003 年 3 月在美国出现，经过极短的时间便风靡北美洲，被众多互联网企业和投资家看作是未来两年内增长最快的业务，美国的 The FaceBook 今年就获得来自风险投资商的 1300 万元美金的风险投资。

8.6.2 社会性网络的概述

根据维基百科的解释，"社会网络（Social Networking：SN）"是指个人之间的关系网络。据一些不系统的分析，社会网络（或称为社会性网络）的理论基础源于六度分隔理论（Six Degrees of Separation）和 150 法则（Rule Of 150）。

社会性软件 Social Software（SS）是构建于信息技术与互联网络之上的应用软件，在功能上能够反映和促进真实的社会关系的发展和交往活动的形成，使得人的活动与软件的功能融为一体。

1. 社会性软件的界定

（1）反映人们社会存在和社会关系，以及建立在这些特性上的信息交换的软件，例如 Wiki、Linkedin、friendster、Ryze 等。

（2）是对真实社会社会关系和交往活动的反映，在 SS 中，人成为了软件的一部分。

（3）“社会性软件是帮助人们建立社会网络和自动组织群体的软件”。

2. 社会性软件的特征说明

（1）在使用过程中反射社会网络，无论是强链接（Strong Links）还是弱链接（Weak Links）。

（2）Group to form and self-organize。

（3）以自我为中心，轻量级，松散耦合，Web 连接。

（4）多对多。

（5）使用者的身份和信任在软件中体现。

（6）软件本身不断更新和自我发展。

（7）主动参与到群体中。

3. 社会性网络的特征

（1）可重用的微内容。

微内容的英文是 Microcontent，微内容来自于用户产生的各种数据，“比如一则网志、评论、图片、收藏的书签、喜欢的音乐列表、想要做的事情、想要去的地方、新的朋友等”。社会性网络的一个重要特性就在于可重用的微内容，这使我们在任何地方都自由地使用这些微内容成为可能，从而可以聚合、管理、分享、迁移这些微内容，并可以进一步组合（remix and mashup）成各种个性化的丰富应用。

（2）以用户（人）为中心，而不是以物为中心。

社会性网络是以用户为中心来组织数据，比如在豆瓣中记录你阅读了哪些书，哪些人和你阅读同一本书，虽然人依然是通过书这个载体而连接在一起，但人成为关心的焦点与组织的中心。

（3）社会性。

社会性特征是社会性网络所普遍具有的特征，这不仅仅指 UUzone 这类的社交网站，而且像 douban、seehaha 这些网站都包含社会性的元素，甚至 Bloglines、Rojo 这样的工具性服务都带有多少人订阅这个 Feed、推荐 Feed 给好友等社会性的特征。由于社会性网络以人为中心，人就必然会产生社会性的需求。社会性为网站带来更多的用户互动并产生丰富内容，使网站服务的使用价值与吸引力都大为增加。

（4）用户参与的架构。

用户的参与性是几乎所有人都提到的社会性网络的特性。社会性必须采用的是一种鼓励用户的参与和贡献的架构，改变了以往那种“只读”的属性，将网站变成可读写的服务。这种用户参与的架构可以分为两个层面，一是在网站内容层面，通过鼓励用户的参与构建正向的网络效应，使网站的服务更具吸引力，比如 Flickr、豆瓣。另一个层面是通过开放 API，利用用户的参与和贡献，形成一个围绕网站服务的良性生态网络，增强服务的功能与竞争力。

8.6.3　社会性软件在网络教育中的应用

1. 基于 Elgg 的社会性网络教学平台

Elgg 是一个开源社交网络平台（如图 8-25 所示），拥有个人用户信息管理、Blog 功能、文档管理、通过各种方式（如 E-mail、内部消息等，允许利用插件扩展通知方式如通过手机短信）了解你的朋友当前正在做些什么、创建圈子、支持圈内讨论、文件共享等。随着 Web2.0 的理念的深入，社会性网络平台发展迅速，但是在教育中很少应用，通过对国外软件 Elgg 的相关概念特性进行研究，尝试构建用于教学的社会性网络。

图 8-25 Elgg 中文社区

2. 基于社会性软件的网络教育资源整合

把网络中孤立、离散的信息孤岛，通过社会性软件的内容管理功能，应用教学策略，将离散的网络资源组合化、系统化，服务于教学目标，实现网络资源的整合，如图 8-26 所示。

图 8-26 网络资源的整合

3. 社会性软件促进大学生交流互进的方法和途径

社会性软件是建立社会网络，支持社会交互和群组交流合作的一类软件。针对大学土著化的现象，在阐述社会性软件内涵及其功能的基础上，着重探讨了社会性软件为大学生交流互动带来新面貌的可能，以期在一定程度上帮助大学解决人才封闭、视野狭隘、与外界缺少必要沟通的土著化问题，如图 8-27 所示。

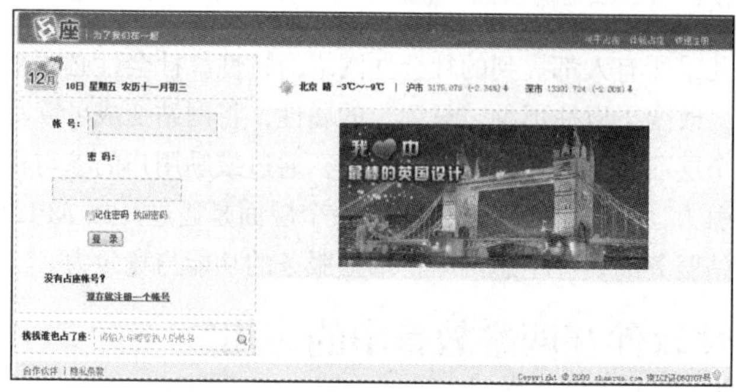

图 8-27 大学生交流的社会网络

4. 社会性软件支持下的教师自我教育研究

将社会性软件与教师自我教育相结合，在对教师自我教育和社会性软件分析的基础上，尝试构建社会性软件支持下的教师自我教育模式。微博，即微博客（MicroBlog）的简称，是一个基于用户关系的信息分享、传播以及获取平台。用户可以通过 Web、Wap 以及各种客户端组建个人社区，以 140 字左右的文字更新信息，并实现即时分享。最早最著名的微博是美国的 twitter，根据相关公开数据，截至 2010 年 1 月，该产品在全球已经拥有 7500 万注册用户。2009 年 8 月中国最大的门户网站新浪网推出“新浪微博”内测版，成为门户网站中第一家提供微博服务的网站，微博正式进入中文上网主流人群视野。2012 年 10 月，有报告显示，截至 2011 年 12 月，中国微博用户总数达到 2.498 亿，成为世界第一大微博用户国。

Twitter（中文：推特）是国外的一个社交网络及微博客服务的网站。它利用无线网络，有线网络，通信技术，进行即时通信，是微博客的典型应用。它允许用户将自己的最新动态和想法以短信形式发送给手机和个性化网站群，而不仅仅是发送给个人。2006 年，博客技术先驱 blogger.com 创始人埃文・威廉姆斯（Evan Williams）创建的新兴公司 Obvious 推出了大围脖服务。在最初阶段，这项服务只是用于向好友的手机发送文本信息。2012 年 2 月，Twitter 称有能力针对不同国家和地区实施网络内容过滤，引发关注；10 月，Twitter 收购美移动应用开发工具厂商 Cabana，如图 8-28 所示。

图 8-28　推特网注册页面

新浪微博是一个由新浪网推出（如图 8-29 所示），提供微型博客服务的类 Twitter 网站。用户可以通过网页、Wap 页面、手机短信、彩信发布消息或上传图片。新浪可以把微博理解为“微型博客”或者“一句话博客”。目前用户可以通过网页、Wap 网、手机短信彩信、手机客户端（包括 NOKIA S60 系统、iPhone IOS 系统）、谷歌 Android 系统、Windows Phone 系统）、SWISEN、MSN 绑定等多种方式更新自己的微博。每条微博字数限制为 140 字，提供插入单张图片、视频地址和音乐的功能。您可以将您看到的、听到的、想到的事情写成一句话，或发一张图片，通过电脑或者手机随时随地分享给朋友，与朋友一起讨论。您还可以关注您的朋友，即时看到朋友们发布的信息。

图 8-29　新浪微博页面

思考与练习

1. 什么是网络课程？它有什么特点？
2. 网络课程开发的过程模式包括哪些方面？
3. 网络课程的开发中在进行文字脚本设计时要注意哪些方面？
4. Microsoft Expression Web 软件的主要特点是什么？
5. 与 Microsoft Expression Web 软件相比，Dreamwaver 软件有哪些突出的优势？
6. 什么是 Moodle 教学平台？它有哪些功能模块？
7. 什么是 Blackboard 教学管理平台？它有哪些功能模块？
8. 什么是社会性软件？两种主要社会性软件有什么特点？
9. 用 Moodle 制作网络课程的步骤是什么？

第 9 章 MOOCs 与微课简介

本章学习目标：

通过本章的学习，了解什么是 MOOCs，MOOCs 与传统教学模式的不同有哪些，了解 MOOCs 教学模型的设计原则；了解什么是微课，微课的主要特点是什么，微课的内容要求有哪些，微课资源的开发过程是什么。

本章要点：

- MOOCs 的含义和特点；
- MOOCs 与传统教学模式的不同；
- MOOCs 教学模式的设计原则；
- 微课的概念；
- 微课的特点；
- 微课的内容要求；
- 微课的资源开发过程。

9.1 MOOCs 概述

MOOCs（Massive Open Online Courses）指的是大规模网络开放课程，也称大规模在线开放课程或大规模在线公开课程，其中文译音为“慕课”。“MOOCs”是一种开放的教育形式。没有人数、时间、地点限制。课程中所有资源和信息都是开放的，且全部通过网络传播。“MOOCs”是一种拥有大量参与者的巨型课程。它提倡个别化学习，提倡知识的联结和分享。

MOOCs 于 2012 年由美国著名大学发起，短短一年多时间席卷全球数十个国家，目前已有超过六百多万名的学习者参与，学习者遍布全世界二百二十多个国家，其影响范围之广、扩张速度之快、冲击力之强是空前的。很多人将互联网技术引发的这场教育变革称为“MOOCs 风暴”。所以，有人甚至认为 MOOCs 是技术推动教育变革的一次革命。从 MOOCs 的适合人群分析，它更适合于高等教育学习者。从人类文明发展的历史来看，技术发展到一个新阶段，人类文明就会迈上一个新的台阶。MOOCs 给人们带来的影响如同一场技术革命，它将引起新一轮的教学改革热潮。

9.2 MOOCs 与传统教学模式的不同

MOOCs 是一个刚刚诞生不久的新名词。MOOCs 是近年来教育领域出现的一种不同于传统课程教学的新型学习模式。

新兴的 MOOCs 与传统教育模式相比，主要依托网络和课程资源，它在线提供课程的教学全过程，MOOCs 无门槛要求，是开放的，它不仅提供免费资源，而且实现了教学过程的全程参与。学习者在 MOOCs 学习平台上不仅学习，还可以分享观点、完成作业、评估学习进度、参加考试、得到分数，它是一个学习的全过程。MOOCs 是互联网与教育的融合，是经过多年摸索出来的一个模式。

之所以 MOOCs 不同于传统课堂教学，是因为它有两个显著的不同于传统课堂教学的个性特征：一是学生规模“巨型化”及学生身份的“多元化”，二是它的结构与内容的设计的“多样化”与“精品化”。它还不同于传统的通过电视广播、互联网、函授等形式的远程教育课程，也不完全等同于教学视频网络共享的公开课，更不同于基于网络的学习软件或在线应用。

在 MOOCs 模式下，传统教室将成为学习的“社区”，学习者可以集体做作业、老师可以在线答疑等。教室是在“云端”，学校也在“云端”，教师是这个“社区”的辅导员，老师与学生直接交流的时间增加。学习内容以学生自选为主，考试可针对学生自主选择，课程分知识点学习，学习者可反复学，大班授课转变为小组讨论。教师与学生，学生与学生，互为师生。学习地区广泛，学习过程不必固化，可在任何地方进行，学习方式灵活，学习资源数字化。可以在线做作业、在线考试等。MOOCs 充分体现了大规模、开放和在线的特点，为自主学习者提供了方便灵活的学习机会和广阔的空间。在 MOOCs 的模式下，优秀教师的能量成倍扩散。“MOOCs”课程不是“建”成的，而是在学习交互的过程中“汇”成的。教师在开设该课程的初期，不一定要提供大量的、完整的课程资源体系，只要课程的活动能引起学习者的兴趣和积极参与，课程资源的建设就会不断丰富起来。

9.3 MOOCs 教学模式的设计原则

MOOCs 教学模式的设计主要是按照以下几个原则。

（1）人本化学习原则。

尽可能地为更多人带来最优质的教育，目的是让人们从最好的大学、最好的导师中学到最好的课程，使用最好的、受益最大的、最高效的教学资源。

（2）掌握学习原则。

布鲁姆认为，教育是一种有目的、有意图的活动，如果我们的教学是富有成效的话，学生成绩分布应该是与正态分布完全不同的。因此他提出“掌握学习”的概念和理论，认为教学质量应该根据每个学生的学习效果来评价，而不是根据某些学生的学习效果来评价。“掌握学习”的核心问题在于：第一，投入学习的时间，学生要达到掌握的水平，取决于花在学习上的时间量，因此，要给学生提供足够的练习机会；第二，教师给学生提供详细的反馈，使教学过程中出现的差错可以马上被揭示出来，并提供学生所需要的具体的补充材料以矫正差错，因此，反馈通常采用诊断式的形成性测验方式。而 MOOCs 课程设计中，在线练习题目和各种测验题目的设计正源于掌握学习的理论与原则。

（3）建构主义学习原则。

从“教”的视角看，每一门 MOOCs 是由一个分工明确的教学团队创造的，团队成员共同协作、支持一门优质课程的准备和运转。

从“学”的视角看，MOOCs 强调创建一个集很多人的长处和优点的、精彩的学生学习“社区”，MOOCs 超越了时间和空间的限制。学习者可以随时随地学习，MOOCs 可以适合学习者的学习情境，促进知识建构。MOOCs 强调学习的主动建构性、社会互动性和情景性，重视学习共同体与合作学习，学习者可以在一个活跃的学习集体内，掌握、建构那些能使其进行更高认知活动的技能。

（4）程序教学原则。

程序教学理论的代表人物是美国心理学家斯金纳。他通过实验，发现动物的行为可以运用逐步强化的方法，形成操作性条件反射。他把这种操作性条件反射的理论引入人的学习行为，用于学生的学习过程，认为学习过程是作用于学习者的刺激和学习者对它作出的反应之间的联结的形成过程。一种复杂的行为，可用逐步接近、积累的办法，用简单的行为联结而成。

程序教学把学习内容分成一个个小的问题，系统排列起来，通过编好程序的教材或特制的教学机器，逐步地提出问题（刺激），学生选择答案，回答问题（反应），回答问题后立即就知道学习结果，确认自己回答的正确或错误。如果解答正确，得到鼓舞（强化）就进入下一程序学习。如果不正确，就采取补充程序，再学习同一内容，直到掌握为止。

MOOCs 的每个视频都被剪辑成很小的片段，有利于学习者利用零碎的时间学习并较轻松地掌握某个主题。

（5）有意义的学习原则。

托尔曼曾提出认知地图概念，认知地图即“认知结构”，是形成学生良好的认知结构教育的关键和核心。认知目标是学生学习动机形成的一个构成要素，是学习目标在人脑中的反映。个体只有在对未来的学习目标产生期待时，才有可能发生实际的学习行为。因此，在实际的教育过程中，教师应先让学生明确学习的目的和具体要求，使其对未来的学习结果产生一种积极的期待。MOOCs 中每门课程开设之前都有一个总体的介绍，包括教学大纲及教学活动安排或教学进度表，明确告诉学生每周课程的主题、课程目标、阅读材料、测试题目、练习以及课后作业、提交作业时间、评分方法等。从科学学习的视角看，这就是给学生提供的一个“认知地图”，其主要目的就是让学习者明确课程的内容和要求，明确学习动机，形成“认知地图”，以便更好地学习。

9.4 MOOCs 教学模式展望

MOOCs 的出现是一项有着重大意义的教育革新。MOOCs 以其新颖、科学、合理的教育教学模式，正在影响启发着学校管理者和一线教师关于传统的课堂教学模式思考。MOOCs 的逐步兴起，给从事教育的人带来的不只是震憾，还有加快前进步伐的渴望。提高学校教学质量是各类学校的永恒宗旨。正确利用 MOOCs 这一教学技术，发挥 MOOCs 的巨大潜能，一定能为新时代的教学改革带来正能量。

9.5 “微课”概述

“微课”（microlecture）是 2008 年由美国圣胡安学院高级教学设计师戴维·彭罗斯首创的。“微课”是指以视频为主要载体，记录教师在课堂内外教育教学过程中围绕某个知识点或教学环节而开展的精彩教与学活动全过程。“微课”的核心组成内容是课堂教学视频，同时还包含与该教学主题相关的教学设计、素材课件、教学反思、练习测试及学生反馈、教师点评等辅助性教学资源。“微课”内容小而精，具备独立性、完整性、示范性、代表性，能够有效解决教与学过程中的重、难点。因此，“微课”既有别于传统单一资源类型的教学课例、教学课件、教学设计、教学反思等教学资源，又是在其基础上继承和发展起来的一种新型教学资源。

9.6 微课主要特点

“微课”的特点有很多，很多特点是围绕“微”字上的。它研究的问题来源于教育教学中的具体问题：生活思考、教学反思、难点突破、重点强调或是学习策略、教学方法、教育教学观点等。它主题突出、内容具体，它的特点主要有以下几点。

（1）教学时间短：教学视频是微课的核心组成内容。根据中小学生的认知特点和学习规律，“微课”的时长一般为 5 分钟左右。因此，相对于传统的 40 分钟或 45 分钟的一节课的教学课例来说，“微课”真的是名副其实。

（2）教学内容少而精：相对于传统课堂来说，“微课”的每一次内容相对较少，但其主题突出。“微课”通常是为了强调或突出课堂教学中某个知识点的教学，或是反映课堂中某个教学环节、教学主题的教与学活动，如教学中的重、难点内容。所以，相对于传统授课方式一节课要完成的教学内容而言，“微课”的内容更加精简、主题更为突出、指向性也较明确，因此，也有人称其为“微课堂”。

（3）资源容量小：“微课”视频及配套辅助资源的总容量一般在几十兆左右，视频格式须是支持网络在线播放的流媒体格式，如 rm、wmv、flv 等格式，方便师生流畅地在线观摩课例，查看教案、课件等辅助资源。

（4）资源构成完整：“微课”选取的教学内容虽不多，但要求其一定相对完整。它以教学视频片段为主线进行教学设计。课堂教学时使用到的多媒体素材和课件、教师课后的教学反思、学生的反馈意见及教师的文字点评等相关教学资源，构成了一个主题鲜明、类型多样、结构紧凑的“教学主题资源构件”，营造了一个真实的“微教学资源环境”，从而促进了教师教学水平的提升、促进教师的专业成长、提高学生学业水平。从某种意义上来讲，微课不仅是教师和学生的重要教育资源，它也是构成学校教育教学模式改革的一个重要基础。

（5）传播形式多样：微课还具有传播形式多样化的特点，如网上视频、手机传播、微博讨论等。能做到反馈及时，多途径访问等。可方便地将资源下载到终端设备，如笔记本电脑、手机、MP4 等，既可在固定场所学习，也可实现移动学习，方便、灵活。

值得注意的是：微课的时间一般是 5 分钟左右，它有很多优点，如不受时间空间限制，使用方便灵活，形式多样等，但它也有缺点，它不能完全替代传统的课堂教学，如新知识教学等。所以，在实际教学过程中，需根据传授知识和具体情况的需要，灵活把握教学方式。

9.7 微课内容要求

微课内容要求是：知识点准确无误；知识点不大，但要足够细，5 分钟内能够讲解透彻；一个微课只讲解一个特定的知识点，如果该知识点涉及另一个知识点，需详细讲解时应另设一个微课；知识点讲解不能照本宣科，对该知识的表述应有自己的理解，而不是罗列书上的知识；课件有视觉美感，多角度地应用 PPT 现有的功能带来的视觉效果，如自定义动作、PPT 切换、颜色搭配、字体搭配等，避免造成视觉疲劳；微课画质要清晰；讲解语言通俗易懂，尽量少用古板、枯燥的书面语，讲解声音响亮，节奏感强；外部环境安静无噪声。

9.8　微课资源的开发过程

（1）内容规划。课程资源的开发与建设，首先要做好微课建设内容的整体规划，确定建设方案、进程和人员组成，形成建设规范和体系。按照课程标准并围绕教学大纲要求，结合教材，组织专家及优秀老师共同确定各知识点组成。

（2）平台建设。微课平台是微课资源建设、共享和应用的基础。平台功能既要有微课资源日常“建设、管理”的功能模块，也要有便于用户“应用、研究”的功能模块。形成微课建设、管理、应用和研究功能齐全的平台环境。

（3）设计与开发。微课内容的设计与开发是一个较为复杂的系统工程。微课资源建设一般要经过宣传动员、技术培训、选题设计、内容拍摄、素材整理、后期加工制作、在线报送、审核发布、评价反馈等环节，才能确保其质量。

（4）应用阶段。平台的使用是微课建设的最终目的，平台主要用于交流与应用。通过集中展播、专家点评和共享交流等方式，向广大师生推荐、展示优秀获奖微课作品，同时组织教师开展针对相关主题的观摩、学习、评课、反思、研讨等活动，发挥微课的独特作用。

思考与练习

1. MOOCs 的含义是什么？
2. MOOCs 教学模式的设计原则有哪些？
3. 什么是微课？
4. 微课的特点有哪些？

参考文献

[1] 张剑平. 现代教育技术——理论与应用[M]. 第 2 版. 北京：高等教育出版社，2008.
[2] 祝智庭，钟志贤. 现代教育技术——促进多元智能发展[M]. 上海：华东师范大学出版社，2003.
[3] 胡小强. 现代教育技术[M]. 北京：北京大学出版社，2007.
[4] 李运林，徐福荫. 教学媒体的理论与实践[M]. 北京：北京师范大学出版社，2003.
[5] 何克抗. 现代教育技术[M]. 北京：北京师范大学出版社，1998.
[6] 祝智庭. 现代教育技术——走进信息化教育[M]. 北京：高等教育出版社，2001.
[7] 南国农，李运林. 教育传播学（第二版）[M]. 北京：高等教育出版社，2005.
[8] 李克东. 新编现代教育技术基础[M]. 上海：华东师范大学出版社，2002.
[9] 李曼丽. MOOCs 的特征及其教学设计原理探析[J]. 北京：清华大学教育研究，2013.
[10] 李克东. 新编现代教育技术基础[M]. 上海：华东师范大学出版社，2002.
[11] 张静然. 微课程之综述[J]. 中国信息技术教育，2012.
[12] 唐红娜，冯军，姚奇志. “微时代”下的微课艺术[J]. 产业与科技论坛，2012.